Radicalizando la Reforma

Otra teología para otro mundo

270.6
R129r Radicalizando la reforma: Otra teología para
otro mundo / Martín Hoffmann, Daniel C.
Beros y Ruth Elizabeth Mooney. – San José :
Sebila ; La Aurora, 2016.
464 p. ; 22 cm.

1. Reforma protestante. 2. Lutero, Martin,
1483-1546. I. Hoffmann, Martin, ed. II. Beros,
Daniel C., ed. III. Mooney, Ruth Elizabeth, ed.

ISBN: 978-9977-958-80-4

Coedición:
Ediciones La Aurora - Buenos Aires, Argentina
Editorial SEBILA - San José, Costa Rica

Universidad Bíblica Latinoamericana, UBL
Apdo 901-1000, San José, Costa Rica
Tel.: (+506) /2283-8848/2283-4498
Fax.: (+506) 2283-6826
E-mail: registro@ubl.ac.cr
www.ubl.ac.cr
Copyright © 2016

**ediciones
la aurora**

UNIVERSIDAD BÍBLICA
LATINOAMERICANA
PENSAR · CREAR · ACTUAR

Radicalizando la Reforma

Otra teología para otro mundo

Editores:
Martin Hoffmann
Daniel C. Beros
Ruth Mooney

COMITÉ EDITORIAL SEBILA:
Ruth Mooney (directora)
Mireya Baltodano
Jonathan Pimentel
David Castillo

◆

Departamento de Publicaciones
Universidad Bíblica Latinoamericana, UBL
Diagramación/portada
Damaris Álvarez Siézar

La portada muestra una estatua de bronce del Prof. Axel Seyler (Alemania), titulada "Lutero de hoy". Representa un Lutero anti-capitalista, que pisa bajo sus pies el dinero que está ligado con el diablo bajo el otro pie. El famoso arbolito de manzanas es el símbolo de Lutero de la confianza en Dios, la que considera amenazada y aprieta contra su corazón.

◆

ISBN 978-9977-958-80-4

◆

◆

Editorial SEBILA
Ediciones La Aurora

◆

San José, Costa Rica
Octubre, 2016

Contenido

Introducción al proyecto
Radicalizando la Reforma
– provocados por la Biblia y las crisis actuales———————

¿Cómo debería celebrarse el 500 aniversario de la Reforma en 2017? En relación con ello se ha escrito mucho sobre el carácter de los aniversarios de 1817 y 1917. Se critica que la Reforma fue instrumentalizada en cada caso por los intereses contemporáneos (del romanticismo nacionalista y del imperialismo alemán). Sin embargo, no hay cómo no partir de las preguntas acuciantes de la propia situación histórica. Solo que es preciso reflexionar explícitamente al respecto, poniendo de manifiesto abiertamente la propia perspectiva.

Así es que se ha formado un grupo internacional de teólogos y teólogas que se plantea la pregunta: ¿Desde qué perspectiva tiene sentido abordar la Reforma hoy? Hemos decidido elegir una perspectiva doble, que se expresa en el título del proyecto: *Radicalizando la Reforma – provocados por la Biblia y las crisis actuales.* Es decir, partimos de la amplia crisis de la vida hoy y miramos a ella y a la Reforma, incluida la historia de sus efectos y consecuencias, desde la perspectiva de una lectura socio-histórica de la Biblia. Por eso, el contenido de nuestro enfoque se concretiza desde la perspectiva de la liberación a una vida vivida a partir de relaciones justas. ¿Qué es lo que eso significa en detalle?

¿Cuál es el lugar histórico que hoy determina y debería determinar nuestra perspectiva? De la situación que atraviesan las diversas regiones del mundo resulta evidente que los seres humanos y la tierra están amenazados globalmente en sus oportunidades de vida, si la civilización ampliamente dominante continúa desarrollándose como hasta ahora. De eso resulta la primera dimensión necesaria de la pregunta actual por la Reforma:

¿Qué significa la Reforma y la historia de sus efectos y consecuencias en vista de la amenaza global de la humanidad y la tierra, tanto positiva como negativamente?

Si la razón de la amenaza tiene que ver con la civilización dominante, es preciso preguntar lo que eso significa. Mediante el concepto "civilización" no solo se hace referencia al sistema político-económico y a la cultura predominante, incluyendo a la ciencia, la técnica y el arte, sino también a los modos de vivir, de pensar y de conducirse de los seres humanos. Es decir, este concepto intenta dejar claro el carácter abarcativo del problema. Por otro lado, aquí existe un problema terminológico. Desde el helenismo y el Imperio Romano, pero en particular durante los recientes 500 años del colonialismo europeo y luego norteamericano, el término "civilización" no suena bien en los oídos de los pueblos sojuzgados, puesto que el propio concepto tiene un carácter imperial. Es difícil encontrar otro término para designar ese fenómeno amplio. La palabra "sistema" es demasiado acotada, ya que no abarca los elementos mentales, psíquicos y del comportamiento práctico de los seres humanos. Probablemente sea necesario utilizar el concepto de "cultura", aunque éste tiene un significado mayormente positivo. Pero puede ser usado simultáneamente tanto en sentido positivo como negativo. Ello quiere decir que puede designar la cultura dominante de la que parte la amenaza, como también culturas (relativamente) autónomas, pero también contra-culturas. De eso resulta la segunda dimensión necesaria de la pregunta actual por la Reforma:

La Reforma no debe ser tematizada solo en su sentido eclesial, sino que debe ser interrogada con respecto a su relación con la cultura en su totalidad.

8

En términos de contenido la cultura dominante es determinada hegemónicamente por Europa y Norteamérica, es decir por Occidente. Sin embargo, ella ha captado a las élites de todas partes del mundo, de modo que dicha cultura no puede ser delimitada por ejemplo en términos geográficos. Por eso se habla también del "Norte global". Esa cultura dominante es la de la "Modernidad". Aquí se da una conexión directa con la pregunta por la Reforma, pues ella tuvo lugar exactamente en la época en la que se inició la Modernidad. Vivimos al final de la Modernidad, porque ella se revela letal y hasta suicida para la humanidad y la tierra. De eso resulta la tercera dimensión necesaria de la pregunta actual por la Reforma:

¿Cómo se relaciona la Reforma con respecto a la Modernidad en su inicio, tanto positiva como negativamente? ¿Qué quiere decir eso para nosotros y especialmente para las iglesias que están en la tradición de la Reforma, que experimentamos la crisis de una Modernidad que pone en peligro la vida?

¿Cómo es posible caracterizar la Modernidad Occidental? Las dos características fundamentales, de las cuales resultan otras, son el rol dominante del dinero en la forma de capital que debe ser acumulado y el expansionismo imperial. Claro que inmediatamente es necesario añadir que eso va de la mano de cierta característica mental, o saber la racionalidad en el sentido del pensamiento calculador. Eso se expresa por un lado en cierta forma de ciencia, técnica y organización burocrática del poder; por otro lado, en un individualismo egocéntrico. Todos esos rasgos están poderosamente ligados a estructuras e ideas patriarcales. Si ellos son corresponsables de la amenaza de la vida en el presente y el futuro, es preciso preguntar cómo se relaciona con ellos la Reforma y su historia de efectos, y qué es lo que eso tiene para decirnos. De eso resulta la cuarta dimensión necesaria de la pregunta actual por la Reforma:

¿Cómo se relaciona la tradición reformadora con respecto al capitalismo imperial y a la racionalidad de fines y medios en la ciencia, técnica y mentalidad individualista?

Pero la Modernidad no se caracteriza solamente por los rasgos señalados, sino también por el surgimiento de movimientos críticos y emancipadores. Por mencionar solo algunos ejemplos: Rousseau contradice la explotación y violación de la naturaleza; Karl Marx, la explotación de los trabajadores. Él contribuye así al origen del movimiento de los trabajadores. El movimiento de las mujeres conquista cada vez más derechos, etc. Es decir que la Modernidad es ambivalente. De eso resulta la quinta dimensión necesaria de la pregunta actual por la Reforma:

¿Cómo se relacionan la Reforma y las iglesias que adhieren a ella con los movimientos de emancipación de la Modernidad?

El eurocentrismo es inherente al imperialismo europeo. Desde que en 1492 Colón dirigió la agresión de los europeos contra los pueblos de América, los colonizadores también han depredado los bienes de otras culturas. Eso ya comienza anteriormente de manera indirecta. Por ejemplo, retomando la antigua cultura griega, se calla que ella es inimaginable sin otras culturas, en particular sin las culturas asiáticas y del Cercano Oriente. La contribución de las culturas judías e islámicas también es crecientemente relegada desde que la reconquista expulsó a los judíos y los musulmanes de España en el mismo año 1492. De eso resulta la sexta dimensión necesaria de la pregunta actual por la Reforma:

¿Cómo se relacionan la Reforma y las iglesias que la secundan con la integridad de otras culturas (y religiones)? ¿Es nuestra perspectiva consecuentemente post-colonial?

Pero, ¿según qué criterios planteamos todas esas preguntas? El criterio implícito de la argumentación anterior es: vida en su regalada diversidad y plenitud. Pues frente a la amenaza generalizada de la vida bajo las circunstancias dominantes, el criterio fundamental debe ser posibilitar la vida en el futuro. Expresado de otra manera, nosotros juzgamos mediante la razón reproductiva (a diferencia de la racionalidad instrumental del cálculo de fines y medios de la Modernidad). También

Lutero se remite una y otra vez al criterio de la razón, aunque siempre ligado a la Sagrada Escritura. Él juzga especialmente a toda la tradición según el criterio de la Biblia (*sola scriptura*) otorgándole prioridad hermenéutica al sentido literal histórico de los textos. Precisamente en ese respecto la exégesis bíblica que desarrolla un abordaje histórico-social de los textos, ha hecho grandes progresos. En la primera de nuestras 94 tesis lo expresamos de la siguiente manera:

> Desde la perspectiva bíblica, la primera y fundamental acción de Dios es la liberación. Incluso la liberación mesiánica en el Nuevo Testamento se realiza según el esquema del éxodo. En la Epístola a los Romanos, la cuestión para Pablo es que Cristo trae liberación del "régimen de terror del pecado" en el contexto del Imperio romano (Ro 5,12 – 8,2). Sin embargo, si la justificación no es comprendida en el esquema del éxodo, sino en la línea habitual proveniente de Agustín y Anselmo de Canterbury, esto es, si es reducida a culpa (original) y perdón, ello significa una reducción problemática de la justificación, que da lugar a muy importantes pérdidas en cuanto a la riqueza político-social de la Biblia.

Por lo tanto, si se adopta el criterio de Lutero como fundamento, la propia tradición de la Reforma debe ser juzgada según el criterio de conformidad con la Escritura. De eso resulta la séptima dimensión necesaria de la pregunta actual por la Reforma:

> *¿Cómo deben ser juzgadas las posiciones teológicas de la Reforma y de las iglesias que le siguen según el criterio doble de la promoción de la vida (de la razón reproductiva) y de la Biblia en su interpretación socio-histórica, por tanto, en términos de contenido según el criterio de la liberación para la justicia?*

Si se adopta como fundamento los resultados de la investigación socio-histórica de la Biblia, se llega al canon de las escrituras bíblicas: la justicia de Dios que libera a Israel y, construyendo en base a esa raíz, libera a personas de todos los pueblos para que participen en esa justicia (con el *shalom*, la paz completa en relaciones de recíproca plenitud de vida, como resultado)

- en todo lo cual Dios en su compasión se pone de lado de las víctimas de la injusticia y violencia, incluyéndolas en el movimiento hacia la resurrección, en lugar de recurrir Él mismo a la violencia. Eso no debe ser comprendido como quintaesencia dogmático-conceptual, sino como la perspectiva fundamental a partir de la que deben ser leídos los textos llenos de conflictividad del gran relato bíblico. En ese horizonte únicamente puede tratarse de la conversión diaria en virtud de la crisis actual que amenaza la vida. Es precisamente en ese sentido que Lutero, en la primera de sus 95 tesis, asume de Jesús: *"Tomen otro rumbo pues el mundo justo de Dios ya se ha acercado"*. De eso resulta la octava dimensión necesaria de la pregunta actual por la Reforma:

> *¿Han participado la Reforma y las iglesias de la Reforma hasta hoy en día en el obrar liberador de Dios por la justicia y es posible abrevar en esa tradición aún hoy para cambiar de rumbo en dirección a una nueva cultura de la vida en relaciones justas?*

A causa de esos razonamientos hemos nombrado nuestro proyecto: *Radicalizando la Reforma – provocados por la Biblia y la crisis*. Eso significa: nosotros no preguntamos por la Reforma por razones históricas, sino conscientemente en el contexto de la crisis letal en la que se encuentran la humanidad y la tierra. Y preguntamos por la raíz de la Reforma, puesta de manifiesto por la propia Sagrada Escritura (por eso "Radicalizando la Reforma", es decir, llegando a la raíz).

Preguntando así hemos realizado un descubierto interesante. La cultura de la Modernidad, marcada por el capitalismo y el colonialismo, tiene su prehistoria en los desarrollos del Antiguo Oriente (desde China hasta el Mar Mediterraneo) exactamente en el tiempo desde el siglo 8 a.e.c., en el cual se originaron la mayor parte de los escritos bíblicos. El filósofo Karl Jaspers denomina esa época "era axial", dado que en ella surgieron todas las filosofías y religiones mundiales activas hasta la actualidad. Sin embargo, lo que él no considera es la observación socio-histórica de que precisamente en esa época surge la temprana economía monetaria y que está asociada a los imperios. La cumbre de ese desarrollo son los reinos helenísticos y el Imperio Romano – siendo éste último el contexto de las escrituras mesiánicas del Nuevo Testamento. Es decir, que las escrituras bíblicas en forma explícita se refieren críticamente a los mecanismos de la economía monetaria y a su vinculación con la política imperial y los modos de comportamiento asociados a ella. Mientras que Lutero experimentó un nuevo estadio de su desarrollo en el capitalismo temprano, hoy nosotros vivimos su clímax en el capitalismo imperial. De forma tal, a través del análisis del contexto, es necesario constituir una relación hermenéutica entre la Biblia, la Reforma y la crisis actual, que requiere ser elaborada en detalle.

En el año 2014 con la Editorial LIT de Alemania hemos publicado una serie bilingüe de textos bajo el título *Die Reformation radikalisieren – Radicalizing Reformation,* dedicada a desarrollar el planteamiento que acabamos de sintetizar. La iniciativa apunta a dar lugar a una cooperación interdisciplinaria entre la exégesis bíblica socio-histórica, la historia de la Reforma y una teología sistemática crítica frente a la crisis de época en la cual nos encontramos. Además, hemos formulado 94 tesis que resumen los resultados de los cinco tomos que componen la mencionada publicación y que ahora volvemos a presentar aquí.

Los temas de los cinco tomos son los siguientes:

1. Liberación para la justicia
    Se trata del corazón de la Reforma: Justificación – Ley – Evangelio.

2. Liberación del Mammón
    Se trata del planteamiento central que conecta la Biblia, la Reforma y la crisis actual de manera directa: el rol del dinero en perspectiva religiosa, político-económica y mental.

3. Política y economía de la liberación
    Se trata de la crítica de Lutero al capitalismo temprano de su tiempo y del potencial de su teología para la crítica al neoliberalismo actual.

4. Liberación de la violencia hacia una vida en paz
   Se trata de una nueva cultura de la vida a favor de la no-violencia como principio de las relaciones políticas, religiosas, culturales y naturales.

5. Iglesia – liberada para la resistencia y la transformación
   Se trata de la esencia de la iglesia que busca una base común para la resistencia y la transformación y la encuentra en la cruz como signo de esperanza y liberación.

Daniel Beros
Ulrich Duchrow
Martin Hoffmann
Hans Ulrich

Radicalizando la Reforma
Provocados por la Biblia
Las 94 Tesis

"Proclamarás la liberación para todos los habitantes de la tierra"
(Lev 25,10)

Martín Lutero inició sus 95 tesis del año 1517 con la exigencia de arrepentimiento como cambio de entendimiento y dirección, realizada por Jesús: *"Tomen otro rumbo pues el mundo justo de Dios ya se ha acercado."* Quinientos años después vivimos en una época que - semejante al año bíblico de *"Jubileo"* (Lev 25) - amonesta igualmente al arrepentimiento y al cambio en dirección hacia relaciones y condiciones más justas. Solo si oímos la Palabra de la Cruz (1 Cor 1,18) y el gemir de la creación abusada (Rom 8,22), solo si escuchamos activamente el clamor de quienes son victimizados en el lado inferior de nuestro orden mundial hiper-capitalista – solo entonces podremos convertir esta conmemoración de la Reforma en un jubileo liberador. La autojustificación cristiana, sosteniendo y avalando el sistema dominante, se opone a la justificación por la fe proclamada por la Reforma. Esta se expresa por medio de una solidaridad justa y absolutamente inclusiva.

Somos teólogos y teólogas —mayormente luteranos pero también reformados, metodistas, anglicanos, y menonitas— de diferentes partes del mundo, que nos hemos involucrado en un proyecto de reconsideración de las raíces bíblicas y los desafíos contemporáneos que enfrenta hoy el pensamiento de la Reforma. La destrucción desenfrenada de la vida humana y no-humana en un mundo gobernado por la dictadura totalitaria del dinero y la codicia, el mercado y la explotación, requiere una reorientación radical hacia el mensaje bíblico, que también marcó el inicio de la Reforma.

El sistema económico dominante, sostenido mediante instrumentos y estructuras de poder político imperiales, ha puesto a la venta la tierra, las comunidades humanas, y el futuro de nuestros hijos e hijas. Tanto nuestras congregaciones como cristianos y cristianas individuales frecuentemente han llegado a ser complacientes y cómplices del *status quo* y han perdido su fuerza crítico-profética de protesta, resistencia y transformación. La justicia de Dios por gracia ha sido desligada de la justicia social y ya no se la puede usar, como *"sal inútil"* (Mt 5,13). Existen desvaríos de la teología de la Reforma respecto de los cuales debemos cambiar el rumbo — con Lutero pero también contra Lutero. "Reforma" también hoy puede llegar a ser nuevamente un *kairos*, un "tiempo oportuno" para la transformación.

Las siguientes tesis reflexionan diferentes contextos geográficos y políticos, así como una gran variedad de tradiciones de la Reforma. Para fundamentarlas publicamos los resultados de la investigación en cinco tomos. No estuvimos de acuerdo en todos los puntos, pero justamente partiendo de las diferencias queremos llamar juntos a la confrontación con esos problemas y al cambio de rumbo. La crisis actual, con la que nos topamos en cada uno de los ámbitos de la vida y en cada rincón de nuestro planeta, es una oportunidad para comprender las fuerzas dominantes, bárbaras y (auto-) destructivas, y es en sí misma la semilla de esperanza de un nuevo comienzo hacia una nueva cultura de la vida.

"Para la liberación nos ha liberado el Mesías" (Gl 5,1)

1. Desde la perspectiva bíblica, la primer y fundamental acción de Dios es la liberación. Incluso la liberación mesiánica en el Nuevo Testamento se realiza según el esquema del éxodo. En la *Epístola a los Romanos*, la cuestión para Pablo es que Cristo trae liberación del "régimen de terror del pecado" en el contexto del Imperio romano (Ro 5,12 – 8,2). Sin embargo, si la justificación no es comprendida en el esquema del éxodo, sino en la línea habitual proveniente de Agustín y Anselmo de Canterbury, esto es, si es reducida a culpa (original) y perdón, ello significa una reducción problemática de la justificación, que da lugar a muy importantes pérdidas en cuanto a la riqueza político-social de la Biblia.

2. Pablo analiza el poder del pecado que tiene prisioneras a todas las personas en el Imperio romano. Todas las afirmaciones centrales acerca del pecado (*hamartia*) tienen un denominador común, y es que están pensadas como relaciones de poder (y no en categorías de culpa individual o del actuar pecaminoso). Cuando habla de pecado, Pablo tiene en mente sobre todo su extenso régimen de terror. La idea central es que el pecado domina a todas las personas y las esclaviza, convirtiéndolas de esta forma en colaboradoras del sistema imperial.

3. Pablo habla del comienzo de un cambio integral de régimen. Su esperanza se dirige hacia una intervención divina definitiva, que para él ya se ha iniciado con la resurrección de Jesús. Pablo no persigue fines políticos. Sin embargo, la fe en el señorío de Cristo y la esperanza de un cambio definitivo de régimen tienen profundas consecuencias políticas. Lo que aquí se cree es que sólo Cristo es el Señor (*kirios*) y que su liberación involucra a todo el mundo, a cada persona, a toda la humanidad.

4. La fe tiene como consecuencia que los creyentes, en su vida social y comunitaria, intentan vivir de forma muy

concreta ya en el presente como personas liberadas. La comunidad de los creyentes se comprende a sí misma como comienzo de una vida nueva para todos y todas. Esta referencia a la liberación de una situación de vida real totalitaria, así como regía bajo el Imperio romano, es de más ayuda para las personas que viven bajo el régimen de los mercados de las finanzas y la violencia, que la generalización tradicional del pecado como pecado hereditario.

"Ustedes no pueden servir a Dios y al Mammón" (Mt 6,24)

5. "Ustedes no pueden servir a Dios y al Mammón" (Mt 6,24) Por lo menos unos dos mil millones de personas se han empobrecido bajo el régimen de dominación del dinero. Esta es la actual manifestación del Mammón y por lo tanto el desafío central para la fe. El dinero de hoy en día ya no es simplemente el dinero en efectivo impreso como billete por el Banco Central, sino que la banca de negocios tiene el derecho de crear ilimitadamente más capital originado en deudas cargadas con intereses a través de los créditos. Ya Martín Lutero llama al Mammón el ídolo más común en el mundo (Catecismo Mayor, comentario al primer mandamiento).

6. Este régimen de dominación del dinero y la resistencia teológica al mismo se desarrollan históricamente a partir de la extensión de la economía basada en el dinero y la propiedad privada – comenzando por la monetización de la vida económica en tiempos de los profetas, pasando por el capitalismo del comercio y la usura en los tiempos de Lutero, hasta llegar al moderno capitalismo industrial y financiero. El capitalismo de la Modernidad, hoy en día globalizado, ha estado vinculado desde la época de la Reforma con el saqueo, la explotación, la colonización y los genocidios europeos en África, Asia y América.

7. *"La tierra no podrá venderse a perpetuidad, porque la tierra me pertenece a mí, y ustedes son forasteros y con derecho a*

residencia ante mi" (Lv 25,23). Entonces, la propiedad sólo es pensada en virtud de su uso para vivir. En oposición a ello, el capitalismo hace de la propiedad privada algo absoluto y comienza así a parcelar los terrenos comunes y todos los recursos naturales. Este proceso continúa avanzando hoy en día con la privatización de los bienes genéticos comunes (por medio de su patentamiento), de la tierra (*Land grabbing*), del agua, del aire, etc.

8. El individualismo antiguo y moderno se inicia con la introducción del dinero y de la propiedad privada en la vida cotidiana. En el mundo capitalista globalizado, para la mayoría de las personas el individualismo es natural, se sobreentiende. Para Lutero, en cambio, el ser humano no existe como individuo neutral, observador y calculador. O bien la persona está determinada por Dios - y ella vive entonces de forma compasiva y justa a partir de los demás, comenzando por los "más pequeños" (Mt 25,31 ss.) - o está determinada por el poder del pecado - y en ese caso vive encorvada en sí misma, auto-referente y actuando de forma destructiva frente a las demás criaturas.

9. La economía impulsada por el capital impone un crecimiento ilimitado, y este crecimiento pone en peligro toda la vida en nuestro planeta. Los seres humanos han sido creados por Dios con el mandato de *"que cultivara y cuidara"* el huerto del Edén (Gn 2,15). Al principio de sus 95 Tesis, Lutero cita el llamado de Jesús al arrepentimiento, al cambio de rumbo: "Cuando nuestro Señor y Maestro Jesucristo dijo: 'Haced penitencia...' (Mt 4,17), ha querido decir que toda la vida de los creyentes fuera penitencia". Esto significa hoy en día que personal, mancomunada y socialmente abandonemos a diario el régimen destructivo del dinero y que, confiando en la justicia liberadora de Dios, vivamos de forma compasiva y solidaria en relaciones justas con los demás y con todas las criaturas.

10. Según la Escritura, nosotros los seres humanos formamos un solo cuerpo con muchos miembros que se sirven mutuamente (1 Co 12). Según la lógica y la práctica

capitalista, nuestra humanidad consiste en la competencia y la disputa. Según Lutero, en cambio, somos creados como colaboradoras y colaboradores de Dios, sostenidos y renovados para involucrarnos de forma cooperativa en la economía, la política y la Iglesia a favor de la justicia y la paz ("La voluntad determinada" [*De servo arbitrio*] 1525). Después de los primeros impulsos en la Edad Media por parte de los movimientos de pobreza, de los valdenses, de Wyclif y Hus, es Martín Lutero quien a partir de la base bíblica cuestiona de modo fundamental la civilización egocéntrica y calculadora del dinero surgida en el siglo VIII a.C.

11. El individualismo económico se ve reflejado en términos religiosos en la individualización de la salvación. En cambio la Biblia y Lutero hablan de personas liberadas viviendo en relaciones justas. Desde la Edad Media existen corrientes espiritualistas que todavía son fuertes en nuestras iglesias. Toda lectura o prédica puramente individualista de los textos bíblicos apoya intencional o inconscientemente la moderna civilización capitalista.

12. Según Jesús, justa es aquella persona que perdona deudas, aquella que viola la ley del pago de las deudas, actuando así en favor de la vida del deudor (Mt 6,12). Según Pablo, el poder de pecado (representado en su época por el pecado estructural de la economía de la avaricia romana y su régimen imperial totalitario) convierte a la ley en un instrumento de muerte (Ro 7,7 ss.). Pablo considera que la alternativa se encuentra en la formación de comunidades solidarias de judíos y griegos en el espíritu del Mesías crucificado por el Imperio, el cual reconcilia entre sí y con Dios a las personas que el Imperio romano ha declarado enemigas.

13. La mayoría de los Padres de la Iglesia interpreta la muerte de Jesús en la cruz entre otras cosas como el pago de un rescate ilegítimo que el Diablo exige por la liberación del ser humano, porque él jamás perdona una deuda. Anselmo de Canterbury (1033-1109) invierte este planteamiento en su Teoría de la Satisfacción. Según él, la

20

ley de pagar las deudas se encuentra por encima de Dios mismo. Es por eso que Dios tiene que sacrificar a su Hijo para generar una especie de "saldo a su favor", el que entonces puede ser usado por el ser humano para pagar sus deudas frente a Dios. De esta forma, Anselmo coloca el fundamento no solo de la práctica medieval de la penitencia como negocio de las deudas, a partir de cuyo rechazo por Lutero se inicia la Reforma, sino también del capitalismo, que absolutiza la ley del pago de las deudas en el marco del mercado.

14. Lutero regresa a la verdad bíblica según la que Dios perdona las deudas de forma gratuita y que a partir de la confianza en ello crece la solidaridad con los prójimos. Esto significa concretamente que si alguien se encuentra en una situación de emergencia, las cristianas y los cristianos reaccionan dando, regalando o prestando sin intereses. También la autoridad debe intervenir en el mercado si el bienestar común se encuentra en peligro. Por el contrario, la modernidad capitalista y su punto culminante, el neoliberalismo, absolutiza el mercado, reduciendo cualquier intervención estatal únicamente a los casos en que sea a favor de la acumulación de capital. Las comunidades eclesiales deben resistirse a ello en el seguimiento de Jesús basándose en la Biblia.

15. Según la historia de Pentecostés, el Espíritu de Dios confirma la diversidad cultural e idiomática (Hch 2). Sin embargo, en la cristiandad occidental a partir del siglo IV la Biblia fue leída únicamente en latín. Fueron Wyclif y los reformadores posteriores los que redescubrieron la diversidad cuando comenzaron a llevar la Escritura a los pueblos en su propio idioma. El capitalismo neoliberal impone nuevamente la uniformización: los seres humanos devienen en consumidores, la agricultura en empresas agrícolas, la venta regional de productos desaparece a favor de las cadenas transnacionales y la producción local es remplazada por el monocultivo de exportación.

16. La Biblia fundamenta una "economía política de lo suficiente para todos" a través de la participación de

todos en los bienes recibidos en común (Ex 16). Todos los reformadores están de acuerdo en que la economía debe estar orientada hacia el bienestar común y hacia las necesidades concretas del prójimo. Lutero desarrolla al respecto una interpretación de la cruz que determina la humanidad desde los márgenes de la sociedad, a partir de los pobres, los débiles y los que sufren. Hoy en día no llamamos a una restauración del llamado "socialismo real", que tuvo ciertas consecuencias destructivas similares a las del capitalismo. Más que nada se trata de crear una economía trans-moderna basada en los dones de Dios y en los bienes comunes, dirigiendo la producción y repartición de todos los bienes y servicios básicos de forma pública, democrática y ecológica.

17. La Sagrada Escritura afirma que todo ser humano ha sido creado como hombre y mujer a imagen de Dios y por lo tanto dotado de la misma dignidad (Gn 1,26-28). El libro de los Jueces y otros textos de la Torá demuestran que esta idea ha sido llevada a la práctica en formas de sociedades solidarias. También las primeras comunidades cristianas retomaron esa misma tradición (Hch 2 y 4). Las voces de la reforma radical recurren nuevamente a estos textos, intentando vivir no solamente una democracia política, sino también una democracia económica.

18. La doctrina de Lutero de la justificación por la gracia por medio de la confianza solo en Cristo (Ro 5,1) es una lectura legítima y liberadora de la Escritura en medio de las opresiones de la piedad medieval y frente a la naciente economía del dinero, basada en la práctica de la usura. En este contexto, el perdón gratuito del pecado (y de las deudas), la liberación del poder del diablo y la promesa de la vida duradera no significaban únicamente la libertad espiritual, sino también la liberación hacia la reconciliación y responsabilidad por los congéneres (la libertad cristiana).

19. Si bien para Lutero la justificación por gracia también expresa la igualdad de cada persona frente a Dios, su Reforma fracasa en plasmar eso en el ámbito social y

económico. Es por eso que incluso fue posible que el posterior luteranismo transformara la desigualdad social y económica en un orden dado por Dios mismo. Esto culmina en la tesis de que el mercado y el Estado son autónomos, lo que es cuestionado por la Biblia y también por Lutero.

20. Según la Escritura, los seres humanos no son juzgados según sus esfuerzos sino por la gracia (Mt 20). Al mito del rendimiento hay que oponerle el principio de la necesidad, que representa la correspondencia exacta a la justicia de la fe. La consecuencia ético-social resultante es una crítica del mundo laboral actual, ya que está dominado por esa ideología del rendimiento, con todas sus consecuencias sociales y psicológicas negativas.

21. En la historia posterior de sus efectos, la doctrina de Lutero de los dos Reinos y Regímenes fue ampliamente abusada para justificar el quietismo y la obediencia de los súbditos (según Ro 13,1). Es por eso que esa doctrina debe ser interpretada nuevamente como un llamamiento a un despertar político y al compromiso de cada cristiana y cristiano para que asuman su responsabilidad pública por sus «prójimos», luchando por la justicia, la paz y la liberación de la Creación.

22. *"No adopten las costumbres de este mundo"* (Ro 12:2). En vista de sus efectos en la gente sencilla de su época, Martín Lutero se opone claramente a las estructuras y procedimientos de los bancos y las sociedades comerciales: "Si permanecen las compañías, derecho y honradez se perderán. Si se quiere que queden derecho y honradez deben perecer las compañías" (WA 15,312). Dado que actualmente la triple coerción al crecimiento económico, el incremento del dinero y la privatización de nuestro planeta conduce a la muerte, en última instancia no ayudan los programas de "amortiguación social", sino únicamente la superación a largo plazo del sistema neoliberal capitalista en su conjunto. En particular, es necesaria y posible la formación de un nuevo sistema de dinero y propiedad orientado al bienestar común y en responsabilidad pública y democrática.

23

23. *"Bienaventurados los que tienen hambre y sed de justicia, porque ellos serán saciados"* (Mt 5.6). Esto puede comenzar a nivel local y regional. Aquí es donde también las iglesias y comunidades tienen grandes oportunidades, por ejemplo al colaborar con el abastecimiento de energía comunal y alternativa. A nivel macro las iglesias se pueden unir a movimientos sociales para apoyar paso a paso la realización de cambios institucionales. "Si confiamos en los políticos, logramos demasiado poco y lo logramos demasiado tarde. Si lo intentamos individualmente, logramos demasiado poco. Pero cuando colaboramos, puede lograrse lo suficiente y en el momento justo" (*Transition Town Movement*).

"Mediante el testimonio de la crucifixión... se hace realidad el poder de Dios" (1 Co 1,18)

24. Desde la Edad Media (Anselmo de Canterbury), en muchas iglesias y su proclamación la crucifixión de Jesús es interpretada como el sacrificio del Hijo de Dios, que realiza la expiación necesaria por nuestros pecados. Esta interpretación hace de Dios regente sádico, que causa sufrimiento. Ese es un gran error teológico: Dios redime *de* la violencia, no *por* la violencia.

25. La cruz era el instrumento utilizado para cumplir la pena de muerte en el Imperio romano especialmente en el caso de rebeldes y esclavos prófugos, del que también miles de personas inocentes fueron víctimas de su demostración pública de poder. Hay imágenes como la del crucificado con una máscara de gas, la de la mujer en la cruz o la del campesino crucificado, que nos recuerdan que hasta hoy en día mucha gente es víctima de las fuerzas dominantes de diferentes formas, y que el Jesús crucificado se encuentra unido íntimamente con todos ellos.

26. Según la tradición bíblica, el martirio de los justos genera el perdón de los pecados del pueblo (IV Macabeos 17,21 s.) y la muerte inocente del siervo de Dios justifica a muchos (Is 53,11 s.). Ello le otorga a la muerte en la cruz dimensiones totalmente nuevas.

27. El encuentro con el Jesús resucitado hace aparecer a la cruz bajo una perspectiva totalmente novedosa (Lc 24): a la luz del Dios *"que da vida a los muertos, y llama las cosas que no existen para que existan"* (Ro 4,17).

28. En la perspectiva de la resurrección, Jesús se inscribe de tal forma en las antiguas oraciones clamorosas de las personas traumatizadas *("Dios mío, Dios mío, ¿por qué me has abandonado?"* Sal 22,2, Mc 15,34) y su esperanza incondicional *("Los pobres comerán, y quedarán satisfechos"* Sal 22,26), que también nosotros somos incluidos en ellas.

29. La Teología de la Cruz puede superar la antigua y dañina mezcla de imágenes entre la cruz y las cruzadas en la historia del colonialismo. Es así como la Teología de la Cruz puede convertirse nuevamente en una Teología de la Vida (de la Resurrección) como expresión de la solidaridad de Dios con los pueblos oprimidos (*minjung*), de la justicia económica para todos y de la integridad del tramado de la vida en la tierra.

30. Así la Resurrección de la muerte en la cruz se hace manifiesta como el juicio sobre los poderes de la violencia, como la ejecución más radical de la solidaridad divina incondicional con toda criatura que sufre y como expresión de la fidelidad y la justicia de Dios con su pueblo, con todos los pueblos y con toda su Creación.

31. La fe en sentido bíblico es arrepentimiento. Con respecto al llamado de Jesús al arrepentimiento Lutero declara: "No se refiere únicamente a la penitencia interna, la que no sería penitencia alguna si no causara al mismo tiempo hacia afuera diversas obras para mortificar la carne (eso es: los actos egocéntricos)". Por un lado, entonces, así somos desafiados a iniciar un proceso de verdad y reconciliación en lo que respecta a los errores de la Reforma. Por otro lado, dejando valer incondicionalmente la justicia de Dios por nosotros, somos llamados a incorporarnos a esa historia de liberación para obrar lo justo . "Únicamente el creyente es obediente, y únicamente el obediente cree" (Bonhoeffer).

32. La teología de la justificación de Lutero debe ser entonces ampliada y renovada en distintos momentos y lugares, especialmente considerando la definición de Lutero del Evangelio como palabra viva de Dios. La doctrina reformadora de la justificación tiene que liberarse del individualismo posesivo occidental y del quietismo político, liberando al ser humano de todo lo que lo someta a ídolos: los privilegios por raza o género, por pertenencia a cierta etnia, religión, nacionalidad o clase social. La justificación debe ser redescubierta como la manifestación más profunda de la compasión de Dios con todos nosotros en la muerte de Jesús. De esta forma se fortalece nuestra responsabilidad pública por la justicia política y económica y por el reconocimiento de los "otros".

"¡Miren, lo Nuevo vino al mundo! (2 Co 5,17)

33. El Evangelio cristiano trata en efecto de la reconciliación entre Dios y la humanidad y de los seres humanos entre sí. Pero cuando el Evangelio no logra reconciliar a toda la Creación deja de ser Evangelio, no es la "buena nueva" (2 Co 5,18).

34. El descubrimiento de la Reforma de que todos somos salvados por la confianza en la gracia de Dios, debería incluir el conocimiento de que Dios se encuentra presente en toda Creación y que escucha sus gemidos (Ro 8,18-23).

35. Seguramente en el siglo XVI fue un avance que los reformadores criticaran las formas exteriorizadas y materialistas de los cultos. Sin embargo, algunos reformadores se excedieron al rechazar todo concepto de sacramentalidad y resistir toda la cultura material en la naciente iconoclasia. Se olvidaron de que toda vida está impregnada por Dios y de que todo el mundo en sí representa una realidad sacramental.

36. El descubrimiento de la Reforma de que somos salvados por gracia y en la fe debería también afirmar la presencia

misericordiosa de Dios en toda la Creación. La comunidad de Dios con el mundo en Jesucristo significa que también nosotros somos llamados a la comunidad con el mundo, y que una fe orientada a este mundo se realiza cuando formamos parte de la misión de Dios para renovar la Creación.

37. La Madre Tierra está siendo crucificada hoy en día y tiene que experimentar la Resurrección (Ro 8,18-22). Esto es de central importancia para nosotros los seres humanos, los animales, las plantas y para el aire, el agua y la tierra. No somos seres humanos porque consumimos, sino porque vivimos vinculados con la Creación y debemos hacernos cargo de su bienestar y del nuestro.

38. "El Evangelio a toda criatura" (Mt 16,15 según la traducción de Lutero), la Buena Nueva de Dios para toda la Creación y los mandamientos de Dios (Sal 119), es violentado cuando los seres humanos, creados a imagen de Dios, destruyen este orden por medio de la injusticia (Ro 1,18-20).

39. El Evangelio nos llama a conservar la Creación como el "huerto de Dios". Eso requiere una clara decisión personal y también una nueva política económica, social y ecológica orientada al bienestar de toda la Creación y de todos los pueblos de la tierra.

40. La "vida en abundancia" (Jn 10,10) rompe con los conceptos tradicionales de desarrollo económico y se dirige particularmente a la relación con la Creación, a la cual debe orientarse la comunidad humana. La "vida en abundancia" no busca tener cada vez más, no busca ni la acumulación ni el crecimiento, sino el equilibrio de todos los aspectos.

41. Todas las personas y la naturaleza entera tienen el derecho y la necesidad de "pan y rosas". Tanto los seres humanos como la naturaleza tienen hambre de pan y de belleza. Proclamar el derecho a la vida plena de toda la Creación y luchar por ello es una tarea todavía inconclusa de la teología de la Reforma.

42. La tierra da vida a todas las criaturas (Gn 1,24). Todo lo que la naturaleza da es un don de Dios que debemos cuidar. Esa es la manifestación de nuestra gratitud y de nuestro llamamiento a ser hijos de Dios (Sal 104).

43. Vida en plenitud no significa consumismo, sino la estrecha vinculación con toda la naturaleza. Los seres humanos y la industria humana no representan el punto culminante de la Creación; el punto culminante en la Creación de Dios tiene como meta que logremos encontrar la paz en adoración y en relaciones mutuas plenas (Gn 2,2).

44. El Evangelio nos llama a preservar y renovar la Creación como "jardín de Dios" (Is 65,17; 2 Pedro 3,13), asumiendo en lo personal un estilo de vida humilde y colaborando con personas de distintas culturas y religiones con el fin de lograr una política económica a favor de la vida, beneficiando la convivencia social y el medioambiente.

45. El significado del término "Creación" se encuentra estrechamente vinculado con la vida de las futuras generaciones. Las teologías siempre estuvieron completamente dominadas por la personalidad adulta y nunca por la de los niños. Pero en la historia de Dios siempre se habla de seres humanos. Esto también incluye a los niños y por lo tanto debe tomarse en serio en vistas de su futuro, que está en peligro.

46. Los derechos de los niños existen para protegerlos de la violencia, la opresión y la explotación. Al mismo tiempo es importante aceptar a los niños con todas sus capacidades y debilidades. En este sentido, ellos deben ser vistos como sujetos y no solo objetos de la teología.

"Bienaventurados los que practican la paz" (Mt 5,9)

47. Es necesario oír el clamor de las víctimas, el clamor de los que han sufrido violencia (especialmente en este caso en vistas de la Reforma), el llanto de las víctimas de las luchas violentas en torno a la Reforma: el clamor de los campesinos y de los anabaptistas (menonitas y otros),

de los judíos y musulmanes. También hay que escuchar el clamor de aquellos que hoy en día sufren violencia, el clamor de los que sufren violencia doméstica, de los que son económicamente explotados, de los que sufren la violación de sus derechos humanos, los que sufren bajo la injusticia contra la Creación, oprimidos por el imperialismo y las guerras.

48. Es necesario hacer un llamamiento al arrepentimiento y hacia una práctica de la paz (Is 2,2-4). La práctica de la paz se realiza siempre cuando los seres humanos siguen la práctica de Dios y toda práctica libre de violencia, así como lo hizo Jesús. Con esa práctica de la paz comienza el Reino de Dios, el Reino de la Paz (Shalom; Is 11,6-9).

49. El fenómeno de la violencia se hace visible en todos los ámbitos en los que se resiste a la práctica de la paz y en los que ella es impedida por medio de la violencia social, política, económica o estatal, y cuyas víctimas elevan su clamor al cielo.

50. La violencia está presente en todos lados y en múltiples formas (como violencia estructural, técnica, militar o activa). La omnipresencia de la violencia también se hace visible en diversas prácticas muy resistentes, como cuando se establecen enemigos y sobre todo chivos expiatorios (Hch 7,54-60).

51. Es necesario descubrir las razones y causas de todas las formas de violencia, pero la violencia siempre es consecuencia de una violencia anterior. La violencia, por lo tanto, ya de por sí es reacción violenta.

52. No existe ningún camino que justifique o legitime la violencia. La violencia siempre es ilegítima. No existe ningún tipo de violencia justa, esto es, no hay ninguna violencia que puede ser fundamentada en la justicia. No existen las guerras justas y ninguna guerra está justificada. Lutero, Zuinglio y Calvino aceptaron únicamente una violencia limitada para minimizar una violencia mayor. Pero en vista de los medios masivos de destrucción modernos, aun esa lógica se ha vuelto anacrónica. La violencia nunca puede ser el medio para lograr una meta

(sea la que fuere), porque Dios mismo ha reconciliado todas las cosas con Él mismo (Col 1,19-20).

53. Tampoco se puede hacer valer el derecho a través de la violencia. Cuando los seres humanos sufren violencia, deben ser protegidos con todos los medios de la práctica de la paz. En los tiempos de la Reforma se comenzó a definir el uso de la violencia guerrera y policial exclusivamente como tarea de la autoridad y únicamente para la protección del prójimo frente a la violencia de parte de terceros. En gran parte, esta limitación ha sido olvidada, haciendo uso indiscriminado de la violencia como signo exhortante de un mundo resquebrajado.

54. También la imposición de derecho se basa en la violencia; esta es la violencia externa que no legitima ninguna violencia posterior, sino que exige que sea hecho lo que es justo (Mt 5,38-42). Los sistemas de derecho deben ser juzgados según si aseguran y garantizan o no la justicia y afirman la paz.

55. Practicar la paz significa vivir, hablar y actuar sin violencia alguna. Practicar la paz significa hacer aquello que realiza la paz: practicar la justicia, escuchar, perdonar, compartir, regalar, sanar, consolar, ayudar, todo aquel trabajo de resistencia contra la violencia (Mt 5,3-11). Todo ello es servicio y culto a Dios (Ro 12,1-2), el servicio y el culto a Dios es práctica de la paz.

56. También hay que practicar la paz cuando hablamos y no usar violencia verbal; testimoniar, no convencer (Mt 5,33-37).

57. Practicar la paz también significa apostar y comprometerse a que la convivencia de todos (la comunidad política) únicamente se sostiene por la puesta en práctica de la paz. Entonces practicar la paz significa seguir una convicción que es realista en el sentido de la responsabilidad, porque únicamente mediante una práctica de la paz es que la paz puede hacerse presente en el mundo (Mt 5,43-48).

"Uno lleve la carga del otro y cumplan así la Torá de Cristo" (Gl 6:2)

58. En el origen de la Reforma se encuentra el redescubrimiento de Lutero en los escritos de Pablo de la justicia de Dios como poder creador y renovador. En su doctrina de la justificación, Lutero comprende esa justicia como autodonación misericordiosa de Dios que alcanza incluso al impío (*sola gratia*) y como confianza en la fidelidad de Dios en la fe (*sola fide*) en Cristo (*solo Christo*).

59. La justicia de Dios lleva a Pablo a la comprensión visionaria de que "en Cristo" los contrastes y las jerarquías del presente "siglo malo" serán depuestas (Gl 1,4). "Nosotros" no somos lo que nos separa de los demás, sino lo que nos vincula con ellos. Los contrastes humanos de nación, religión, género y clase social que constituyen el Yo como enemigo y rival de los demás, son "desvestidos" en el bautismo como si fueran ropajes viejos. La nueva práctica del llegar a unirse por la convivencia y la solidaridad crea una nueva forma de humanidad y un nuevo mundo. (Gl 6,2-15) *"Ya no hay judío ni griego; no hay esclavo ni libre; no hay varón ni mujer, sino que todos ustedes son uno en Cristo Jesús"* (Gl 3,28). Entonces la justicia de Dios, la justificación del ser humano y la justicia humana se encuentran inseparablemente vinculadas entre sí.

60. Un aspecto extraordinariamente problemático y no paulino de la teología de la justificación reformadora y su posterior interpretación en el protestantismo es su concepto de "ley". Lutero pone de forma programática la "justicia por la ley" en oposición directa a la "justicia o justificación por la fe" y comprende esta antítesis como antítesis irreconciliable entre judaísmo y cristianismo.

61. Esa polarización, que tiene graves consecuencias, se fundamenta en su interpretación de la Carta a los Gálatas. Injustificadamente, Lutero aquí identifica la ley que critica Pablo con la Torá. Él interpreta la controversia de la Carta a los Gálatas acerca de la necesidad del ritual judío de la circuncisión para los cristianos que no eran

de origen judío como un rechazo general del judaísmo y su ley. Las más recientes investigaciones, en cambio, han demostrado que el central enemigo en la lucha de Pablo con sus opositores en la Carta a los Gálatas no era la Torá judía, sino la ley y el orden del Imperio romano. Esta ley imponía tanto para judíos como para gentiles ciertas normas de conformidad. El modelo paulino de una comunidad solidaria de judíos y no-judíos "en Cristo" choca en primer lugar con ese orden y ese sistema de socialización imperial, especialmente en lo que respecta a la adoración romana al Emperador.

62. La Reforma siguió igualando al judaísmo y al catolicismo romano, juzgando a ambos como "religiones de la ley" que buscaban alcanzar la justificación a través de las "obras de la ley". El esquema polarizador de "obras o gracia y fe" y "Evangelio o ley" aplicado a personas concretas de la historia tuvo consecuencias fatales en su posterior interpretación: no solamente se hizo una lectura antijudaica y anti-católico-romana, sino también en contra de los "entusiastas", anabaptistas, musulmanes y otros "herejes", muchas veces con resultados mortales.

63. Hasta hoy en día la teología de la liberación, la teología feminista o movimientos sociales son juzgados como expresiones de la "justicia por las obras" o "justicia legalista", negándoseles así el formar parte de la fe auténtica. La teología de la justificación es utilizada en contra de la justicia en el mundo.

64. De esta forma, la tradición protestante se encuentra comprometida a partir de una formación de la propia identidad en delimitación respecto de los "otros", lo que está claramente en contra de la solidaridad radical paulina de la convivencia más allá de todo trazamiento de límites. A la luz de la actual crisis mundial se ha convertido en un imperativo categórico repensar la teología de la justificación protestante basándola nuevamente en la justicia de Dios y en sus raíces en la Escritura.

65. El juicio negativo sobre el judaísmo y la ley aportó decisivamente a una devaluación fundamental de todo

el Antiguo Testamento. La fórmula trinitaria de "Padre, Hijo y Espíritu Santo" como testimonio común de todas las iglesias cristianas afirma el nexo inseparable entre ambas partes del canon bíblico. Recuperar esta unidad de ambos testamentos es una tarea fundamental de la teología reformadora hoy en día.

66. El Mesías Jesús de Nazaret hace una invitación a todos los pueblos a ser partícipes del futuro prometido al pueblo de Israel: una sociedad justa e igualitaria en el espíritu de la Torá. La Iglesia cristiana no reemplaza a Israel, sino que el antiguo pueblo de Israel es la raíz de la Iglesia. *"No eres tú el que sustenta a la raíz, sino que es la raíz la que te sustenta a ti"* (Ro 11,18).

67. El Mesías Jesús anuncia que el Reino de Dios, su mundo justo, está cerca (Mt 4,17). En el horizonte de esta esperanza, el Mesías Jesús interpreta la Torá de Israel para el presente (Mt 5-7). Los criterios de interpretación son la adoración exclusiva de Dios y el amor al prójimo y la prójima, sobre todo a los pobres y marginados (Mc 12,28-34; Mt 25,31 ss.). Especialmente en ellos se decide la interpretación de la Torá. Así, la Torá, de la cual no se ha quitado ni el más mínimo mandamiento, se convierte en orientación para las comunidades mesiánicas (Mt 5,17-20; 28,19-20; ver también Ro 3,31). La exigencia de Jesús de que sigamos su lectura de la Torá nos llama a interpretarla una y otra vez a la luz de la esperanza en el Reino de Dios que está llegando, y así llenarla de vida.

68. En la carta a los Romanos oímos el clamor de las personas apresadas en un orden imperial que les hace imposible vivir según la orientación de la Torá. El pecado no es simplemente una condición humana abstracta, sino que se materializa en las condiciones sociales concretas. Los esquemas de poder imperial representan para Pablo el poder del pecado que conduce necesariamente a las personas a infringir las leyes creadoras de vida de la Torá, convirtiéndolas así en cómplices de la muerte y de la autodestrucción (Ro 7,24).

69. La justificación paulina por fe y por gracia incluye por lo tanto la doble liberación, la del ser humano y también

la de la Torá del poder del pecado. Las comunidades mesiánicas logran crear un espacio en el que judíos y no-judíos pueden cumplir "en Cristo" la Torá como ley de la vida, gracias al amor entre ellos y también a sus enemigos (Ro 8,2; 12,1-21; 13,8-10).

70. La crítica de Pablo y de la Reforma a las leyes no se dirige de por sí en contra de un orden legal social (*usus civilis legis*). El derecho y la ley son necesarios para sostener la sociedad humana. La crítica se dirige exclusivamente contra la instrumentalización de la ley en beneficio de los poderosos y a costo de los débiles, como ya lo denunciaban los profetas. La ley existe para el ser humano, no el ser humano para la ley, así lo explican tanto Jesús como los rabinos (Mc 2,27; Talmud babilónico, Tratado de Eruvin 41b). La legislación humana debe ser cuestionada críticamente y cambiada una y otra vez para defender el derecho de las víctimas en contextos concretos, en vez de cubrir jurídicamente las injusticias de un orden dominante.

71. En este contexto, la identificación que Lutero hace de los Diez Mandamientos (Decálogo) con el derecho natural (Moisés como el "Espejo Sajón de los judíos") representa un problema especial. De esa forma diluye la particularidad de la Torá como ley alternativa que se diferencia en puntos decisivos de los sistemas legales de su entorno, por ejemplo en el tema de la legislación sobre el sábado, el perdón de las deudas, la prohibición de la acumulación por avaricia (décimo mandamiento). Cuando identificamos la Torá con cualquier tipo de ley, como por ejemplo el derecho romano que considera la propiedad privada como algo absoluto, perdemos esta intención crítica.

72. Especialmente en su Catecismo Menor, Lutero hace desaparecer la introducción política concreta del Decálogo: "*Yo soy Adonaj, tu Deidad, porque yo te he liberado a ti de Egipto, la casa de trabajo esclavo*". (Ex 20,2; Dt 5,6) Además, él también amplía el mandamiento de la obediencia a los padres a la obediencia a la autoridad en sí. Estas dos

modificaciones sintomáticas de la base escriturística en el Catecismo más influyente de Lutero, ya nos muestran de qué forma el luteranismo pudo caer en conceptos de obediencia de los súbditos y adaptación frente a cualquier tipo de sistema de derecho o contrario al derecho, en vez de confiar en el Dios de la liberación (*sola fide*) y luchar por aquellos a quienes se les niega su derecho.

73. Si el sistema que rige la sociedad no practica la justicia y se muestra indiferente hacia las necesidades de las personas sencillas y menos importantes (Mt 25,34-40), si de esa forma practica la idolatría imponiendo a sus ciudadanas y ciudadanos un modo de vida inaceptable, entonces los cristianos no solamente deben desobedecer a ese mal gobierno, sino que también deben practicar la resistencia activa.

74. Dentro de las estructuras imperiales, la orientación es de resistir las indicaciones bíblicas liberadoras que van en contra de las lógicas y leyes mortales de un poder violento y esclavizante. Para oponer esa resistencia se debe recuperar un conocimiento profundo de las tradiciones liberadoras de la Torá tanto en el Antiguo como en el Nuevo Testamento, que han sido olvidadas. Al igual que en los tiempos de la Reforma, necesitamos un nuevo "despertar" a estudios bíblicos profundos en nuestras comunidades que traten de los problemas individuales, sociales y económicos de forma crítica y liberadora. Por ejemplo, desde una perspectiva bíblica, el perdón de las deudas y el perdón divino de los pecados se encuentran estrechamente vinculados (Mt 6,12). Las cristianas y los cristianos de hoy en día deberían conocer especialmente el Antiguo Testamento, la Biblia judía, como un rico tesoro para formar sus vidas y sus juicios éticos.

75. Los hombres y mujeres que siguen a Jesús tienen el deseo de sumergirse profundamente en los secretos de Dios en comunidad con los textos sagrados, que también han sido revelados en otras religiones. Ese gozo lo experimentan cuando buscan crear un mundo mejor en un esfuerzo conjunto con judíos, musulmanes, budistas, hindúes y

todas las otras culturas de África, América del Norte y del Sur, el Caribe, Asia, el Medio Oriente, el Pacífico y Europa (Is 49,6), fortaleciéndose mutuamente en el diálogo. El Evangelio se opone a cualquier tipo de invasión cultural, religiosa o militar.

76. Una interpretación post-colonialista de la teología de la Reforma apoya un proyecto de inculturación para subrayar que el diálogo interreligioso debe ser un diálogo profético. En este sentido realiza un nuevo comienzo, criticando cualquier forma de la teología de la Reforma que sea instrumento de la colonización o cuya erudición sea abusada al servicio de los poderosos.

"El Espíritu sopla donde quiere" (Juan 3:8)

77. En el espíritu de la iglesia que emergió de la Reforma, es crucial que escuchemos hoy los clamores de las personas y los pueblos alrededor del mundo, que perciben que la iglesia no ve sino desatiende y excluye su sufrimiento, opresión y realidades culturales (Mateo 15,31 ss), y así son profundizadas en vez de ser sanadas las divisiones en la iglesia y la sociedad.

78. Los movimientos de la Reforma comprendieron a la iglesia no tanto como una institución sino como el pueblo bautizado de Dios reunido en comunidades locales. La iglesia como comunidad en el seguimiento de Jesús es el espacio santo en que se escucha la Palabra universal de Dios y se celebra los sacramentos, realizado en muchas lenguas, tradiciones y confesiones. Su encargo es contribuir a la sanación del mundo.

79. El sacerdocio de todos los creyentes fue un clamor radical por democratizar la institución más poderosa de aquellos días, la Iglesia Romana. Hoy esto debe ser traducido como un llamado revolucionario a los derechos ciudadanos universales y a la distribución equitativa de los productos del trabajo humano.

80. En el siglo XVI la iglesia fue reformada. Pero prontamente las iglesias en la tradición de la Reforma se vincularon

nuevamente a estructuras y prácticas patriarcales, jerárquicas y cautivas de poderosos intereses económicos y políticos. ¡Su persecución a judíos, anabaptistas y musulmanes no solo fue deplorable, sino imperdonable! Aun el arrepentimiento es insuficiente. Debemos dejar que el Espíritu de Dios nos impulse a alejarnos de tales expresiones constantinas de la iglesia. Se trata de dejarse inspirar para darle forma a una iglesia en la que, comenzando por los excluidos socialmente, todos puedan participar; en la que son atravesadas las fronteras. Es darle forma a una iglesia que sea verdaderamente católica, es decir, que incluye a todos – por sobre las fronteras de religión, etnicidad, geografía e intereses egoístas.

81. El discipulado en Cristo requiere una actitud de contemplación, depuración espiritual, iluminación y entrega a la voluntad de Dios. Si oímos la voz de Dios con el temor de Rajab (Josué 2) o el temor de María y Elisabeth (Lc 1) y permitimos que el Espíritu de Dios inunde las profundidades de nuestro ser, entonces emprenderemos el sendero del discipulado en Cristo. Las mujeres de la Biblia y las mujeres de la Reforma Radical nos demuestran el camino del seguimiento, misticismo, testimonio y martirio.

82. El Espíritu de Dios actúa libremente, soplando cuando y donde el Espíritu así lo desea, renovando continuamente la iglesia. No puede ser propiedad de nadie, ni puede ser tomado cautivo por los intereses institucionales ni por las definiciones doctrinales.

83. El Espíritu causa la renovación y el cambio tanto en la iglesia como en la sociedad. Además de la transformación de personas individuales, el Espíritu también habilita a los creyentes a luchar juntos con los de otras religiones, ideologías y movimientos sociales, y a soportar el sufrimiento causado por este compromiso con el amor, la solidaridad y la justicia.

84. Cuando Lutero llamó a la cruz una marca o signo de la iglesia, él estableció un criterio: para ser la iglesia, ella

tiene que ser vulnerable por estar con y por los pobres y arriesgar su estatus social y político, protestando públicamente contra las estructuras y las políticas injustas.

85. Más que focalizar solamente a los individuos, para la resistencia y transformación es esencial un énfasis crítico eclesial-comunitario. De lo contrario las injusticias seguirán teniendo vía libre, distorsionando nuestras más básicas relaciones con Dios, con nosotros mismos, entre unos y otros y con la creación entera. Por medio de prácticas como la predicación, la enseñanza, la celebración, y la formación de comunidad, y organizándose con otros/otras, la iglesia puede ayudar a hacer frente al pecado, esclavitud, y ceguera que permiten prevalecer la dominación de las muchas facetas del imperio.

86. Por medio del poder del Espíritu que habita su interior y los conecta, aquellos que son muy diferentes entre sí son transformados en un cuerpo o en "una nueva creación". Acogiendo la renovación y el cambio, el Espíritu también reúne a la gente en la unidad del cuerpo de Cristo, y ya no puede ser usado para justificar las divisiones en la iglesia. Una iglesia que se reforma debe ser reconciliada con ella misma y tratar de superar las divisiones entre oriente y occidente, entre católicos y protestantes, y entre las varias iglesias de la Reforma, para que todas puedan llegar a celebrar juntas en la Mesa del Señor.

87. Una iglesia que se reforma es transformada continuamente por lo que recibe de otras tradiciones teológicas y culturas. Enfatizando el vínculo entre Espíritu y Palabra, Lutero había criticado a cualquiera que reclame haber recibido revelaciones especiales del Espíritu fuera de lo que es revelado en las Escrituras. Esto no debe ser malinterpretado como limitando la libre obra del Espíritu en la gente, incluyendo a aquellos de otra tradición o religión, tanto como en el resto de la creación (Rom 8).

88. La crítica de Lutero a los entusiastas no se puede transferir a nuestros tiempos como una crítica generalizada del pentecostalismo. A la vez que se debe criticar a las "teologías de la prosperidad" en base a una teología de la

cruz, debemos estar atentos a la obra del Espíritu dentro de los movimientos pentecostales edificando comunidad, rescatando a las personas de la marginalización y restaurando la dignidad de las personas que sufren bajo la pobreza, la enfermedad, las adicciones y el desempleo.

89. El redescubrimiento y la relectura de las tradiciones bíblicas desde la perspectiva de los marginalizados, basados en el análisis social y la lectura contextual e intercultural de la Biblia en relación a los más diversos asuntos por todo el mundo, es un signo importante de esperanza de que las hermenéuticas liberadoras de la tradición Reforma son activas hoy en muchas iglesias.

90. En el corazón de la Reforma estuvo la importancia de que todos/todas tuvieran acceso a la educación, tanto como a una re-lectura crítica de la Biblia en relación con las situaciones contextuales actuales. Pero las raíces de la Reforma no es lo que prevalece en las iglesias que se han extendido por todo el mundo. En cambio, está creciendo una espiritualidad individualista, que coincide con intereses poderosos y perpetúa las ilusiones, tanto como los fundamentalismos religiosos.

91. Recuperar el papel crucial de la teología bíblica y la educación teológica crítica (y la educación en general), es clave para el desarrollo de la reforma y la renovación continua dentro del cristianismo global en el siglo XXI.

92. Benditos son aquellos que no se acomodan a los sistemas de este mundo, sino que protestan por la forma en que Dios sigue siendo crucificado en los esquemas de este mundo (Rom 12,2) y cooperan con otros en la construcción de un mundo nuevo con justicia y paz en las comunidades humanas.

93. Necesitamos una "nueva Reforma". Ahora, como antes, es fácil ser piadoso. Pero esa espiritualidad se expresa muchas veces de forma equivocada, porque las iglesias son ajenas a las situaciones reales en las que viven las personas. Nosotros, como en otros tiempos Lutero, necesitamos una renovación del lenguaje, una vuelta a la Buena Nueva liberadora del Evangelio.

94. La propuesta de Bonhoeffer de un cristianismo comprometido con el mundo que descubre un nuevo lenguaje para el viejo Evangelio, debe traducirse como "orar y hacer lo justo entre los seres humanos" (Bonhoeffer). Todo lo que se habla en la Iglesia debe ser ejercitado desde esa oración y ese accionar. Es exactamente en esto en lo que insiste la Teología de la Liberación cuando sostiene la inseparabilidad de ortopraxis y ortodoxia.

Conclusión

"Radicalizar la Reforma – provocados por la Biblia y las crisis actuales" no es una opción arbitraria para las iglesias y la teología, sino una necesidad.

El mismo Lutero hizo de la Escritura en su sentido histórico el criterio de toda tradición. La interpretación contextual de la Biblia ha agudizado ese sentido crítico-profético. Lutero criticó ya desde el principio la Modernidad capitalista. Al final de este período de la historia de la humanidad, fatal y suicida, escuchemos nuevamente la voz de nuestras fuentes de la fe y junto a otros atrevámonos a "detener la rueda atravesándonos en sus radios". ¡Caminemos en comunidad este camino de la justicia y de la paz!

Halle, 7 de agosto de 2014

Prof. Dr. Walter Altmann/Brasil, Prof. Dr. Charles Amjad-Ali/ Pakistan/USA, Dr. Claudete Beise Ulrich/Brasil/Alemania, Prof. Dr. Daniel Beros, Argentina, Prof. Dr. Karen Bloomquist/USA, Leonardo Boff, Prof. emer. de Teología y Ética/Petrópolis, Prof. Dr. Klara Butting/Alemania, Prof. Dr. Paul Chung/Korea/USA, Prof. Dr. Frank Crüsemann/Alemania, Marlene Crüsemann/Alemania, Dr. Silfredo Dalferth/Brasil/Alemania, Prof. Dr. Wanda Deifelt/ USA, Prof. Dr. Martin Dreher/Brasil, Prof. Dr. Ulrich Duchrow/ Alemania, Prof. Dr. Enrique Dussel/México, Prof. Dr. Fernando Enns/Alemania, Prof. Dr. Antonio González Fernández/España, Prof. Dr. Timothy Gorringe/UK, Prof. Dr. Peter Heltzel/USA, Prof. Dr. Franz Hinkelammert/Costa Rica, Dr. Martin Hoffmann/ Alemania/Costa Rica, Prof. Dr. Claudia Janssen/Alemania, Prof. Dr. Carsten Jochum-Bortfeld/Alemania, Prof. Dr. Brigitte Kahl/ USA, Prof. Dr. Rainer Kessler/Alemania, Prof. Dr. Karl Koop/ Canada, Prof. Dr. Maake J Masango/África, Prof. Cynthia D. Moe-Lobeda, Ph.D./USA, Dr. Kenneth Mtata/Zimbabwe/Ginebra, Prof. Dr. Craig L. Nessan/USA, Prof. Dr. Axel Noack/University Halle-Wittenberg, Prof. Dr. Jaime Prieto/Costa Rica, Dr. Edelbert Richter/Alemania, Prof. Dr. Santhosh J. Sahayadoss/India, Prof Dr. Dr. h.c. Luise Schottroff/Alemania, Prof. Dr. Sturla Stalsett/ Noruega, Prof. Dr. Marisa Strizzi/Argentina, Prof. Dr. Samuel Torvend/USA, Prof. Dr. Hans G. Ulrich/Alemania, Prof. Dr. Karin Ulrich/Alemania, Lic. Ton Veerkamp/Alemania, Dr. Dietrich Werner/Alemania, Prof. Dr. Vitor Westhelle/Brasil, Prof. Dr. Renate Wind/Alemania, Prof. Dr. Lauri Wirth/Brasil

Supporters (By January 1, 2015):
Anna Marie Aagaard, prof. emerita, University of Aarhus/ Dinamarca, Prof. Dr. Evangeline Anderson-Rajkumar/India, Rev. Norbert Arntz/Alemania, Prof. Dr. Sigurd Bergmann/Schweden, Prof. Dr. Gregory Baum/Canada, Prof. Dr. Ulrich Becker/ Alemania, Dr. Dick Boer/Países Bajos, Prof. Dr. Allan Boesak/ África/USA, Prof. emer. Dr. Pamela K Brubaker/USA, Prof. Dr. Nancy Cardoso/Brasil, Bishop Duleep de Chickera, Sri Lanka, Prof. Dr. John B. Cobb, Jr./USA, Rev. Dr. Norma Cook Everist/USA, Rev. Dr. Lisa E. Dahill/USA, Rev. Dr. Susan E. Davies/USA, Rev Dr. Moiseraele Prince Dibeela/Botsuana, Dr. Gabriele Dietrich/ India, Dr. Beat Dietschy/Suiza, Prof. Jacob J. Erikson/USA,

Dr. Christopher Ferguson, Secretario General de la Comunión Mundial de Iglesias Reformadas/Canada/Alemania, Rev. Dr. Jerry Folk/USA, Dr. Hartmut Futterlieb/Alemania, Dr. Wolfgang Gern/Alemania, Prof. Rev. Dr. Arnfríður Guðmundsdóttir, Islandia, Rev. Dr. Anna Karin Hammar, Suecia, Prof. Dr. Cees J. Hamelink/Países Bajos, Prof. Dr. John Hiemstra/Canada, Rev. Dr. George S Johnson/USA, Rev. Dr. Kristin Johnston Largen/USA, Jonas Adelin Jørgensen, Secretario General, Consejo Mosionero Danés, Rev. Dr Jooseop Keum/Korea/Ginebra, Rev Dr Sivin Kit/Malasia, Dr. René Krüger/Argentina, Dr. Gerhard Liedke/ Alemania, Carter Lindberg, Professor Emeritus/USA, Prof. Dr. Dr. Peter Lodberg/Dinamarca, Rev. Dr. David Lull/USA, Man Hei Yip, Ph.D. Candidate/U.S.A./Hong Kong, Rev. Dr. Jim Martin-Schramm/USA, Dr. Daniel F. and Dr. Jean B. Martensen/USA, Esther Menn, Ph.D./USA, Dr. Rogate Mshana/Tansania, Ched Myers, PhD, Bartimaeus Cooperative Ministries/USA, Prof. Dr. Harry Noormann/Alemania, Prof. Dr. Park Seong-Won/Korea, Rev. Dr. Richard J. Perry, Jr./USA, Prof. Dr. Winston Persuad/ U.S.A./Guyana, Dr. Praveen PS. Perumalla/India, Rev. Dr. Vincenzo Petracca/Alemania, Prof. Raymond Pickett/USA, Rev. Dr. Shanta Premawardhana/USA, Rev. Melinda Quivik, PhD/ USA, Prof. J. Paul Rajashekar, U.S.A./India, Rev. Christopher Rajkumar/India, Prof. Dr. Larry Rasmussen/USA, Prof. Dr. David Rhoads/USA, Prof. Dr. Joerg Rieger/USA, Dr. Martin Robra/Alemania/Ginebra, Terra Rowe, Ph.D. Candidate/USA, Prof. Dr. Barbara Rossing/USA, Rev. Robert Saler, Ph.D./USA, Violaine and Dr. Julio de Santa Ana/Uruguay/Ginebra, Rev. Dr. H. Paul Santmire/USA, Prof. Dr. Thomas H. Schattauer/USA, Prof. Dr. Franz Segbers/Alemania, Dr. Jirí Silný/República Checa, Prof. Dr. Lilia Solano/Columbia, Prof. Mary M. Solberg/USA, Prof. Dr. Kirsi Stjerna/USA, Prof. Dr. Jung Mo Sung/Brasil, Rev. Linda Thomas, PhD/USA, Prof. Dr. Detlov Tonsing/África, Prof. Dr. Stylianos Tsompanidis/Grecia, Rev. Dr. Lee Van Ham, Jubily Economics/USA, Rev. Dr. Alicia Vargas/USA, Prof. Dr. Mammen Varkey/India, Prof. Dr. Petros Vassiliadis/Grecia, Prof. Dr. Vuyani Vellem/África, Prof. Anna Marie Vigen, Ph.D./USA, Dr. Klausdieter Wazlawik/Alemania, Dr. Paul A. Wee/USA, Rev. Dr. Paul Westermeyer/USA, Rev. Josef Purnama Widyatmadja/ Indonesia, Rev. Prof. Philip L. Wickeri/USA/China, Dr. M. E. Greetje Witte-Rang/Países Bajos, Rev. Nancy Wright/USA.

La presente obra ofrece una selección de artículos de cada uno de los ejes temáticos del proyecto "Radicalizando la Reforma", con la finalidad de realizar una contribución a la reflexión teológica en el contexto de América Latina. Esta obra en español hemos subtitulado "Otra teología para otro mundo".

Liberación para la justicia

Daniel Beros realiza un primer aporte sobre esta temática. En él pregunta por el significado del 500 Aniversario de la Reforma en el contexto religioso y social de América Latina. El aniversario puede llegar a ser un *"kairos"* del Espíritu, es decir, la conversión a la fuente auténtica de la vida y de la espiritualidad. Del renovado escucha de la palabra de la justicia ajena, crecen los impulsos para una transformación justa de un mundo lleno de injusticias.

Brigitte Kahl, con su ensayo "Pablo y la ley en la carta a los Gálatas. ¿*Nomos* romano o Torá judía?" nos propone regresar a la fundamentación bíblica del artículo central de la Reforma sobre la justificación por la sola fe. Indaga los clásicos modelos duales de fe y obras y ley y evangelio, que han conducido al rechazo de judíos, anabaptistas, entusiastas, turcos y musulmanes. A su criterio, la crítica de la ley de Pablo se refiere más al derecho penal romano que a la Tora judía. En la justificación por la fe Kahl reconoce la intención crítica y poscolonial de la teología paulina con respecto al imperialismo romano.

Franz Hinkelammert desarrolla una confrontación de otro tipo con la ley. "La deuda según Anselmo de Canterbury y su interpretación en el capitalismo moderno" retoma las leyes letales del capitalismo neoliberal y pregunta por sus raíces mentales. La doctrina de la satisfacción de Anselmo que ha marcado la cristología desde hace siglos, prepara teológicamente el camino para estas ideas y abre el cristianismo al pensamiento capitalista. Por el contrario, la relectura de Pablo por los reformadores descubrió la justificación como liberación de esas leyes y desarolló sus impulsos emancipadores.

El inicio de la Modernidad puede ser reconocido en la Reforma, pero en conexión con el simultáneo inicio de la colonización de América Latina. *Lauri Emilio Wirth* analiza dicha relación en su aporte *Martín Lutero, Bartolomé de las Casas, y la fe del otro*. La comparación de la Reforma protestante con la misión romano-católica en América Latina requiere un enfoque hermeneútico que toma en serio las consecuencias de la cristianización y parte de la suerte de las víctimas de la colonización. De ahí que sea posible establecer una conexión entre misión, colonialismo y los temas centrales de la Reforma protestante.

Liberación del Mammón

Este es el título de la segunda sección del libro. En él los conocimientos de la Reforma son referidos críticamente a la configuración de la Modernidad, caracterizada por el individualismo posesivo y la maximización de la ganancia.

Ulrich Duchrow analiza "El posicionamiento de Lutero hacia el individualismo del moderno sujeto del dinero". Lutero describe al ser humano como ser relacional y reconoce su redención en la incorporación a la comunidad como cuerpo de Cristo. Ella es llamada a la cooperación con Dios y entre las personas para el bienestar del mundo, en particular de los pobres y menospreciados. Eso requiere una decisión entre Dios y Mammón, el ídolo más común del mundo. A partir de allí Lutero cuestiona con agudeza a una civilización del "dinero voraz" y llama a la iglesia a que viva y se comprenda como sociedad de contraste.

En su artículo "El límite que libera: La justicia ajena de la cruz como poder de vida. Implicaciones teológico-antropológicas de una praxis política emancipadora", *Daniel Beros* recurre a la teología de la cruz de Lutero como impulso para una praxis política emancipadora. Encuentra en ella parámetros epistemológicos, hermenéuticos y prácticos fundamentales que posibilitan dicha praxis política en el contexto global actual. La justicia ajena de la Cruz se contrapone a la lógica de la competencia, de la violencia y de la destrucción global, estableciendo límites liberadores al sistema capitalista imperial.

Política y economía de la liberación

En su aporte "Lutero y la economía: la crítica a la religión como crítica al capitalismo", *Martin Hoffmann* describe la crítica perspicaz de Lutero al capitalismo temprano de su tiempo. En la época en que tuvo inicio esa forma de economía, Lutero descubre los fenómenos que van a florecer luego en el capitalismo monetario. Más allá de su crítica a la realidad económica de su tiempo, en su teología de la cruz desarrolla una lógica con la que critica las formas tradicionales de pensamiento religioso. Sus concepciones reformadoras fundamentales apuntan a una economía que sirva a la vida, así como sirve a la vida el Evangelio.

Teología reformadora no tiene lugar solo en el siglo XVI. *Peter Goodwin Heltzel* presenta en "Jesús el revolucionario: Radicalizar la cristología después de Bonhoeffer", una corriente de la tradición luterana que radicaliza la cristología y fundamenta una teología protestante profética. El sentimiento empático de Bonhoeffer con el sufrimiento judío en Alemania tiene que ver con su encuentro con el cristianismo negro profético en Harlem y el movimiento del Evangelio Social. El "Jesús negro" de Bonhoeffer insta a considerar los acontecimientos del mundo desde abajo, desde la perspectiva de los impotentes y oprimidos. La visión profética de Jesús llama al servicio de la justicia racial y social.

Liberación de la violencia hacia la vida en paz

La no violencia y la paz siguen consecuentemente como tema de la cuarta sección. *Craig Nessan* plantea el tema con su ensayo "Más allá de la Reforma ética de Lutero: Campesinos, anabaptistas y judíos". Analiza los escritos teológicos de Lutero contra los campesinos, anabautistas y judíos como forma de una "política de la identidad". Estos tres casos plantean cuestiones radicales no solo en cuanto a la ética de Lutero, sino a su teología en su conjunto. La integridad ética de la Reforma luterana es seriamente cuestionada si no se rechazan, corrigen y superan las consecuencias que saca Lutero en esos tres casos. Una "política de la identidad religiosa" tiene que ser sustituida por una auténtica "política del prójimo", como intención central de la ética social luterana.

Charles Amjad-Ali critica la negligencia voluntaria o ignorancia consciente sobre el Islam en el trabajo académico luterano. En vistas del 500 Aniversario de la Reforma y de la retórica hostil actual contra el Islam y los musulmanes, considera el estudio del Islam de suma importancia. En su ensayo "El prejuicio y su aplicación histórica: una hermenéutica radical del trato de Lutero a los turcos (musulmanes) y a los judíos" se enfrenta a esta tarea. Toma en cuenta críticamente no solo las explicaciones fundamentales de Lutero, sino también las preguntas del discurso actual.

Una importancia especial tiene el desarrollo de un pacifismo cristiano. Eso lo emprende *Antonio González Fernández* desde la tradición pacifista menonita. Su aporte "La responsabilidad de la convicción: el pacifismo cristiano" intenta superar la confrontación de la "ética de convicción" y de la "ética de responsabilidad" planteada por Max Weber. Con ello prepara las condiciones de posibilidad de un pacifismo realista.

La Iglesia – liberada para resistencia y transformación

Esta quinta y última sección se dedica al tema "iglesia": ¿Qué rol juega la iglesia según el entendimiento reformador en el amplio proceso de la liberación? Ofrecemos para eso tres contribuciones, cada una de las cuales destaca un aspecto particular de la tradición reformadora.

Vitor Westhelle recuerda un concepto clave en "El sacerdocio de todos los creyentes. Martín Lutero y la iglesia de Adán". El sacerdocio universal fue un grito radical por democratizar la más poderosa institución de la Edad Media, la Iglesia católico-romana. En el presente ello tiene que ser traducido como llamado revolucionario a la ciudadanía universal y a la distribución justa de los productos del trabajo humano.

Karen Bloomquist elabora las "Prácticas subversivas de ser Iglesia: ver, recordar, conectar". En las crisis globales que nos amenazan hoy en día se plantean preguntas fundamentales sobre el sentido, la esperanza y los valores que deberían ser la fuerza de las comunidades de fe. Hay que redescubrir la iglesia como fuerza que actúa de una manera resistente y transformadora frente a la injusticia, las estructures imperiales y las más diversas formas de opresión. En ver, recordar y establecer relaciones, Bloomquist reconoce las "prácticas subversivas" de una iglesia de la cruz.

En su artículo "El significado de Martín Lutero para la liberación de los oprimidos", *Leonardo Boff* pregunta por la contribución de Lutero a la liberación de los pobres y oprimidos en América Latina. La reconoce en dos impulsos más bien indirectos: en el así llamado "principio protestante", que ha liberado al pueblo del poder total de la Iglesia, y en la interpretación de la Biblia de parte del pueblo, que constituye un puente con la experiencia de las comunidades de base en América Latina. La postdata de Boff, que efectúa una primera valoración del actual Papa Francisco, subraya el horizonte ecuménico del movimiento teológico de la liberación en los siglos XX y XXI.

Con esas contribuciones nos hemos propuesto habilitar un acceso al potencial crítico y liberador de la teología y la tradición reformadora, a fin de confrontar la crisis global de la llamada "Modernidad" e iniciar así una nueva cultura de la vida en relaciones justas, así como ofrecer otra teología para otro mundo.

Finalmente, queremos agradecer mucho a *Damaris Álvarez*, quien se dedicó a la diagramación del libro con mucha paciencia y gran destreza. Su habilidad fue indispensable para crear un libro atractivo y de calidad, especialmente la portada.

Martin Hoffmann

Sección 1

Liberación de la justicia

Desde la perspectiva bíblica, la primer y fundamental acción de Dios es la liberación.

Iglesia: criatura… ¿de qué "palabra"?

Reflexiones sobre el sentido de la conmemoración de los 500 años de la Reforma en América Latina

Daniel C. Beros

Introducción

El libro que estamos publicando es expresión de un esfuerzo que hemos venido compartiendo un grupo teólogos y teólogas enrolados en diferentes tradiciones confesionales, provenientes de distintas partes del mundo, en torno al desafío que plantea la realidad general y eclesial en que tendrá lugar la próxima conmemoración y celebración de los 500 años de la Reforma – el desafío acuciante de *radicalizar la Reforma*. Dicho esfuerzo, expresado en múltiples debates y estudios –reflejados en la elaboración de 94 tesis y en su documentación amplia a través de los 5 tomos que recogen en inglés y alemán diversas contribuciones sobre diferentes aspectos temáticos[1]– encuentra ahora, en la presente

---

1 Cf. la serie *Die Reformation radikalisieren / Radicalizing Reformation*, Ed. por Ulrich Duchrow, Hans G. Ulrich, Martin Hoffmann y Daniel Beros, publicada por la editora LIT (Berlín).

publicación, un espacio representativo de difusión, dirigido al público interesado hispanoparlante.

Las reflexiones que siguen quieren proveer elementos para realizar una primera aproximación al mencionado esfuerzo, focalizando la pregunta por el sentido de la conmemoración de los 500 años de la Reforma *en América Latina*. Lo hacemos en la esperanza de que otros aportes y el diálogo ofrezcan la posibilidad de revisar, ampliar y profundizar desde diferentes perspectivas una cuestión que consideramos verdaderamente *crucial* para nuestras iglesias y su responsabilidad ecuménica a nivel local, regional y global – conscientes de que la *renovación radical* de la vida, del testimonio y la misión de las iglesias allí entendida solo será posible –como bien lo señala el texto-base de la Iglesia Evangélica en Alemania "Justificación y libertad"[2] si, en lo que hace al próximo aniversario, las y los cristianos nos disponemos a celebrarlo como verdadera *"fiesta de Cristo"*; es decir: movidos por la esperanza de que el Espíritu haga de ello *un kairós* (tiempo oportuno) en que las iglesias y sus miembros nos expongamos renovadamente a ser engendrados como "criaturas de la Palabra" (*creatura verbi*).

Ahora bien, aunque a primera vista parezca "una obviedad" la respuesta a dicha pregunta, nos parece sencillamente decisivo volver a preguntarnos a fondo, con toda seriedad y conciencia, justamente al reconocer y plantearnos conscientemente el desafío de "radicalizar la Reforma": ¿criatura *de qué palabra* ha de ser la iglesia, habremos de ser sus miembros, para llegar a ser una y otra vez aquella "nueva creación" de la que habla el Apóstol (cf. 2 Co. 5,17)? Dada la amplitud de la temática y el estrecho marco del que disponemos en este primer intento de aproximación y contextualización, limitaremos nuestra reflexión a los aspectos de la cuestión que consideramos teológica- y pastoralmente *esenciales*. Por tanto, primero expondremos muy esquemáticamente, por un lado, los trazos

---

2 Versión en español: Oficina de la Iglesia Evangélica en Alemania (Ed.), *Justificación y libertad. Celebrando 500 años de la Reforma en el 2017. Un texto base del Consejo de la Iglesia Evangélica en Alemania.* Hannover, 2015.

básicos que definen nuestra comprensión de la realidad *en que* se desenvuelve la iglesia latinoamericana; por otro, ofreceremos un bosquejo elemental de los factores principales que a nuestro juicio determinan *su propia* realidad como iglesia, considerando representativamente el caso de la Iglesia Evangélica del Río de la Plata (IERP).[3] Seguidamente señalaremos *las perspectivas esenciales de la tradición teológica de la Reforma que hoy resulta decisivo recuperar* considerando la compleja realidad "externa" e "interna" que hoy experimenta la iglesia.

1. La realidad general y eclesial latinoamericana en el contexto global actual

El subtítulo podría ser engañoso si aquí nos propusiésemos ofrecer algo más que apenas un pequeñísimo y esquemático "recorte" de la "realidad" allí entendida. Pues con ello no pretendemos expresar otra cosa que nuestra propia interpretación de los principales fenómenos que, debido a la gravedad de sus consecuencias y a la profunda raigambre de sus causalidades, a nuestro juicio determinan de manera fundamental el panorama de la sociedad y el mundo actual, también en América Latina. Lo mismo vale, a su modo, con respecto a lo que habremos de señalar en relación a la realidad actual de la iglesia en el contexto latinoamericano, al focalizar, a modo de ejemplo concretizador, la de la IERP.

---

3 La IERP –iglesia a la que pertenecemos– es una iglesia de tradición unida (luterana-reformada), constituida primeramente en 1899 como Sínodo Evangélico Alemán del Río de la Plata (con congregaciones en Argentina, Paraguay y Uruguay), dependiendo de la "Iglesia Madre" en ultramar, y luego en 1965 como iglesia autónoma, dándose el nombre que la identifica actualmente. Sobre esta iglesia latinoamericana heredera de la Reforma es posible informarse en: Hans-Jürgen Prien, *Historia del cristianismo en América Latina*, Salamanca, Sígueme, 1985, p. 739-748; Alejandro Zorzin, *Memorias, visiones y testimonio. 1899 Sínodo Evangélico Alemán – Iglesia Evangélica del Río de la Plata 1999*, Buenos Aires, IERP, 2009; Claudia Häfner, *Echando raíces. Del Sínodo Evangélico Alemán del Río de la Plata a la Iglesia Evangélica del Río de la Plata*. Buenos Aires: IERP, 2014. Ver allí abundantes referencias bibliográficas.

1.1 La realidad *entorno a* la Iglesia

Con respecto al primero de los aspectos, destacamos en particular tres grandes "constelaciones" de fenómenos inter-relacionados dado su carácter estructural y su gran impacto en nuestro mundo actual. Ellos son:

- Los fenómenos determinados por las fuerzas del *capitalismo financiero globalizado* y sus formas institucionales.

- Los fenómenos del campo cultural e ideológico en relación al *control de la información y la determinación del sentido de los discursos* vía TICs.

- Los fenómenos protagonizados por diversas formas de *fundamentalismo* (no solo religiosos, sino también, por ejemplo los ideológicos).

La tesis que sostenemos –sin poder desarrollar ni fundamentar suficientemente en el presente texto– en relación a tales fenómenos globales de la economía, la política, la cultura y la religión, es que en lo fundamental expresan formas materiales y simbólicas de interacción social, institucional y medioambiental sustancialmente violentas, regidas por una lógica de control, explotación y la acumulación ilimitada. Así mismo, que las prácticas y procesos desarrollados por los actores personales e institucionales que los encarnan tienden a asumir un carácter a la vez totalizante, uniformizador y excluyente. Y que si bien su impacto realmente pernicioso y potencialmente aniquilador para la vida humana y de la naturaleza alcanza a todo el planeta, sus consecuencias más virulentas, masivas y letales se han dado y se dan en el así llamado "sur global", al que pertenece América Latina.

Por razones históricas específicas, relacionadas en gran medida con la herencia colonial y las consecuencias de los regímenes dictatoriales y neoliberales "democráticos", más recientes, los fenómenos aludidos tienen un modo de concreción e impacto característico en América Latina en el contexto de la "globalización". Ello se expresa estructuralmente en formas de inserción en las relaciones y procesos globales de carácter marcadamente subalterno, como se verifica por ejemplo en la imposición del sistema de endeudamiento financiero internacional, en el predominio de un modelo de producción y de explotación de los recursos naturales profundamente desigual y agresivamente extractivista, en un patrón cultural y de acceso al conocimiento que naturaliza y tiende a reproducir las relaciones de dominación, en el control virtualmente mono- u oligopólico de los medios masivos de comunicación, que las legitima y contribuye profundizar, o en formas político-institucionales que –con no poca frecuencia, como lo muestra el ejemplo palmario de la Argentina actual– revisten trazos marcadamente opresivos y autoritarios. Para definir el entramado de relaciones de dominación allí manifiesto, algunos teóricos (W. Mignolo e.o.) hablan al respecto de "colonialidad del poder".

En la experiencia concreta del pueblo argentino y latinoamericano, en las periferias urbanas, ello sigue significando para muchas personas la marginación, el deterioro en las condiciones de vida y hasta la muerte en la forma de carencias materiales elementales (alimentación, salud, vivienda) y de acceso a los bienes de la cultura (a la educación de calidad y al empleo, a espacios de participación y recreación, etc.), de degradación creciente de los lazos sociales (en ambientes signados muchas veces por la violencia, en particular hacia las mujeres) y en general en la falta de horizonte y proyección de vida. En los espacios rurales, el panorama no difiere esencialmente si se observa la frecuente falta de acceso a la tierra y el desalojo progresivo de los pequeños productores, así como la expulsión de las poblaciones originarias de sus territorios ancestrales a manos de grandes empresas nacionales y extranjeras que concentran la tierra e imponen –con la anuencia del Estado– un modelo de "agronegocios" basado en los monocultivos transgénicos. Esa y otras formas de producción extractivista (como la "minería a cielo abierto") generan un enorme impacto socio-sanitario y daño medioambiental a causa de la contaminación masiva con agrotóxicos y productos químicos, dando lugar al aumento desmedido de enfermedades como el cáncer y otras anomalías genéticas, la degradación de ecosistemas enteros, etc.

Una valoración general del significado de la situación descripta para la vida de nuestros pueblos y sociedades, ciertamente no debería desconocer la complejidad de los factores políticos, económicos, etc., con que se debaten las sociedades y gobiernos de la región en dicho contexto. Ello radica por ejemplo en que, en la mayoría de los casos, las explotaciones extractivistas representan, si no la principal, una de las principales fuentes de ingresos de las arcas estatales. De ello depende en buena medida el financiamiento de ciertas políticas mediante las que –aún con contradicciones y fuertes limitaciones– se ha buscado revertir por parte de algunos gobiernos parte de los efectos más drásticos de los programas neoliberales aplicados durante las últimas décadas. No obstante, el predominio de un orden basado en la codicia ilimitada y el afán totalizador/totalitario, que –aunque se embandere con los valores de la "libertad", la "democracia", los "derechos humanos" y el "respecto a la diversidad"– en su "lado reverso" se revela masivamente excluyente y violento, sigue manteniendo incólume su hegemonía hasta la actualidad –hoy en día, bajo el régimen macrista de los globos de colores, las balas de goma y las relaciones "maduras" con el poder político y financiero imperial, quizá más que nunca. Pues dicho gobierno, gestionado por los propios CEOs de las corporaciones extranjeras y nacionales a las que sirve – con anuencia y colaboración activa de los demás poderes del Estado, de otros actores institucionales relevantes (partidos políticos, sindicatos, comunidades religiosas, etc.) y un denso blindaje mediático, que busca garantizar hegemonía e impunidad– es expresión genuina de la "nueva derecha" que, con la legitimidad que le otorga haber llegado al poder por primera vez mediante elecciones democráticas, se dedica a entregar "alegremente" el patrimonio nacional a esos grupos en detrimento de los intereses elementales de las mayorías – con gravísimas consecuencias actuales y futuras, no solo para el pueblo argentino, sino también para los pueblos y países de la región.

1.2 La realidad *de* y *en* la Iglesia

América Latina es una región del mundo en que la religión es una realidad cuasi omnipresente, sea en sus casas, en sus calles y rutas, en los medios de comunicación o en los auditorios y los templos. Ello vale de uno u otro modo para las más diversas formas de religiosidad ancestral, popular y afroamericana; para los nuevos movimientos de espiritualidad sincrética y propuestas de vida "holística" o para las grandes religiones orientales, el judaísmo y una gran diversidad de iglesias y confesiones cristianas. No obstante, el escenario religioso en general y el eclesial en particular sigue siendo hegemonizado en ella por un conjunto de expresiones confesionales cristianas a las que –más allá de su notoria diversidad y pluralidad– ciertas características comunes permiten agrupar en dos grandes campos: por un lado el catolicismo romano y por otro diferentes comunidades eclesiales de tipo "evangelical" y (neo-) pentecostal. En ese contexto las iglesias de la Reforma y su teología constituyen una expresión extremadamente minoritaria y marcadamente subalterna.

En el campo católico-romano el paradigma eclesial y teológico dominante suele ser el que ha ofrecido y en parte sigue ofreciendo en casi la totalidad de las sociedades del subcontinente el soporte cosmovisional, normativo e insti- tucional más influyente. Tanto en lo teológico, lo moral y lo político, sus expresiones por lo general tienden a ser conservadoras, alineadas con las posiciones magisteriales tradicionales – llegando, en ciertos casos, a adoptar actitudes claramente reaccionarias. Las corrientes progresistas, deudoras del Concilio Vaticano II y la Conferencia Episcopal de Medellín (CELAM II), las experiencias de compromiso cristiano y popular de base, enrolados en la "teología de la liberación", han sido mayormente relegadas a un papel más bien marginal y a adoptar posturas testimoniales de resistencia. Esto ha ocurrido a pesar de la especie de *revival* (avivamiento) que, a partir de la asunción del Papa argentino Francisco I, vive en la opinión pública mundial y regional un catolicismo que, al menos en sus (significativos) gestos y declaraciones, se muestra más sensible a los problemas reales de la humanidad en general y de los más vulnerables en particular.

En el campo "evangelical" y (neo-) pentecostal predominan, por un lado, las expresiones eclesiales con raíces en las misiones norteamericanas del protestantismo puritano, fundamentalista y carismático; y por otro, ciertos desarrollos "autóctonos" (como por ej. la singular "Iglesia Universal del Reino de Dios", oriunda de Brasil) – con su propia impronta en lo teológico, lo moral y lo político. En muchas de ellas el fundamentalismo doctrinal y el legalismo moral se expresan mediante una religiosidad predominantemente carismática y emocional. El soporte comprensivo y motivacional lo aporta en ellas con frecuencia una agresiva "teología de la prosperidad", que promueve una organización simbólica y práctica de la realidad con trazos mágicos y una fuerte tendencia al individualismo. Dicha teología sirve al desarrollo de una religión del "éxito", cuyo parámetro fundamental se expresa en términos monetarios y de ascenso social individual, afines al *mainstream* neoliberal.

Cierto es que, en lo que hace a la relación entre cristianismo/ iglesia y sociedad, tanto en unos como en otros no dejan de manifestarse ciertas posiciones que van "a contrapelo", planteando explícita o implícitamente visiones y actitudes que implican alguna forma de crítica a las posturas prevalecientes. Sin embargo, sus expresiones hegemónicas y mayoritarias tienden a sancionar religiosamente el orden imperante en la sociedad, expresando una vocación que se manifiesta particularmente en un vínculo con el espacio público marcado *en ambos casos* por aspiraciones y prácticas propias del viejo paradigma de "cristiandad".

En medio de ese panorama y contexto amplio se ubica el protestantismo enraizado en la Reforma del siglo XVI en general y la IERP en particular – cuya realidad como iglesia en la actualidad deseamos puntualmente bosquejar, concretizando nuestra reflexión. Con el fin de concentrarnos lo más directamente posible en aquellas cuestiones que consideramos teológica- y pastoralmente esenciales, deberemos prescindir en general de otro tipo de consideraciones, por ejemplo de orden histórico y sociológico, que resultan de gran importancia en función del objetivo planteado. Hecha la aclaración, pasamos sin más a formular nuestra tesis central al respecto, por la que sostenemos que: *la realidad actual de la IERP está marcada por una honda crisis que, si bien tiene múltiples manifestaciones y emergentes en su modo de ser iglesia, hunde sus raíces más profundas en el ámbito de la vida de fe, de su "contenido" y sus "formas" de realización, comunitaria y personal, en ese sentido concreto, de su "espiritualidad".*

Nuestro interés principal aquí no se centrará en identificar con mayor precisión y exhaustividad tales "manifestaciones" y "emergentes", para lo cual sería necesaria una investigación diagnóstica específica. Más bien nos limitaremos a señalar *algunos pocos indicadores empíricos* que a nuestro juicio dan lugar a realizar un planteo en términos de *sospecha*, proveyendo *posibles indicios* al respecto. Entre ellos destacamos:

- La pérdida creciente de influencia del mensaje eclesial en la configuración de la existencia "cristiana" de sus miembros.

- La merma de adhesiones en la vida de la iglesia, que en la IERP se viene registrando desde hace algunas décadas, con mayor intensidad en las comunidades urbanas.

- Los problemas experimentados en el esfuerzo por "mantener" a la membresía "tradicional" (por origen étnico y confesional) así como los resultados más bien magros que muestran las iniciativas realizadas hasta el momento para sumar a "otros".

- Las dificultades planteadas en los esfuerzos por compartir el testimonio y edificar comunidades de fe con sectores poblacionales de clase baja y popular en el marco de sus iniciativas diacónico-misioneras.

- La débil conciencia de responsabilidad "sinodal" en cuanto a la misión común como iglesia en muchas de sus comunidades, en la que se expresa cierta tendencia hacia el congregacionalismo e individualismo eclesial.

- Las dificultades en el sustento de la vida institucional de la iglesia, que entre otras cosas se manifiesta en una tendencia a reducir el tiempo de dedicación rentado para los cargos pastorales por parte de las congregaciones.

Claro está que la vida de la IERP como iglesia es –a Dios gracias– mucho más rica, viva y matizada de lo que puede llegar a expresar este listado de posibles "indicadores"; y que varias de las problemáticas involucradas no son nuevas ni se dan únicamente en la región del Plata, sino también en otros contextos eclesiales. No obstante creemos esencialmente acertado ver en ellos algunos pocos trazos gruesos de un cuadro de crisis que, entre otros factores causales (que se relacionan probablemente con procesos históricos de cambio estructurales de *longue durée* [larga duración]), desde nuestro punto de vista, en el caso concreto de la IERP, se relacionan básicamente con *una creciente pérdida de plausibilidad y agotamiento de las formas tradicionales de vida eclesial y las "espiritualidades" asociadas a ellas.* Como caracterización general de las formas aludidas valga arriesgar a modo de hipótesis una tipología de sus expresiones principales. Dejando en claro que se trata de una tipificación ideal y esquemática, que no se da en forma "pura", sino en múltiples variaciones y mixturas, cabría mencionar especialmente cuatro de ellas:

- la burguesa-liberal
- la étnico-romántica
- la de raigambre pietista
- la social-progresista

Escapa totalmente al marco disponible en esta breve exposición ensayar tanto una fundamentación de la tesis como una descripción e interpretación de las formas mencionadas en ella a través del tiempo y hasta la actualidad. Por lo tanto, a fin de avanzar en nuestra exposición, procederemos sencillamente en forma asertiva. A partir de nuestra tesis anterior, sostenemos que, en vistas de la realidad actual entorno a y en la IERP, dicha comunidad eclesial necesita experimentar una *renovación radical* de sus formas de vida y testimonio; necesita por tanto volver a descubrir la *raíz* de una forma renovada de espiritualidad y vida en la que –siguiendo el testimonio bíblico y reformador– se exprese su auténtico ser y vocación en tanto *criatura de la Palabra* en el presente contexto histórico. Ahora bien: ¿qué clase de "palabra" es esa que es capaz de dar lugar a una *renovación tal*?

2. Conmemorando 500 años de la Reforma: ¿Kairós del Espíritu para el regreso a la fuente auténtica de la vida y la espiritualidad de la iglesia?

Al respecto, nuestro punto de partida alegre, cierto y esperanzado es que Dios mismo quiere establecer su propio testimonio afirmativo, respondiendo con un claro y maravilloso "sí" a esa pregunta, mediante su Espíritu Santo. Sin embargo, opinamos que para que ello sea realidad también en nuestro "amén", debemos tener en claro desde un principio que *solo una cuestión* es verdaderamente decisiva: la necesidad de que hoy acontezca asimismo entre nosotros aquel *cambio radical de rumbo*, aquella *metanoia*, entendida en la primera de sus "95 Tesis" por Martín Lutero en los albores de la Reforma.[4]

Pues si *aquí* pasamos de largo, individualmente y como iglesias, tenemos que ser conscientes que estaremos dejando pasar de largo *al propio Espíritu Santo*. Entonces, la conmemoración de la Reforma podrá significar muchas otras cosas, pero seguramente no será un "tiempo oportuno" para regresar a la fuente auténtica de la vida y espiritualidad de la Iglesia. De ese modo ella, a los ojos *de Dios* y de las personas a las que se les regala mirar la realidad con *sus* ojos, a pesar de todo otro brillo y lustre celebrativo con que momentáneamente se engalane, no se verá distinta a como se ven los campos que fueron víctimas de años de explotación con monocultivos en nuestra región: como páramos arenosos, arrasados y estériles. Entonces, ¿cómo *no* seguir de largo en la misma dirección por la que venimos marchando, cómo cambiar el rumbo *aquí*?

Para la Iglesia esa posibilidad del Espíritu de Dios pasa ante todo por renunciar conscientemente a seguir pronunciando con obsesiva compulsión la multitud de "palabras" que *nos* hemos

---

4 "Cuando nuestro Señor y Maestro Jesucristo dijo: 'Haced penitencia...', ha querido que toda la vida de los creyentes fuera penitencia". Martín Lutero, "Disputación acerca de la determinación del valor de las indulgencias (Las 95 tesis)", en: *Obras de Martín Lutero* (Tomo I). Buenos Aires, Paidós/El Escudo, 1967, p. 7.

dicho y *nos* seguimos diciendo sin cesar – aunque ellas hayan sido y sigan siendo quizá las *mejores* palabras, las más sinceras, convocantes, queridas y bellas que hayamos sabido decirnos unos a otros – como se las ha escuchado y escucha por ejemplo en la IERP. Son las palabras optimistas de la religión como alma de una cultura eclesial y secular "abierta" y "tolerante", como raíz de una conducta moral orientada al trabajo honrado, al "sacrificio" y al "progreso"; las palabras consoladoras de un lenguaje familiar en la iglesia, la lengua y "cultura" alemana, como "nuestra" segunda *Heimat* (hogar, patria); las palabras piadosas de la comunidad de hermanos como espacio "salvo" de santidad en medio de un mundo impío; o las palabras movilizadoras de la fe de un pueblo como impulso para la transformación "justa" de un mundo pleno de injusticias, entre otras.

Cierto es que cada una de esas y otras palabras que nos han sido y nos son tan caras y sagradas en la iglesia evangélica (como con toda justicia lo son o lo deberían ser por ejemplo las grandes palabras que nos legó la Reforma) tienen algo o mucho de verdadero, valioso y auténtico - ¿quién podría negarlo? Sin embargo, todas ellas no servirían de nada si a través suyo la iglesia *únicamente se escuchase y hablase a sí misma*. Entonces su y nuestra condición no sería otra que aquella que Lutero solía describir utilizando esa poderosa y conocida imagen, que la mostraría "encorvada sobre sí misma": ávida-, básica- y abismalmente preocupada y ocupada consigo misma, con *sus* necesidades, prioridades, metas e ideales. Así, apenas espejando la imagen de un mundo "cerrado sobre sí mismo", que niega *de facto* otra trascendencia que no sea la de su propia marcha violenta, negadora de "otredades", habría sucumbido a *"la"* tentación permanente de la iglesia y de toda vida cristiana – domesticar "eclesialmente" "la palabra" y así negar por su parte la *auténtica trascendencia* con que Dios en Jesucristo sale al encuentro de la iglesia y del mundo en su cerrazón y encorvadura: la Palabra-camino *de la Cruz* (1 Co. 1,18).

La liberación de esa especie *sui generis* de "TOC" (Trastorno Obsesivo-Compulsivo) que nos aqueja como Iglesia y como personas, y que en tanto "trastorno" no difiere sustancialmente del que afecta a nuestro mundo, tiene su raíz y su fuerza únicamente *en esa* Palabra. Pero ¿cuál es su contenido esencial? Éste básicamente consiste en que en esa palabra se (nos) revela la justicia ajena (*iustitia aliena*) de la Cruz como poder de vida[5] – y así como "trastorno de nuestro trastorno" (cf. 1 Co. 1,18ss). Pues en ella se hace manifiesta el amor "extraño" de Dios al mundo en su forma característica: como proclamación de su solidaridad incondicional con las víctimas de la injusticia y el pecado a la vez que como condena irrestricta de los poderes victimarios, que tienen su raíz en múltiples formas de aquella idolatría que se expresa en la autojustificación humana. En "padecer" *esa* Palabra, en dejar obrar a Dios *a través suyo* en nosotros, radica todo el "cambio de rumbo". En él tiene lugar la renuncia a vivir de toda otra "palabra", "razón", "programa" y "justicia" propias. Es el abandono de otras fidelidades y solidaridades para hacer propia –en su extrañeza y externidad, en su trascendencia y señorío característico– *la opción y solidaridad de Dios* a través del camino de la Cruz: junto a y a favor de las y los que sufren la condena de este mundo y su lógica de muerte, a fin de proclamar y afirmar esa justicia como poder de vida y resurrección.

Así es que, en volver a escuchar, confesar y explorar *esa* palabra y justicia comunitaria, radica la posibilidad de redescubrir la fuente y raíz auténtica de la vida y la espiritualidad de la Iglesia en ese sentido preciso: de "Radicalizar la Reforma". Pues ella es "criatura" del *testimonio mutuo de la justicia ajena de la Cruz* o no es Iglesia de Jesucristo; es criatura de *esa* Palabra – y *no* de cualquier "palabra". Únicamente *ese* testimonio la hace lo que es llamada a ser: *comunidad de seguimiento* que testimonia comunicativa y políticamente *en medio del mundo* –en el ámbito de la economía, la política, la cultura y la religión– esa misma justicia ajena *para bien de todo el pueblo de Dios:*

---

5 Al respecto, cf. nuestro aporte "El límite que libera. La justicia ajena de la Cruz como poder de vida" [versión en alemán: "Die befreiende Grenze. Die fremde Gerechtigkeit des Kreuzes als Macht des Lebens", en: Ulrich Duchrow / Hans Ulrich (Ed.), *Befreiung vom Mammon* (Die Reformation radicalisieren Bd. II). Berlín, LIT, 2015, pp. 187-212].

La vida real –ese es el camino de la cruz. No la existencia abstracta, auto-construida, que se pasa en un determinado aislamiento del mundo... El llamado de Dios se dirige *a un determinado lugar – él es audible allí, solo allí.* Y si rehúyo la vida real, con sus alturas y profundidades, sus tentaciones y consuelos, entonces no escucho el llamado de Dios. *Pues entonces estoy allí donde yo mismo he elegido mi lugar, mi ubicación...* Hoy hablamos del mundo secularizado y opinamos que la secularización es la razón por la cual las personas se distancian de la iglesia. También se podrían ver las cosas al revés. Se podría preguntar si una determinada opinión preestablecida y acuñada del "ser-piadoso" y "ser-cristiano" no es la razón del distanciamiento de la iglesia respecto de las personas. El llamado de Dios a las personas no se dirige allí y no se dirige así como lo determina la "iglesia" desde sí misma. *Precisamente aquí radica la ruptura de la Reforma con la iglesia medieval* – pues el camino de la cruz, al que Dios nos conduce, no es la vida en la iglesia, sino *el camino del pueblo de Dios en el mundo.*[6]

¿Cuál es el *lugar, la ubicación histórico-existencial real,* a la que el testimonio mutuo de la justicia ajena de la Cruz convoca a la iglesia y a cada cristiano/a en nuestro contexto para que ella sea testimoniada como lo que es: *poder de vida* para las y los afligidos, violentados/as, explotados/as pero también –a través del mismo cambio radical y penitente de rumbo, de fidelidades y solidaridades reales– para los "indiferentes" y también para sus "angustiadores"? ¿Junto a quiénes nos coloca y respecto de quiénes nos separa? ¿Qué clase de testimonio – "sin recurrir a la violencia, sino solo a través de la palabra" (*sine vi humana sed solo verbo*) [CA XXIII]– nos demanda en el ámbito de la justicia civil y la lucha por los derechos de las personas y de la creación toda en nuestros espacios urbanos y rurales? ¿Qué clase de "límite" supondrá testimoniar - en el contexto de la dominación ilimitada, nihilista y aniquiladora, de los poderes del capitalismo financiero mundial que hegemonizan el orden imperante? ¿Qué clase de verdad encarnada y crítica supondrá testimoniar - en el contexto de la circulación de discursos que "detienen con injusticia la verdad" (cf. Ro. 1,18) mediante la mímesis global del comercio instantáneo y eternamente efímero

---

6 Hans J. Iwand, "Theologia crucis", en: Daniel Beros (Ed./Trad.), *Hans J. Iwand - Justicia de la Fe. Estudios sobre la Teología de Martín Lutero y de la Reforma Evangélica del Siglo XVI.* Buenos Aires, La Aurora, 2015, p. 163.

de información e imágenes? ¿Qué clase de tolerancia crítica habrá de practicar - frente a quienes establecen su creencia y cosmovisión en forma absoluta y violentamente intolerante? Pero también: ¿qué configuración eclesial, comunitaria y personal demanda dicho testimonio como expresión de formas concretas de vida de la fe, de espiritualidad histórica, que se alimente y renueve a partir suyo?

Si bien serían muchas cosas más las que habría que discutir al respecto (de orden histórico, teológico, eclesiológico, práctico), consideramos que la perspectiva central desde la cual la conmemoración de los 500 años de la Reforma puede cobrar un significado "evangélico" para el protestantismo latinoamericano en general y para el caso particular de la IERP queda esbozada en las preguntas planteadas. Solo una respuesta en la fe al testimonio mutuo de esa justicia ajena de la Cruz como contenido auténtico del "artículo en que la iglesia permanece o cae" *(articulus stantis et cadentis ecclesiae)* definirá si la ocasión se transforma realmente en un "tiempo oportuno" del Espíritu en que la Iglesia redescubra *esa* fuente y raíz de su vida, espiritualidad y misión. Si así fuera nuestra esperanza es que dicho testimonio llegue a ser "crisis de su crisis" – por la fuerza del Espíritu de Aquel que es capaz de hacer brotar la vida en los páramos arrasados y obrar la resurrección en los valles de huesos secos (cf. Is. 35; Ez. 37; Ro. 4,17).

Pablo y la ley en la Carta a los Gálatas ¿*nomos* romano o Torá judía?

Brigitte Kahl

1. Teología de la justificación en la historia y el presente – una enunciación de la problemática

L a Carta a los Gálatas, para Melanchton un "hilo de Teseo en los laberintos de la exégesis"[1] y por Lutero declarada su "Katie von Bora",[2] es indiscutiblemente el documento bíblico esencial de la Reforma. Escrita aún antes que la Carta a los Romanos, en torno a la mitad del siglo primero, ella presenta la Carta Magna paulina de la teología de la justificación en su composición más sintética y aguda. Ninguna otra epístola paulina es tan combativa, tan irreconciliable y tan incondicional en la lucha por aquello que Pablo considera la verdad y

---

1 Martín Lutero, Werke. Kritische Gesamtausgabe. Weimarer Ausgabe, 1883ss. (=WA), tomo 2, 437.

2 "…mi 'pequeña epístola', a la que me he confiado" [*mein epistelcha, der ich mich vertraut habe*]; WA TR 1, 146.

pervivencia del Evangelio como tal (Gá. 2,5.14). En ninguna otra parte los destinatarios paulinos son expuestos a una crítica de dureza similar y es arrojado inmediatamente al inicio un doble anatema contra los adversarios y su "otro evangelio" (Gá. 1,8.9). Si en la Carta a los Gálatas, en tanto primer "historiador de la iglesia", Pablo retrata la temprana historia post-pascual del movimiento de Jesús entre aproximadamente los años 33 a 50 d.C. (Gá. 1-2), en su percepción, ella aparece como una ininterrumpida secuencia de profundas colisiones en torno al "centro" de la fe. No es casual que Lutero se haya podido ver reflejado y fortalecido a través de esa historia de conflictos en su dramática disputa con la iglesia papal medieval. Con su inconmovible demanda de verdad evangélica y como paradigma bíblico de "protesta", la Carta a los Gálatas llegó a ser testigo teológico principal, instancia autoritativa de legitimación y fuerza profética inspiradora de la Reforma.

Lutero interpretó la Carta a los Gálatas en lecciones magistrales en dos ocasiones (1516/17 y 1531), y sus publicaciones como comentarios tuvieron lugar en los años 1519/1523 y 1535.[3] La confrontación con "su" epístola coincide con el inicio y con los años decisivos de la Reforma. Sin embargo, no es la interpretación de Lutero de la Carta a los Gálatas la que está en el centro de la presente investigación, al menos en sentido estricto, sino la relación entre "Escritura" y "Tradición" en la historia protestante posterior.[4] Si la Carta a los Gálatas llegó a ser en la Reforma el "poder material" que captó a las masas y transformó una sociedad, ¿qué es lo que eso significa para la(s) lectura(s) prevaleciente(s) de Gálatas en la actualidad? Llama la atención que en el ámbito germano-parlante, la interpretación

---

3 WA 2, 436-618 y WA 40/1-2, 184.

4 Para Lutero, quien por ej. presupone como dados los credos de la iglesia antigua, la antítesis reformadora de Escritura contra Tradición no significa carencia de tradición por principio, sino la necesidad de evaluación y crítica autorizada "solo por la Escritura" (*sola scriptura*) como la Palabra de Dios de toda tradición humana, especialmente en vistas de la autoridad ministerial e interpretativa de la iglesia papal; cf. Hans-Martin Barth, *Die Theologie Martin Luthers. Eine kritische Würdigung*. Gütersloh: Gütersloher, Verlagshaus, 2009, 142-43.

protestante y especialmente luterana de Pablo haya llegado entre tanto a ser sinónimo de formas de lectura "conservadoras". La teología de la justificación aparece como "castillo fuerte" del irrenunciable depósito de "hechos de la fe" desatendidos en otras partes, aunque sin desarrollar aún aquella potente fuerza espiritual o a tomar cuenta de las comunidades como en la época de la Reforma – ni qué hablar de poder llegar a ser un poder ideal o material más allá del ámbito de las iglesias. Más allá de toda invocación a Lutero, ello la hace, en un punto decisivo, "no-luterana".

Por cierto, la efectividad para captar a las masas no es un criterio de verdad. No obstante, la teología reformadora tendrá que preguntarse quinientos años después de Lutero, si no es tiempo de revisar también a la tradición luterana a partir del criterio de la "sola Escritura", nuevamente y desde los fundamentos – y en ello no solo "mirarle 'la trompa' al pueblo"[5] sino también escuchar conjuntamente el "gemir" de la creación oprimida y el de todas sus criaturas (Ro. 8,22).[6] Da que pensar que algunos de los más emocionantes debates en torno a Pablo, en tanto patriarca de la Reforma, hoy sean llevados adelante totalmente fuera de las iglesias y de la teología, en el ámbito de la filosofía[7]. Por otra

---

5 NdT: la traducción que ofrecemos de la expresión de Lutero, citada por la autora: *"dem Volk aufs Maul zu schauen"* [cf. WA 30/2, 637], procura reflejar su estilo coloquial-popular original. Las Obras de Martín Lutero en español [(Tomo VI), Buenos Aires 1976] traducen "hay que observar su [= del pueblo] lenguaje, su hablar" Cf. allí mismo "El arte de traducir", 26.

6 Como expone Lutero en su prólogo a la Carta de Santiago, el criterio de contenido fundamental de la crítica de la Escritura es "lo que conduce a Cristo" [*was Christum treibet*]. Este es aplicado también a la Escritura misma, motivo por el cual él no quiere reconocer por ej. a la Carta de Santiago como apostólica (cf. WA DB 7, 385). Si Lutero insiste con vehemencia que incluso Pedro y Pablo están sujetos a esa crítica de contenido fundamental, anclada en la Escritura, del "solo Cristo", entonces ello vale sin lugar a dudas también para la tradición protestante post-luterana.

7 Allí tiene una importancia especial la Carta a los Romanos. Cf. por ej. Giorgio Agamben, *The Time that Remains. A Commentary on the Letter to the Romans*. Stanford: Stanford University Press, 2005; Jacob Taubes, *Die politische Theologie des Paulus*. Múnich: Fink, 1993; Alain Badiou, *Saint Paul: The Foundation of Universalism*. Stanford: Stanford University Press, 2003.

parte, los nuevos abordajes del ámbito del Nuevo Testamento (especialmente en el espacio anglosajón), realizados a través de más de cincuenta años, fundamentales para la interpretación de Pablo, en el ámbito teológico-eclesial hasta el momento prácticamente no han sido tomados en cuenta. Incluso en los trabajos más innovadores, en los que en forma programática es declinada nuevamente la copertenencia entre "fe" y "amor" en la teología de Lutero, como en la escuela finlandesa de Mannermaa, o en los que la justificación es re-articulada desde perspectivas enraizadas en la teología de la liberación y en las teologías feministas, *womanista*, *mujerista* y *queer*, el (con-) texto neotestamentario permanece como un espacio en blanco.[8] Los trabajos bíblicos y teológico-sistemáticos, cuya síntesis en el pasado llegó a ser precursora para la Reforma, parecen separados más profundamente que nunca. Aquí resulta urgentemente necesario el tendido de puentes entre "iglesia y mundo", teología universitaria y teología comunitaria, así como una apertura interdisciplinaria e intercontinental.

Desde fines de los años sesenta la imagen tradicional de Pablo fue cuestionada en puntos decisivos por abordajes post-holocausto, feministas, desde la teología de la liberación, la crítica del imperio, post-coloniales y filosófico-seculares. Nombres como los de Krister Stendahl, E. P. Sanders, James Dunn, Dieter Georgi, Richard Horsley, Neil Elliott, Luise Schottroff, Franz Hinkelammert y muchos otros marcaron nuevos abordajes que, más allá de la variedad de sus formas particulares, vistos globalmente, establecieron un giro fundamental en la

---

8 Para una introducción a "nuevas" lecturas de Lutero, ver por ej. Tuomo Mannermaa, *Der im Glauben gegenwärtige Christus: Rechtfertigung und Vergottung. Zum ökumenischen Dialog. Arbeiten zur Geschichte und Theologie des Luthertums*. Neue Folge Bd. 8, Hannover: Lutherisches Vergashaus, 1989; Sun-young Kim, *Luther on Faith and Love: Christ and the Law in the 1535 Galatians Commentary*. Minneapolis: Fortress, 2014; Walter Altmann, *Luther and Liberation, A Latin American Perspective*. Minneapolis: Fortress, 1992; Paul S. Chung/Ulrich Duchrow/Craig L. Nessan, *Liberating Lutheran Theology. Freedom for Justice and Solidarity with Others in a Global Context*. Minneapolis/Geneva: Fortress, 2011; Mary J. Streufert (Ed.), *Transformative Lutheran Theologies, Feminist, Womanist, and Mujerista Perspectives*. Minneapolis: Fortress, 2010.

interpretación tradicional de Pablo. Ese cambio fundamental de paradigmas puede ser iluminado con solo algunos reflejos: Del Pablo cristiano devino el Pablo judío.[9]

- El testigo principal de la discriminación eclesial de las mujeres y de la homofobia (1 Co. 14,34; Ro. 1,26-27) reveló inesperadamente trazos emancipatorios y trans-identitarios.[10]

- Un concepto de fe y gracia orientado exclusivamente en términos religiosos e individualistas recibió un nuevo arraigo socioeconómico y político a través de su reubicación en el contexto histórico del imperio romano. Donde dominaba el anti-judaísmo como constante casi omnipresente de la interpretación de Pablo, se hizo visible en su lugar un impulso anti-imperial.[11]

- El supuesto teólogo de la autoridad superior, alineado con el Estado, de Ro.13, tuvo que negociar nuevamente

---

9 Para una introducción a la "New Perspective", cf. por ej. James D. G. Dunn, *The New Perspective on Paul. Collected Essays*. WUNT 185, Tubinga, 2005; N. T. Wright, Paul, *In Fresh Perspective*, Minneapolis: Fortress, 2005; sobre interpretaciones judías de Pablo ver e.o. Daniel Boyarin, *A Radical Jew. Paul and the Politics of Identity*. Berkeley, 1994; Mark Nanos, *The Irony of Galatians. Paul's Letter in First-Century Context*. Minneapolis: Fortress, 2002; Pamela Eisenbaum, *Paul was not a Christian. The Original Message of a Misunderstood Apostle*. New York: HarperOne, 2009.

10 Por ej. Claudia Janssen, Luise Schottroff, Beate Wehn (Ed.), *Paulus. Umstrittene Traditionen – Lebendige Theologie. Eine feministische Lektüre*, Gütersloh: Gütersloher Verlagshaus, 2001; Kathy Ehrensperger, *That we May be Mutually Encouraged. Feminism and the New Perspective in Pauline Studies*. Nueva York: T&T Clark, 2004; Davina Lopez, *Apostle to the Conquered. Reimagining Paul's Mission*. Minneapolis: Fortress, 2008.

11 Para una introducción a las lecturas críticas del imperio sigue siendo fundamental: Richard A. Horsley (Ed.), *Paul and Empire. Religion and Power in Roman Imperial Society*. Harrisburg: T&T Clark, 1997; del mismo (Ed.), *Paul and Politics. Ekklesia, Israel, Imperium, Interpretation. Essays in Honor of Krister Stendahl*, Harrisburg: T&T Clark, 2000; Neil Elliot, *Liberating Paul. The Justice of God and the Politics of the Apostle*. New York: Maryknoll 1994; Dieter Georgi, *Remembering the Poor: The History of Paul's Collection for Jerusalem*. Nashville: Abingdon, 1992; un panorama sobre abordajes postcoloniales lo ofrece Christopher Stanley (Ed.), *The Colonized Apostle. Paul through Postcolonial Eyes. Paul in Critical Contexts*. Minneapolis: Fortress, 2011.

su existencia en tensión entre disidencia y presión a la adaptación.[12]

- Indiscutido hasta el momento como misionero cristiano de los pueblos y fundador de una religión mundial universal pro-romana y anti-judía, el Pablo de la Carta a los Gálatas apareció en nueva imagen como práctico y teórico de una alianza no-conformista, judeo-mesiánica de pueblos "desde abajo", que encarnaba la solidaridad horizontal y se resistía al trazamiento de fronteras y de jerarquías del Imperio Romano.[13]

- Comenzaron a hacerse oír lecturas "verdes" de Pablo.[14]

Cierto es que en la mayoría de esas nuevas lecturas la doctrina de la justificación es más bien dejada de lado, quizá porque es considerada en gran medida como parte del problema antes que como posibilidad de una solución. Ya Albert Schweitzer, en tanto uno de los más interesantes intérpretes de Pablo de la Modernidad, la había contemplado más bien con desconfianza y como un "cráter secundario" de la teología paulina, a causa de su supuesta irrelevancia para las cuestiones éticas.[15] En consideración de la historia de la interpretación esa reserva es ciertamente comprensible; sin embargo, a partir del texto de Pablo, por principio debe ser sometida a examen crítico la comprensión unidimensional, individualista y despolitizada del acontecimiento de la justificación en términos de su "concordancia con la Escritura" – una tarea a la que se dedicó la estudiosa del Nuevo Testamento y teóloga de la liberación Elsa Tamez en un trabajo fundamental, a inicios de los años noventa.[16]

---

12 Un primer comentario general a la Carta a los Romanos desde una perspectiva crítico-imperial apareció en la prestigiosa Serie Hermeneia: Robert Jewett, *Romans. A Commentary, Hermeneia*. Minneapolis: Fortress 2007.

13 Brigitte Kahl, *Galatians Re-Imagined: Reading with the Eyes of the Vanquished. Paul in Critical Contexts*. Minneapolis: Fortress, 2010.

14 David G. Horrell/Cheryl Hunt/Christpher Southgate (Ed.), *Greening Paul: Rereading the Apostle in a Time of Ecological Crisis*. Waco 2010.

15 Albert Schweitzer, *Die Mystik des Apostels Paulus*. Tubinga 1930, 220.

16 Elsa Tamez, *The Amnesty of Grace*. Nashville: Abingdon, 1993; sobre la Carta a los Gálatas desde una perspectiva enraizada en la Teología

Con ello ha quedado planteada la pregunta que debe ser indagada aquí. ¿Existe un camino de entender la teología de la justificación de Pablo de nuevo, a partir de su propio contexto histórico y literario en el contexto de las actuales crisis ecológicas y económicas de supervivencia y de recuperarla como teología de una transformación radical que –como en la época de la Reforma– cuestiona el poder de lo establecido sin deslegitimar teológicamente desde un inicio la posibilidad de "otro mundo"? Como se sabe, Lutero tradujo directamente el conflicto central de la Carta a los Gálatas en torno a "circuncisión o prepucio" en su propia disputa en torno a "Roma o Wittenberg" y desarrolló a partir de allí su doctrina de la justificación. En tanto "artículo con el cual la iglesia permanece en pie o cae" (*articulus stantis aut cadentis ecclesiae*),[17] ella permanece en pie o cae entonces hoy, 500 años después de Lutero, con la "traducción" bíblica- e históricamente adecuada de la controversia en torno a la circuncisión galacia en el contexto de las luchas y los desafíos presentes. Ello hace inevitable un balance crítico-exegético de la cuestión.[18]

2. Ley versus evangelio: la lectura de Pablo realizada por Lutero

Nosotros, judíos de nacimiento, y no pecadores de entre los gentiles, sabiendo que el hombre no es justificado por las obras de la ley, sino por la fe de Jesucristo, nosotros también hemos creído en Jesucristo, para ser justificados por la fe de Cristo y no por las obras de la ley, por cuanto por las obras de la ley nadie será justificado. (Gá. 2,15-16)

---

de la Liberación, cf. Néstor Oscar Míguez, "Galatians", en: *Global Bible Commentary*, editado por Daniel Patte. Nashville: Abingdon, 2004, 463-472.
17 WA 40/3,352,3.
18 Una sintética introducción a la interpretación y a la historia de la interpretación de la Carta a los Gálatas así como un amplio abanico de re-interpretaciones actuales de la teología de la justificación de Gálatas la ofrece Brigitte Kahl, "Galatians", en: *The New Testament: Fortress Commentary on the Bible*, editado por Margaret Aymer, Cynthia Briggs Kittredge, David A. Sánchez. Minneapolis: Fortress, 2014, 503-525.

Obras de la ley versus fe en Jesucristo: no menos que tres veces es evocada esa oposición dentro de un único verso en Gá. 2,16. Esa agudización incondicional de una alternativa ("o lo uno o lo otro") es estilísticamente inusual y señaliza extrema importancia teológica. El pasaje Gá. 2,15-21 es junto a Ro. 3,21-31 una de las dos formulaciones paulinas clásicas de la teología de la justificación. Martín Lutero adoptó de Pablo su fuerte bipolaridad polémica, en la que se anudan tanto la fortaleza como también la *crux* (cruz) de la teología reformadora. El "solo" de la fe en Cristo, que como es sabido fue agregado al texto de la Escritura por Lutero más allá de su enunciación griega, es para Lutero tan central que es excluida cualquier tipo de coexistencia con un opuesto, con un otro, con un inaceptable: con exclusividad irreconciliable está el evangelio contra la ley, gracia / fe contra obras, justicia de la fe contra justicia de las obras.

Lutero es un exégeta sobresaliente y, con esa enfática antítesis de evangelio contra ley, que llegó a ser el sello característico de la Reforma, reproduce de hecho, con exactitud y fidelidad textual, la letra y el espíritu de la controversia de Gálatas – así como también el debate de la Carta a los Romanos, configurado de forma muy distinta.[19] Pero, ¿qué es lo que está en juego allí? Vista históricamente, la polaridad teológica de justificación por la fe contra justificación gracias a la ley en Gá. 2,16 está en el contexto de una doble disputa. Por un lado, Pablo informa retrospectivamente sobre una acérrima disputa en torno a la praxis de comunidad de mesa judeo-gentil en Antioquía, en la que confrontó especialmente con Pedro (Gá. 2,11-14). Por otro, están en juego las exigencias en relación a la circuncisión que han sido planteadas frente a las comunidades paulinas no-judías de Galacia, a fin de otorgarles un pleno status judío en tanto prosélitos (Gá. 2,3-5; 5,3; 6,12). Ése es en realidad el motivo concreto por el cual Pablo escribe a Galacia.

---

19 En su carta abierta sobre "El arte de traducir" (1530) Lutero rebatió el reparo de que el agregado alemán del sola/solo en Ro. 3,28 ("...*que el hombre es justificado por la fe* sola, *sin las obras de la ley*...") con tanto humor y burla mordaz como brillantez teórica para la traducción [cf. Obras... (Tomo VI), op. cit. 26s.; WA 30/2, 632-646].

En ambas controversias, por más distintas que parezcan primeramente con respecto al asunto en cuestión, para Pablo está en juego el mismo asunto en términos teológicos, a saber, juntamente con la pregunta por la fe en Jesucristo y por la justificación por la fe a la vez también la "verdad del evangelio" como centro de la carta en su totalidad.[20] La gracia allí es tan importante que la ha adoptado en toda su correspondencia en su saludo de paz, al inicio de cada carta, modificando así la fórmula introductoria convencional de un encabezamiento epistolar antiguo, como por ej. en Gá. 1,3: "gracia y paz sean a vosotros". Ahora en Antioquía y Galacia ella está en peligro de ser anulada por una "justicia a través de la ley" que se nutre de las "obras" (Gá. 2,16.21). Pablo ve aquí verdaderamente suprimida la fuerza creadora de vida de la crucifixión como amor liberador y auto-donación del mesías "por nosotros" (Gá. 2,20-21; 1,4). Y así como con ello es desechada la gracia de Dios, también pierde su contenido la fe mesiánica en Cristo, que posibilita una nueva existencia del ya no vivir-para-sí-mismo (Gá. 2,20).

En esa concisa reproducción de Gá. 2,15-21 está contenida toda la "gramática" teológica que estructura tanto para Pablo como para Martín Lutero la teología de la justificación. Ella está articulada en dos series de conceptos estrictamente antitéticos, que se interpretan en mutua referencia:

---

20 En Gá. 1,6-2,14 aparecen no menos de 13 referencias al evangelio y su proclamación (*euangelion/euangelizô*) – lo que constituye la más densa presencia de esa clase de conceptos en todo el NT en general. Los dos capítulos Gá. 1 y 2 son una comprimida declaración conjunta de qué significa el evangelio para Pablo y qué no. Ello comienza con el enfático rechazo de "un evangelio (de la circuncisión) diferente", aunque "no es que haya otro" (1,6-9), con la vocación de Damasco al anuncio del mesías como evangelio entre los no-judíos (1,11.16.23) y conduce luego a la disputa sobre los dos evangelios diferentes –el prepucio paulino y la circuncisión petrina– en Jerusalén (2,2.5.7), donde ambos son aceptados como formas coexistentes y legítimas del *único* evangelio de Cristo. Entonces Pablo ve quebrada esa coexistencia y comunidad-en-la-diversidad en Antioquía a partir de la renuncia a la comunión de mesa entre circuncisos e incircuncisos y por eso acusa a Pedro de traición a la "verdad del evangelio" (2,14). Por fin, esa "verdad" es fundamentada y desarrollada en Gá. 2,15-21 y la argumentación que le sigue en Gá. 3-6.

(I) Circuncisión = ley = obras (de la ley) = justicia/ justificación por las obras

versus

(II) Prepucio = evangelio (Cristo) = gracia/fe = justicia/ justificación por la fe

El problema de la teología de la justificación reformadora no radica en esa antítesis textual- y teológicamente imprescindible como tal, sino que se inicia con su atribución socio-histórica a grupos de personas y contextos específicos. Esa atribución es como mínimo tanto un problema exegético como teológico-sistemático. Ella se remonta mucho más atrás que Lutero y comienza ya en el propio Nuevo Testamento. La circuncisión como contraparte del permanecer-no-circuncidado era una característica tan central del judaísmo que su "ley" fue identificada casi forzosamente con la Torá judía. Por ello los "adversarios" de Pablo, que en la carta misma permanecen incógnitos, recibieron el sello de una identidad judía o "judeocristiana". En contraposición a ello, el "evangelio" y la no-circuncisión/prepucio fueron identificados con "cristiano". Así la antítesis de cristianismo versus judaísmo era anclada en el centro de la doctrina de la justificación.[21]

Circuncisión = ley = obras (de la ley) = justicia/ justificación por las obras = JUDAÍSMO

versus

Prepucio = evangelio (Cristo) = gracia/fe = justicia/ justificación por la fe = CRISTIANISMO

Con esa estructura fue creada una matriz permanente, que con la teología de la justificación a la vez transportaba inevitablemente una imagen de enemigo, la cual perduró a través de siglos en su configuración fundamental anti-judaica, llegando a ser uno de

---

21 Sobre el problema, cf. Peter von der Osten-Sacken, *Martin Luther und die Juden: Neu untersucht anhand von Anton Margarithas "Der gantz Jüdisch glaub".* (1530/31). Stuttgart: Kohlhammer, 2002.

los factores que conformaron el caldo de cultivo espiritual de la Shoah. No obstante, paralelamente a ello, se desarrolló una capacidad de adaptación sorprendente y a veces fantasmagórica a constelaciones históricas cambiantes. Como lo muestra el ejemplo del propio Lutero, "el judaísmo" en tanto oposición anti-paulina (supuestamente) arraigada en la Carta a los Gálatas, pudo ser aplicada no solo al catolicismo, sino también a los anabaptistas, "entusiastas", turcos o mahometanos, todos los cuales fueron acusados de justicia de la obras de manera distinta y no obstante en principio "igual". En su prólogo al Gran Comentario a los Gálatas de 1535 Lutero escribe que todos los que no se sujetan a la doctrina de la justificación son "espíritus fanáticos" y "judíos o turcos o papistas o sectarios". Si bien los nombres y las obras concretas se diferencian, el contenido seguiría siendo el mismo. Se trataría de "obras" (*opera*) - y aquellos que se las suscriben, no serían cristianos sino "operarios" [*Werkler*] (*operarii*), con total indiferencia sea que se llamen judíos, musulmanes (*mahometistae*), papistas o sectarios.[22]

> Circuncisión = ley = obras (de la ley) = justicia/ justificación por las obras = JUDAÍSMO = CATOLICISMO = ANABAPTISMO = ENTUSIASTAS = TURCOS = MAHOMETANOS
>
> *versus*
>
> Prepucio = evangelio (Cristo) = gracia/fe = justicia/justificación por la fe = CRISTIANISMO (PROTESTANTE)

De ese modo las "obras" llegaron a ser un arma con la cual el luteranismo pudo confrontar contra sus "adversarios" del más variado género. Aunque fuese comprendido como el intento humano o religioso general de obtener mediante "mérito propio justificación y salvación por sí mismo, dejando de lado la gracia divina, el prototipo religioso de tal "justicia de las

---

22 Et qui ea faciunt, non Christiani sed operarii sunt et manent, sive vocentur Iudaei, Mahometistae, Papistae, Sectarii. WA 40/1, 49.

obras" siguió siendo siempre el judaísmo, que supuestamente intentaría obtener para sí su salvación a través de la puntillosa observación de rituales y mandamientos particulares. Con el surgimiento de las teologías feminista y de la liberación luego del Concilio Vaticano II y en el marco de los avances sociales de los años sesenta del siglo 20, fueron la teoría y praxis de una crítica concreta de la sociedad las víctimas de ese veredicto de "arbitrariedad pecaminosa" y "auto-justificación" a partir de obras humanas – una toma de posición que ya en épocas de la Reforma fue fundamentada con el juicio implacable de Lutero contra las "hordas ladronas y asesinas de los campesinos".[23] A ello se agrega el anti-islamismo, que en su alcance es casi imposible de sobredimensionar, y entre tanto ha vuelto a ser actual de modo aterrador, tanto en Europa como en los EEUU; el mismo está vinculado con la vivencia de Lutero de una amenaza del occidente cristiano por la invasión de los ejércitos turcos en el año 1529.[24]

Con ello han sido mencionadas tres pesadas hipotecas que debe afrontar una nueva lectura reformadora de la doctrina de la justificación luterana en el año 2017: por un lado, su anti-judaísmo y anti-islamismo como rechazo del religiosa- y culturalmente distinto; por otro, la grieta aparentemente infranqueable que separa justificación de justicia y fe de una ética política en la perspectiva del Éxodo – y finalmente la construcción de un sí-mismo cristiano-protestante que se considera superior y justo (justificado) en el distanciamiento respecto de un otro inferior. Con ello, primeramente y ante todo

---

23 Un bosquejo comprimido del problema lo ofrecen Christine Schaumberger/Luise Schottroff, *Schuld und Macht, Studien zu einer feministischen Befreiungstheologie*. Múnich: Chr. Kaiser, 1988, 17-29.

24 La aparición de las fuerzas de combate otomanas ante Viena (1529) puede ser comparada en sus consecuencias con las olas de shock luego del ataque al *World Trade Center* en Nueva York en el año 2001; cf. Hans-Martin Barth, Martin Luther, 64. Sobre la categorización del Islam "como justos por las obras" y la vinculación entre Islam y Satán realizadas por Lutero, ver allí mismo, 71-72. Sobre el problema en su conjunto, ver también Johannes Ehmann, *Luther, Türken und Islam, Quellen und Forschungen zur Reformationsgeschichte Bd. 80*. Gütersloh: Gütersloher Verlagshaus, 2008.

también han sido planteadas cuestiones histórico-textuales precisas de la interpretación de la Escritura. ¿Son realmente las obras de la Torá judía y las obras de justicia las que Pablo critica como "justicia de las obras" en su lucha con los gálatas? El "solo" de la fe, ¿para él significa un acontecimiento exclusivamente individual e interior "solo" entre Dios y el individuo? El yo constituido mediante la oposición jerárquico-polar hacia el otro, ¿es idéntico con el sí-mismo mesiánico de la vivencia de Damasco? ¿O también es posible leer la Carta a los Gálatas de manera distinta?

3. Krister Stendahl y la Reforma exegética no-elaborada

La iniciación propiamente dicha de las "nuevas" lecturas de Pablo tuvo lugar a partir de un tendido de puentes innovador entre continentes, disciplinas y religiones. En dos artículos, uno de los cuales se remontaba a una ponencia ante la Asociación Estadounidense de Psicología (*American Psychological Association*) en 1961, el especialista en Nuevo Testamento sueco Krister Stendahl, profesor en la Universidad de Harvard y más tarde obispo luterano de Estocolmo, a mediados de los años ´70 cuestionó la imagen tradicional y especialmente protestante de Pablo en tres puntos decisivos, todos los cuales apuntan al centro de la teología de la justificación.[25]

- El Pablo del Nuevo Testamento era judío y permaneció como tal. La vivencia de Damasco no significó la conversión del Pablo (o Saulo) *judío* al Pablo *cristiano*, sino su llamado profético a una misión especial entre los pueblos no-judíos (gentiles).

- De acuerdo con lo reflejado en el texto neotestamentario, el contexto de Pablo (aún) no es el de la confrontación entre cristianos y judíos, sino entre *judíos* y *gentiles*.

---

25 Krister Stendahl, *Der Jude Paulus und wir Heiden. Anfragen an das abendländische Christentum*. Múnich: Chr. Kaiser, 1978. La edición inglesa apareció ya en 1976 bajo el título "Paul among Jews and Gentiles".

• La doctrina de la justificación no es una "doctrina de lucha" en el campo de batalla de "judíos contra cristianos", sino una teología del hacer la paz y de la conformación de comunidad entre "judíos y gentiles".

Stendahl basó sus revolucionarias percepciones, las cuales cincuenta años más tarde aún no han "llegado" a las comunidades, junto a la Carta a los Romanos, especialmente en la Carta a los Gálatas, considerando particularmente Gá. 2,15-21. ¿Qué es en realidad lo que está detrás de la antítesis entre fe y obras, gracia y ley, elaborada tan enfáticamente por Pablo en ese pasaje? Ya la primera de las determinaciones, con las que Pablo abre su credo de la justificación en Gá. 2,15-21, revela inconsistencias del modo tradicional de lectura. *"Nosotros, judíos de nacimiento, y no pecadores de entre los gentiles"* (Gá. 2,15). Con ello Pablo hace referencia al origen común y punto de partida teológico para él y Pedro, así como para los otros miembros de la comunidad judía de Cristo, que en Antioquía primeramente habían comido junto "con los gentiles" (Gá. 2,12), pero que luego se separaron de ellos renunciando a la comunidad de mesa.[26] Todos ellos están unidos por su ser-judíos y por eso se ven separados desde la cuna de los "pecadores" no-judíos. Pablo nunca abjuró de su ser-judío.

Sin embargo, el argumento fundado en la teología de la justificación que entonces se sucede en Gá. 2,16ss. no es que desde ahora ese ser-judío sea superado y concluido por el evangelio de la gracia en una nueva identidad religiosa como "cristianos", para la cual no cuentan ni las "obras" de las leyes de alimentación y pureza judías (la presumible razón del conflicto antioqueno), ni las leyes de circuncisión en Galacia, junto con toda la "justicia por las obras" de allí derivada. Por

---

26 Allí el comer unos-con-otros es enfatizado especialmente por dos preposiciones: *meta tôn ethnôn synêsthien* – aprox.: comer *conjuntamente con* los gentiles. Con ello queda marcada de forma especialmente clara la oposición con respecto al acontecimiento de separación subsiguiente: *hypestellen* y *afôrizen* – él (Pedro) se retrajo (Lutero traduce: se escapó) y se apartó. A él luego se le unen los "judíos restantes" e incluso Bernabé, el compañero de Pablo (Gá. 2,12; cf. 2,10).

más chocante que pueda sonar: para Pablo todavía no hay "cristianos". Ello tiene consecuencias fundamentales para toda la interpretación de su teología. El "fundador del cristianismo" en antítesis hacia el judaísmo (según la atribución que se le hace a Pablo normalmente), ¿simplemente se ha "olvidado" de darle un nombre a su nueva fundación histórica? Ello es lo que en principio le han achacado ciertas interpretaciones cristianas cuando, con gran sentimiento de superioridad, tomaron como punto de partida que Pablo debería haber querido decir lo que no dice. A partir de allí los cristianos faltantes, con frecuencia como *cristianos* gentiles o judeo *cristianos,* fueron trasplantados con profusión en el lenguaje de Pablo, el cual, sin embargo, desde sí solo conoce judíos y (pueblos) gentiles.[27]

Se plantea la cuestión de si con ello el escrito paulino ha sido hecho comprensible en "concordancia con la Escritura" – o, por lo contrario, llegó a ser totalmente ilegible. ¿Por qué a Pablo no se le ocurre en ningún pasaje designar a las comunidades mesiánicas *christianoi*/cristianos y oponerlos a los *iuodaioi*/ judíos, como lo hace por ej. Hans-Dieter Betz en su clásico comentario a la Carta a los Gálatas?[28] Recién los Hechos de los Apóstoles introducen ese concepto, al menos treinta años después de Pablo.[29] Pablo es absolutamente capaz de realizar nuevas elaboraciones lingüísticas no-convencionales cuando las considera importantes y correctas, por ej. el concepto sumamente caprichoso de "evangelio del prepucio", que no

---

27 Como enfoque representativo de la mayoría de los comentadores es posible mencionar por ej. a Hans-Dieter Betz, *Der Galaterbrief. Ein Kommentar zum Brief des Apostels Paulus an die Gemeinden in Galatien.* Múnich: Chr. Kaiser, 1988, 196-211. Betz considera la retracción de los judeo*cristianos* ante la comunión de mesa con los *cristianos* gentiles como una abjuración de la "emancipación con respecto al judaísmo". Pedro destruye "la integridad de los cristianos gentiles en tanto cristianos: en lugar de darles la bienvenida como convertidos del judaísmo al cristianismo, quiere hacer de ellos convertidos al judaísmo. Ello contradice la doctrina de la justificación por la fe..." (Carta a los Gálatas, 211).
28 Cf. nota 27.
29 La designación *Christianoi* recién se encuentra en Hch. 11,25; 26,18 y 1 P. 4,16, es decir, en total solo tres veces en todo el Nuevo Testamento y recién varias décadas después de Pablo.

aparece en otro lado que en Gá. 2,7. Él podría haber dicho "cristianos" si él hubiese querido significar "cristianos". ¿Pero qué hay si él precisamente *no* quiere decir aquello que siempre se le atribuye: a saber, una identidad cristiana excluyente en exclusiva contraposición hacia identidades religiosas judías u otras "gentiles"?

A pesar de su aguda polémica, cuyo destinatario exacto aún habrá de ser aclarado, toda la Carta a los Gálatas está bajo el signo de la integración y la deconstrucción de murallas de separación. La vivencia de Damasco significa el "volverse" del Pablo judío en un embajador del mesías entre los gentiles – precisamente para aquellos que él como guerrero de Dios había combatido acérrimamente hasta el momento en todas sus mutaciones, incluida la variante "mesiánica" procedente de Jesús de Nazaret, la cual, según su punto de vista, evidentemente promovió la liquidación del judaísmo en manos de los gentiles (Gá. 1,13-16). Ese es el movimiento de un hacer la paz, ninguna nueva definición de un sí-mismo en antítesis hacia otro (judío o de los demás pueblos). Y en la Conferencia de Jerusalén el acto decisivo es un ritual de reconciliación inusual – el "estrechamiento de manos de la comunidad" entre el "evangelio del prepucio" y el "evangelio de la circuncisión" (Gá. 2,7.9). Tito, el griego incircunciso, como acompañante de los judíos circuncisos Bernabé y Pablo, en Jerusalén no debe ser obligado a la circuncisión para ser plenamente miembro (Gá. 2,3). Pero la colecta, en tanto acción de solidaridad práctico-económica de los gentiles para los "pobres" en Jerusalén, es indispensable (Gá. 2,10). Y finalmente, luego del fracaso de la comunidad de mesa en Antioquía (Gá. 2,11-14), en todo el curso siguiente de la Carta a los Gálatas y hasta el final deviene como tema central el volverse-uno de los "unos" con los "otros", articulado en la fórmula teológica culminante de Gá. 3,28, con la que Pablo lleva al punto máximo una gran relectura bíblico-mesiánica de la historia de Abraham:

"Ya no hay judío ni griego; no hay esclavo ni libre; no hay varón ni mujer; porque todos vosotros sois uno en Cristo Jesús" (Gá. 3,28)

El texto dice: "judíos", como Pablo el circunciso, y "griegos", como Tito el incircunciso en Gá. 2,3 o las comunidades paulinas incircuncisas en Galacia, ambos grupos claramente definidos mediante el criterio diferenciador generalmente reconocido como integrantes de dos etnias, culturas, religiones y civilizaciones opuestas ahora llegan a ser "todos uno en Cristo".[30] Él no dice que con ello es suprimida la diferencia: entonces el griego Tito hubiese podido hacerse circuncidar y no hubiese habido nada que reprochar contra una circuncisión de los gálatas. Pero el ser-diferente ya no se interpone en el camino al volverse-uno-en-Cristo y a la comunidad. Por eso el texto tampoco dice: *Aquí ya no hay judío ni griego… sino todos ustedes son – cristianos*. Sino que dice: todos vosotros sois uno *en Cristo*. Es Cristo el que crea la unidad de los distintos y enemistados en una vinculación trans-identitaria entre sí-mismo y otros, no una identidad unitaria como "cristianos" – ni unitariamente circuncisos, como se debatía en Galacia a mediados del siglo primero, ni unitariamente incircuncisos (al menos en lo que se refiere a la circuncisión religiosa), como entre tanto se ha configurado como "cristiana".

La diferencia entre "ser cristiano" por un lado y "nosotros-en-Cristo" o "Cristo-en-mí/nosotros" por otro podría parecer a primera vista que hila demasiado fino. Una observación más cuidadosa muestra que en esa fina "extensión de un pelito" está en juego no menos que la oposición entre evangelio y ley, orden del mundo antiguo y nueva creación y con ello también la totalidad de la teología paulina de la justificación. El punto decisivo para Pablo no radica justamente en que judíos y gentiles se vuelvan *cristianos* y asuman una identidad unitaria uniforme en oposición a otras identidades, sino que judíos y gentiles *en Cristo* pueden vivir juntos de un modo nuevo y solidario, porque Cristo vive tanto el *otro* como "en" los judíos como también "en" los gentiles (Gá. 2,20) así como también

---

30 Sobre la circuncisión como característica del otro judío desde una perspectiva no-judía, cf. Tácito, *Hist.* 5,5; Louis H. Feldmann, *Jew and Gentile in the Ancient World: Attitudes and Interactions from Alexander to Justinian*. Princeton: Princeton University Press, 1993, 153-158.

ellos viven "en él" (Gá. 3,28).[31] Es la relación entre "yo" y "tú", propio y extraño, nosotros y los otros, que es transformada radicalmente por el acontecimiento de Cristo. Por eso la ocasión para el desarrollo de la doctrina de la justificación en Gá. 2,15-21 no es la recaída del ser-cristiano en el ser-judío, como ha leído tradicionalmente la literatura de comentarios, sino la recaída en los viejos sistemas de opuestos de judíos versus gentiles.[32] Ellos afloran nuevamente tanto en el distanciamiento entre judíos y gentiles en el "incidente antioqueno" (Gá. 2,11-14) como en la exigencia de circuncisión en Galacia: gentil = incircunciso = pecaminoso (cf. Gá. 2,15) es establecido nuevamente como barrera identitaria infranqueable en oposición a judío = circunciso = justo (justificado).

Con ello, la antitética polar entre circuncisión y prepucio, ley y evangelio, en términos de contenido es definida de manera completamente nueva:

Circuncisión = ley = obras (de la ley) = justicia/ justificación por las obras = OPOSICIÓN JUDAÍSMO-GENTILIDAD/SÍ-MISMO-OTROS

Versus

Prepucio = evangelio (Cristo) = gracia/fe = justicia/ justificación por la fe = UNO-CON-OTRO DE JUDAÍSMO Y GENTILIDAD/SÍ-MISMO-OTROS

---

31 La presencia de Cristo en la fe (*in ipsa fide Christus adest*) y la participación de los creyentes en Cristo es fundamental para la interpretación de los Gálatas realizada por Martín Lutero en 1535 (en especial de Gá. 2,15-21; cf. por ej. WA 40/1, 228-229; ella es un punto de partida esencial para la relectura de Tuomo Mannermaa de la doctrina de la justificación luterana en la inseparable vinculación de fe y amor). Con ello son cuestionados desde sus fundamentos los modelos de interpretación luteranos tradicionales. Una introducción excelente al problema lo ofrece Sun-young Kim, *Luther on Faith and Love*, 1-61. Resulta interesante que el ser "en Cristo" también está en el centro de la crítica de Albert Schweitzer a la doctrina paulina de la justificación, o mejor dicho a su interpretación luterana tradicional; cf. al respecto Brigitte Kahl, *Galatians Re-imagined*, 285ss.

32 Cf. al respecto Brigitte Kahl, "Peter´s Antiochene Apostasy: Re-Judaizing or Imperial Conformism?", en: *FORUM*, Third Series. Spring (2014), 27-38.

Ningún otro ha percibido con mayor claridad esa orientación esencial de la teología paulina a comunidad y praxis que Krister Stendahl, quien redescubrió la justificación como teología de igualación judeo-gentil.[33] Sin embargo, las consecuencias de ese "giro de Stendahl" para la descripción de identidad cristiana y protestante todavía ni lejanamente han sido pensadas a fondo.[34] También el concepto paulino de "justicia de las obras" debe ser vuelto a declinar nuevamente en vistas de las "obras de justicia": pues éstas son teológicamente imprescindibles para la creación de comunidad entre grupos de adversarios enemistados y distanciados como "judíos y gentiles" o "griegos y bárbaros" en tiempos de Pablo, o "cristianos y musulmanes", "alemanes e inmigrantes" en el presente. En Pablo, fe u obra, en ningún punto pueden ser pensadas en una relación con Dios que no sea al mismo tiempo también una relación con él y los prójimos. Pablo no se deconstruye a sí mismo y a sus correligionarios judíos como Pedro y Bernabé en Gá. 2,15-21 como judíos que se gloríaban ante Dios en su justicia de las obras, sino como forma corriente de ser humano, tanto en el pasado entre judíos y gentiles, como hoy entre cristianos y no cristianos, que para su auto-configuración y para hacer creíble su propio ser-justo requiere necesariamente un otro deficitario –

---

33 Según Stendahl la doctrina de la justificación no fue elaborada con ninguna otra meta concreta que fundamentar los derechos de los gentiles en tanto herederos plenos de la promesa del Dios de Israel, es decir en tanto "judíos honorarios" (incircuncisos) (Paul among Jews and Gentiles, 2). Él lamenta que en la historia de la tradición se haya perdido esa referencia muy concreta a la convivencia entre judíos y gentiles, lo cual le abrió paso a una espiritualización y descontextualización sumamente problemática de la teología paulina. Especialmente siguiendo a Agustín, ahora ella llegó a ser una respuesta a preguntas antropológicas atemporales y una teología del examen de conciencia individual y del "mirarse al ombligo" occidental, que Stendahl critica como "conciencia introspectiva de occidente" (Stendahl, *Paul*, 5).

34 El propio Stendahl sigue utilizando el concepto "cristianos", si bien señala su anacronismo en el contexto de Pablo. Dado que en nuestro uso idiomático está definido inevitablemente por su polo opuesto antitético como "no/anti-judío", debe tener lugar una concientización del carácter no-paulino de ese concepto, utilizando por ej. un concepto alternativo como "mesiánico", que se deriva del significado hebraico de la palabra *Christos* = mesías.

del pecador gentil, del publicano, del bárbaro, del infrahumano en todas sus incontables variaciones. En el acontecimiento de la Cruz Dios se ha identificado precisamente con ese otro, por eso las dicotomías y jerarquías entre sí-mismo y otros han sido suprimidas y niveladas "en Cristo" (Gá. 3,28).

En el punto de densidad mística de esa transformación mesiánica Pablo experimenta su viejo sí-mismo, constituido a través de infinita concurrencia y luchas de estatus, como co-crucificado y resucitado en una nueva forma de ser humano que ha asumido al / a la / a lo otro/a en su ser-sí-mismo y en eso experimenta justificación: *"con Cristo estoy juntamente crucificado, y ya no vivo yo, mas vive Cristo en mí"* (Gá. 2,19-20). Por otro lado, en el punto absoluto de hondura y crisis del giro de Cristo, Pablo, quien hasta el momento había podido afirmar su ser-justo ante el paño de fondo contrastivo de la pecaminosidad gentil, debe aceptar ser visto él mismo como pecador-como-los-gentiles (Gá. 2,17). Lo que él no fue jamás, jamás quiso ser, donde él no pertenecía "de nacimiento", precisamente allí ha ido ahora a parar por Cristo y el acontecimiento de la justificación: *"Nosotros, judíos de nacimiento, y no pecadores de entre los gentiles… si buscando ser justificados en Cristo, también nosotros somos hallados pecadores, ¿es por eso Cristo ministro de pecado?"* (Gá. 2,15.17). Nada resulta más natural en esa situación de pérdida de sí-mismo y de completa crisis de identidad que volver a levantar los antiguos muros de separación y regresar al probado y seguro espacio de las definiciones amigo-enemigo, donde lo propio y lo extraño, nosotros y los otros son claramente delimitados entre sí (Gá. 2,18) como ha ocurrido siempre. Así ocurrió en Antioquía. Pero ahora precisamente eso ha sido hecho visible en Cristo como pecado propiamente dicho: el pecado del enaltecerse a sí mismo sobre los otros y ante Dios.

4. Crítica paulina de la ley y el "ser-en-Cristo"

En el contexto de la Carta a los Gálatas las "obras de la ley" no se oponen a la fe simplemente porque despiertan una falsa confianza en que las personas pueden afirmar su justicia por sí mismas ante Dios; sino lo que hace "obras de la ley" de "obras" como la circuncisión en Galacia o el retorno a mandamientos más estrictos relativos a los alimentos en Antioquía, es su inherente auto-enaltecimiento en tanto auto-distanciamiento y quite de solidaridad con respecto al otro como "prójimo". Pablo significa a las obras de la ley como una praxis de separación, oposición, exclusión que se distancia del prójimo en nombre de Dios y en el marco de normas establecidas por Dios. Para Pablo ese separarse del prójimo es también un estar separado de Dios aunque se pueda remitir "con justicia" a la ley, la cual, con su rechazo del pecado, puede fomentar precisamente esa separación de las personas en justos y pecadores – y de ese modo el pecado fundamental del desamor hacia el otro, quien por otro lado debe ser protegido por la ley. La dimensión vertical de la auto-referencialidad en la relación con Dios y la dimensión horizontal de la ausencia de relación como una cosificación, "a-nulación" hasta la aniquilación real del prójimo, se corresponden mutuamente. Por eso "vanagloriarse" es el concepto opuesto a justicia de la fe y una característica esencial de la justicia de las obras (Ro. 3,27). Como ha mostrado Robert Jewett ella siempre se encuentra en una relación de competencia con el / la / los otros, que apunta a elevar el propio estatus y el propio prestigio o privilegio – lo cual ocurre necesariamente en detrimento del otro. Con ello justicia de las obras y "obras de justicia" resultan fundamentalmente distintas. "En Cristo" se desplaza el punto de vista de los "ganadores" a los "perdedores":

"El ser-justo de Dios se manifiesta en Cristo quebrando las definiciones usuales de ser-justo como conformidad con las normas de la respectiva cultura. El ser-justo divino en Cristo se hace efectivo obrando contradictoriamente con respecto a la arrogancia de los grupos dominantes y a la vergüenza de los de más abajo".[35]

---

35 Robert Jewett, *Romans*, 275. El aspecto excluyente de la ley (judía) en relación a los gentiles es el punto central en que la "nueva perspectiva sobre Pablo" en torno a James Dunn y otros ve anclada la crítica de la ley de Pablo. Ese aspecto primariamente religioso es modificado y ampliado por Jewett y otros a la lógica social, política y económica excluyente de la ley dominante, especialmente la ley romana en general. Ya Elsa Tamez

Ello significa que el centro ético-teológico y el correlato práctico-comunitario de la teología de la justificación en la Carta a los Gálatas no es la antítesis entre judíos y cristianos junto a todas las subsecuentes imágenes de enemigo de allí derivadas, sino el conocimiento visionario-apocalíptico de Pablo de que "en Cristo" las dicotomías del presente orden del mundo "malo" en general (Gá. 1,4) son des-polarizadas – y con ello es despolarizado todo lo que establece la identidad y el lugar social propio y del otro en relaciones jerárquicas y mutuamente excluyentes de superioridad y subordinación.[36] Se tendrá que asentir lo que afirma Dieter Georgi cuando sostiene que la teología de la justificación de Pablo muestra un notable potencial "de utopía pragmática", que fue puesto de manifiesto por ej. en la colecta para los "pobres en Jerusalén" y se aproxima a los "entusiastas" de la época de la Reforma, combatidos por Lutero – los campesinos rebeldes, anabaptistas y "espiritualistas".[37] En una nueva praxis mesiánica de superación de la enemistad surge un "llegar-a-ser-uno" en tanto "uno-con-el / la / los-otros" entre los "unos" y los

---

había releído la lucha de Pablo por la justificación en la línea de la teología de la liberación desde la perspectiva de los "excluidos" – es decir, de los empobrecidos y marginalizados en Latinoamérica. El texto original de su lectura de la Carta a los Romanos de 1991 fue "La justificación por la fe desde los excluidos". Un punto de partida similar en el contexto del primer mundo fue elegido por Andrea Bieler/Hans Martin Gutmann, *Rechtfertigung der "Überflüssigen". Die Aufgabe der Predigt heute.* Gütersloh: Gütersloher Verlagshaus, 2008. Con ello son señalizadas las opciones hermenéuticas decisivas en vistas a una reintegración de la justificación y la justicia.

36 El conocimiento fundamental en cuanto a que la crítica de la ley de Pablo apunta a una disolución de las dicotomías de las categorías binarias dominantes como piedras basales de la "ley" y del "orden" reinante –a las *stoicheia tou kosmou* de Gá. 4,3.9 en cuyo sistema de opuestos esclavizantes los gálatas ahora quieren recaer– fue desarrollado paradigmáticamente por Louis Martyn; cf. del mismo, Galatians. *A New Translation with Introduction and Commentary* (Anchor Bible Commentary). New York: T&T Clark, 1997, 405-6, 560, 571.

37 Dieter Georgi, "Is there Justification in Money? A Historical and Theological Meditation on the Financial Aspects of Justification in Christ", en: del mismo, *The City in the Valley: Biblical Interpretation and Urban Theology.* Atlanta: Society of Biblical Literature, 2005, 302.

"otros".[38] Esa comunidad mesiánica, en la cual circuncidados e incircuncisos viven juntos en no-uniformidad y sin embargo como "uno en Cristo", transformando en ello su diversidad desde el antagonismo a la solidaridad, para Pablo es el inicio de la nueva creación (Gá. 6,15). El amor "cumple" la Torá y la sostiene (5,13-14). Él es la "obra de la fe" decisiva (Gá. 5,6),[39] que es practicada cuando una persona sobrelleva la carga de otra y así cumple la "ley de Cristo" (Gá. 6,2).

No obstante permanece un antagonismo que reflexiona el Ya y Todavía No en la relación entre "vieja" y "nueva" creación, "carne" y "espíritu". La "ley" y las "obras de la ley" como principio y praxis de segregación y de confrontación que procura vivir sin los otros o a costas de los otros, aún permanece virulenta y es atacada apasionadamente por Pablo. Eso es lo que él ve encarnado en sus "adversarios", contra los cuales él arroja su anatema ya en la introducción de la carta (Gá. 1,8.9). Con su alegato a favor de una integración en la filiación de Abraham mediante la circuncisión, ellos cosifican, la separación fundamental de la humanidad en circuncisos e incircuncisos, judíos y gentiles, así como la pertenencia exclusiva a Dios como carácter de solo un único grupo (Ro. 3,29). Ella ha sido definida de nuevo en la Cruz por el Dios de Israel en su auto-revelación como Dios de y para los otros. Ahora Israel es también el espacio de los otros, es decir de los gentiles.

Quizá sea posible comprender lo que significó esa nueva determinación "trans-identitaria" del ser-judío en tanto ser-uno-con-el / la / los-otros en el tiempo de Pablo si se la relaciona con el ser-cristiano/a del presente. El "ser uno en Cristo" de la fórmula bautismal de Gálatas 3,28 es lo opuesto de una identidad "cristiana" que se define como no-judía,

---

38 Uno de los conceptos práctico-comunitarios clave en la nueva definición paulina de sí-mismo y los otros es el griego *allêlôn*, que aparece no menos que siete veces en Gá. 5-6. Es traducido en general como uno-(con)-otro, pero quiere decir literalmente otro-otro (de *allos-allos*) y así implica la noción del otro como criterio decisivo de todo ser sí-mismo.

39 Fe que *obra/energoumenê* (de *ergon* = obra) a través del amor.

no-musulmana, no-pagana – ella *no* es no-judía, *no* es no-musulmana, *no* es no-pagana. El filósofo Giorgio Agamben ha enfatizado el significado de la doble negación como constitutiva de la crítica paulina de la ley haciendo referencia al místico Nicolás de Cusa y su obra *De non Aliud* ("Sobre el no-otro").[40] Con ello, para Pablo, ser "en Cristo" es lo opuesto de una identidad negativa o anti-identidad "cristiana"; dicho ser describe, en una configuración esencialmente judía, una comunidad absolutamente nueva, constituida en forma no-binaria, de identidades mezcladas, que ya no se identifican por lo que no son (y así se excluyen y niegan), sino por la solidaridad mesiánica entre "nosotros" y "aquellos", que sobrepasa todas las fronteras de raza, religión, clase y género.

5. "Obras de la ley" en el contexto del Imperio Romano

5.1 Galacia y los gálatas

En última instancia, ninguna de las disputas bosquejadas hasta el momento puede ser comprensible si no es leída en el trasfondo del "mundo real" en el que se mueven Pablo y sus destinatarios/as judíos y gálatas. Aquí radica el mayor déficit de la interpretación reformadora de la Escritura –en su carácter limitado, condicionado temporalmente por completo –, que si bien igualó con gran obviedad la Jerusalén de la Carta a los Gálatas con la Roma papal de la época de la Reforma, prácticamente no tuvo en cuenta la posición histórica real de Roma o Jerusalén y Galacia en la época de Pablo. Pero en el siglo primero después de Cristo Roma era la potencia colonial global, a la que estaban subordinadas tanto Jerusalén/Judea como Galacia. En la literatura de Gálatas se discutió una y otra vez con gran insistencia si los gálatas paulinos vivían en el norte o en el sur de la provincia romana que fue fundada por el emperador Augusto en el año 25 a.C. Si bien la "hipótesis provincial" "sur galacia" hizo ingreso en la historia de la interpretación,

---

40 Giorgio Agamben, *The Time that Remains*, 49-52.

en ese intento de localización las realidades políticas, sociales e ideológicas de Galacia como una provincia celta multiétnica en el oriente romano permanecieron totalmente desapercibidas. Ello adquiere un peso aún mayor en tanto el concepto de *nomos* / ley que está en el centro de la controversia de Gálatas es como mínimo tanto un concepto romano como judío. Especialmente en la tensionada relación triangular judeo-gálata-romana, él tiene una connotación marcadamente romano-hegemónica.

Los gálatas, en el curso de los centenarios movimientos migratorios celtas desde el centro de Europa a través de los Balcanes, Grecia y el espacio del Mar Negro, habían alcanzado Asia Menor en torno al 279 a.C. y se asentaron alrededor de la actual Ankara, capital de Turquía. En las exposiciones de los historiadores antiguos eran considerados como bárbaros prototípicos. En innumerables embates más pequeños y dos embestidas mayores –la conquista de Roma en el año 387 a.C. y la arremetida contra Delfos en el 279 a.C.– habían atacado una y otra vez los centros de la civilización y extendido *terror et tumultus* hasta que fueron "pacificados" definitivamente por Roma, e.o. mediante una sangrienta masacre romana en Galacia en el año 189 a.C. y la Guerra de las Galias de César en el Occidente (58-52 a.C.). La victoria de los romanos sobre los celtas como salvación de la civilización (*sotêria*) era un fundamento de legitimación ideológica de peso para la dominación imperial romana. En el arte fue expuesto plásticamente mediante una inundación de representaciones de galos/gálatas y bárbaros moribundos o muertos, que están presentes hasta hoy en los afamados museos de Europa – e.o. en el Altar de Pérgamo en Berlín, cuya "Batalla de Gigantes" erigió un monumento de su derrota a los antepasados directos de los gálatas neotestamentarios.[41]

---

41 Sobre la historia de los gálatas de Asia Menor, cf. los dos trabajos fundamentales de Karl Strobel, *Die Galater. Geschichte und Eigenart der keltischen Staatenbildung auf dem Boden des hellenistischen Kleinasien*. Berlín: Akademie Verlag, 1996; Stephen Mitchell, *Anatolia: Land, Men, and Gods in Asia Minor*. Oxford University Press, 1993; sobre la vinculación de esa historia con el arte (especialmente los "Gálatas moribundos" y el Altar de Pérgamo), ver Brigitte Kahl, *Galatians Re-Imagined*.

Ese contexto histórico-ideológico es relevante para la doctrina paulina de la justificación. Desde la perspectiva de la civilización greco-romana la característica sobresaliente de los gálatas/galos celtas (en latín y griego ambos conceptos son utilizados mayormente en forma sinonímica) era su "falta-de-ley", que se sustrajo al orden dominante y su estructura de valores. La colonización, aculturación y cooptación de esos "archi-bárbaros" por Roma –un proceso que se sucedió de forma especialmente exitosa en la Galacia asiático-menor, especialmente en lo que atañó a la aristocracia gálata– fue su subordinación bajo "la ley", con la que ellos obtuvieron su "justificación" en tanto ya-no-siendo-más-bárbaros. De esa forma ellos no solo aceptaron el orden romano, sino también el derecho de los vencedores, es decir su propio sometimiento. En la Carta a los Gálatas ese horizonte significativo necesariamente también debe ser escuchado.[42]

5.2 Nomos romano o Torá judía

Junto a ello está el segundo horizonte significativo, el de la ley judía. Éste, sin lugar a dudas, no se identifica con la falta-de-ley bárbara; pues la Torá en la Antigüedad era respetada a causa de su larga data. Sin embargo, la Torá era una permanente piedra de tropiezo dentro del orden legal de la respectiva potencia extranjera dominante y de la estructura de la *polis* helenística en el oriente, pues en algunos puntos centrales se sustraía al poder de lo normativo, reclamando una regulación excepcional para el judaísmo. El conflicto giraba ante todo en torno al estricto monoteísmo y la denegación de las imágenes del Primer Mandamiento (Ex 20,1-5), que permanentemente entraban en conflicto con la religión política de los aparatos de poder helenístico y romano, como por ej. en las Guerras de los Macabeos o en tiempos de Pablo bajo Calígula, quien quiso colocar su imagen en el templo de Jerusalén. Si bien Roma concedía un estatus especial judío, por ej. en vistas de las leyes

---

42 Sobre la totalidad del complejo temático comprendido por ley imperial, barbarismo gálata y su incorporación progresiva al orden romano, cf. Kahl, *Galatinas Re-Imagined*, 1-11, 31-75, 169-207.

de los alimentos, el mandamiento del Shabat, el impuesto al templo y ante todo a la cuestión clave de la adoración divina del emperador,[43] no obstante, el compromiso alcanzado con ello siempre fue frágil y condujo finalmente al inicio de la Guerra Judía en el año 66. Ésta comenzó con la negación del doble sacrificio diario a favor del emperador romano en el templo de Jerusalén que había sido establecido como reemplazo de la no participación judía en los rituales del culto al emperador en la diáspora.[44] La integración paulino-mesiánica de personas no-judías como "hijos" de Abraham y su Dios monoteísta (Gá. 3,29; 4,7) complicó aún más esa situación ya de por sí difícil. Ante todo en dos puntos tuvo lugar un peligroso conflicto con el ordenamiento legal romano:

1. Desde el punto de vista romano es únicamente el emperador quien unifica y pacifica los pueblos entre "judíos y gentiles/no-judíos". La política de integración romana no era uniformizante en modo alguno, sino que respetaba enteramente las particularidades culturales y religiosas de las etnias sometidas, incluyendo a sus diversas deidades, en tanto no se interpusieran en forma directa al ejercicio del poder romano. Ello lo muestra, el ejemplo del judaísmo. Aunque esa política "liberal" una y otra vez pudo ser usada para manipular a los pueblos en sus diferencias, oponiéndolos entre sí gracias al arte del "divide y reinarás" (*Divide et impera*), que los romanos dominaban con gran maestría, Roma fue muy exitosa en la creación de una "ecúmene desde arriba", que era integrada verticalmente por la persona del emperador y la institución del patronato.

Por lo contrario, Pablo crea una "ecúmene desde abajo", que es integrada horizontalmente a través de la solidaridad entre sí y por un mesías ejecutado *"outlaw"* (fuera de la

---

43 Cf. Josefo, Ant. 14 y 16, donde se reproduce una serie de decretos con los cuales Roma protegía las leyes y privilegios paternos de grupos judíos en un contexto griego frecuentemente hostil.

44 Kahl, *Galatians Re-Imagined*, 216; sobre todo ese complejo temático, ver allí mismo, 209-243.

ley), que de manera blasfema reclama para sí todos los títulos sacrosantos del culto al emperador: Señor (*kyrios*), Salvador y Redentor (*sôtêr*), Hijo de Dios (*huios theou/divi filius*) y muchos otros conceptos con connotaciones político-religiosas como fe, gracia, paz, y evangelio.[45] Fuera de ello, la comunidad de sus seguidores/as por principio no se ajusta a las categorías que pertenecen al sistema de ordenamiento normativo, sus dicotomías constitutivas y conceptos de opuestos como judíos y gentiles, griegos y bárbaros (cf. Ro 1,14), pecadores y justos, sobre los que se basa toda ley positiva. El arqueólogo británico y destacado conocedor del contexto histórico de la Carta a los Gálatas, William Ramsay, a la vez también admirador de la potencia colonial romana, ya lo había formulado en el año 1893 con gran exactitud: los cristianos edificaron una extensa organización que se opuso a los principios basales de la dominación romana y la unidad imperial, y por eso, a pesar de la especial tolerancia de Roma para con las particularidades de los dominados, no podía ser tolerada:

"(...) los cristianos seguían la práctica, no menos que antes, de mantener una unidad independiente de, y contraria a, la unidad imperial, y a consolidar una organización de amplio alcance. Tal organización era contraria al principio fundamental del gobierno romano. Roma, durante toda su carrera, había establecido como principio fundamental el gobernar para dividir. Todos los sujetos debían mirar solamente hacia Roma; ninguno debía mirar hacia sus vecino, ni entrar en ningún acuerdo ni conexión con él. Pero los cristianos miraban hacia una unidad no-romana; decidían en una acción común independiente de Roma. . ."[46]

---

45 El primero que llamó la atención sobre el "paralelismo polémico" entre la terminología del emperador y la de Cristo, hasta hoy un punto de partida importante para una hermenéutica crítica del imperio, fue Adolf Deissmann. La lectura de su libro, rico en material, *Licht von Osten. Das Neue Testament und die neientdeckten Texte der hellenistisch-römischen Welt.* Tubinga 1908, sigue resultando provechosa.

46 William M. Ramsay, *The Church in the Roman Empire before A.D. 170.* London: Hodder & Stoughton, 1893, 356.

2. En la medida que, como en tiempos de Pablo, el culto al emperador había llegado a ser una forma omnipresente de comunicación de la ley romana entre los pueblos sometidos, especialmente en la provincia romana de Galacia, la misión paulina "a los gentiles" se coloca necesariamente en una situación embarazosa – no primeramente como anuncio universal del Mesías Jesús, sino como universalización de una actitud judeo-monoteísta de negación frente al culto a los césares entre los *no-judíos*.[47] Si bien dicha actitud es aceptada en el caso de los judíos y legitimada hasta cierto punto mediante la solución de compromiso del sacrificio al emperador en el templo de Jerusalén, ello en ningún modo era así para pueblos no-judíos, y menos aún para las/los gálatas, a quienes los seguía persiguiendo la sombra de su barbárica falta de ley. Bien es cierto que Pablo, en una impresionante relectura de la historia del Génesis, los ha (re)identificado en pleno sentido como "hijos de Abraham" (Gá. 3,1-31). Sin embargo, "según la ley", ellos no lo son ni para Roma ni para Jerusalén. En tanto incircuncisos ellos no pueden remitirse a la Torá, como sus hermanas y hermanos judíos, cuando le dan la gloria "solo a Dios" y rechazan la adoración divina del emperador como idolatría al mejor estilo judío. En otras palabras: la contracara política de la filiación abrahámica inclusiva es una extensión ilegal del monoteísmo judío de los súbditos romanos circuncisos a los incircuncisos. Con ello Pablo le sustrae al sistema romano una forma de reproducción y expresión de obediencia civil y la orienta hacia el Dios de Israel y su Mesías, quien sin embargo, desde la perspectiva romana, es un criminal y un sedicioso ejecutado legalmente. De acuerdo con ello,

---

47 Sobre la totalidad del problema largamente infravalorado del culto al emperador, cf. entre los nuevos trabajos por ej. Justin K. Hardin, *Galatians and the Imperial Cult: A Critical Analysis of the First-Century Social Context of Paul´s Letter* (WUNT 2/237). Tubinga: Mohr Siebeck, 2008; Thomas Witulski, *Kaiserkult in Kleinasien. Die Entwicklung der kultisch-religiösen Kaiserverehrung in der römischen Provinz Asia von Augustus bis Antoninus Pius.* Gotinga: Vandenhoeck & Ruprecht, 2007; Michael Peppard, *The Son of God in the Roman World. Divine Sonship in its Social and Political Context.* Oxford: Oxford University Press, 2011.

la confrontación de la Carta a los Gálatas no es "Cristo contra el Dios de Israel", sino entre "el Dios de Abraham-en-Cristo contra el Dios romano y la ley del imperio". Las comunidades de Galacia les dan al Mesías judío y al Dios de Israel lo que le pertenece al emperador, a saber, la alabanza y la lealtad incondicional de los gentiles en tanto pueblos sometidos en su totalidad.[48] Ello puede ser perfectamente interpretado como sedición.

En esa situación es muy comprensible que los adversarios de Pablo en Galacia remitiéndose a la Torá propusieran una circuncisión – probablemente no tanto por "fanatismo" religioso sino más bien por razones pragmáticas para preservar tanto a las comunidades judías como a las judeo-mesiánicas ante complicaciones prácticas y peligrosas colisiones con el orden público y la ley de Roma. Si la condición incircuncisa de los gálatas varones llegó a ser un signo de no-conformismo político, éstos deben o bien hacerse circuncidar o bien, de lo contrario, regresar a su pasada praxis de observancia religiosa civil e imperial, a la que están obligados como no-judíos – que como tal también es tolerada y esperada en relación a los simpatizantes gentiles que no son prosélitos plenos por parte de la sinagoga.[49] Como buenos luteranos, esas voces demandan que se debe dar a Dios lo que es de Dios y al César lo que es del César.

---

48 En Pablo, el concepto *ethnê*, que tradicionalmente fue traducido como "gentiles"/"paganos", fuera de su contraposición a "judíos", en el uso general del lenguaje significa puramente "pueblos". En esa utilización incluye tanto judíos como también no-judíos/gentiles, todos los cuales pertenecen en conjunto a la categoría de las etnias sometidas por Roma. Ello tiene notorias consecuencias para la comprensión de la integración judeo-"gentil" en Pablo como integración *de pueblos* en sentido estricto; cf. al respecto Brigitte Kahl, "Krieg, Maskulinität und der imperiale Gottvater: Das Augustusforum und die messianische Re-Imagination von 'Hagar' im Galaterbrief", en: *Doing Gender-Doing Religion*. Editado por U. Eisen, C. Gerber y A. Standhartinger (WUNT 302). Tubinga: Mohr Siebeck, 2013, 273-300.

49 Cf. al respecto Mark Nanos, *Irony of Galatians*, 257-271.

Pablo contradice ambas opciones, que apuntan a una "normalización": tanto el regreso al calendario de fiestas y sacrificios del culto al emperador, que probablemente esté en el trasfondo de Gá. 4,8-10,[50] como la circuncisión. Con ella los gálatas podrían obtener la cobertura de la Torá para su "desobediencia civil" con respecto al culto al emperador, hasta entonces carente de ley e ilegal.[51] A la vez, las comunidades judías habrían sido liberadas de la sospecha siempre virulenta de servir como receptáculo de elementos enemigos de Roma. Sin embargo, Pablo considera tales acciones de acomodamiento a "la ley" como hipocresía (cf. Gá. 2,13). Mediante el restablecimiento de las líneas divisorias entre lo judío y lo gentil resulta negativamente comprometida la integración mesiánica – así como ocurrió en su momento en Antioquía.

5.3 Una nueva definición de las "obras de la ley" desde la perspectiva de la crítica del imperio

Esa relectura de la Carta a los Gálatas desde la perspectiva de la crítica del imperio postcolonial hace necesario definir nuevamente "ley" y "obras de la ley" como las antípodas constitutivas de la justificación paulina. La ley que Pablo rechaza es:

- La lógica de la segregación vertical y horizontal que divide a la sociedad en infinitas variaciones de la contraposición entre un sí-mismo dominante y sus otros subordinados – tanto a nivel estructural como personal, individual como comunitario. Allí donde esa lógica

---

50 Así ya Stephen Mitchell, *Anatolia*, Bd. 2, 10; también defienden esa tesis Justin K. Hardin, *Galatians and the Imperial Cult*, 122-127 y Thomas Witulski, *Die Adressaten des Galaterbriefes: Untersuchungen zur Gemeinde von Antiochien ad Pisidiam*. Gotinga: Vandenhoeck & Ruprecht 2000, 158-168.

51 En ese sentido el escenario de la circuncisión fue analizado de forma muy convincente como una "maniobra de evasión" (*evasive action*) por Bruce Winter, *Seek the Welfare of the City: Christians as Benefactors and Citizens*. Grand Rapids: Eerdmans, 1994, 141-142.

está arraigada religiosamente, ella define a Dios como el fundamento de justificación de ese ego imperial y "conquistador" (Enrique Dussel) y su "individualismo posesivo" (Ulrich Duchrow/Franz Hinkelammert).[52] Dios viene a ser declarado "Dios-con-nosotros" o, como en la auto-idolatría del culto al emperador, "yo-como-Dios".

- La lógica del pecado y de la "carne", que hace de ese otro establecido por la ley un objeto de dominación y anulación o de aniquilación, cuya exclusión, explotación e instrumentalización *no* contradice la ley dominante.

- La lógica de una autoafirmación permanente, que está orientada incesantemente a la lucha y a la competencia entre el sí-mismo y el otro. La normalidad de "mi" es definida como "*no*-tuyo" y "yo" como "no-tú" (Ton Veerkamp).[53]

Esa lógica global de la ley y sus "obras", a las que Pablo opone la justificación solo por la gracia y la fe, en su mundo no es encarnada por la Torá judía sino por el *Nomos* del imperio romano. La Torá en tanto ley del Éxodo y de la liberación está en su contra desde su basamento. Sin embargo, la Torá como toda otra "ley" religiosa, puede ser arrastrada a la órbita de ese *Nomos*-de-dominación, especialmente si ella actúa en un espacio que está marcado por una ley imperial hasta en lo más íntimo. Sin embargo ese peligro de usurpación por parte de una ley extraña se lo debe plantear hoy nuevamente la teología cristiano-reformadora, en especial en vistas de su propia tradición y "formación de ley", es decir particularmente en relación a la doctrina de la justificación.

---

52 Enrique Dussel, *Filosofía de la liberación*. Buenos Aires: Stromata, 1985; Ulrich Duchrow/Franz Hinkelammert, *Transcending Greedy Money. Interreligious Solidarity for Just Relations*. New York: Palgrave MacMillan, 2012, 21.
53 Ton Veerkamp, *Die Welt Anders. Politische Geschichte der Grossen Erzählung*. Berlín, 2012, 14.

6. Síntesis

En lucha contra el poder abrumador de la tradición y la autoridad de su iglesia (católica), Lutero vinculó de forma profética el "solo por la gracia y solo por la fe" (*sola gratia/sola fide*) de la doctrina de la justificación con el "solo por la Escritura" (*sola scriptura*). Ello hace al permanente cuestionamiento de la tradición (también de la protestante) por la autoridad del texto de la Escritura "sola" un criterio esencial de la existencia y teología reformadora – justamente allí donde ella cuestiona críticamente en el sentido de la "Reforma permanente" (*ecclesia semper reformanda*) a las interpretaciones luteranas establecidas. Si la conmemoración de la Reforma no se ubica en una cultura viviente de disputa bíblica, así como fue característica de la Reforma misma, los *500 años de la Reforma* devienen una fórmula histórica y teológica vacía. Así como Lutero desarrolló su nuevo descubrimiento reformador de Pablo y de los Gálatas en una lucha intensiva de décadas con el texto bíblico, también hoy se tendrá que medir la actual reflexión retrospectiva y renovada sobre lo esencial de la Reforma en la seriedad y la relevancia social de una relectura histórico-crítica y crítico-contemporánea de la Carta a los Gálatas como la "más luterana" de todas las epístolas paulinas – con Lutero, pero también más allá de Lutero.

El modelo tradicional de lectura para Pablo y la Carta a los Gálatas como base de la teología luterana de la justificación necesita una urgente revisión teológica, textual e histórica. Paradójicamente le atribuye a Pablo una autodefinición binaria en antítesis con respecto a "otros", lo que fue precisamente la característica de su militancia *antes* de Damasco; ella fue transformada por la revelación de Damasco en una misión de paz transfronteriza hacia los otros y con los otros. La determinación tradicional de la crítica paulina de la ley con respecto a la Torá judía fundamenta hermenéuticamente la "cautividad babilónica" de la Carta a los Gálatas. El cambio de paradigma que está aconteciendo actualmente en la interpretación de Pablo implica que el "apóstol de los gentiles" – en oposición a la lectura protestante y occidental clásica– no fue un romano leal y un judío desleal, sino un judío radical (aunque controvertido y marginal), quien, junto con el movimiento que suscitara entre los "pueblos", fue percibido como una amenaza por Roma. Probablemente por eso fue ejecutado por "provocar incendios" juntamente con numerosos hermanas y hermanos durante la persecución de Nerón en torno al año 64.[54] La justicia mesiánica del acontecimiento de la justificación, que hizo de él un misionero de los pueblos, no era compatible con el "derecho" del imperio. Ese es el punto donde se debe retornar nuevamente a la Escritura y a la autoridad de la Escritura para repensar la Reforma. Esa crítica revisión bíblica de la Reforma debería incluir esencialmente:

- La igualación de la Torá con el derecho romano realizada por Lutero a través de la figura conceptual del "derecho natural";
- Los escritos anti-judíos y anti-musulmanes de Lutero;
- Las condenas de Lutero a las posiciones de las iglesias pacifistas como "entusiastas".

También en la lucha actual de la ecúmene cristiana por un testimonio profético en el contexto del orden mundial imperial –y los intentos de respuesta de las religiones mundiales a él– la nueva interpretación de Lutero desde Pablo ofrecerá importantes posibilidades nuevas.

---

54 Kahl, *Galatians Re-Imagined*, 10-11.

La deuda según Anselmo de Canterbury y su interpretación en el capitalismo moderno

Franz Hinkelammert

En este artículo quiero tratar, por un lado, la teología de la deuda, como se impone a partir de Anselmo de Canterbury, que vive en el siglo XII; y por otro lado, el surgimiento de la concepción de la deuda, como rige a partir del siglo XV y XVI en los países capitalistas de Europa. Se puede ver entonces, que la ideología de esta concepción de la deuda es en buena parte una secularización de la teología de la deuda de Anselmo, que sustituye completamente la teología de la deuda, como se expresa en el Padre Nuestro.

1. San Anselmo: la aparente injusticia de la condenación de las deudas

La muerte de Jesús es considerada un sacrificio necesario de parte de las autoridades (Pilato y los sacerdotes). Visto desde Pablo no es, sin embargo, un sacrificio. Ahí hay un escándalo: el escándalo de la ley. El inocente será asesinado, pero su asesino cumple con la ley. La ley ha declarado al inocente culpable. Esto no es, sin embargo, algo extraordinario, sino pertenece a la ley, cuando se supone que su cumplimiento aparentemente ha hecho justicia. Se transforma en la fuerza de la ley. En el contexto de esos tiempos, se trata del pago de un rescate y, como tal, de un pago ilegítimo al demonio, quien oculta este secreto del escándalo de la ley[1]. Por la muerte de Jesús fue descubierto este secreto. Fue descubierto a través de que se descubrió que la ley, vista como cumplimiento de la ley, es la fuerza del crimen. Se descubrió, así, el escándalo de la ley. En la teología de la liberación fue nombrado este escándalo de la ley con el nombre del "pecado estructural".

Esta interpretación de la muerte en el sentido de un rescate legítimo que será pagado al demonio como extorsionador, vale en toda la patristítica, aunque pierde todo el contexto de la teología paulina. Mientras más se pierda este contexto, más se implementa una interpretación amiga del sacrificio, la cual tiene el sacrificio como algo fertil. En la teología de Pablo el sacrificio de Jesús devela lo que la ley en verdad es, es decir el asesinato de un inocente. En la patrística el demonio posee el poder de exigir la sangre de Jesús como rescate por este descubrimiento… Esta teología funciona, pero desde la mirada que el cristianismo ha imperializado, y el imperio invierte esta crítica a la ley. Se entiende a través de otro símbolo: *in hoc signo vinces*.

En este contexto era inconcebible la idea de que Dios fuera un acreedor que cobra una deuda impagable. Hay apenas contadas excepciones de esta regla, entre las cuales Aulén menciona a Tertuliano. Sin embargo, por lejos la consideración dominante es la de que, por su muerte, Jesús paga un rescate al demonio. El demonio cobra un rescate, sin el cual no dejaría libre al hombre, y Jesús lo paga. El hombre tiene una deuda con Dios sólo en el sentido de que le debe su libertad perdida, por la cual el demonio cobra un rescate. El hombre tiene que pagar

---

1 Cfr. Aulén, Gustaf, *Christus Victor. An historical study of the three main types of the idea of the atonement*. London: SPCK, 1961.

este rescate al demonio para estar de nuevo libre en su relación con Dios. Pero a Dios no hay que pagarle.

"Orígenes discute a quién se paga el precio del rescate y niega directamente que éste pueda ser pagado a Dios"[2]. En Crisóstomo, "el demonio es comparado al acreedor, quien mete a la cárcel a aquellos que están en deuda con él"[3]. Es el demonio aquel que *no* perdona la deuda.

Con Anselmo de Canterbury aparece un Dios que cobra la deuda sin misericordia. Hay un juego de inversiones entre la visión patrística y la visión de Anselmo. En la patrística, el pago lo recibe el demonio; en Anselmo, lo recibe Dios. En la patrística, el hombre está amarrado con una deuda al demonio; en Anselmo, está amarrado con una deuda con Dios. Dios y el demonio cambian de lugar y se invierten. Dios, según Anselmo, ejerce el poder, y el demonio compite por este poder de Dios. El pecado del hombre es haberle quitado el poder legítimo a Dios. En la patrística, en cambio, el hombre está bajo el poder del demonio y Dios no exige este poder, sino la liberación del hombre, para que ya no esté bajo ningún poder. Dios no es instancia del poder, sino que libera del poder, mientras que en Anselmo se transforma en la instancia superior del poder. Dios y demonio cambian de lugar en el mismo acto. Efectivamente, Dios y el demonio se invierten. El que cobraba, en el primer milenio del cristianismo, se llamaba demonio. En el segundo, se llama Dios. En el primer milenio se habla del cobro de un rescate, que sería algo ilegítimo, en tanto que en el segundo se habla de una deuda, de la que se deriva un pago legítimo.

Mientras en el mensaje cristiano el hombre justo es aquél que perdona las deudas, ahora en Anselmo el hombre justo es aquél que paga todas sus deudas. Por ende, el hombre justo también es aquél que cobra todas las deudas, sin ninguna capacidad de perdonarlas. Pagar lo que se debe, cobrar lo que se adeuda, es ahora la justicia:

---

2 *Ibid.*, 49.
3 *Ibid.*, 51.

...injusto es el hombre que no da a otro hombre lo que le debe, con mucha más razón el que no da a Dios lo que le debe"[4]. "Injusto es el hombre que no da a Dios lo que le debe.[5]

El cambio es obvio. Anteriormente, el hombre era justo si perdonaba las deudas que los otros le debían a él. Esta perspectiva la corta Anselmo. ¿Es conveniente que Dios perdone la deuda? El se pregunta precisamente por aquello que el Padre Nuestro anuncia: "si conviene que Dios perdone los pecados sin la restitución del honor quitado, por su sola misericordia"[6], o "Si conviene que Dios por pura misericordia perdone los pecados sin pago de la deuda"[7].

Rechaza tal posibilidad, en nombre de la justicia por cumplimiento de la ley: "si el pecado no es satisfecho ni castigado, no está sometido a la ley"[8].

Lo injusto sería que no se cumpliera la ley. Sería premiada la injustica, porque el justo que pagó, no ganaría nada, en tanto que el injusto que tiene que pagar, se llevaría un premio:

> Entonces más a gusto está la injusticia, que se perdona con la sola misericordia, que la justicia, lo que parece inconveniente. Con este agravante, que hace semejante a Dios a la injusticia, porque, así como Dios no está sujeto a ninguna ley, así tampoco la injusticia[9].

Eso lo repite, porque es una preocupación central de su teología:

> Que es un abuso intolerable en el orden de la creación, el que la criatura no dé el honor debido al Creador y no pague lo que debe[10].

---

4 Anselmo: "Cur deus homo?" (¿Por que Dios se hizo hombre?) *Obras completas de San Anselmo*. Madrid: BAC, 1952, 2 tomos. Libro Primero. I, 817, Cap. XXIV.

5 *Ibid.*, Libro Primero. I, 819, Cap. XXIV.

6 *Ibid.*, Libro Primero. I, 777, Cap. XII.

7 *Ibid.*

8 *Ibid.*

9 *Ibid.*

10 *Ibid.*, 781, Cap. XIII.

Dios "nada puede hacer más justo que conservar el honor de su dignidad[11].

Ley, orden y dignidad y el cumplimiento de exigencias normativas, son las referencias. En nombre de la ley y el orden se excluye el perdón de la deuda sin pago:

> ..sin satisfacción, es decir, sin espontánea paga de la deuda, ni Dios puede dejar el pecado impune ni el pecador llegar a la bienaventuranza[12].

Esta es una mística del cumplimiento de la ley, en la cual la justicia impide el perdón de la deuda, esto es de las obligaciones. La oración del Padre Nuestro, referida al perdón de las deudas, se transforma en un llamado a la injusticia, sea del hombre, sea de Dios. Hay una referencia implícita evidente a la parábola de los trabajadores de la viña, y se rechaza la solución que Jesús da a este mismo problema, como un llamado a la injusticia. Anselmo habla el lenguaje del poder, del imperio cristiano que está constituyéndose. El mensaje de Jesús y la teología de la ley de San Pablo, pasan a tomar un lugar demoníaco.

Sin embargo, al exigir la justicia por el cumplimiento de la ley, tiene que chocar con el problema de la impagabilidad de la deuda. Si exige que la ley se cumpla, tiene que exigir que se cumpla la condena de la ley para aquél que no puede pagar la deuda. Jesús, en el Padre Nuestro, pide el perdón de la deuda justamente en este caso de la impagabilidad. Anselmo rechaza el perdón, y tiene que decirnos cómo es la condena:

> ¿qué es lo que das a Dios que no lo debas, a quien debes, cuando manda, todo lo que eres, y lo que tienes, y lo que puedes?[13].

El hombre es incapaz de pagar por el pecado, porque:

---

11 *Ibid.*
12 *Ibid.*, 805, Cap. XIX.
13 *Ibid.*, 809, Cap. XX.

Si aún cuando no peco, y, so pena del pecado, le debo todo a El, yo mismo y lo que poseo, no me queda nada con que satisfacerle por el pecado[14].

Anselmo describe la deuda como una deuda radicalmente impagable. Pero sin pago, nadie puede conceder perdón. Esa es la "justicia estricta"[15]. No hay perdón,

mientras él no devuelva a Dios lo que le quitó, para que, así como Dios perdió por él, así tambien por él se le restituya...[16].

La deuda no es el resultado de un préstamo, sino de un robo o de una guerra del hombre contra Dios, que exige restitución y reparación. Si es de un préstamo, lo es a partir del momento en el cual resulta que el hombre no puede pagar, aunque debe pagar.

Injusticia es no pagar lo que se debe. Justicia es pagar lo que se debe, es decir, pagar todas las deudas. Por tanto, Anselmo se pregunta por el significado ético del pago de algo, que es imposible pagar:

Si puede y no paga, es realmente injusto; pero si no puede, ¿cómo es injusto?[17].

Este es un problema muy presente en la moral medieval, que dice: Lo que no se puede, no se debe. De nuevo Anselmo invierte la relación:

Si no existe en él ninguna causa de impotencia, en cierto modo se le puede excusar; pero en él la impotencia es culpable, y como no disminuye el pecado, tampoco excusa al que no paga lo debido.[18]
...el hombre, que se obligó espontáneamente a aquella deuda que no puede pagar, y por su culpa se creó esa impotencia, de suerte que ya

---

14 *Ibid.*
15 *Ibid.*, 815, Cap.XXIII.
16 *Ibid.*, 817, Cap. XXIII.
17 *Ibid.*, 817, Cap. XXIV.
18 *Ibid.*

ni puede pagar lo que debía antes del pecado, es decir, el no pecar, ni lo que debe por el pecado, siendo por tanto, inexcusable. Así esa misma impotencia es culpable, porque no debe tenerla, mejor dicho, debe no tenerla; pues así como es culpa el no tener lo que debe tener, así tambien es culpa el tener lo que no debe no tener.[19]

En consecuencia, es justo el hombre que paga lo que debe, y que puede pagar lo que debe. Parte de lo justo es *poder* dar lo que se debe. Es justo no sólo porque paga lo que debe, sino también, y sobre todo, porque *puede* pagar lo que debe. No poder pagar lo que se debe, es culpa. El pobre es el culpable, no el predilecto. Ni la impagabilidad permite el perdón de las deudas. Anselmo compromete las mismas bienaventuranzas en esta su negación del perdón de las deudas: lo justo es pagar lo que se debe, lo injusto es, no pagarlo:

> Y ningún (sic?) injusto es admitido a la bienaventuranza, porque como la felicidad es una plenitud en que no cabe indigencia alguna, así, por lo mismo, no conviene a aquél en el que no hay una pureza absoluta y completa, de suerte que no haya en él ninguna injusticia.[20]

Las bienaventuranzas se refieren ahora a los ricos, que son justos al poder pagar las deudas, y no a los pobres, que son injustos al no poder pagarlas. Dios no puede perdonar la deuda sin pago, pues él es el Dios de la ley y el orden. Ahora bien, siendo un Dios de amor y no únicamente de justicia, ¿cómo puede solucionar esta situación? ¿Cómo es posible el perdón?

> Pero si perdona lo que espontáneamente el hombre debe darle, porque no puede pagar, ¿qué significa sino que Dios perdona porque no puede por menos? Ahora bien, es irrisorio el atribuir a Dios tal misericordia. Y si perdona lo que contra su voluntad había de perdonar a causa de la impotencia de pagar lo que espontáneamente debía pagarse, perdona Dios una pena y hace feliz al hombre a causa del pecado, porque tiene lo que debía no tener, ya que no debía tener esa impotencia, y, por lo mismo, mientras la tiene y no satisface, peca; pero esta misericordia

---

19 *Ibid.*, 819, Cap. XXIV.
20 *Ibid.*

de Dios es demasiado contraria a su justicia, que no permite más que el perdón de la pena debida al pecado.[21] (y no de la deuda, F. J. H.).

Dios, por justicia, no puede perdonar el pago de la deuda. No obstante, por amor quisiera perdonar al hombre "la pena debida al pecado". Aunque se pague la deuda, se mantiene esta pena referente al pecado, que consiste en haber caído en la deuda. Sin pago no puede tampoco perdonar esta pena. Sin embargo, pagada la deuda, Dios puede, por amor, perdonar la pena. ¿Es Dios impotente frente a esta encrucijada?: "Si quisiera y no puede, habría que decir que es impotente"[22].

Pero Dios es tan grande que no puede ser impotente:

> ¿Cómo pues se salvará el hombre si no satisface lo que debe o con que cara nos atrevemos a afirmar que Dios, cuya misericordia sobrepuja toda inteligencia humana, no puede ejercitar esta misericordia?[23]

Anselmo plantea su disyuntiva de la manera siguiente

> 1. ...el hombre debía a Dios por el pecado lo que no podía pagar, y que, si no lo paga, no puede salvarse...
> 2. ...cómo Dios en su misericordia salva al hombre, siendo así que no le perdona el pecado mientras no pague lo que por él debe.[24]

Dios es misericordioso, sólo que en el marco de la ley y del orden. Un cristianismo de los pobres y postergados se transforma en un cristianismo de los que tienen. Es un cristianismo del hombre en el poder. La ley y el orden exigen cumplimiento, por consiguiente, una ética de cumplimiento. Ellos no conocen el perdón, sino la imposición. Frente a ellos, el hombre no es nada. Si se reivindica a sí mismo, es egoísta. *La misericordia es la fuerza para poder cumplir, no la superación de la ley de cumplimiento.* La solución de Anselmo consiste en sostener que Dios recibe el pago correspondiente de la deuda de parte de Cristo, al morir

---

21 *Ibid.*, 821, Cap. XXIV.

22 *Ibid.*

23 *Ibid.*

24 *Ibid.*, 825, Cap. XXV.

éste. El sacrificio de Cristo paga la deuda con sangre. Cristo es un hombre sin pecado y Dios a la vez.

> Piensas que tan gran bien y tan amable puede bastar para pagar lo que se debe por los pecados de todo el mundo? Es suficiente sobreabundantemente y hasta lo infinito... Sí, pues, dar su vida es recibir la muerte, así como la entrega de esta vida vale más que todos los pecados de los hombres, así también la aceptación de la muerte.[25]

Cristo, por ser hombre y Dios a la vez, puede pagar algo que para cualquier otro hombre es impagable. Sin embargo, no puede pagar sino con su muerte, con su sangre. La deuda impagable se paga con sangre. Dios mismo exige esta sangre para que su justicia sea satisfecha.

Ciertamente, viene ahora la pregunta: ¿cómo puede la muerte de Cristo satisfacer la justicia, si esta muerte es injusta? Anselmo introduce la importancia de la muerte de Cristo, contemplando la gravedad del pecado que significa matarlo. ¿Cómo puede significar la redención el matar a Cristo, si es el mayor pecado concebible?

> Porque el pecado que se comete contra El personalmente, supera incomparablemente a todos aquellos que pueden pensarse fuera de su persona.[26]
> Cuán bueno no te parece que será El, cuando su muerte es tan criminal.[27]
> Pero ahora queda otra cuestión. Porque si tan criminal es matarle, cuanto es preciosa su vida, ¿cómo puede su muerte vencer y borrar los pecados de aquellos que lo mataron?[28].

Y responde:

> Ningún hombre podría querer matar a Dios, por lo menos a sabiendas, y por eso los que le quitaron la vida por ignorancia no cayeron en ese

---

25 *Ibid.*, 857, Cap. XIV.
26 *Ibid.*
27 *Ibid.*
28 *Ibid.*, 859, Cap. XV.

pecado infinito, con el cual no se puede comparar ningún otro.[29] ... los verdugos de Cristo pueden alcanzar el perdón de su pecado.[30]

Puede ahora presentar a Cristo como el hombre-Dios, que viene al mundo para morir sacrificado por la deuda impagable que los hombres tienen con su Dios-Padre. Desaparece completamente la vida de Jesús y sus enseñanzas. Jesús no vino al mundo para vivir, sino para morir. Su muerte es el único sentido de su vida. Dios-Padre, en su amor, no podía redimir a la humanidad sino cobrando la deuda impagable que los hombres tienen con él. Su hijo, como hombre-Dios, tiene que pagarla con su sangre, porque las deudas impagables se pagan con sangre. El Dios-Padre lo manda a morir, abriendo así el paso al perdón de las penas de los pecados del hombre.

Cristo viene voluntariamente. El "...ofreció a hacerse hombre para morir..."[31]. La redención del género humano

> ...no era posible más que pagando el hombre lo que debía por el pecado, deuda tan grande, que, no debiéndola pagar más que el hombre como culpable, no podía hacerlo más que Dios, de suerte que el Redentor tenía que ser hombre y Dios al mismo tiempo, y, por lo mismo, era necesario que Dios asumiese la naturaleza humana en la unidad de su persona, y así, el que en su mera naturaleza debía, pero no podía pagar, subsistiese en una persona que tuviere poder.[32]

El sentido de la vida de Jesús es morir para pagar una deuda:

> ...no pudo no morir porque había de morir realmente, y había de morir realmente porque lo quiso espontánea e inmutablemente, síguese que no pudo no morir por la simple razón de que quiso morir con una voluntad inmutable.[33]

---

29 *Ibid*.
30 *Ibid*.
31 *Ibid*., 869, Cap. XVI.
32 *Ibid*., 879, Cap. XVIII.
33 *Ibid*., 871, Cap. XVII.

Por ello, Anselmo pregunta:"¿por qué decimos a Dios: perdónanos nuestras deudas (Mt.6,12)?"[34], y contesta:

> El que no paga, dice inútilmente: perdóname; pero el que satisface suplica, porque esto mismo entra en el perdón, porque Dios a nadie debe nada, sino que todas las criaturas le deben a Él, y por eso no conviene que se hayen con Dios como un igual con otro igual.[35]

Ahora, Cristo pagó. Sin embargo, es un pago que constituye un tesoro en el cielo. Ese pago no elimina automáticamente la deuda que los hombres tienen con Dios. Ellos tienen que pagar recurriendo a este tesoro. Pero son ellos quienes pagan para redimirse de su deuda. Cristo pone a disposición de los hombres este tesoro, adquirido por su sangre, que puede efectivamente servir como medio eficaz de pago. Cristo no paga, sino que pone el tesoro a disposición. Es decir, después de la muerte de Cristo los hombres siguen con la deuda, sólo que ésta ya no es impagable. La pueden pagar.

Pero tienen que hacerlo. Si no lo hacen, seguirán con la pena por no haber pagado. Y esta pena es eterna. El hombre, en cambio, se salva si recurre a este pago hecho por Cristo para solventar la deuda que tiene. No obstante, para tener a su disposición la capacidad de pago de Cristo, tiene que hacer méritos. Cristo no regala tampoco. Sin embargo, ahora los méritos humanos valen frente a Dios, porque al hacer participar al hombre en el tesoro adquirido por Jesús mediante su sangre, aquel tiene un medio de pago de valor infinito que puede satisfacer a Dios. Este mérito que el hombre tiene que hacer frente a Cristo, es seguirle. Es la *imitatio Christi*.

> ¿Y qué cosa más conveniente que diera ese fruto y recompensa de su muerte a aquellos por cuya salvación se hizo hombre, como demostramos con toda verdad, y a los cuales dio con su muerte, como dijimos, un gran ejemplo como se muere por la justicia, pues en vano serán sus imitadores si no son participantes de sus méritos? ¿Y a quiénes con más justicia hará herederos de su Crédito, del cual

---

34 *Ibid.*, 805. Cap. XIX.
35 *Ibid.,* 807 Cap. XIX.

El no necesita, y de la abundancia de su plenitud, sino a sus parientes y hermanos, a los que ve caídos en lo profundo de la miseria y consumirse en la carencia y necesidad de todo, para que se les perdone lo que deban por sus pecados y se les dé aquello de que carecen a causa de sus culpas?[36]

Ese es el lugar del esfuerzo propio. Antes de la muerte de Cristo era en vano. Pero ahora tiene el apoyo de Cristo, así que vale frente a Dios:

Y cómo haya de acercarse para la participación de tan gran gracia y cómo se ha de vivir con ella, nos lo enseña por doquiera la Sagrada Escritura...[37].
Porque ¿qué puede pensarse de más misericordioso que a un pecador condenado a los tormentos eternos, y sin tener con que redimirse, Dios Padre le diga: "Recibe a mi Unigénito y ofrécele por ti", y el Hijo a su vez: "Tómame y redímete"? Esto vienen a decirnos cuando nos llaman a la fe cristiana y nos traen a ella. ¡Y qué cosa más justa que perdone toda deuda aquel a quien se da un precio mayor que toda deuda, si se da con el afecto debido!.[38]

Dios recibe el pago y perdona la culpa. Cristo abre este crédito a aquellos que lo imitan, es decir, a los justos que pagan lo que deben. Hay que seguir a Cristo: *imitatio Christi*. Cristo pagó, nosotros también pagamos. Cristo cumplió, nosotros cumplimos. El perdón de la deuda ya no cabe. Todo se paga, o en esta vida, o en la otra. Las deudas se pagan, y después de pagarlas, se perdona el pecado de haber caído en la impagabilidad de una deuda.

Sin embargo, esta gracia hay que ganarla. Al rechazarla, el hombre pierde con justicia todo: "Por consiguiente, el que quiera prestar atención a lo que vengo exponiendo, no dudará de que son justamente reprendidos aquellos que, por causa de su falta, no pueden recibir la palabra de Dios." [39]

---

36 *Ibid.*, 885, Cap. XXIX.

37 *Ibid.*, 887, Cap. XIX.

38 *Ibid.*, 887, Cap. XX.

39 Anselmo: "De concordia praescientiae, et praedestinationis, et gratiae dei cum libero arbitrio" (De la concordia de la presciencia, de la

Esta es la contrapartida de la imposibilidad de pagar, que es el ser culpable. Ahora culpable es la imposibilidad de recibir la gracia de Dios. No tiene redención, porque la deuda se paga por el hecho de haber escuchado la palabra de Dios y seguido a Cristo. El que no escucha, de una manera nueva es culpable del hecho de que no puede pagar su deuda con Dios.

Frente a esta visión de Dios y de la justicia, el pecado ya no puede ser sino violación de la ley. Toda violación de la ley es pecado; la justicia no puede jamás exigir la suspensión de la ley. No puede haber ningún pecado que se cometa cumpliendo la ley. Como Dios es la ley y la ley emana de él, el pecado por cumplimiento de la ley sería el pecado de Dios, por tanto, sostener su posibilidad sería una blasfemia. Toda moral es ahora una moral privada, y se reduce a una relación entre el individuo y Dios, entre el individuo y la ley. El cumplimiento y la defensa de la ley son la perfección humana. Observar la ley es el camino de Jesús.

Desde este punto de vista, la teología de la ley de San Pablo y la prédica de Jesús mismo, son una blasfemia. Ellas exigen un sujeto que en nombre de su vida, sea soberano frente a la ley para enjuiciar. Hacer eso se transforma en el pecado máximo. Hay pecados que son violación de la ley. No obstante, hay un pecado máximo, que es el pecado que consiste en que el sujeto se ponga por encima de la ley. En la teología de Jesús y de San Pablo, existen también los pecados por violación de la ley y un pecado máximo. Este pecado máximo es el que se comete al pretender la justicia por el cumplimiento de la ley. La teología de Anselmo establece como su pecado máximo, considerar al sujeto como soberano frente a la ley, y por tanto, el ver el pecado máximo como un pecado cometido cumpliendo la ley. Las posiciones se han invertido completamente. Lo que en una tradición es el pecado máximo, en la otra es la máxima exigencia de Dios.

---

predestinación y la gracia divina con el libre albedrío). *Obras Completas* II, 263, Cap. VII.

Anselmo considera el pecado del orgullo precisamente como la exigencia de libertad frente a la ley. El se preocupa de eso sumamente y dedica todo un estudio a la caída del ángel malo: "De casu diaboli" (De la caída del demonio)". Allí desarrolla este concepto de la soberbia. La soberbia del ángel caído consiste en la violación de la ley, al querer ser como Dios.[40]

Bernardo introduce para este ángel caído un nombre que antes sólo marginalmente recibía, y que Anselmo todavía no usa. Lo llama Lucifer: "¡Oh Lucifer!, que despuntabas como el alba. Ahora ya no eres lucífero; eres noctífero y mortífero." [41]

Bernardo describe terminantemente el mundo que surge ahora. Lo describe en términos de la "ciudad que brilla en las colinas", y de aquellos que esta ciudad ha expulsado y condenado:

En aquella ciudad no hay tampoco lágrimas ni lamentos por los condenados al fuego eterno con el diablo y sus ángeles... Porque en las tiendas se disfruta el triunfo de la victoria, pero también se siente el fragor de la lucha y el peligro de la muerte. En aquella patria no hay lugar para el dolor y la tristeza, y así lo cantamos: "Están llenos de gozo todos los que habitan en ti". Y en otra parte: "Su alegría será eterna". Imposible recordar la misericordia donde sólo reina la justicia. Por eso, si ya no existe la miseria ni el tiempo de la misericordia, tampoco se dará el sentimiento de compasión.[42]

---

40 Especialmente en el Capítulo IV: "Como pecó y quiso ser semejante a Dios". "De casu diaboli" (De la caída del demonio). Obras completas de San Anselmo, op. cit., 607-611.

41 Ibid., págs. 221-223.

42 "Liber de deligendo Deo" (Libro sobre el amor a Dios), op.cit. Nr. 40. I, pág. 359 (énfasis nuestros). Bernardo se atreve a llamar esta ley, que no tiene ni misericordia ni compasión, la ley de la caridad:

"Por tanto, la ley inmaculada del Señor es la caridad, que no busca su propio provecho, sino el de los demás. Se llama ley del Señor, porque él mismo vive de ella, o porque nadie la posee si no la recibe gratuitamente de él. No es absurdo decir que Dios también vive según una ley, ya que esta ley es la caridad... Ley es, en efecto, y ley del Señor la caridad, porque mantiene a la Trinidad en la unidad, y la enlaza con el vínculo de la paz... Esta es la ley eterna, que todo lo crea y gobierna. Ella hace todo con peso, número y medida. Nada está libre de la ley, ni siquiera el que es la ley de todos. Y esa ley es esencialmente ley, que no tiene poder creador, pero

2. La integración de la ley en el mercado: el amor al prójimo como norma burocrática

Anselmo de Canterbury interpreta la justicia como cumplimiento extremo de la ley. Él lo hace de la mano de la discusión del pago de la deuda. Las deudas no pueden perdonarse, ya que esto significaría una injusticia, y por tanto una violación de la ley. Las deudas impagables serán pagadas, sin embargo, con la sangre y la muerte. Ambas referencias, no obstante, se relacionan con el cielo. En el cielo y ante Dios esto es así, pero no se saca ninguna consecuencia explícita con respecto a lo que afecta a las cosas terrenales, Anselmo mismo sigue siendo partidario de la prohibición del interés como toda la Edad Media.

Con la Modernidad vendrán, no obstante, a la tierra. Para ello, me parece que el centro es la deificación del mercado, en tanto que el mercado es concebido como "mano invisible" y como sistema autorregulado. Sin embargo llega el momento en el cual bajan a la tierra. El desarrollo se da a partir de la divinización de la autoridad, es decir, del rey, y se desarrolla durante toda la Edad Media hasta que el mercado sustituye al rey y recibe ahora la dignidad de ser por la "gracia de Dios".

El filósofo italiáno Agamben considera en su libro *Il Regno e la gloria*[43] el versículo de Pablo sobre los "administradores de los secretos de Dios" en 1 Corintios 4:1. Pero él no aborda la comprensión paulina de la administración de los secretos. Mi interés en el libro de Agamben tiene otra razón. Agamben muestra cómo se hablará hasta el siglo II sobre la administración de los secretos en conexión con Pablo. Esta palabra se invierte

---

que se rige a sí misma" (No. 35, I, 351)."Buena, pues, y dulce es la ley de la caridad. No sólo es agradable y ligera, sino que además hace ligeras y fáciles las leyes de los siervos y asalariados. No las suprime, es cierto, pero ayuda a cumplirlas, como dice el Señor: No he venido a abrogar la ley, sino a cumplirla. Modera la de unos, ordena la de otros y suaviza la de todos" (No. 38, I, 355).

43 Agamben, Giorgio. *El reino y la gloria*. Buenos Aires, 2008.

luego en su contrario: desde los siglos III y IV se hablará de los secretos de la administración. El secreto de la administración será, sin embargo, la autoridad que participa en la glorificación de Dios. Así, en tanto que Dios es glorificado, será también la autoridad glorificada, y por tanto se da la bendición de la autoridad. Estos son además el rey y la liturgia del poder, los cuales serán festejados junto con la liturgia de la glorificación de Dios. En los siglos XVII y XVIII en el lugar del rey entra la ley, la cual a la vez se convertirá en la ley del mercado. Es, por consiguiente, la ley del valor, y la mano invisible del mercado y su autorregulación serán celebrados como secreto de la administración. Esta deducción de Agamben es fascinante, y por otra parte muestra como aquí también "el termidor"[44] se hace presente. Todo se cambia y es invertido, se vuelve en su contrario.

Adam Smith llega a la formulación clásica de este resultado:

> Ninguno, por lo general se propone originariamente promover el interés público, y acaso ni aún conoce cómo lo fomenta cuando no abriga tal propósito. Cuando prefiere la industria doméstica a la extranjera, solo medita su propia seguridad, y cuando dirige la primera de forma que su producto sea del mayor valor posible, solo piensa en su ganancia propia, pero en este y en muchos otros casos es conducido, como por una mano invisible, a promover un fin que nunca tuvo parte en su intención. Para las naciones no es tampoco desafortunado el que el no tenga este fin. Si siguiera su propio interés, lo promueve a la nación eficazmente, como si el tuviera la intención realmente de promoverlo.[45]

---

44 [Según Hinkelammert, que se refiere a Karl Marx, el termidor denomina el momento decisivo de una revolución. Es el punto donde el desarrollo se vuelve, En el cristianismo ese momento ocurre en el siglo IV, cuando pasó la imperialización del cristianismo a través de la cristianización del Estado. Véase Hinkelammert, *Der Thermidor des Christentums als Ursprung der christlichen Orthodoxie. Die christlichen Wurzeln des Kapitalismus und der Moderne*, en: Ulrich Duchrow/Carsten Jochum-Bortfeld (ed.), *Die Reformation radikalisieren/Radicalizing Reformation*, Bd./Vol. 1. Münster: LIT Verlag 2015, 147s. Nota del editor.]

45 Smith, Adam. *La riqueza de las naciones*. Barcelona: Editorial Bosh, 1983, Libro IV, Sección 1, Tomo II, 191.

Esto es ahora el mercado: una máquina mágica. Él transforma amor propio en amor al prójimo; egoísmo en altruismo; el cálculo del interés propio en pensamiento del bien común. Como mecanismo funcional el mercado es el secreto de la convivencia humana así como su solución. Esta máquina produce de acuerdo al amor al prójimo. Esto es también el cuento neoliberal.

Este tipo de pensamiento comienza con la Modernidad. Francisco de Vitória tenía ya desde el Siglo XVI ideas en esta dirección, y posterior a él las tendrán Thomas Hobbes y John Locke. Este último conoce sin duda los escritos de Vitória. A principios del Siglo XVIII Mandeville ofrece formulaciones cercanas a aquellas hechas por Adam Smith. En su "fábula sobre las abejas" (1714) dice: vicio privado, virtud pública. Lo que se hace en el mercado es siempre el interés general. Adam Smith va más lejos y desarrolla esto en una mano invisible y en la autorregulación del mercado. Esto continúa luego en el capitalismo de Manchester, el cual dominó ampliamente en el siglo XIX y regresó con un poder inaudito con el neoliberalismo de la estrategia de la globalización. Un autor como Hayek dice por ello también que este mercado es un milagro que no debe ser intervenido para que pueda continuar produciendo sus milagros.[46]

---

46 Sobre el mercado dice Hayek: "No existe en inglés o alemán (¿sic?) palabra de uso corriente que exprese adecuadamente lo que constituye la esencia del orden extenso, ni por qué su funcionamiento contrasta con las exigencias racionalistas. El término (¿sic?) "trascendente", único que en principio puede parecer adecuado, ha sido objeto de tantos abusos que no parece ya recomendable su empleo. En su sentido literal, sin embargo, alude dicho vocablo a lo que está más allá de los límites de nuestra razón, propósitos, intenciones y sensaciones, por lo que sería desde luego aplicable a algo que es capaz de generar e incorporar cuotas de información que ninguna mente personal ni organización singular no solo no serían (¿sic?) capaces de aprehender, sino tan siquiera de imaginar. En su aspecto religioso, dicha interpretación queda reflejada en ese pasaje del padrenuestro que reza "hágase tu voluntad (que no la mía) así en la tierra como en el cielo", y también en la cita evangélica: "No sois vosotros quienes me habéis elegido, sino Yo quien os eligió para que produzcáis fruto y para que este prevalezca" (San Juan, 15:26). Ahora bien, un orden trascendente estrictamente limitado a lo que es natural (es decir, que

En su interpretación de la mano invisible, Adam Smith deja cierto espacio para un intervencionismo en el mercado. El anti-intervencionismo ideologizado de hoy de cuño neoliberal es impuesto después de la Segunda Guerra Mundial como reacción al intervencionismo sistemático, el cual hace posible después del final de la Segunda Guerra Mundial la reconstrucción europea occidental. Pero no se argumenta directamente contra el proyecto de esta reconstrucción, sino contra el intervencionismo sobre el cual se fundó el socialismo soviético. Además se condena sólo a las intervenciones en favor del ser humano. Intervenciones y subvenciones en favor del capital y de las empresas serán, por el contrario, ilimitadamente legítimas.

Aunque toda esta campaña estaba dirigida contra el intervencionismo en favor del ser humano, con posterioridad a la Segunda Guerra Mundial a penas se hablaba sobre este intervencionismo occidental, que era precisamente exactamente lo contrario del proyecto neoliberal. Este intervencionismo, que caracterizó al capitalismo de posguerra, fue clara y ampliamente exitoso. Por tanto ya no se lo mencionaba.

El mercado total, cuya teoría había desarrollado el pensamiento neoliberal teniendo como central la Facultad de Economía de la

---

fruto de intervención sobrenatural alguna), cual acontece con los órdenes de tipo evolutivo, nada tiene que ver con ese animismo que caracteriza a los planteamientos religiosos, es decir, con esa idea de que es un único ente, dotado de inteligencia y voluntad (es decir, un Dios omnisciente), quien, en definitiva, determina el orden y el control." Hayek, Friedrich A., *La fatal arrogancia. Los errores del socialismo*. Madrid: Unión Editorial, 1990, 125/126 [The fatal conceit: The Error of Socialism. (*The collected Works of Friedrich August Hayek*, Volume I) Chicago University Press, 1988]). Milton Friedman ve todo el problema del mercado como un problema de fe: "En realidad, la causa principal de las objeciones a la economía libre es precisamente el hecho de que realiza tan bien sus funciones. Da a la gente lo que realmente quiere, y no lo que un grupo determinado piensa que debiera querer. En el fondo de casi todas las objeciones contra el mercado libre hay una falta de fe en la libertad misma". Friedman, Milton, *Capitalismo y libertad*. Madrid: Editorial Rialp, 1966, 30.

Universidad de Chicago y la sociedad Mont Pelerin, que fue fundada por Hayek, resultó cada vez más como la ideología que correspondía mejor a la estrategia de globalización. De ahí que encontró un apoyo en las burocracias privadas de las empresas transnacionales y de los grandes consorcios. Con ello recibió, sin embargo, ovaciones por todos los medios de comunicación y las facultades de economía en el mundo entero, las cuales eran dominadas ampliamente por estas burocracias. Cualquier otro pensamiento de la teoría económica serio sobre el significado de este paso hacia el mercado total era posible sólo de manera aislada, y podía llegar sólo por la oposición política.

Así, se da con ello la base de legitimación para la nueva ideología del mercado total. Los gobiernos de Margaret Thatcher en Inglaterra y sobre todo con el de Ronald Reagan en EE.UU desde 1980, condujeron a la nueva política. El golpe militar en Chile en 1973, con su total sometimiento de la economía bajo las exigencias neoliberales, fue el laboratorio de lo que vendría. Era prácticamente imposible llevar a cabo una discusión objetiva sobre las intervenciones necesarias en el mercado. En principio, hoy en día vuelve una cierta libertad simplemente porque esta política de la globalización tiene ya consecuencias catastróficas para el mundo y está amenazando hasta la misma sobrevivencia del ser humano.

Este desarrollo del mercado se está conduciendo hacia una nueva forma de argumentación, la cual consiste en la casi total tautologización de los argumentos. Esto era llevado a cabo especialmente por el Fondo Monetario Internacional, particularmente aquel de Camdessus, su director desde 1987 hasta el 2000. Esta argumentación es un intento de impedir cualquier discusión, simplemente por medio de la inmunización de todos los argumentos. Una afirmación en una publicación del FMI de 1988 puede ejemplificar esto de forma sencilla.

> El efecto de medidas impositivas, como aquellas medidas relacionadas con los impuestos sobre el ingreso, las cuales incrementan los pagos de impuesto para los grupos de ingreso más bajo, y, sin embargo,

los disminuyen para los grupos de ingreso más alto, favorece a los estratos más pobres.[47]

Un tal sinsentido se puede decir sólo cuando se tiene el poder sobre los medios de comunicación y las facultades de economía. Se puede manipular caprichosamente, ya que las opiniones divergentes se difunden de forma muy limitada.

Camdessus como director del Fondo Montetario se desplaza así al terreno de la teología y copia puntos centrales de la teología de la liberación, sobre todo la opción por los pobres. Así, compara el poder de este mundo con el poder de Dios y su rey, el cual, según Camdessus, se identifica con los pobres.

> Uno se funda sobre el poder, el otro sobre el servicio al prójimo; uno, apoyado sobre la fuerza, se orienta a la posesión y al acaparamiento, el otro, a compartir; el uno exalta al príncipe y sus barones, el otro, al excluido y al débil; uno traza fronteras, el otro vínculos; uno se apoya sobre lo espectacular y lo mediato, el otro prefiere la discreta germinación del grano de mostaza. ¡Son los opuestos!, y en el corazón de estas diferencias está la que las condensa: el Rey se identifica con el Pobre.[48]

Pero este rey, que ahora se identifica con el pobre, lo hace advirtiéndole algo a los pobres. Él habla ahora del peligro del populismo. En el lenguaje del FMI este término resume todas aquellas políticas y medidas que no asumen sus posiciones referentes a los ajustes estructurales. Camdessus se opone férreamente en contra de

---

47 Estudio del Fondo Monetario Internacional "Adjustment Programs for Poverty: Experiences in Selected Countries", No. 58, Ocasional Papers, de acuerdo al Boletín del Fondo Monetario Internacional del 6 de junio de 1988, 164.

48 Este texto proviene del texto francés de la conferencia del episcopado en francés: Camdessus, Michel. Marché-Royaume. *La double appartenance. Documents Episcopats.* Bulletin de Secretariat de la Conference du Eveques de France Nr. 12 (Julliet-Aut, 1992). Esta posición de Camdessus la he analizado en Hinkelammert, Franz J., *La teología de la liberación en el contexto económico-social de América Latina*: Época 1995: enero-febrero.

...todas estas formas de la demagogia populista que están en marcha y que sabemos a donde llevan: a la hiperinflación y a través de ella – ya antes que el mercado ha cumplido con sus promesas - a la debacle económica, al aumento de la miseria y al retorno de los regímenes totalitarios, o sea, al fin de las libertades.[49]

Su resultado es que la opción por los pobres tiene que ser realista y por ello tiene que coincidir con la opción por el FMI y su ajuste estructural. Para Camdessus esto significa que el reino de Dios en esta tierra sólo puede aproximarse y que la única aproximación realista consiste en asumir la línea del FMI, la cual es la línea del anti-intervencionismo neoliberal completo. Cada intento de hacer algo serio sería el camino a la catástrofe. La idea de Camdessus es fuertemente apocalíptica.[50]

Pero es de un totalitarismo del mercado más absoluto. Camdessus inclusive lo sacraliza: en el mercado se revela en qué sentido podemos y debemos realizar el reino de Dios. La manera realista de acercarse al reino de Dios es el mercado total. Por tanto, cualquier intento de intervenir el mercado total es rebelión en contra de lo que es la voluntad de Dios. Se trata de una idolatría del mercado total.

En un mismo sentido Hugo Assman cita a Roberto Campos:

> En rigor, nadie puede optar directamente por los pobres. La opción que se tiene que hacer es por el inversionista, quien crea empleo para los pobres.[51]

---

49 En una conferencia en la Semana Social en Francia confrontó Camdessus también la posición de los pobres con aquella que él llama populismo: "Tengamos cuidado con nuestros juicios para no confundir jamás la opción preferencial por los pobres con el populismo" Camdessus, Michel, "Libéralisme el Solidarité à 1'échelle mondiale". XXX Concurrence et solidarité. L'économie de marché presqu'oû ? Actes des Seminaires sociales de France tenues à Paris en 1991. París: ESF editeur, 1992, 100.
50 Luego de su jubilación, en el año 2000, fue nombrado por el Vaticano miembro de la Comisión Vaticana *Iustiatia et Pax*. El demostró con claridad, como se creía, lo que significa justicia.
51 Assman, Hugo. *Economía y religión*. San José: DEI, 1994, p. 101.

Este argumento viene una y otra vez: la opción realista por los pobres es la opción por los ricos. Esto es hoy la armonía de la mano invisible. Con ello se le da al capitalismo el poder absoluto frente a un pueblo totalmente desempoderado. La democracia se convierte en una simple envoltura de un sistema que se está volviendo totalitario, el cual tiene como su centro el mercado total.[52]

Cuando el ahora Papa Francisco en su texto *Evangelii Gaudium* hace un llamado a intervenir en el mercado, Robert Grözinger escribió en el periódico alemán *Frankfurter Allgemeine* (30/12/2013) lo siguiente:

> El problema fundamental con declaraciones como las del pontífice, es que no indica ninguna causa concreta para los llamados problemas estructurales de la economía mundial, sino descansa en una demanda vaga contra todo mercado libre, la cual devela desconocimiento. A saber, no es en modo alguno la economía la que mata, si, como lo lamenta el Papa, 'no se hiciera un escándalo, por el hecho de que un viejo, que está obligado a vivir en la calle, se congela, mientras que en la bolsa de valores una caída de dos puntos crea grandes lamentos'.

El culpable, si es que se quiere llamar a alguien culpable, es el Estado, por mucho. Aquel que, como podría serlo en Argentina, país de origen del Papa, ahuyente inversionistas mediante políticas intervencionistas y amenazantes de los derechos a la propiedad, y así conduzca la economía al estancamiento y a la debacle. Un Estado que fije salarios mínimos y con ello excluya a los débiles de la vida productiva, y los haga dependientes de una política de bienestar, que también el Estado regula y domina. Que fije el máximo de los alquileres y así limite al mercado de la vivienda. Un Estado que reglamente y cobre impuestos a las empresas, hasta que ellas emigren o cierren,

---

52 Sobre este punto ver Kurz, Robert. Wer ist totalitär? Die Abgründe eines ideologischen Allzweck-Begriffs. http://www.exit-online.org/link.php?tabelle=autoren&posnr=144

Véase también el Capítulo VI, "El capitalismo cínico y su crítica: la crítica de la ideología y la crítica del nihilismo", de Hinkelammert, Franz J. *El grito del sujeto*. Costa Rica: EUNA, 1998.

y con ello provoque pérdidas sensibles de bienestar para los empleados y sus comunidades. Aquel que subvencione a las empresas improductivas para que los recursos sean utilizados improductivamente y el stock de capital de una nación se retraiga.

Es interesante que uno de los especuladores más conocidos del mercado financiero haya dado una notable respuesta a este tipo de disparate. En una entrevista a la revista alemana *Der Spiegel* (*Spiegel Online*, 05/03/2014), George Soros decía:

> Pregunta: ¿Qué esperaba usted de Europa, cuando la Segunda Guerra Mundial finalmente terminó? ¿Podía creer que el continente alguna vez encontraría paz?
> Soros: Nuestra gran suerte después del final de la guerra fue el Plan Marshall. Sin este plan Europa no sería pensable. Fue para ella una partera. El plan fue probablemente el proyecto de ayuda para el desarrollo más exitoso en la historia mundial, y mostró, qué tipo de buenos hechos podían hacer los Estados Unidos, que en ese entonces era ampliamente dominante, como ahora lo es Alemania en Europa. Estados Unidos se concentró en la reconstrucción del continente, a la cual había conducido una guerra enconada. Esa es la gran diferencia con el comportamiento actual de Alemania: Estados Unidos estaba listo, tal vez no para olvidar los pecados del pasado, pero sí de perdonarlos. Alemania, por el contrario, parece que actúa sólo a través de sanciones y castigos, sin que el país ofrezca al resto de Europa una visión positiva similar a la que los estadounidenses ofrecieron también a los alemanes.

Ese Proyecto de postguerra fue de hecho un proyecto de desarrollo ampliamente exitoso. Si se lo analiza, se podrá observar que este proyecto implementó exactamente lo contrario de lo que dice la ideología neoliberal actual. George Soros es plenamente consciente de ello. Si se busca una falsificación de todas estas tesis neoliberales, se la encuentra en "el proyecto de ayuda para el desarrollo más exitoso en la historia mundial" después de la Segunda Guerra Mundial. Sin embargo, nuestra opinión pública – para hablar de nuestra opinión publicada – hace prácticamente imposible incluso llegar a discutir este problema.

Ese proyecto de desarrollo, que era un proyecto de reconstrucción, comenzó con una casi completa condonación de todas las deudas externas, que o fueron anuladas, o bien se las declaraba en moratoria de largo plazo. Además llegaban los planes de crédito Marshall, los cuales fueron dados en condiciones sumamente favorables. A los ingresos más altos, al capital y a la propiedad de inmuebles, se les puso impuestos extraordinariamente más altos que lo que es el caso en nuestros días. A la par fue desarrollado el Estado social como nunca antes: sistema de salud, sistema educativo y seguro de retiros públicos. Una comunidad europea de pago para la reconstrucción impidió la creación de situaciones de déficit o superávit unilaterales en el comercio exterior.

Además de ello, no se ofrecieron concesiones para televisión o radio privada. Eran públicas, pero autónomas. La razón era que se quería impedir en el futuro un abuso de estos medios formadores de opinión, como lo habían hecho los nazis con la empresa fílmica UFA. Recién en los años 80 se ha permitido de nuevo estos medios privados.

Soros romantiza sin embargo la postura de los Estados Unidos. En realidad, este intervencionismo sumamente racional de la posguerra era la condición para poder ganar la Guerra Fría. El capitalismo necesitaba un rostro humano, si él quería ganar la guerra fría. Ahora se entiende lo que Soros imputa a la Alemania actual. Pero ella podría hacerlo sólo si eso sirviera para ganar alguna guerra. Esto parece que no lo entiende Soros. Nuestra muy cristiana sociedad occidental puede ser, sin embargo, sólo humana, si ella esto lo ve como un medio o una condición para cometer futuras atrocidades. Ser bueno simplemente porque sí, vale como totalmente irracional. Sería sin embargo lo necesario. Pero lo imprescindible es inútil, como lo llamaba Francis Picabia, el famosos dadaista.

Pero el neoliberalismo es el sometimiento del ser humano bajo una ley ciega que en cualquier caso es dominante. Se trata con ello, en particular, de la ley del mercado. Tiene dos niveles. Por un lado el nivel de la ética del mercado, la cual comprende algunas normas centrales como el "no robarás" o el "no mentirás". A este nivel, la ética del mercado abarca todas las normas que pueden deducirse desde el imperativo categórico de Kant. Pero estas leyes del mercado tienen otro nivel. Es el nivel de las leyes de la circulación del mercado como cuando, por ejemplo, los bienes disminuyen, el precio sube. Lo que el neoliberalismo explica es la validez absoluta de ambos tipos de leyes. Esto excluye todo tipo de intervenciones en el mercado, incluso allí donde a ellas se las argumenten a partir de las posibilidades de vida de los participantes del mercado. Otro tipo de intervenciones incluso serían exigidas. Se trata de las intervenciones y subvenciones en favor de las burocracias privadas de nuestras grandes empresas.

De estos desarrollos se sigue la eliminación actual absoluta del ser humano (como sujeto) que hoy en día se implementa en las ciencias económicas. Esta eliminación del sujeto es tan cínica como lo es toda la teoría económica dominante. Al ser humano se lo reduce a ser capital humano. Es decir: calcular todo su mundo y a él mismo como capital humano, y reducir al sujeto a un calculador de su billetera. Esto fue fundamentado por Gary Becker, quien por ello recibió el Premio Nobel de Economía en 1992. Estoy convencido que con ello el pensamiento anti-humano alcanzó su forma probablemente más extrema, y con ello se eliminan los últimos límites para el desarrollo del totalitarismo del mercado. Me parece que no hay todavía un pensamiento aún más extremo contra el ser humano. Esto significa que ahora todo es posible.

Antes se ha justificado el no-intervencionismo declarando que las ciencias económicas no podían efectuar juicios de valor. Por tanto no tenían los instrumentos teóricos para denunciar inhumanidades producidas por la economía moderna. Por tanto se podían callar frente a cualquier inhumanidad que se cometía. Sin embargo, ahora se usa argumentos, pero en todos los casos son argumentos inmunizados. Se nos presenta ahora la economía del mercado como el mejor de los mundos posibles. Aunque sea muchas veces mala, siempre cualquier alternativa se considera peor. Por tanto, toda brutalidad que se produce, se defiende aduciendo, que las alternativas son peores. Eso se ha transformado en una argumentación generalizada, que permite justificar cualquier barbaridad que se puede hacer en nombre de la promesa de que cualquier alternativa será peor. El mercado siempre es lo mejor, aunque produzca todas las maldades del mundo.

Mediante la inmunización de los argumentos surge con ello un dogmatismo total como nunca antes existió. Éste tiene, sin embargo, la apariencia de una argumentación. Con ello se acabó simplemente toda la tradición humana, si se asume esta argumentación aparente. Nuestro mundo es el mejor de todos los mundos, y por la víctima no se puede hacer nada, pues el intento de hacerlo empeora sólo su situación. Incluso, quienes quieren intentarlo, son utopistas peligrosos.

Martín Lutero,
Bartolomé de las Casas,
y la fe del otro

Lauri Emilio Wirth

1. Observaciones preliminares

El protestantismo es un fenómeno relativamente reciente en América Latina. Las comunidades de diferentes denominaciones protestantes son un efecto de la inmigración de Europa y América del Norte en el siglo XIX, en países como Brasil, Argentina, Chile, Uruguay, entre otros. Esto plantea lo que en los círculos académicos se suele llamar protestantismo de inmigración o étnico. Un segundo movimiento de inserción del protestantismo en América Latina se debe a la acción de las agencias misioneras extranjeras, procedentes principalmente de los EE.UU., a partir de la segunda mitad del siglo XIX. El fenómeno de mayor impacto es aún más reciente. Se trata del pentecostalismo, que está presente en América Latina desde principios del siglo XX, ganando gran relevancia social sólo en las últimas décadas de este siglo.

No es de extrañar, por tanto, que hasta el siglo XIX, el pensamiento de la Reforma protestante tuvo poca influencia en América Latina. Basta recordar que algunas obras de Lutero y Calvino fueron traducidas al español o al portugués, sólo en la segunda mitad del siglo XX. Con muy pocas excepciones, quien divulga estas obras son editoriales asociadas a iglesias protestantes, lo que sugiere que su movimiento está restringido y dirigido especialmente a los fieles de estas iglesias.

Sin embargo, la Reforma protestante del siglo XVI y sus desarrollos posteriores influyeron decisivamente en el curso del cristianismo que ha tenido lugar en América Latina, a partir de los primeros intentos de cristianización del continente durante el período colonial en al menos dos horizontes de sentido que guiaron el imaginario, no solamente el religioso, de las colonias ibéricas en el continente. Por un lado, el llamado nuevo mundo se mostró a los misioneros católicos romanos como un espacio privilegiado para establecer un cristianismo moralmente superior a la cristiandad europea en un claro proceso de desintegración; por el otro, se imaginaba que se renovaba la propia cristiandad europea a partir de este cristianismo colonial no "contaminado" por los principios fundamentales de la Reforma protestante. Esta coyuntura transformó principalmente las tesis centrales de la teología luterana en una amenaza que requirió vigilancia permanente por parte de los estrategas de la colonización y la cristianización del continente.

Sin embargo, debe hacerse, desde luego, una advertencia. El catolicismo romano colonial no puede considerarse como una unidad monolítica. Hay varios indicios de cierta tensión entre un "catolicismo misional", por un lado, y las estrategias centradas en la institución guiada por el Concilio de Trento, focalizadas en la autoridad de los obispos, por el otro. Incluso en el plano institucional, se pueden distinguir diferentes perfiles y estrategias operativas entre las diócesis del continente. A pesar de esta variedad de rostros del catolicismo colonial, está claro que la reforma del cristianismo es un tema que preocupa de alguna manera al catolicismo en todo el proceso de su inserción en América Latina. En consecuencia, busco discutir aquí algunos aspectos del pensamiento reformista en América

Latina durante el período colonial y, más allá de esto, tengo la intención de demostrar que, en cierto sentido, el pensamiento católico en América Latina se aproxima a enunciados centrales de la Reforma. Mi intuición tiene su punto de partida en la siguiente observación de la historiadora mexicana Alicia Mayer, quien llevó a cabo una amplia investigación sobre el impacto de la Reforma protestante en algunos sectores influyentes del pensamiento católico en América Latina:

> También en Nueva España se manifestó la intencionalidad reformista, pero desde dentro de la Iglesia de Roma (...). En este ámbito, se puede ver el tránsito de una iglesia misional, basada en las ideas de la depuración de la *Philosophia Christi* (...), con el tipo de evangelización de los frailes y sus métodos de organización social, a otra más secular, sujeta a las diócesis y al control de los obispos, conforme a los nuevos dictámenes del Concilio de Trento. Una y otra se proclamaron contrarias al protestantismo, aunque no pueden negarse ciertas afinidades entre el cristianismo misional y el evangélico luterano en sus inicios.[1]

Por lo tanto es posible sospechar algún grado de convergencia y afinidad entre este "catolicismo misional" y el protestantismo, muy a pesar de la prevalencia de las estrategias institucionales en el proceso, lo cual "no favoreció a las órdenes religiosas, sino al clero secular"[2].

Propongo, pues, identificar algunas de estas posibles transversalidades, convergencias y afinidades entre el "catolicismo misional" y la Reforma protestante desde una mirada latinoamericana. Es decir, intento ubicarme en un lugar hermenéutico. El punto de partida base de este ejercicio hermenéutico son las consecuencias de la cristianización que prevalecieron en América Latina en el contexto de la expansión colonial europea. Sin embargo, no es mi intención discutir, una vez más, el carácter predatorio de la cristianización ligada al colonialismo en nuestro continente. Lo que quiero enfatizar,

---

1 Mayer, Alicia. *Lutero en el paraíso: la Nueva España en el espejo del reformador alemán*. México: Fondo de Cultura Económica, 2008, 35.
2 *Ibid.*, 47.

aunque solo sea a modo de ejemplo, es cómo la existencia de las víctimas de la conquista impactó los discursos religiosos formulados a partir de América Latina y cómo estos discursos se relacionan con la Reforma protestante. Además, trato de encontrar evidencias de la asimilación del cristianismo en las víctimas del proceso colonizador, respectivamente, su adaptación y reelaboración a partir de la dinámica local de resistencia y lucha por la supervivencia de las culturas locales. Una fuente importante que afecta al imaginario europeo en el llamado Nuevo Mundo son los relatos de los viajeros. Se trata de un conjunto de documentos que ponen en circulación una cierta visión de América Latina, filtrada y construida a partir de códigos de significados propios de la perspectiva europea sobre el "nuevo continente". En esta categoría de escritos encontramos un libro de un joven calvinista que vivía con un pueblo indígena de Brasil, en 1557. Se trata de una fuente importante en la medida en que la descripción que se hace del Brasil de aquel entonces, está fuertemente impactada por las controversias y conflictos religiosos en la Europa de aquella época. Proyecta la mirada de un autor distinto sobre los pueblos indígenas y sus modos de vida, al mismo tiempo que su extrañeza de la cultura local, que lo lleva a tener una mirada crítica sobre lo que se vive en el viejo continente.

Un segundo eje de reflexión es la asimilación de las controversias entre católicos y protestantes por los indígenas víctimas de la conquista y que, por circunstancias históricas, fueron divididos en las fronteras enemigas en la lucha de las potencias europeas por la conquista del continente latinoamericano. Encontramos preciosas evidencias de esta controversia en fragmentos de correspondencias entre líderes indígenas brasileños, afectados por el conflicto entre Portugal y los Países Bajos por la posesión del noreste de Brasil en la primera mitad del siglo XVII.

Por último, pretendo desarrollar una lectura comparada entre Lutero y Las Casas[3]. El supuesto aquí es que tanto Lutero como

---

3 En busca de fuentes que pudieran respaldar este ensayo, constato que Roberto E. Zwetsch, ya en 1991, había intentado esta posibilidad: "Nos

Las Casas son críticos de la modernidad emergente en el siglo XVI. Ambos basan su crítica en la hermenéutica de los textos sagrados y en el caso de Las Casas también en la disputa por la interpretación de la tradición, en un intento de responder a las preguntas específicas que surgen de un contexto social en profunda transformación. Lutero ataca al sistema emergente a partir del interior del propio sistema, pues tiene los territorios de habla alemana como el horizonte de acción. La crítica de Las Casas es formulada a partir de la frontera del sistema. Su marginalidad no sólo es geográfica, sino también cultural, en sentido religioso y antropológico. La sospecha es que tanto para Lutero como para Las Casas la existencia real y concreta de las víctimas del sistema moderno mundial en su fase de expansión mercantilista, se convierte en criterio de juicio de todo el sistema emergente. En ambos horizontes de sentido, la víctima muestra los límites del sistema, su exterioridad, en cuanto alteridad, en el caso de otras culturas, o como alteridad excluida y hecha víctima en el caso del contexto alemán.

Es pues a partir de las posturas frente a la vida de las víctimas que intento comparar a Lutero y Las Casas pues sospecho que hay entre ellos convergencias y afinidades interesantes, a pesar de que se encontraban en trincheras confesionales opuestas y aparentemente insuperables.

---

dedicamos a pensar en una nueva tarea: sería interesante intentar una comparación entre Las Casas y Lutero. El uno, reformador de la Iglesia en Europa. El otro, denunciando a la misma Iglesia y al Imperio español romano-germánico desde las Indias. Lutero fue un teólogo en la acepción mayor del término. Las Casas fue un profeta, un misionero que se colocó enteramente al lado de las víctimas de la destrucción, un reformador social. Ambos, movidos fundamentalmente por su fe. Muchas cosas los diferencian, comenzando por el propio entendimiento de esta fe. Pero, ¿no habrían muchas cosas desafiantes para nosotros aún hoy?" (Zwetsch, Roberto E. "Las Casas – um profeta da causa indígena". *Estudos Teológicos*, año 31, 2(1991), 148-149.

2. Jean de Léry: Una narrativa impactada por el lugar del Otro

En Brasil, hubo un intento de establecer una colonia francesa, entre 1555 hasta 1560, en la zona donde hoy se encuentra la ciudad de Río de Janeiro. La colonia debía ser un lugar de refugio para los protestantes franceses, perseguidos por las guerras religiosas en la Francia de aquella época. Al parecer, el creador de ese proyecto, el vicealmirante Nicolau Durand de Villegagnon (1510-1570), tenía la intención de tomar ventaja de la inestabilidad política en la Francia de entonces. Además de proporcionar una salida para los afectados por el conflicto religioso, el éxito de su empresa le daría las condiciones para proclamarse virrey de esa colonia francesa en América del Sur. Villegagnon fue expulsado por los portugueses y ante los reveses sufridos por los protestantes en Francia, retornó al catolicismo. Es importante destacar que el propio Calvino apoyó esa iniciativa, enviando algunos misioneros a Brasil, tres de los cuales fueron condenados a muerte y ejecutados en suelo brasileño.

El resultado más importante de esa iniciativa, para nuestros propósitos, es un texto[4] escrito por un estudiante de Calvino, que había dejado sus estudios de teología para participar en aquella aventura. Frente a los conflictos internos de la posesión francesa efímera en Brasil, Jean de Léry decidió huir de la colonia de Villegagnon y vivir entre los indígenas Tupinambás durante unos meses. De regreso en Francia, escribió el libro que se convertiría en un clásico de la literatura de los viajeros. Un fragmento ilustra bien lo que pretendo destacar de aquella narrativa:

> ... Al decirle adiós a América, aquí lo confieso, en lo que a mí se refiere, que a pesar de amar a mi patria como la amo, veo en ella tan solo un poco o nada de la devoción que sobrevive y la deslealtad que utilizan uno hacia el otro; todo está allí italianizado y reducido a palabras vacías, por esto lamento a menudo no haber permanecido

---

4 Léry, Jean de. *Viagem à terra do Brasil*. Belo Horizonte: Ed. Itatiaia; São Paulo: Ed. da Universidade de São Paulo, 1980.

entre los salvajes en los que, como ampliamente demostré, observé más franqueza que en muchos de nuestros compatriotas que llevan la etiqueta de cristianos.[5]

Aquí tenemos evidencia interesante de lo que podría llamarse un relato desde el lugar del otro. Supongo que la profundidad de este gesto sólo es comprensible si tenemos en cuenta la situación en la que Léry se encontraba: un protestante francés perseguido en su país, desalojado políticamente y estigmatizado por motivos religiosos, construye una narrativa en la que se compara la vida de los pueblos indígenas con su propia experiencia como víctima en Francia. En otras palabras, Léry esboza una lectura crítica de su realidad a partir de la realidad de la vida y la cultura del otro, en este caso los indígenas Tupinambás.

En otro momento, Léry describe en detalle la práctica de canibalismo y "otras crueldades salvajes hacia sus enemigos." Es lo que sirve de pretexto para abordar un tema que también se encontraba en el centro de las preocupaciones de Lutero: la práctica de la usura y sus consecuencias sociales en Europa en ese momento:

> En consciencia buena y sana creo que a los salvajes los exceden en crueldad nuestros usureros, que al chupar la sangre y la médula, comen vivas a las viudas, a los huérfanos y a las criaturas más miserables que prefieren, sin duda, morir de una vez que languidecer lentamente.[6]

En cierto sentido, tenemos en Léry evidencia de lo que hoy podríamos llamar frontera hermenéutica, un tercer lugar entre Francia y el pueblo que acoge en Brasil. La frontera que Léry enuncia nace de su extrañeza frente al modo de vida de los indígenas y el reconocimiento de la cultura del otro como legítima, portadora de una racionalidad que le es propia y respetada en su especificidad, puede ser compañera para el diálogo, sin tener que someterse a la visión del mundo cristiano

---

5 *Ibid.*, 251.
6 *Ibid.*, 203.

y europeo como criterio de verdad. Me parece que esto es un aspecto que otorga relevancia a la experiencia incluso hoy en día, porque indica la posibilidad de una cierta convergencia entre las voces proféticas de aquella época, cuando, en una realidad de conflicto, se construyen narrativas históricas a partir de la situación de las víctimas, aunque se encuentren en trincheras opuestas en las controversias religiosas. Tendríamos aquí, entonces, un punto de convergencia interesante entre el calvinista Jean de Léry y el católico romano Bartolomé de las Casas, de quien hablaré más adelante.

3. Una Ginebra en la selva brasileña

Un segundo episodio importante de presencia protestante en Brasil, durante el período colonial, está relacionado con la ocupación holandesa del noreste de Brasil en la primera mitad del siglo XVII. El trasfondo político de este episodio está relacionado con la Unión Ibérica de 1580 a 1640, cuando Portugal y sus colonias comenzaron a ser administrados por la corona española. Como Holanda estaba en guerra con España, la invasión de Brasil por los holandeses se desarrolló como una rama de ese conflicto. En este contexto, tenemos una presencia institucionalizada del protestantismo en el noreste de Brasil, durante unos 25 años. La Iglesia Reformada Holandesa en Brasil llegó a constituir un sínodo de la Iglesia Reformada Holandesa. Con el fin de la Unión Ibérica y el fracaso económico de esa aventura holandesa, el nordeste de Brasil se integró de nuevo al dominio portugués[7].

Un importante legado de ese período son las cartas tupis. Se trata de una serie de cartas intercambiadas entre los líderes indígenas Pedro Poti y Antonio Paraupeba, por un lado, con su compañero indio potiguara Antonio Felipe Camarão en el otro. Poti era calvinista y, después de haber vivido durante cinco años en Holanda, regresó a Brasil para, junto con Antonio Paraupeba, convertirse en un importante líder de la ocupación

---

7 Schalkwijk, Frans Leonard. *Igreja e Estado no Brasil Holandês (1630-1654)*. Recife: FUNDARPE, 1986.

holandesa. El capitán Antonio Felipe Camarão era católico romano y primo de Poti, y luchó junto a los portugueses.

Para los propósitos de esta reflexión, estos documentos[8] son importantes en varios aspectos. Ellos muestran cómo los pueblos conquistados en este caso los indios Potiguara reaccionaron a la conquista europea y trataron de aprovecharse de ella. La religión es una referencia constante en toda la interlocución. De esta manera, Camarão intenta seducir a Poti para aliarse a los portugueses:

> Yo os he enviado ese mensaje por la misericordia de Dios, Sr. Pedro Poti, porque sois un buen pariente. Salid de este lugar, que es como el fuego del infierno" (...) ¿No sabéis que sois un cristiano? ¿Por qué os queréis pervertir? Sois un hijo de Dios, ¿por qué queréis estar bajo el impío?[9]

Estas pocas palabras denuncian al menos dos horizontes de significado de largo alcance. Primero, vemos en ellos la referencia al parentesco, el sentido de pertenencia a un mismo grupo étnico, un elemento clave en la identidad indígena; en segundo lugar tenemos la indicación de que esta identidad se ve afectada por la religión de los invasores, que pone a los familiares de un mismo pueblo en conflictos y trincheras opuestas en una guerra de conquista. Son los primeros síntomas de la intolerancia religiosa, uno de los resultados duraderos de la clase de cristianismo traído a las Américas en la estela de los logros europeos. Ambos temas están presentes en la respuesta de Pedro Poti, posiblemente uno de los primeros nativos abiertamente protestantes de América:

> Estoy avergonzado de nuestra familia y de la nación al verme ser inducido por tantas cartas vuestras a la traición y deslealtad, es decir, hacia aquellos de quienes he recibido tantos beneficios.[10]

---

8 Comento los fragmentos de estas cartas transcritas en: Ribeiro, Darci; Moreira Neto, *Carlos de Araujo. A fundação do Brasil: Testemunhos (1500-1700)*. Petrópolis: Vozes, 1993.

9 *Ibid.*, 229.

10 *Ibid.*

Poti se refiere a la educación que recibió de los holandeses que "nos llaman y viven con nosotros como hermanos; por lo tanto, queremos vivir y morir con ellos". Un tema central en el argumento de Poti es la esclavitud. De hecho, el holandés no practicaba la esclavitud entre los indígenas, posiblemente, por estrategia política, pues necesitaban aliados en la lucha contra los portugueses en la disputa por las tierras indígenas. Poti enfatiza este aspecto, aunque parece no incomodarse por la esclavitud africana, ampliamente practicada por los holandeses en Brasil. Dice acerca de los holandeses, "nunca se supo que hubieran esclavizado a algún indio o que lo mantuvieran como tal, o que hubiera en cualquier momento asesinado o maltratado a uno de nosotros." Por otro lado, Poti se refiere a enfrentamientos entre los portugueses y holandeses, para acusar a los portugueses de "los atentados que han cometido contra nosotros más que contra los negros." Como si al desafiar la identidad indígena original, convocara a su pariente a aliarse también con los holandeses:

> No, Felipe, os dejáis engañar; está claro que el plan de los villanos portugueses no es otro que tomar posesión de este país y, a continuación, asesinarnos y esclavizarnos, tanto a vuestra merced como a todos nosotros. (...) Vamos, pues, mientras el tiempo está de nuestra parte para que podamos con la ayuda de nuestros amigos vivir juntos en este país, que es nuestra patria y de toda nuestra familia.[11]

Al igual que Felipe Camarão, la religión cristiana es un tipo de referencia de fondo en el argumento de Poti, solo que aquí en la versión calvinista protestante:

> Yo soy cristiano y mejor que tú: Creo en Cristo, sin empañar la religión con la idolatría, como lo hace la vuestra. ... Aprendí la religión cristiana y la practico todos los días...[12]

Considero oportuno mencionar este diálogo como una señal de las voces ahogadas en el proceso de la conquista europea. Más que apuntar a la existencia de estas víctimas, este diálogo

---

11 *Ibid.*, 230.
12 *Ibid.*

nos invita a escuchar sus voces y a descifrar los significados que las propias víctimas atribuían a la historia que estaban vivenciando y sufriendo. No es un ejercicio para nada simple, pero necesario. Diálogos como estos son pequeños indicativos de cómo se procesó la conquista europea en los espacios de la vida cotidiana de la América Latina colonial. En ellos podemos ver cómo los líderes indígenas asimilaban y reelaboraban el cristianismo que llegó aquí como parte integrante de la expansión colonial europea. Pienso que este es un esfuerzo necesario, cuando nos preguntamos por los sentidos actuales de la Reforma protestante, para no repetir en el campo de la elaboración teológica, el colonialismo que criticamos a nivel retórico.

Este peligro está presente incluso en los relatos que menciono antes y que llegaron hasta nuestros días traducidos e incorporados a la lógica europea de escribir la historia. Es posible que en este esfuerzo de traducción, gran parte de la alteridad indígena que les es propia se haya perdido. Un estudio de los originales que aún se conservan nos ayudaría en este ejercicio de extrañamiento y de respeto por el otro en su alteridad y diferencia. Espero que todavía tengamos la oportunidad de dialogar con los descendientes de aquellos pueblos, cuando se apoderen de estas memorias y las reinscriban en la historia común que vivimos. Pero es significativo que en estos fragmentos podemos encontrar los ecos remotos de la Reforma protestante en nuestro continente. Y en ellos hay indicios de cómo los temas importantes de la Reforma fueron recibidos y recreados a partir de las dinámicas locales por líderes locales legitimados por la gente que vivía aquí. Contamos con un amplio horizonte de reflexión y de posibilidades, lamentablemente interrumpido por la naturaleza depredadora de la conquista europea.

Pedro Poti, que decía ser fiel a los holandeses hasta la muerte, fue detenido y asesinado por los portugueses quienes ganaron esa batalla. Muchos aliados indígenas de los holandeses se retiraron al bosque, en una región llamada la Ibiapaba. Fueron encontrados algunos años más tarde por una expedición dirigida por el jesuita Antonio Vieira. Según este misionero conocido como un defensor de la libertad de los indígenas, con la llegada de los restos de la colonización holandesa, Ibiapaba se había convertido en la "Ginebra de todas las tierras del interior del Brasil" pues estos fugitivos llevaron para allá "... lo que habían aprendido en esta escuela del infierno...". Y porque "muchos de ellos sabían leer y llevaban consigo algunos libros, fueron recibidos y venerados por los Tabajaras, como hombres letrados y sabios, y creían en todo lo que les metían en sus cabezas, como si fueran un oráculo."[13]

Más que la apropiación de los impulsos de la Reforma por las víctimas del proceso colonial, aquí tenemos, desde la lógica interna de los pueblos conquistados, evidencia interesante de la respuesta indígena al proceso de conquista del cual fueron víctimas. El pueblo Potiguar, aliado de los holandeses, se retira tierra adentro. Son aceptados y admirados por la gente Tabajara porque "saben leer y llevan consigo algunos libros." Vieira relata varios episodios que pueden indicar estas reelaboraciones de los enunciados fundamentales del cristianismo por líderes indígenas en medio del conflicto de la conquista colonial. ¿Podríamos hablar de la posibilidad de un cristianismo indígena, que surge de la dinámica local y de la defensa de la vida de las víctimas, al igual que un cristianismo paulino de los primeros siglos de la era cristiana? He aquí uno de estos episodios:

> Exhortaba el padre a cierto gentil viejo a que fuese bautizado, y él respondió que iba a hacerlo cuando Dios se encarnase por segunda vez, y dio el fundamento de su dicho, añadiendo que, como Dios se había encarnado una vez en una doncella blanca para redimir a los blancos, así se habría de encarnar de nuevo en una doncella india para redimir a los indios, y que entonces se bautizaría.[14]

El asombro de Vieira, de esta esperanza mesiánica indígena no se restringe a la imaginación teológica. Revela una postura de resistencia de las víctimas de la conquista, no al Dios de los

---

13 *Ibid.*, 276.
14 *Ibid.*

europeos, sino a la dominación practicada por los europeos que creen en este Dios. Aquí Vieira se refiere a una profecía de "sus letrados" cuando afirman

> que Dios quiere poner este mundo al revés, haciendo que el Cielo quede abajo y la tierra encima, y así los indios han de dominar a los blancos, como ahora los blancos dominan a los indios.[15]

Pero aquí también se repite a nivel local, lo que es una tendencia general en la invención europea de América Latina: el conocimiento local se aborta y es subsumido en la lógica del proceso colonizador. Vieira informa que todos fueron sometidos a un programa de recatolización, al cual eran obligados por la fuerza, por el "brazo de los Padres" cuando no lo hacían voluntariamente.[16]

4. El tema de la Reforma protestante en la constitución de la identidad católica en América Latina

Paso ahora a abordar otro aspecto de la influencia protestante en América Latina. Se trata de la presencia de temas de la Reforma protestante en el pensamiento católico romano en nuestro continente durante el período colonial. Esta delimitación es importante para situar correctamente una posible comparación entre la acción y la producción teológica de Bartolomé de Las Casas y algunos aspectos del pensamiento de Lutero.

Contrariamente a lo que la idea del cristianismo colonial sugeriría, la Reforma protestante es un tema recurrente en el pensamiento criollo que se gesta en América Latina. Especialmente el nombre de Lutero, pero también el de otros reformadores como Zuinglio, Melanchton y Calvino, son recordados constantemente por el pensamiento católico romano en las colonias ibéricas. Dicho de otra manera, en cierto sentido, por lo menos en el campo retórico, el catolicismo romano

---

15 *Ibid.*
16 *Ibid.*, 277.

en la época colonial, es gestado como reacción a la Reforma protestante, en la medida en que se le evoca como la mayor amenaza para el curso de la iglesia en general y principalmente para el tipo de sociedad que se imaginaba implantar en las colonias ibéricas. A continuación, señalo algunas características de este antiprotestantismo. Mi objetivo, sin embargo, no consiste en poner de relieve las barreras impuestas al protestantismo en América Latina durante más de 300 años. Estoy interesado en posibles transversalidades, temas que apuntan a convergencias y posibles aproximaciones, a pesar de que sus interlocutores estaban en trincheras opuestas, donde el diálogo pacífico era prácticamente imposible, antes de que las ideas liberales y procesos de secularización disminuyesen el papel de la religión en estas sociedades en formación.

Antes de discutir estas posibles transversalidades, anoto algunos aspectos de la retórica colonialista a través de los cuales Lutero "se convirtió en presa de una identificación simbólica que lo lanzó fuera de los parámetros de la historia"[17] como un mito y prototipo del mal. Se trata de una estrategia retórica materializada en tratados teológicos, sermones, textos de cronistas, cartas pastorales y obras de arte barroco que de alguna forma remiten a exponentes de la Reforma, como Lutero, Zuinglio, Melanchton, Calvino entre otros. Es decir, el foco aquí no recae sobre las acciones de los protestantes en América Latina colonial, cuya divulgación de libros se prohibió. Tampoco se trata del impacto inmediato de los acontecimientos que agitaron Europa en el siglo XVI. En cierto modo, el protestantismo es inherente al catolicismo que aquí se gesta como una amenaza que hay que evitar, como perturbador de la conciencia de los estrategas de la cristiandad colonial.

Aquí parece encontrarse una de las raíces profundas de la identificación entre el catolicismo romano y la cultura latinoamericana, un aspecto que no será discutido aquí. De todos modos, parece posible identificar el lugar social de este imaginario como propio de la jerarquía eclesiástica, de la intelectualidad criolla de

---

17 Mayer, *Lutero en el paraíso*, 102.

las universidades, de las estructuras de poder y la aplicación de coerciones tales como el Tribunal del Santo Oficio.

A nivel teológico, la condena de la "herejía luterana" aparece vinculada a la afirmación de temas cuestionados por la Reforma, como el valor salvífico de las buenas obras, el sacrificio de la misa, la práctica de la confesión y la penitencia, el papel de la tradición en la interpretación de la Biblia, el sacramento del orden, entre otros. En otras palabras, se defiende insistentemente la ortodoxia teológica con un enfoque en la preservación del orden religioso existente.

En este entorno, hay muchos indicios de supuestas herejías enumerados en textos apologéticos en los procesos de la Inquisición en denuncias y sospechas diversas: hablar bien de Lutero, negar el libre albedrío, rechazar la autoridad de los santos, vociferar en contra de, o destruir las imágenes sagradas, no asistir a las procesiones y misas, no recitar oraciones en latín, no frecuentar los sacramentos. Se propagó así la necesidad de una vigilancia constante, debido a que tales actitudes observadas en la vida cotidiana o percibida de cualquier forma en los textos escritos suscitaban sospecha de luteranismo, incluso cuando sus protagonistas no eran conscientes de este hecho.[18] Eventualmente resultó que la lucha contra las ideas de los reformadores tuvo el efecto contrario al que se esperaba lograr. Eso es lo que parece haber sucedido con el fraile dominico Gregorio de Castro, quien fue denunciado a la Inquisición por sus colegas por ser "muy aficionado a la doctrina del perverso Martín Lutero." Castro había leído la crítica que Tomás Moro hacía a la comprensión luterana de los sacramentos y, a diferencia de Moro, parecía inclinarse a favor de Lutero.[19] También hay registros de catecismos en lenguas indígenas acusados de contener las ideas luteranas. Este es el caso del Diálogo de la doctrina cristiana en lengua Michoacán, del franciscano Maturino Gilberti.[20]

---

18 Ver *ibid.*, 161.

19 *Ibid.*, 169.

20 Ver *ibid.*, 175.

Otro nivel retórico en donde el protestantismo se destaca es en el de los discursos legitimadores de la conquista. Ejemplar de este orden de discursos es el texto del franciscano Gerónimo de Mendieta (1528? – 1604), especialmente su "Historia Eclesiástica Indígena", escrita entre 1562 y 1592. En él Mendieta compara a Lutero con Hernán Cortés. Se considera significativo que la conquista de México y la Reforma hayan sido fenómenos paralelos. Aquí, el conquistador de México es interpretado como un valioso instrumento de Dios para compensar a la Iglesia romana por la pérdida de fieles en Europa. En Mendieta, la guerra de conquista es glorificada como estrategia misionera y la cristianización de los indios mexicanos está directamente relacionada con la crisis de la cristiandad europea:

> Se debe aquí mucho ponderar, cómo sin alguna duda eligió Dios señaladamente y tomó por instrumento a este valeroso al capitán don Hernán Cortés, para por medio suyo abrir la puerta y hacer camino a los predicadores de su Evangelio en este Nuevo Mundo, donde se restaurase y recompensase la Iglesia Católica con conversión de muchas ánimas, la pérdida y daño grande que el maldito Lutero había de causar en la misma sazón y tiempo en la antigua cristiandad. De suerte que lo que por una parte se perdía, se cobrase por otra.[21]

En el combate contra el "peligro luterano", Cortés de vez en cuando también se presenta como un aliado estratégico de Ignacio de Loyola. Ejemplo para esta línea de interpretación es la obra del jesuita mexicano Francisco de Florencia (1619 hasta 1695). Mientras Loyola gana almas para la iglesia mediante la lucha contra la idolatría, la impiedad y la herejía, el conquistador de México, como un nuevo Moisés, gana territorios y súbditos para la corona española. La obra de Florencia trae una nueva fuente de amenazas procedentes de la Europa de la Reforma. Es la penetración del luteranismo a través de la acción de los piratas, principalmente holandeses, con su saqueo temido, ampliamente documentada en todo el siglo XVII.[22]

---

21 Mendieta, lib. III, cap. 1, 174, citado en Mayer, *Lutero*, 123.
22 Véase Mayer, *Lutero*, 217s.

A estas alturas el luteranismo ya no se refiere necesariamente a la teología luterana o a cualquier reformador. Herejía luterana es igual a una metáfora del mal, aplicada indistintamente a toda divergencia teológica de pruebas o cuestionamiento del orden establecido. Se puede aplicar tanto a los protestantes, judíos, los idólatras y pecadores en general. Por último, también se aplica a los disidentes políticos.

Es lo que se puede demostrar ejemplarmente con referencia a uno de los principales líderes de la lucha por la independencia de México, Miguel Hidalgo y Costilla (1753 a 1811). Inicialmente sus críticas a la escolástica lo convertirían en sospechoso ante la jerarquía eclesiástica, la universidad y el Santo Oficio.

Cuando abandonó la iglesia para liderar el movimiento de independencia fue perseguido y condenado a muerte por hereje y cismático. En la trayectoria de Hidalgo es posible identificar un nuevo cambio en la retórica de la lucha contra la herejía. Se mueve de lo teológico a la controversia filosófica. Sin embargo, en la percepción de la jerarquía religiosa, Lutero estaba en la raíz de todo este desarrollo. Según el alto clero de principios del siglo XIX

> había que luchar denodadamente contra la creciente secularización, las ideas antirreligiosas o francamente anti eclesiásticas, y Lutero era considerado el hombre que con sus postulados, había originado todo ello en el pasado.[23]

5. Ecos de la Reforma protestante en el proyecto misionero de Las Casas

Cuando Lutero divulgó sus tesis en 1517, Las Casas ya estaba comprometido en la denuncia de las consecuencias de la ocupación española en el Caribe. Su descripción detallada de las condiciones en las que los hombres, mujeres y niños se vieron obligados a extraer oro de las minas y llevarlo hasta 150

---

23 *Ibid.*, 373.

leguas de distancia sin alimentación adecuada, sin lugares de descanso, en desplazamientos forzados que separaban a los niños de los padres y a las mujeres de sus maridos, impresiona por la brutalidad y el trato inhumano de las víctimas indígenas de la conquista. Las Casas presenta una serie de "remedios", con reivindicaciones que guiarán toda su acción profética en defensa de los indígenas[24]. No voy a discutir aquí el alcance de la acción de Las Casas, ni hacer eco del debate que sus acciones suscitan. Me uno aquí a quienes, como Enrique Dussel, consideran a Las Casas el principal representante de *la máxima conciencia crítica mundial posible,* cuyo pensamiento revela una *teoría de reivindicación universal de verdad,* que obliga a tomar en serio los *derechos y deberes del Otro*[25]. Creo que esta es la razón que hace a la obra de Las Casas absolutamente relevante hoy.

Los puntos de contacto entre Lutero y Las Casas, sin embargo, no se limitan al hecho de que vivían en el mismo período histórico del siglo XVI. Tomás de Vio, el Cardenal Cayetano (1469-1534), dominico como Las Casas, quien interrogó a Lutero en Augsburgo, en 1518, también fue responsable del envío de los frailes de su orden al Nuevo Mundo.[26] No logré determinar si existían contactos más directos entre Cayetano y Las Casas, pero este detalle me parece significativo pues sugiere, no sólo que había una relación entre la lucha contra la Reforma protestante en Europa y la preocupación por la cristianización de los pueblos conquistados por los españoles, como se ha demostrado anteriormente, sino que también estos dos frentes de acción eran, en parte, llevados a cabo por los mismos actores históricos.

---

24 Véase al respecto: Representación a los regentes Cisneros y Adriano, de marzo de 1516; Memorial de Remedios para las Indias, también de marzo de 1516, y Memorial de denuncias presentado al cardenal Cisneros, de junio de 1516, en: *Biblioteca de autores españoles. Obras escogidas de Fray Bartolomé de las Casas, vol. V – Opúsculos, cartas y memoriales.* Madrid, 1958, 3-31.

25 Dussel, Enrique. *Política de la liberación: historia mundial y crítica.* Madrid: Editorial Trotta, 2007, 199.

26 Mayer, *Lutero,* 53.

Aún más sorprendente me parece el hecho de que la Reforma protestante no es un tema relevante en los escritos de Las Casas, al menos no en lo relativo a la cristianización de los pueblos del llamado Nuevo Mundo. En su estudio exhaustivo sobre la lucha contra las ideas de la Reforma en la Nueva España, Alicia Mayer da poca atención a Las Casas. Ella hace referencia a dos obras en las que hay una crítica contundente a Lutero: La *"Questio Teologalis"*, un libro escrito entre 1560 y 1563, publicado en España recién en 1990 por Paulino Castañeda y Antonio Carcia del Moral; y *"De Regia potestate"*, publicado en Francfort del Meno en 1571, cuya autoría atribuida a Las Casas no es consensual (Mayer, 2008, p. 115). Debido a que estas obras son posteriores a la acción de Las Casas en la América española, no las discutiré aquí.

En los textos que apoyan este ensayo, las referencias de Las Casas a la Reforma protestante aparecen más como un argumento indirecto en defensa de los indios que como un tema de debate propiamente dicho. Esto puede verse, por ejemplo, en su posición en relación con el intento fallido de establecer una colonia alemana en Venezuela. Entre 1528 y 1546, en el marco de la negociación de una deuda, a la empresa comercial Welzer, de Augsburgo, se le concedió el permiso de la Corona española para colonizar y explorar parte del territorio correspondiente a la Venezuela de hoy. Las Casas es un crítico de esta disposición. En una carta del 15 de octubre de 1535, escrita en Granada, Nicaragua, y dirigida a una persona no identificada de la Corte española, él se refiere a Venezuela como una tierra firme que "los alemanes se encargarán de robar y destruir con daños y destrucciones que los demonios no harían peor". Él sugiere que el Rey de España está siendo mal aconsejado cuando toma decisiones de esta naturaleza y, en esta línea de argumentación, plantea la sospecha de que los alemanes, que devastarían esos territorios, podrían ser luteranos:

> ¿Son estos los predicadores que el rey envía a convertir a aquellos que le son confiados? (...) ¿El no se da cuenta también de que [ellos] ya han robado hoy, o al menos han hecho más daño de lo que vale toda Alemania? También se dice por aquí que los alemanes que han estado allí son todos herejes paridos por esa bestia salvaje de Lutero.

> ¿Le parece a Su Señoría que estos tales van a salvar a los indios con su conversación, después de darles vida?[27]

Como ocurre en otras controversias sustentadas por Las Casas, también en este caso el foco de la discusión es la defensa de la vida de las víctimas de la conquista. La referencia a Lutero sólo tiene sentido como un refuerzo a este argumento. En otras palabras, el foco de las críticas a los "herejes y aquellos que han sido paridos por esa bestia salvaje de Lutero" no está en el hecho de ser herejes, sino en las acciones prácticas y concretas de estos conquistadores, que masacran a los indios y destruyen sus condiciones de vida. Esto es aún más evidente en la secuencia del texto, cuando Las Casas afirma que la conquista y la evangelización no son el objetivo de todas las incursiones en las tierras de los indios de la Nueva España, sólo que aquí, él compara a los españoles con los musulmanes, que se mostrarían menos crueles en la forma como tratan a los pueblos que conquistaron:

> No, señor, este no es el camino de Cristo, no es la manera de predicar su Evangelio; no es el modo ni la costumbre de convertir a las almas sino la vía que Mahoma tomó, pero aún peor que la de Mahoma quien afirmó que había llegado *in vi armorum*, porque a los que por las armas subyugaba y creían en su secta, daba vida. En este caso, los indios que con alegría y de buena voluntad se someten y reciben a su Dios, los españoles los despedazan y aterrorizan sus vidas.[28]

¿Por qué Las Casas recuerda a Mahoma inmediatamente después de referirse a Lutero? Este detalle no me parece nada fortuito. Como vimos anteriormente, la llamada herejía luterana era constantemente recordada por los ideólogos de la cristianización de América Latina como una amenaza y un peligro para el proyecto colonial en curso. En este orden de ideas, luteranos, judíos y musulmanes, así como más tarde los modernistas, emergen indistintamente como enemigos a los cuales combatir. Al parecer, Las Casas no reproduce esta lógica del discurso colonial. Más bien, él se aprovecha de estos

---

27 Las Casas, *Opúsculos*, 67s.
28 *Ibid.*, 68.

estereotipos como una especie de espejo para desenmascarar la inhumanidad de la conquista en curso. Desde el punto de vista de las víctimas de la conquista, todos los conquistadores son herejes, ya sean cristianos, musulmanes o judíos. En el plano discursivo o, si queremos, en el método teológico, tenemos aquí una cierta similitud entre el texto de Las Casas y el de Jean de Léry, como se mencionó anteriormente, aunque éste no desarrolló ninguna acción práctica para defender a los indios brasileños. Es decir, ambos logran dialogar con otras culturas y extraer de ellas los elementos que les permiten esbozar un pensamiento crítico en relación a la propia cultura en la que se encuentran situados, centrándose principalmente en las víctimas que esa cultura produce.

En este sentido sería interesante explicar en detalle lo que Las Casas entiende por "camino de Cristo". Este parece ser un punto importante de convergencia entre el pensamiento de Las Casas y el de Lutero, en la medida en que ambos imaginaban y abogaban por una sociedad impactada por la fe cristiana, aunque anclada en realidades históricas completamente diferentes. Común a este imaginario sería entonces un pensamiento teológico a partir de la vida de las víctimas, lo que nos permitiría ver tanto a Las Casas como a Lutero como críticos del mismo sistema mundial emergente, lo que me parece más relevante que encerrarlos en las controversias teológicas de la época, típicas de la cristiandad medieval en decadencia.

La misma lógica argumentativa que relaciona a Lutero con la conquista de Venezuela por los Welzer, Las Casas la aplica en otras referencias. Es decir, acusar a los ideólogos de la conquista española como luteranos es un recurso retórico, cuyo foco no está en la Reforma protestante, sino en la defensa de las víctimas de la conquista. En otras palabras, como el combate a la herejía luterana se ostentaba como uno de los ejes legitimadores del colonialismo español, Las Casas se vale de este recurso para igualar los conquistadores y sus ideólogos a los herejes que decían combatir.

En este sentido, es ilustrativo que Juan Ginés de Sepúlveda, el gran ideólogo de la conquista española, construya su defensa

147

de la guerra como un método legítimo para cristianizar la América española en un diálogo con un supuesto Leopoldo, un alemán "algo contagiado de los errores luteranos".[29] El primer argumento que Sepúlveda pone en boca de Leopoldo, podría ser literalmente copiado de un texto de Lutero: "...no hay razón suficiente para convencerme de que la guerra es lícita, y mucho menos entre los cristianos."[30] Como sabemos, Lutero se mantiene firme en contra de la legitimidad religiosa de cualquier guerra. Basta con recordar que este es un argumento central en sus escritos sobre la guerra contra los turcos: "Los cristianos no deben hacer la guerra."[31] Parece que Sepúlveda, cuando pone esta declaración en la boca de Leopoldo, está sugiriendo que quienes se oponen a la guerra contra los indios estaban actuando como luteranos.

En efecto, existe un punto de convergencia entre el pensamiento de Las Casas y el de Lutero con respecto al debate sobre la posibilidad de una guerra justa. Ambos coinciden en que solo la guerra de resistencia puede tener cierta legitimidad. Para Lutero la guerra es un asunto de Estado y se limita a la esfera de las relaciones políticas, sin ninguna posibilidad de ser legitimada por la religión:

> Si el estandarte del emperador o algún príncipe (...) se encuentra en el campo de batalla, entonces cualquiera puede sin miedo y con alegría caminar a su lado por haberle prestado su juramento... Sin embargo, si la bandera de un obispo, cardenal o Papa está presente allí, entonces huya y diga: "Estoy fuera no tengo nada que ver con eso.[32]

Asimismo, para Las Casas, no se puede combatir a otros pueblos porque practican una religión diferente a la de los cristianos, porque, según él, no hay ningún fundamento para tal postura en los textos sagrados o en la tradición cristiana. Lo mismo es

---

29 Sepúlveda, Juan Ginés de. *Tratado sobre las justas causas de la guerra contra los indios*. México: Fondo de Cultura Económica, 1987, 49.

30 Ibid., 51.

31 Lutero, Martinho. *Obras Selecionadas, V 16*. São Leopoldo: Sinodal, 1996, 417.

32 *Ibid.*, 417.

válido para la organización política y social de los diferentes pueblos:

> Cualquier nación o pueblo, por infieles que sean, que posean tierras y reinos independientes donde habitan desde el principio, son pueblos libres, que no reconocen ningún superior a ellos fuera de sí mismos, excepto sus propios superiores; y este superior o superiores tienen la misma plena potestad y los mismos derechos de un príncipe supremo en sus reinos que los que ahora posee el emperador en su imperio.[33]

Por cuestiones coyunturales de la época, el pensamiento de Lutero está centrado en la nítida distinción entre la esfera civil y religiosa, cuando se trata de los posibles conflictos entre diferentes naciones. En Las Casas la defensa de la vida de las víctimas de una guerra injusta es la que ocupa el centro de la discusión. Pero lo que quiero destacar aquí es, además de lo anterior, otro aspecto común entre ellos. Me parece que en ambos hay un principio común sobre la libre determinación de los pueblos.

Es decir, diferencias culturales y religiosas no justifican la agresión de un pueblo sobre otro pues todas las naciones deben ser respetadas en sus diferencias, con sus respectivos poderes instituidos, sin relaciones de jerarquía que clasifiquen a las naciones como superiores e inferiores.

Los indicios anteriormente listados parecen ser suficientes para anotar varios puntos de convergencia entre Lutero y Las Casas. Para finalizar me gustaría añadir algo que me parece crucial. Una característica central de las controversias religiosas de los siglos XVI y XVII es la disputa hermenéutica alrededor de los textos sagrados y la correcta interpretación de la tradición. Esto, por cuanto estamos en un tiempo en el cual la religión funciona como norma externa y universal que fundamenta la visión del mundo y de las sociedades de la época. Los tiempos modernos permiten esta disputa en la medida en que la modernidad occidental logra imponer su visión particular del mundo como

---

33 Citado por Bruit, Héctor Hernan. *Bartolomé de Las Casas e a simulação dos vencidos*. Campinas: Editora da UNICAMP, 1995, 103.

criterio universal absoluto, lo que concretamente redunda en la subordinación y descalificación, si no en el aniquilamiento de todo y de todos los que no encajan en los criterios de la racionalidad eurocéntrica.

Me parece que tanto Lutero como Las Casas percibieron el potencial depredador de este proceso emergente, en la medida en que subordinan la economía y la política a la preservación concreta y cotidiana de la vida. El combate de Lutero a la usura y sus críticas al mercantilismo emergente parecen apuntar en esta dirección. La perversidad inherente al establecimiento de precios por la ley de oferta y demanda le es perfectamente familiar:

> ... por causa de su codicia, entre más grande sea la necesidad del prójimo, más grande será el precio de la mercancía, de modo que la necesidad del prójimo acaba definiendo el precio y el valor de la mercancía.[34]

Pero Lutero no se atiene a esta constatación y no trata de la codicia como una cuestión de moral individual. Él vislumbra claramente el carácter sistémico y universal de las prácticas que critica y cuyos mecanismos tienen la capacidad de mostrar el mal como si fuera un bien, y de enmascarar a la injusticia para presentarse como una práctica de justicia:

> En primer lugar, es necesario saber que en nuestros días (...) la codicia y la usura no solamente se instalaron inmensamente en todo el mundo, sino que algunos también se atrevieron a descubrir algunos subterfugios bajo los cuales pueden practicar libremente su maldad bajo el manto de la justicia.[35]

De la misma forma, la denuncia de la codicia como verdadero motor de las conquistas españolas atraviesa toda la obra de Las

---

34 Lutero, Martinho. Comércio e usura. En: *Obras selecionadas, vl. 5*. São Leopoldo: Sinodal, 1995, 367 – 428, aqui 379.
35 *Ibid.*, 399.

Casas[36]. Semejante a Lutero, Las Casas percibe claramente el carácter sacrificial e idolátrico del sistema de codicia y usura que "se instaló en todo el mundo", y de la misma forma como lo denunció Lutero en Alemania, en la conquista ibérica se exigen sacrificios humanos a una diosa llamada codicia. Es lo único que Las Casas dice, cuando denuncia

> que los españoles, en cada año que pasan en las Indias, después de que entran en cada provincia, sacrifican más a su diosa amada y adorada, la codicia, que lo que los indios sacrificaban a sus dioses durante cien años en todas las Indias.[37]

Tendríamos, así, un principio común entre Lutero y Las Casas, aunque estos se encuentren en trincheras confesionales opuestas y actúen en contextos culturales y geográficos distintos: la defensa de la vida de las víctimas del nuevo sistema mundial emergente en el siglo XVI como norma para juzgar a los poderes que fundamentan y le dan sentido a este sistema. Si esta tesis se sustenta, llegaremos a un criterio hermenéutico actual y verdaderamente ecuménico a partir del cual se puede interpelar a todo y cualquier sistema moderno y actual. Esto equivale a decir que el poder de Dios no se manifiesta en la lógica y en los éxitos de los sistemas de poder, sino en el grito de las víctimas que cualquier sistema produce. Pienso que llegamos de esa forma a una cuestión crucial y de gran actualidad: la relación con el clamor de los excluidos, con la falta de la justicia, con la ausencia de condiciones de vida digna es lo que revela la verdad de cualquier proyecto de sociedad. Tendríamos, de esta forma, un criterio universal para juzgar cualquier proposición teológica con pretensiones de verdad universal. La aplicación de este criterio llevó aparentemente a resultados distintos en los contextos y en las respectivas realidades en las que ambos teólogos actuaban. Las Casas, aparentemente, creía en algo como una confederación cristiana de libre adhesión, en que el cristianismo seduciría a los

---

36 Véase al respecto, Gutiérrez, Gustavo. *Deus ou o ouro nas Índias (século XVI)*. São Paulo: Paulinas, 1993.

37 Apud *ibid.*, 154.

indígenas por el buen ejemplo, por la práctica de la justicia, por el respeto a las formas de gobierno indígena y a sus autoridades constituidas. Imaginaba la convivencia pacífica entre indígenas y agricultores españoles, que se sostendrían por el propio trabajo y no por la explotación depredadora de las riquezas naturales, que por derecho natural pertenecerían a los pueblos locales. Parece que en Lutero es posible constatar un mayor realismo político, fundamentado en la convicción de que todo proyecto de sociedad es necesariamente limitado e imperfecto, lo cual no le impedía criticar de forma contundente a los poderosos y a las autoridades de la época. El realismo político de Lutero y su actuación a partir del centro del poder mundial emergente, y no a partir de sus márgenes como Las Casas, tal vez ayude a entender su postura en relación a la Guerra Campesina de 1525. Vale recordar que Lutero consideró justas y legítimas las reivindicaciones de los campesinos en sus aspectos sociales, aunque condenara de manera intransigente la forma por la cual se proponían ponerlas en práctica.

Finalmente, me parece común en Las Casas y en Lutero su frustración con relación a los cambios sociales que ambos imaginaban. En uno de sus últimos textos, Las Casas, poco antes de morir, se dirigía al Papa Pío V, en 1566, para suplicar "humildemente" por un cambio en los cánones de la Iglesia para mandar que los obispos tuvieran "cuidado de los pobres cautivos, hombres afligidos y viudas, hasta derramar su sangre por ellos, según son obligados por ley natural y divina...". En el mismo documento denuncia:

> Grandísimo escándalo y no menos detrimento de nuestra santísima religión cristiana es el hecho de que, en esa nueva plantación, obispos, frailes y clérigos se enriquezcan magníficamente, permaneciendo sus súbditos recién convertidos en tan grande e increíble pobreza que muchos por tiranía, hambre, sed y trabajo excesivo murieron muy miserablemente cada día...[38]

Las Casas interpela al Papa para que

---

[38] Apud Suess, Paulo. *A conquista espiritual da América Espanhola*. Petrópolis: Vozes, 1992, 281.

...declare a los tales ministros que son obligados por ley natural y divina (...) a restituir todo el oro, plata y piedras preciosas que adquirieron, porque se lo quitaron a hombres que padecían extrema necesidad...[39].

Igualmente es conocida la frustración de Lutero, principalmente con los rumbos de la sociedad alemana después de la Reforma, como puede verificarse ejemplarmente en este pasaje:

Hasta ahora, cometí la locura de esperar de los hombres algo que no fueran reacciones humanas. Pensé que podrían conducirse según el Evangelio. El resultado nos muestra que, haciendo poco del Evangelio, quieren ser coaccionados por la espada y por las leyes.[40]

6. Consideraciones finales

El cristianismo llegó a América Latina en medio de un proceso violento de ocupación. A los conquistadores les interesaban las riquezas naturales del continente y las ganancias resultantes de la explotación de productos primarios para el mercado mundial emergente, producidos casi exclusivamente con mano de obra esclava. En este proceso, los conquistadores contaban con el aval de sus respectivos Estados Nacionales, sean ellos España, Portugal u Holanda, interesados en la ampliación de sus territorios y en la imposición de impuestos de las riquezas extraídas de las colonias. Los conquistadores contaban también con el beneplácito de las iglesias, principalmente la Católica Romana, pero también de la Protestante, que estaban interesadas en la conquista de fieles y activamente involucradas en el proceso de conquista. Intenté esbozar aquí tres posibilidades de reflexión y de lectura de este amplio proceso. Uno de ellos está enfocado en las dinámicas locales. Esto implica preguntar cómo las culturas locales encontraron en sus dinámicas internas y en las visiones de mundo que le

---

39 *Ibid.*

40 Apud Febvre, Lucien. *Martinho Lutero, um destino.* São Paulo: Três Estrelas, 2012, 288.

son propias, elementos para reaccionar, adaptarse e influir los rumbos del proceso en curso. Esto implica preguntar cómo las víctimas del proceso colonizador se hicieron sujetos y dieron sentido a las transformaciones en curso. A pesar de que sus saberes y sus experiencias hayan sido subsumidas en la lógica del colonizador, estos pertenecen no sólo a la historia de nuestro continente, sino que son visiones de mundo vivas y activas en la actualidad, que necesitan ser oídas, respetadas e integradas también en la elaboración teológica comprometida con la defensa de la vida en el mundo común y plural en el que nos cabe vivir.

El segundo eje de reflexión que intenté apuntar pregunta por el impacto de las dinámicas de las culturas locales en la visión del mundo del propio colonizador, especialmente de aquellos referenciados en el cristianismo. Bartolomé de Las Casas es el máximo exponente de esta tendencia. Y esto ya había sido percibido por varios intérpretes de América Latina, inclusive fuera del campo de los estudios de religión, como sugiere la siguiente afirmación de José Carlos Mariátegui, que ya en el inicio del siglo XX se refiere a la actuación de Bartolomé de Las Casas como "aquel en quien florecían las mejores virtudes del misionero, del evangelizador", que tuvo "precursores y continuadores"[41]. Es significativo que este autor no religioso asumiera las culturas locales como un *locus* hermenéutico privilegiado para pensarse el futuro de América Latina y constata que esto no es posible desconsiderando el factor religioso local.

El tercer horizonte de reflexión se refiere a las propias contradicciones internas al cristianismo que se introdujo en América Latina durante el proceso de ocupación europea del continente. A pesar de las controversias teológicas propias de la decadencia del cristianismo medieval que resultaron en la desintegración de la cristiandad, parece haber un alto grado de similitud y convergencias entre protestantes y católicos, cuando

---

41 Mariátegui, José Carlos, *Siete ensayos de interpretación de la realidad peruana.* México: Ediciones Era, 1979, 155.

la vida de las víctimas del moderno sistema mundial fue el punto de partida de la elaboración teológica y de la articulación de las prácticas pastorales. Es lo que intenté mostrar con la comparación entre Las Casas y Lutero. Considero como una tarea teológica prioritaria la recuperación de esta tradición profética que atraviesa a la cristiandad y cuyo punto de convergencia es la sensibilidad por el grito de las víctimas, con la respectiva relectura de los textos sagrados y de las fuentes de la tradición a partir de este lugar hermenéutico. Esto implica la crítica a las teologías hegemónicas, principalmente cuando esconden sus lugares hermenéuticos o simplemente los declaran universales, para articular un horizonte teológico abierto a múltiples verdades gestadas en la cotidianidad de las víctimas, con sus ambigüedades y contradicciones, asimetrías, todas históricamente situadas e incompletas.

Sección 2

Liberación del Mammón

*"Ustedes no pueden servir a Dios y al Mammón"
(Mt 6,24). Por lo menos unos dos mil millones de
personas se han empobrecido bajo el régimen
de dominación del dinero. Esta es la actual
manifestación del Mammón y por lo tanto el
desafío central para la fe.*

El posicionamiento de Lutero hacia el individualismo del moderno sujeto del dinero

Ulrich Duchrow

"El error fundamental de nuestra teología protestante hasta el presente es [la] individualización".[1]
"El ser humano es un todo indivisible no solo como ser único en su persona y su obra, sino también como miembro de la comunidad de los seres humanos y las criaturas, en la que él está"[2]

Dietrich Bonhoeffer

" **A** pesar de sus raíces tradicionalistas, el rol 'moderno' de la Reforma consistió en la *individualización de la salvación*, y en los países donde llegó a ser la forma ideológica dominante ayudó a desmantelar las estructuras tradicionales. Con la individualización de la salvación ella puso el fundamento para el individualismo, el corazón del liberalismo, y representó en forma indirecta el

---

1 Das Wesen der Kirche, Dietrich Bonhoeffer Werke (DBW), 11, 258.
2 Ethik, DBW, 6, 38.

interés de la nueva clase", escribe Ton Veerkamp.[3] ¿Es correcto ese veredicto? Y si lo fuese, ¿en qué sentido lo es? ¿También atañe a Lutero o a otras corrientes durante y después de la época de la Reforma? Si fuese correcto el mencionado punto de vista, ¿ocurrió intencional o involuntariamente? Pero ante todo, ¿en qué contexto histórico general de la sociedad tiene que entenderse esa cuestión? Primeramente nos ocuparemos del contexto en cuestión.

1. Surgimiento y desarrollo del individualismo en el contexto de la economía del dinero y de la propiedad privada

Los estudios más recientes prueban que el individuo comienza a desplazarse al centro de la realidad desde el siglo 8 a.e.c., en un tiempo en que dinero y propiedad privada penetran en la vida cotidiana de las sociedades, haciéndolo simultáneamente en toda Eurasia, desde China hasta Grecia.[4] *Una primera forma de la economía del dinero basada en el cálculo* se encuentra en Mesopotamia ya desde cerca del año 3000 a.e.c.[5] Aquí actuaban miles de sacerdotes y funcionarios para templos y palacios, a la vez que artesanos, junto a campesinos y pastores, quienes trabajaban las grandes tierras. Para administrar todo ello, los funcionarios del templo desarrollaron un sistema de cálculo unificado. Aquí el dinero funcionó primeramente como pura unidad de cálculo para recursos que, con ayuda de una

---

3 Veerkamp, Ton: *Der Gott der Liberalen. Eine Kritik des Liberalismus.* Hamburgo: Argument Verlag, 2005, 54s.
4 Cf. Seaford, Richard: *Money and the Early Greek Mind. Homer, Philosophy, Tragedy.* Cambridge: Cambridge University Press, 2004; Graeber, David: *Debt. The First 5,000 Years.* New York: Melville House, 2011; Duchrow, Ulrich/Hinkelammert, Franz: *Transcending Greedy Money: Interreligious Solidarity for Just Relations.* Nueva York: Palgrave MacMillan, 2012; Duchrow, Ulrich: *Más allá del dinero y la avaricia. Alternativas para una cultura de la vida.* Bogotá: Universidad Distrital Francisco José de Caldas/Justicia y Vida, 2014.
5 Cf. Graeber, David, op. cit., 39ss.

jerarquía, eran repartidos para créditos, etc. Solo el comercio con territorios lejanos comienza luego a utilizar también plata como medio de cambio. Pero la economía cotidiana se realizaba en base al crédito mutuo, sin la mediación del dinero.

Eso se modificó desde el Mar Mediterráneo oriental hasta China en el período que comienza a partir del siglo 8 a.e.c. (llamado por el filósofo Karl Jaspers "era axial", porque allí surgieron la mayoría de las religiones mundiales y grandes filosofías). Esa época experimentó un aumento de la violencia militar nunca antes conocido. Desde entonces hubo soldados y mercenarios profesionales y entrenados, los cuales debían ser remunerados. La remuneración más importante era el botín. A ello pertenecían los metales preciosos, que también son fácilmente transportables. Es probable que primero circularan simplemente en pequeños pedazos. En torno al año 600 a.e.c. casi simultáneamente, estados en Lidia, India y China comenzaron a acuñar metales preciosos como monedas. Mediante tales divisas practicables fueron unificados también los mercados locales con ayuda del estado, de forma tal que también la totalidad de la población llegó a utilizar crecientemente el dinero para transacciones cotidianas. Todo el sistema monetario expansionista se vincula con los imperios conquistadores hasta el primer punto culminante de ese desarrollo con el helenismo, desde Alejandro Magno y el Imperio Romano.

Simultáneamente con el dinero mercantil, más allá de la propiedad personal, surgió la propiedad privada. Ello significa que la propiedad ya no se vinculó solo a valores de uso, sino al abstracto valor de cambio, desvinculado del uso. Dinero y propiedad privada están ligados de múltiples formas:

- Dinero siempre es también derecho a propiedad.

- Propiedad privada y cálculo de dinero son expresión de exclusividad ligada al yo, excluyen a otros, separan al yo de los otros. Ellos son vistos solo como abstractos propietarios/poseedores de dinero, capaces de celebrar contratos.

El individualismo surge precisamente a través de esa conexión entre dinero y propiedad privada.

> La monetización tiende a marginalizar la reciprocidad y permite una aparición sin precedentes de la autonomía individual, especialmente en la figura del tirano... Pero de hecho su poder monetario depende de la aceptación general del valor socialmente construido de su dinero... Y así la autonomía del tirano (imaginada o real) o, en efecto, de cualquier individuo con dinero requiere de la separación imaginaria del valor respecto de la circulación. El valor socialmente construido llega a ser una cosa, poseída individualmente. Y así el dinero toma cuenta de la aparente autosuficiencia de su poseedor.[6]

Seaford prueba que la filosofía presocrática, comenzando en Mileto, la primera *polis* totalmente monetarizada, está determinada esencialmente por el pensamiento del sujeto del dinero. Esos pensadores –desde Tales a Parménides, pero ante todo Anaximandro, quien introduce el concepto de lo ilimitado (*apeiron*) para designar al Uno en lo Plural– se comprenden a sí mismos conscientemente como individuos. Su pregunta fundamental apunta a lo Uno en lo Plural, así como uno puede transformar dinero en todas las mercaderías.

La conclusión moderna de ese desarrollo conceptual es *Descartes (1596-1650)*.

> El otro siempre es el otro abstracto, no un tú. El sujeto del dinero no tiene para sí ningún otro contenido fuera de la actividad de *calcular*. Él solo puede reconocer el mundo a través de los lentes de la cifra, con lo cual todos los objetos son despojados de su forma natural y son vinculados a la única y ficticia unidad monetaria... La forma finalmente clásica de su auto-reflexión, la filosofía de Descartes,

---

6 "Monetisation tends to marginalise reciprocity, and permits an unprecedented appearance of individual autonomy, especially in the figure of the tyrant... But in fact his monetary power depends on general acceptance of the socially constructed value of his money... And so the autonomy (imagined or real) of the tyrant, or indeed of any individual with money, requires the imagined separation of value from circulation. Socially constructed value becomes a thing, individually possessed. And so money takes on the seeming self-sufficiency of its owner.", Seaford, op. cit., 260s.

reúne en sí todas las oposiciones y contradicciones, que son propias del sujeto del dinero. En Descartes son sintetizados los dos modos de socialización mediante lenguaje y dinero. El sujeto calculante del dinero es un *individuo separado*. Se diferencia del otro solo *abstractamente* mediante la definición del límite de propiedad, que no tiene ninguna correspondencia física. Aquí resultan abolidas todas las diferencias corporales. Lo que permanece es la autoconciencia del calcular. El cuerpo que está enfrente es el cuerpo-mercancía idealizado: pesado, medido, delimitado *clara y distintamente*, para que puedan ser vinculados con ello los derechos de propiedad.[7]

La antropología elaborada del sujeto del dinero la provee *Thomas Hobbes (1588-1679)*, quien define a los seres humanos como individuos atomizados, concurrentes entre sí, que procuran cada vez más riqueza, poder y prestigio. A causa de ello tiene lugar la guerra de todos contra todos, que solo puede ser sofocada a través de un estado fuerte (Leviatán), con ayuda de la garantía de propiedad y de la validez de los contratos. La sangre de Leviatán es el dinero.[8] Finalmente *John Locke (1632-1704)* define al ser humano ya únicamente como propietario.[9] Así pues, el cálculo de la razón instrumental, característico de la racionalidad de la Modernidad, siempre está vinculado directa o indirectamente al dinero y la propiedad privada. Ya el concepto latino *"ratio"* significa originalmente cálculo de dinero, calcular.

Pero, ¿hay una diferencia entre el individualismo de la Antigüedad y el de la Modernidad? Sí, esa diferencia se caracteriza –así como también en la economía política real– por el hecho de que en la Antigüedad él aún era percibido como desvío de la norma ética y religiosa, mientras que en la Modernidad es ponderado como esencial y positivo para el ser del hombre. El punto culminante de ese desarrollo lo marca *Adam Smith*, quien considera al egoísmo condición

---

7 Brodbeck, Karl-Heinz: *Die Herrschaft des Geldes. Geschichte und Systematik.* Darmstadt: Wissenschaftliche Buchgesellschaft, (2009) 2012, 886s.

8 Cf. Duchrow, Ulrich/Hinkelammert, Franz: *Property for People, Not for Profit: Alternatives to the global tyranny of capital.* London & Geneva: Zed Books & World Council of Churches, 2004, cap. 2.

9 Ibíd., Cap. 3.

para la riqueza de las naciones. Con ello la modificación cuantitativa es convertida en una transformación cualitativa. El individualismo penetra todos los ámbitos de la sociedad y de la conciencia humana.

Por lo tanto, si se pregunta por el posicionamiento de Lutero respecto al individualismo no es posible tomar como punto de partida la época de la Reforma para luego relacionarlo con la Modernidad, sino que él se ubica –dicho primeramente de modo muy genérico– entre los inicios de la Antigüedad y las categorías plenamente desarrolladas de la Modernidad.[10] Veamos ese desarrollo más detalladamente.

El dinero no se reflejó únicamente en el pensamiento de la Antigüedad y en los presocráticos, sino que, a causa de sus efectos disolventes de la solidaridad y divisorios de la sociedad, provocó una decidida resistencia en las *religiones y filosofías de Grecia (Sócrates y sus discípulos Platón y Aristóteles), pasando por India (el Buda) hasta China (Lao-Tse y Confucio).*[11] En los profetas desde *Amós* y en la *Torá* del *Antiguo Israel* el concepto opuesto a las consecuencias sociales de la economía del dinero y la propiedad privada es la *justicia*. Para Lutero, ese concepto en tanto "justicia de Dios" adquiere posteriormente un significado decisivo en el marco de la teología de *Pablo*, redescubierta por él. Pablo caracteriza la realidad del Imperio Romano como una realidad determinada por la injusticia y la idolatría, la adoración servil a los ídolos (*adikía* y *asébeia*, Ro. 1,18). Para nuestro tema en todo ello resulta especialmente importante que él, en esa situación, no considera posible el cumplimiento de la Torá, puesto que el pecado del desear ha transformado la ley en un instrumento de muerte (Ro. 7,7ss.). La codicia, que impulsa a un primer punto culminante a la economía del dinero impuesta imperialmente, ha cooptado la ley.[12] Por esa razón, según Pablo, debe ser revolucionado el sistema romano en su totalidad. Ello puede acontecer confiando en la justicia de Dios,

---

10 El concepto "individualismo" mismo fue introducido recién en 1908 por el economista Schumpeter, cf. Brodbeck, op. cit., 53.

11 Cf. Duchrow, 2014, Parte I.

12 Ibíd., 90ss.

que en comunidad con el Mesías Jesús, por medio del Espíritu, crea una nueva humanidad en la que los pueblos ("judíos y griegos") y las personas ya no se dejan instrumentalizar compitiendo unos contra otros; una humanidad en la que ya no hay señores y esclavos y en la cual los varones ya no dominan sobre las mujeres (Gá. 3,28). Así, la pérdida de la solidaridad de la civilización del dinero es superada mediante la solidaridad mutua (*agape*, Ro. 13,10, Gá. 5,6). Pero por ello el Mesías paga con su muerte en la cruz, que es el castigo de Roma para los rebeldes y esclavos escapados. Así, el Cristo crucificado, en tanto iniciador de una nueva humanidad (Ro. 5), es puesto por Pablo en el centro, como figura opuesta al Imperio. En él Dios no se hace ser humano en general, sino esclavo (Fil. 2). Y sus hermanos, a quienes ha llamado dando inicio a la nueva humanidad, no son igualmente individuos humanos abstractos, sino aquellos que no son nada, los pobres, despreciados y carentes de erudición:

> Pues mirad, hermanos, vuestra vocación, que no sois muchos sabios según la carne, ni muchos poderosos, ni muchos nobles; sino que lo necio del mundo escogió Dios, para avergonzar a los sabios; y lo débil del mundo escogió Dios para avergonzar a lo fuerte; y lo débil del mundo y lo menospreciado [en Roma los proletarios] escogió Dios, y lo que no es, para deshacer a lo que es (1 Co. 26-28).

Pero ahora es precisamente en ese pasaje que con *Agustín* se inicia en la teología y la iglesia occidental una reinterpretación que coloca en el centro a la problemática del "yo" individual, abstraído de las condiciones sociales. "Agustín, a quien quizá con razón se lo ha denominado como primer hombre realmente occidental, fue el primero en la Antigüedad y en el cristianismo que escribió algo tan egocéntrico como su propia autobiografía espiritual, las *confessiones*. Él fue el primero que aplicó la doctrina paulina de la justificación al problema de la conciencia ligada al yo, a la pregunta: ¿cómo alcanza el ser humano la salvación? Y con Agustín comenzó el cristianismo occidental, con su énfasis en los valores interiores".[13] Al respecto es importante recordar

---

13 Stendahl, Krister: *Paul Among Jews and Gentiles.* Philadelphia: Fortress, 1976, 16s.

que Agustín, antes de volverse al cristianismo, como profesor de retórica, estaba enraizado plenamente en la civilización romana, marcada por el dinero, la competencia y la búsqueda de prestigio. En su posterior gran disputa con Roma en la obra *De civitate dei*, él define a esa misma civilización con la característica decisiva del amor a sí mismo (*amor sui*), a la que le opone el amor de Dios (*amor dei*).[14] Pero entonces ambas devienen precisamente categorías individuales.

En el desarrollo posterior de la teología occidental acontece un próximo paso hacia la individualización de la doctrina de la justificación mediante Anselmo de Canterbury en su obra *Cur Deus homo*.[15] Pues en él dicha doctrina es transformada en un computar calculador. El orden fundamental del mundo consiste en que las deudas deben ser pagadas. En razón de que el ser humano tiene deudas impagables para con Dios por causa del pecado, dado que no las puede pagar, él debe sufrir el castigo. Al ser humano pecador Dios no lo puede perdonar simplemente por misericordia, sino que él debe encontrar un precio que equipare las deudas. Pero ello solo puede ser la entrega de la vida de un ser humano que a la vez sea Dios. No es por mera casualidad que el contexto del siglo 11, en el que escribe Anselmo, se caracterice por la reintroducción de la economía del dinero y la propiedad privada en Alta Italia. Ella prepara el capitalismo temprano, el cual en Anselmo es anticipado en el cielo.[16]

En la Edad Media, ese enfoque del *cálculo de la salvación del individuo* se desarrolla en un sistema total de comercio de la salvación. En un artículo excelente, titulado *"Den Himmel*

---

14 Cf. Duchrow, Ulrich: *Christenheit und Weltverantwortung. Traditionsgeschichte und systematische Struktur der Zweireichelehre.* Stuttgart: Klett-Cotta (1970), 1983 2. Ed., cap. 2.

15 Anselmo de Canterbury: *Por qué Dios se hizo hombre.* En *Obras completas de San Anselmo. Tomo I.* Madrid 1952.

16 Vea el ensayo de Franz Hinkelammert en este libro: *La deuda según Anselmo de Canterbury y su interpretación en el capitalismo moderno.*

kaufen" [Comprar el cielo], Berndt Hamm ha seguido y descripto ese acontecimiento en detalle.[17] Su tesis es que

> fuentes religiosas tardío-medievales, también de pluma teológica, describen la relación del ser humano con la gracia divina en vistas del más allá celestial mediante conceptos del intercambio mercantil de mercaderías y del intercambio de dinero" (239), "que con la semántica y metafórica descripta está ligada indisolublemente un determinado modo de concepción, que en términos de contenido se mueve en las coordinadas del pensar y calcular comercial" (242), "que Dios adquiere trazos de un comerciante, contador o director de banco que sopesa, cuenta y calcula y que se regula la relación hacia ese Dios mediante principios del 'Do ut des', de un trueque o cambio (243).

El trasfondo lo constituye la revolución comercial dada entre los siglos 11 y 13, que hace surgir una mentalidad temprano-capitalista.

Desde el temprano siglo 13, en ese contexto surge la doctrina del *juicio individual* (*iudicium particulare*, es decir: antes del juicio universal al fin de los días) y ligado a ella las doctrinas del *purgatorio*, de la *indulgencia* de las penas por el pecado y del tesoro de la iglesia (de las satisfacciones vicarias de Cristo y los santos).[18] Por su intermediación la iglesia absorbe una parte de las ganancias prohibidas, por cuanto los usureros tienen que pagar cada carta de indulgencia por sus pecados. Esa tendencia es intensificada especialmente a través de una muy extendida literatura edificante, por ej. la *"Imitatio Christi"* de Tomás Kempis, que también Lutero conoció y apreció. Ella proviene del contexto de la *"Devotio Moderna"* de la cultura citadina y comercial holandesa. Buenas obras y compra de indulgencias como parte del negocio calculador-individual con Dios – lo cual dio ocasión a las 95 tesis de Lutero – deben ser vistos en ese contexto amplio.

---

17 Hamm, Berndt: Den Himmel kaufen. Heilskommerzielle Perspektiven des 14.-16. Jahrhunderts. En: Welker, Michael (Ed.): *Gott und Geld*. Neukirchen-Vluyn: Neukirchener, 2007, pp. 239-76.

18 Cf. Le Goff, Jacques: *Wucherzins und Höllenqualen. Ökonomie und Religion im Mittelalter*. Stuttgart: Klett-Cotta, 1988.

Finalmente, para la época anterior a Lutero es preciso recordar que ya un contemporáneo de Anselmo de Canterbury, *Roscelino de Compiègne*, desarrolló la tesis nominalista de que solo lo individual, lo particular, sería real – una tesis que más tarde fue sostenida de manera diferenciada por *Ockham*, que también influyó a Lutero a través de *Gabriel Biel*. Esa visión llegó a ser axioma de las ciencias sociales de la Modernidad hasta F. A. Hayek, el padre del capitalismo neoliberal.[19] De allí surge:

Tesis 1:
Desde la penetración del dinero y la propiedad privada en la vida diaria, es decir desde la Antigüedad, el individualismo determinó crecientemente de manera diversa en especial a la civilización occidental y, desde el giro constantiniano, pero ante todo desde el refortalecimiento de la economía del dinero en el siglo 11, también a la teología y la iglesia. Mientras que en la Antigüedad y también en la Edad Media hubo una amplia resistencia en contra, el individualismo es valorado positivamente en la Modernidad y con ello deviene fuerza impulsora del ser humano y la sociedad, lo cual significa un salto cualitativo.

Por eso, primeramente en relación con Lutero, la pregunta es: ¿cómo se ha comportado él en la sociedad, la iglesia y la teología con respecto a esa civilización determinada por el dinero?

2. La crítica de Lutero al individuo que calcula su salvación y a una iglesia que hace dinero con eso

El joven Lutero intenta obtener la certeza de la salvación como monje, y ello en el modo descripto, de un cálculo del hacer buenas obras frente a Dios como contraparte contractual. Eso debe conducir necesariamente a una profunda duda, incluso a la desesperación.

---

19 Cf. Brodbeck, op.cit., 53.

La subjetividad modificada por el dinero no encuentra en sí misma ni verdad, ni conocimiento, ni certeza. El saber acerca de valores medidos en dinero, según su esencia es apariencia; su verdad es la fe circular en un valor. Sin embargo, esa fe carece de fundamento. Por eso el sujeto del dinero es determinado como dubitante. El sujeto dubitante, que luego de algunos ecos previos fue conceptualizado por Agustín y Descartes, es auto-reflexión del sujeto del dinero.[20]

Naturalmente Lutero no tuvo conciencia alguna de que sus problemas se relacionaban con el hecho de que él comprendía su relación con Dios en las categorías tradicionales de la civilización del dinero. Pero el caso es exactamente ese, pues a través suyo el otro siempre aparece solamente como el otro abstracto, con el cual se está en una relación contractual mediada por el dinero, no como un tú. Y dado que de ese modo el Dios así entendido reclama deudas impagables, debe surgir el dudar sobre sí mismo puesto que es imposible atender esas demandas.

Es por eso que es más que una cuestión puntual que Lutero encuentre en *Pablo* un enfoque totalmente distinto y que ese avance decisivo se concretiza primeramente en el rechazo de la salvación comprada en el comercio de indulgencias. Ya en la primera lección sobre la Carta a los Romanos de 1515/16 Lutero había descubierto a partir del versículo 17 ("...la justicia de Dios se revela por fe y para fe...") que Dios regala libremente la justicia al creyente – sin obras calculadas.[21] En el Sermón sobre la doble justicia (1518) el concepto ha sido elaborado de forma plena.[22] Las tesis sobre las indulgencias de 1517 yacen temporalmente entre ambos. En tres de sus 95 tesis el cambio de paradigma se expresa con claridad:

---

20 Brodbeck, op.cit., 887.

21 Aclaraciones y comentarios marginales de la Lección sobre la Carta a los Romanos 1516, WA 56, 10s. y 121s. Allí carece de importancia para nuestro contexto temático cuándo y cómo alcanzó Lutero el giro reformador decisivo. Al respecto cf. Schilling, Heinz: *Martin Luther. Rebell in einer Zeit des Umbruchs.* Múnich: Beck, 2012, 144ss.

22 WA 2, 145ff.

27. Mera doctrina humana predican aquellos que aseveran que tan pronto suena la moneda que se echa en la caja, el alma sale volando. 36. Cualquier cristiano verdaderamente arrepentido tiene derecho a la remisión plenaria de pena y culpa, aun sin carta de indulgencias. 37. Cualquier cristiano verdadero, sea que esté vivo o muerto, tiene participación en todos los bienes de Cristo y de la Iglesia; esta participación le ha sido concedida por Dios, aun sin cartas de indulgencias. [23]

Mientras que las tesis 27 y 36 aún podrían parecer como si para Lutero se tratase ante todo de la salvación individual – expresado en su famosa pregunta de monje: "¿cómo obtengo un Dios misericordioso?" –, la tesis 37 remite al nuevo enfoque de fondo. El cristiano creyente o la cristiana creyente ya no es más el ego vuelto sobre sí mismo, calculador, sino que es parte del cuerpo de Cristo. Ello tiene consecuencias antropológicas fundamentales. Ser un ser humano no puede ser determinado en el marco de un ser individual, sino únicamente de modo relacional.

El individuo vuelto sobre sí mismo pervierte justamente al ser ser-humano, dicho teológicamente: es ser-en-el-pecado, *incurvatus in se*, ser encorvado sobre sí mismo. Al respecto Matt Jenson ha escrito un libro excelente, que investiga ese concepto y sus configuraciones en Agustín, Lutero y Barth.[24] Allí él profundiza ante todo las lecciones tempranas sobre los Salmos y la Carta a los Romanos realizadas en Wittenberg (1515/16), que ocupan un lugar central en su cambio teológico personal y colocan el fundamento para el rechazo del comercio de indulgencias.

Al interpretar el vs. Ro 15,2 ("cada uno de nosotros agrade a su prójimo en lo que es bueno, para edificarlo"), Lutero

---

23 *Obras de Martín Lutero*. Tomos I-X. Buenos-Aires: Editorial Paidós/El Escudo (tomos I-V) y Ediciones La Aurora (tomos VI-X), 1967-1985; cita de tomo I, pp. 9s.
24 Jenson, Matt: *The Gravity of Sin: Augustine, Luther an Barth on homo incurvatus in se*. Londres/Nueva York: T&T Clark, 2006.

discute la cuestión del amor a sí mismo.[25] Aquí él cuestiona la interpretación de Pedro Lombardo, quien, siguiendo a Agustín, habla de un "orden del amor": éste escribe: "primeramente se debe amar a Dios, luego nuestra alma, luego el alma del prójimo, finalmente nuestro cuerpo". De acuerdo con ello, el amor a sí mismo sería el punto de partida y de comparación del amor al prójimo. Así también se lee normalmente Mt. 19,19: "amarás a tu prójimo como a ti mismo". Lutero opone a ello el dicho de Jesús: "el que quiera salvar su vida, la perderá; y todo el que pierda su vida por causa de mí, la hallará" (Mr. 8,35 par.) y argumenta:

> Por lo tanto, el que se odia a sí mismo y ama a su prójimo, éste se ama de veras. Pues entonces se ama a sí mismo *no 'en lo suyo'*, y de este modo se ama en forma pura, *amándose en la persona del prójimo* (cursivas UD).[26]

De allí concluye:

> Creo, por lo tanto, que con el mandamiento 'Como a ti mismo' no se le ordena al hombre amar a su propia persona, sino que se pone en evidencia el amor pecaminoso con que el hombre se ama de hecho a sí mismo, a saber: estás completamente encorvado sobre ti mismo, tu amor está centrado en ti, y de este amor pecaminoso no serás curado a menos que ceses del todo de amarte a ti mismo y, olvidándote de tu persona, ames solamente a tu prójimo.[27]

Aquí se hace manifiesto el punto sustancial de la teología, la antropología e incluso la ontología de Lutero. El ser humano en su totalidad está "encorvado sobre sí" (*incurvatus in se ipsum*) bajo el dominio del pecado. Esa es la realidad. Lutero no llega a ser consciente que precisamente ese carácter egocéntrico

---

25 WA 56, 517ss. Cf. Jenson, op. cit., 90s.

26 "Quia iam *extra se se ipsum* diligit, ideo pure se diligit, dum *se in proximo diligit*". WA 56, 518. Obras X, p. 456

27 "Igitur credo, quod isto precepto 'sicut te ipsum' non precipiatur homo diligere se, sed ostendatur vitiosus amor, quo diligit se de facto, q. d. curvus es totus in te et versus in tui amorem, a quo non rectificaberis, nisi penitus cesses te diligere et oblitus tui solum proximum diligas". WA 56, 518, Obras X, p. 457

ilusorio ha obtenido su configuración histórica decisiva con la naciente economía del dinero y la propiedad privada al menos desde el siglo 8 a.e.c. y que en su época experimentaba un nuevo florecimiento con el capitalismo temprano. Él la entiende como una constitución fundamental del ser humano como tal, co-ocasionada por el pecado original y actualizado en los pecados concretos. Pero con ello él pone en foco a la vez, desde un punto de vista histórico, la dinámica que determina centralmente a la civilización que en su época alcanza el dominio.[28]

Con ello su concepción opuesta focaliza también ambas cosas a la vez: una declaración fundamental sobre el ser humano y una alternativa concreta a la comprensión capitalista del ser humano como individuo egocéntrico. ¿Qué significa ello en términos de contenido? El ser humano no es una sustancia que descansa en sí misma, no es un yo sustancial, sino un ser relacional. Él encuentra su yo verdadero en el otro. Si él o ella, "olvidándose de sí mismo" (*oblitus sui*), está completamente con el otro, está consigo mismo. Así como un bebé deviene sujeto mediante intersubjetividad, también un ser humano adulto deviene "desde afuera" (*extra nos*) ser humano verdadero. Ello ha sido elaborado en los últimos tiempos por el filósofo Lévinas. En base a sus escritos Franz Hinkelammert traduce Mt. 19,19 así: "ama a tu prójimo, tú eres él mismo". Pero también el énfasis del obispo Tutu en la cultura africana de los Ubuntu apunta en la misma dirección: "Yo soy cuando tú eres, y tú eres si yo soy". Ese es según Lutero el sentido verdadero de la comprensión bíblica del amor.

---

28 Aquí debiera discutirse desde el punto de vista de la historia de la humanidad la cuestión de cómo se habría manifestado en épocas tempranas de la cultura aquello que en la economía del dinero debe ser descripto como codicia ilimitada. ¿Cuál era el equivalente de la codicia en sociedades de cazadores y recolectores, cuál luego de la revolución neolítica del sedentarismo, cuál luego del surgimiento de la monarquía, etc.? Esas preguntas aquí no pueden ser discutidas en detalle, aunque debería haber quedado en claro que la codicia ilimitada de los individuos llega a ser decisivamente determinante recién con la economía del dinero.

Para Lutero el otro lado de la relacionalidad, que le da fundamento a ello, es la relación del ser humano con Dios. Tampoco aquí se trata de que entren secundariamente en una relación mutua dos "sustancias" separadas entre sí – precisamente como propietarios en un contrato. Antes bien, el ser humano ya es determinado desde siempre por Dios, desde fuera. Él no se crea a sí mismo, así como tampoco puede "negociar" su salvación. Eso es a lo que apunta su imagen, aquella que pone en juego frente a Erasmo de Róterdam: los seres humanos son como animales de montura, ellos siempre son cabalgados o bien por el diablo o por Dios.[29] El ser cabalgado por el diablo es precisamente el estar-encorvado-sobre-sí-mismo.

De ello se sigue también que *no nos es posible tener una mirada neutral del ser humano*. Por eso la relacionalidad no debe ser descripta en forma abstracta. En la realidad ella implica mayormente relaciones de poder asimétricas. Por eso, la pregunta central es desde qué lugar y con qué perspectiva se mira al ser humano y a Dios. Ello Lutero lo desarrolla extensamente en su interpretación del *Magníficat* (Lc. 1,46-55):[30]

1. Mi alma engrandece a Dios, el Señor;

2. Y mi espíritu se regocija en Dios mi Salvador.

3. Porque ha puesto sus ojos en mí, humilde sierva suya; por lo cual me proclamarán bienaventurada de generación en generación.

4. Porque él, que hace todas las cosas, me ha hecho grandes cosas; y santo es su nombre,

5. Y su misericordia perdura de una generación a otra para todos los que le temen.

---

29 "Así la voluntad humana es puesta en medio cual bestia de carga: si se sienta encima Dios, quiere lo que Dios quiere y va en la dirección que Dios le indica, como dice el Salmo: 'He sido hecho como una bestia de carga, y siempre estoy contigo' si se sienta encima Satanás, quiere lo que Satanás quiere y va en la dirección que Satanás le indica." *La voluntad determinada.* Obras IV, p. 87 (WA 18, 635).

30 Lutero, Martín: *El Magníficat* (1521). Obras VI, pp. 377-436 (WA 7,544ss.).

6. Él actúa poderosamente con su brazo; y destruye a los soberbios con la intención de sus corazones.

7. Destituye a los grandes señores de su dominio, y eleva a los humildes y a los que no son nada.

8. Sacia a los hambrientos con toda clase de bienes, y a los ricos los deja desposeídos (379).

La perspectiva humana normal (bajo el dominio del pecado), dice Lutero, es la mirada hacia arriba y el desprecio de los denigrados.

> Ésta es nuestra experiencia diaria. Todos se afanan por cosas que están arriba de ellos: por honor, poder, riqueza, ciencia, una vida holgada y todo lo que es grande y encumbrado. Y donde hay personas con tales aspiraciones, todos se les unen y acuden a ellas, les sirven gustosamente, quieren ser partícipes y gozar del encumbramiento. No es de extrañarse que la Escritura hable de tan pocos reyes y príncipes íntegros. En cambio, nadie quiere mirar a las profundidades o donde hay pobreza, ignominia, calamidad, miseria y angustia, todo el mundo aparta los ojos. De las personas en tal situación, todos se alejan, huyen, las repudian y las abandonan. Nadie piensa en ayudarles, asistirlas y procurar que tengan algún valor. Por lo tanto, no les queda otra salida que permanecer en las profundidades, y en la masa de humildes y menospreciados. No hay nadie entre los hombres que sea creador, el cual pueda hacer algo de la nada, si bien San Pablo enseña diciendo, en Romanos 12:[16]: "Amados hermanos, no estiméis las cosas encumbradas, sino haced causa común con los humildes (381).

La perspectiva de Dios es exactamente opuesta. Ella ve a lo denigrado, como se hace visible en María y su cántico:

> Por eso sólo le queda a Dios poner su mirada en la profunda necesidad y miseria, y estar cerca de todos los que están en las profundidades. Como dice Pedro [1 P. 5:5]: 'Dios resiste a los soberbios y da su gracia a los humildes'. Y ésta es la fuente de donde fluye ahora el amor y la alabanza a Dios. Pues nadie puede alabar a Dios si antes no le tiene amor; y ninguno puede amarlo, si no le es conocido en toda su amabilidad y alcance. Y no puede llegar a ser conocido sin que se nos manifieste por sus obras que hemos sentido y experimentado. Pero cuando experimentamos que él es un Dios que mira a las profundidades y ayuda sólo a los pobres, despreciados, desamparados, desgraciados y

abandonados y a los que nada son, entonces se nos muestra en todo su profundo amor, y nuestro corazón desborda de alegría, brinca y salta por el gran favor que se le ha brindado en Dios. Y ahí está presente el Espíritu Santo, el cual nos ha enseñado en un instante, mediante la experiencia, esta arte y gozo desbordantes (381).

A partir de esa mirada a lo denigrado Dios crea de la nada. El ver de Dios como mirada del amor es activo; de lo despreciado, pobre, denigrado, hace algo y de lo elevado, nada. Lutero eso lo desarrolla en lo sucesivo a partir de las palabras clave del *Magníficat*: misericordia, juicio y justicia. Dios hace resucitar al Crucificado. Ello se corresponde con la perspectiva de la liberación bíblica (Ex. 3,7): "Bien he visto la aflicción de mi pueblo que está en Egipto, y he oído su clamor a causa de sus exactores; pues he conocido sus angustias, y he descendido para librarlos de la mano de los egipcios". El abordaje de Lutero corresponde a la teología de la liberación, que parte de los pobres y de la praxis activa para superar esa pobreza. Exactamente esa es para Lutero la perspectiva de Dios.[31]

Lo mismo expuso él ya en su teología de la cruz de la Disputación de Heidelberg.[32]

19. No se puede con derecho llamar teólogo, a aquel que considera que las cosas invisibles de Dios se comprenden por las creadas.
20. Mas merece ser llamado teólogo aquel que entiende las cosas visibles e inferiores de Dios, considerándolas a la luz de la Pasión y de la Cruz.

Ello significa que una antropología teológica que parte con Pablo de la sabiduría invertida de Dios,[33] está en contra de la civilización que llega al poder en el capitalismo temprano, que tiene como modelo a la fortaleza, la riqueza, el poder y

---

31 Cf. Sobre todo ello el capítulo de Daniel Beros en el mismo tomo sobre "*iustitia aliena crucis*".

32 *La Disputación de Heidelberg,* Obras I, p.31 (WA 1, 200).

33 Véase Hinkelammert, Franz: *La maldición que pesa sobre la ley. Las raíces del pensamiento crítico en Pablo de Tarso.* San José/Costa Rica: Editorial Arlekín, 2010.

la vitalidad juvenil y por eso genera sufrimiento, pero no lo percibe. A una teología entregada a esa civilización Lutero la llama *Theologia Gloriae*, teología sedienta de gloria.

Por eso es que Lutero insiste tan tozudamente en que solo la fe, la confianza en el modo de ver y actuar de Dios "desde fuera", puede devolver a los seres humanos a una adecuada constitución fundamental – desde la humanidad de Adán, que en interés propio apuesta a lo alto, a la violencia y a la riqueza, a la nueva humanidad mesiánica, la "corporación de Jesucristo", que se identifica con los pobres y despreciados incluyéndolos en la comunidad de la solidaridad. Sobre quien ingresa allí, influye otro espíritu. Los seguidores del mesías crucificado, en esa humanidad de Cristo son continuamente recreados como seres humanos que viven en Dios y en sus prójimos, plenamente liberados de su destructivo estar-encorvados-sobre-sí-mismos. Ya en 1519 Lutero había elaborado eso amplia y muy concretamente en su escrito *Sermón acerca del dignísimo sacramento del santo y verdadero cuerpo de Cristo y las cofradías.*[34] En la introducción dice:

> El santo sacramento del altar y del santo y verdadero cuerpo de Cristo tiene también tres cosas que uno debe conocer. La primera es el sacramento o signo; la segunda, la significación de este sacramento; la tercera, la fe en ambos. En todo sacramento, pues, debe haber estas tres partes. El sacramento ha de ser exterior y visible en forma especie física. El significado debe ser interior y espiritual en el espíritu del hombre. La fe ha de unir los dos para utilidad y uso.

El signo es, como él dice, pan y vino. El significado es *communio*, comunidad, como resuena ya en la 37 de las 95 tesis. Él la interpreta con amplitud:

> La causa es que Cristo forma con todos los santos un cuerpo espiritual, tal como la población de una ciudad configura una comunidad y un cuerpo, y cada ciudadano es miembro del otro y de toda la ciudad (204).

---

34 Lutero, Martín: *Sermón acerca del dignísimo sacramento del Santo y verdadero cuerpo de Cristo y las cofradías,* Obras V, 203-219 (WA 2, 742-758).

De allí se sigue que nadie vive para sí mismo como individuo, sino que todos comparten lo bueno y también los problemas:

> Esta comunión consiste en el hecho de que (al que recibe el sacramento) se le comunican y comparte todos los bienes espirituales de Cristo y de sus santos. Por otro lado, comparte también todos los sufrimientos y pecados. De esta manera se enciende el amor mutuo y se une amor con amor. Y para no salir de esta comparación burda y sensual: Así en una ciudad todo ciudadano llega a ser partícipe del nombre, de la honra, de la libertad, del comercio, de los usos y de las costumbres, del auxilio y del apoyo, de la protección, etc., de esa misma ciudad. Por el otro lado, comparte todos peligros: incendios, inundaciones, enemigos, pestes, daños, contribuciones, etc. Quien quiera disfrutar debe pagar también retribuir amor por amor (204s.).

En su plástica forma discursiva, haciendo referencia a 1 Co. 12,25s, lo deja en claro mediante una alegoría:

> "Los miembros se interesan los unos por los otros y notamos que cuando uno padece, todos los demás se conduelen de él; y cuando le va bien, todos unánimemente gozan con él. Cuando a alguno le duele el pie, aunque se trate del dedo más pequeño, el ojo mira por él, los dedos lo tocan, la frente se arruga y todo el cuerpo se inclina hacia él; todos se ocupan del pequeño miembro. En cambio, cuando se lo atiende bien, les agrada a todos los miembros (205).

Es por eso que a todo aquello que aqueja a alguien se lo puede incorporar en ese cuerpo espiritual tomando parte alegremente en esos signos de la gracia de Dios:

> Si alguien desespera, si debilita la conciencia de los pecados cometidos o lo asusta la muerte, o si alguna otra carga oprime su corazón y quiere librarse de ella, se acercará confiado al sacramento del altar y descargará su pena en la comunidad y buscará auxilio en la plenitud del cuerpo espiritual (206).

Sin embargo, también deben ser llevadas conjuntamente las cargas del otro y entonces uno llegará a estar "ávido" de ese sacramento que fortalece la *Communio*:

> Por ello, tu corazón ha de entregarse al amor y aprender que este sacramento es un sacramento de amor; y como has recibido amor

y auxilio, par tu parte, debes prestar amor y ayudar a Cristo en sus indigentes. Pues en este caso has de sufrir por todo agravio que se le infiere a Cristo en su santa Palabra; por toda miseria de la cristiandad; por todas las injusticias de los inocentes, de todo lo cual hay superabundancia en todos los lugares del mundo. En tal oportunidad te opondrás, procederás, rogarás y cuando ya no puedas mas, tendrás compasión cordial" (206s.)... "quien apoya la verdad y se opone a la injusticia y está dispuesto a llevar la pena de los inocentes y el dolor de todos los cristianos, encontrará bastante desdicha y adversidad, sin contar las acometidas diarias por parte de la naturaleza mala, del mundo, del diablo y del pecado (208).

Que la relacionalidad de los seres humanos no es abstracta, Lutero lo muestra magistralmente en ese texto. Si en algún lado en el mundo sufren inocentes, todo miembro de la corporación de Cristo debe ofrecer resistencia, volverse activo, interceder en oración y donde no es posible otra cosa, sufrir conjuntamente. *Así pues, la relacionalidad es determinada a partir del sufrimiento de los otros. Ella es participante, siente y obra con los otros.* En Lutero ello se realiza no solo en las actividades diacónicas en común de las comunidades y comunas a favor de los pobres como los órdenes para cajas comunes demandadas por él,[35] sino que él les da prioridad a los pobres en sus escritos crítico-constructivos económicos y políticos y en sus predicaciones (ver abajo).

Imagínese que esa fuese la realidad de todas las comunidades cristianas alrededor del mundo. Pero ello no puede ser tratado aquí. Antes bien, se trata de abordar la cuestión de si Lutero es corresponsable del individualismo de la Modernidad. Solo ese texto probaría lo contrario. Él muestra de forma expresiva, que la fe solo realiza el verdadero ser ser-humano, que consiste en vivir a partir del don desde fuera y realizándolo en y juntamente con los otros, en primer lugar desde las víctimas.

---

35 Cf. por ej. la *Administración de una caja comunitaria* (1523), Obras II, 111ss. (WA 12, 11-30).

Exactamente ese es también el sentido del escrito *La libertad cristiana* de 1520, que tan frecuentemente es mal interpretado en términos individualistas.[36]

> El cristiano es libre señor de todas las cosas y no está sujeto a nadie. El cristiano es servidor de todas las cosas y está supeditado a todos (150).

Por la fe, por tanto *extra nos* desde Dios, mediante la participación en la humanidad de Cristo, el ser humano es libre de todas las dependencias, en especial de la adoración idolátrica del yo conducido por el Mammón, y precisamente por ello él puede vivir en y con los otros en servicio mutuo.

> Trataremos ahora de las obras que el hombre habrá de practicar entre sus semejantes, porque el *hombre vive* no sólo en su cuerpo y para él, sino también *con los demás hombres*. Esta es la razón por la cual el hombre no puede prescindir de las obras en el trato con sus semejantes; antes bien, ha de hablar y tratarse con ellos, aunque dichas obras en nada contribuyen a su propia justificación y salvación. Luego, al realizar tales obras su *intención será libre y él tendrá sus miras puestas sólo en servir y ser útil a los demás*, sin pensar en otra cosa que en las necesidades de aquellos a cuyo servicio desea ponerse. Este modo de obrar para con los demás es la verdadera vida del cristiano, y la fe actuará con amor y gozo, como el apóstol enseña a los gálatas.... Con estas palabras describe el apóstol sencilla y claramente la vida cristiana, una vida en la cual *todas las obras atienden al bien del prójimo*, ya que cada cual posee con su fe todo cuanta para sí mismo precisa y aún le sobran obras y vida suficientes para servir al prójimo con amor desinteresado... Mas por mi parte haré también por tal Padre que me ha colmado de beneficias tan inapreciables, todo cuanto pueda agradarle, y lo haré libre, alegre y gratuitamente, y seré con mi prójimo un cristiano a la manera que Cristo lo ha sido conmigo, no emprendiendo nada excepto aquello que yo vea que mi prójimo necesite o le sea provechoso y salvador; que yo ya poseo todas las cosas en Cristo por mi fe. He aquí cómo de la fe fluyen el amor y el gozo en Dios, y del amor emana a la vez una vida libre, dispuesta y gozosa para servir al prójimo sin miras de recompensa. Sabrás que *los bienes de Dios han de pasar de unos a otros y pertenecer a todos, o*

---

36 Lutero, Martin: *Carta al Papa León X y la libertad cristiana (1520)*, Obras I, 141ss. (WA 7, 20-38).

sea, cada cual cuidará a su prójimo como a sí mismo. Los bienes divinos emanan de Cristo y entran en nosotros: de Cristo, de aquel cuya vida estuvo dedicada a nosotros, como si fuera la suya propia. Del mismo modo deben emanar de nosotros y derramarse sobre aquellos que los necesitan. (164-167, cursivas de UD)

Aquí la relacionalidad del ser humano otra vez se hace visible de un modo completamente nuevo. Ser un ser humano significa ser/estar "en la tierra entre otros seres humanos". Por eso cuando el amor de Dios toma cuenta, mueve a misericordia y llena a alguien, él fluye inmediatamente hacia otros – y por cierto, lo hace en forma espontánea y no bajo presión. Es más, cada cual es para el otro un Cristo liberador e inspirador. "Yo soy porque tú eres".

Y – lo que mayormente es pasado por alto al leerlo – ello se realiza en las instituciones de la sociedad, cuyo sentido es igualmente el servicio mutuo (para Lutero economía, política e iglesia):

Asimismo deberían las obras de los sacerdotes, conventos y capítulos ser hechas de manera que cada cual abrase según su estado y su orden, pero con la mira puesta únicamente en él auxiliar a otros y dominar el propio cuerpo, dando así buen ejemplo a aquellos que también necesitan gobernar su carne (166).

En una predicación de 1524 él dice: "Todos los estamentos tienden a servir uno a otro."[37] Ello quiere decir que Lutero ve constituida a toda la sociedad, incluso más: al cosmos entero en esa mutualidad determinada por Dios, que parte de la "necesidad básica del prójimo", como él también dice en otro pasaje.[38]

Ello se pone de manifiesto en la redefinición fundamental realizada por Lutero del concepto de sustancia en su interpretación del Salmo 69,3 (= 69,2): "Estoy hundido en cieno profundo donde no puedo hacer pie (en la versión latina aquí

---

37 "... *omnes status huc tendunt, ut aliis serviant*", WA 15, 625.
38 WA 51, 393.

dice *"substantia"*). He venido a abismos de aguas, y la corriente me ha anegado":[39]

En la Sagrada Escritura el concepto 'sustancia' es empleado metafóricamente – tanto en su significado gramatical como material. Y así se lo debe entender en relación a ese pasaje de la Escritura, no en el sentido como hablan los filósofos sobre sustancia. Antes bien, 'sustancia' aquí significa no tener bajo los pies 'ningún apoyo', 'ningún suelo firme', de modo que uno no sea succionado y hundido en lo profundo. Así es que se habla sobre todo a través de lo cual y en tanto algo existe: como un rico (por la presencia de) riquezas, un sano por la salud, un honrado por la honra, un voluptuoso por la voluptuosidad. Pues esas personas son lo que son en la medida que tienen esas cosas. Así pues, en sentido propio, sustancia es más bien una cualidad o algo desde fuera de sí mismo (*extrinsecum*) antes que el ser de una cosa misma. Pues la Escritura no se interesa en el "que" de una cosa (*quidditates*), sino más bien en las cualidades (*qualitates*). Y así como uno está constituido y obra, en correspondencia con ello él es, él tiene 'sustancia': pero si a él eso le falta, él no subsiste, él no tiene sustancia alguna. De ese modo no tienen sustancia un pobre, un desesperado, un afligido... Por eso resumido brevemente: 'sustancia' de algo en este mundo nosotros llamamos a aquello a través de lo que algo puede subsistir y florecer en esta vida.

Esa reflexión de Lutero revoluciona desde sus fundamentos la ontología griega y escolástica, construida sobre ella, haciéndolo por cierto desde el pensamiento hebreo, desde la Escritura. Algo, un ser individual, no tiene su substancia en sí mismo,

---

39 En su comentario marginal (*Scholion*) al Salmo 68 (LXX) = Salmo 69 (M), aquí sobre el vs. 3: "*Substantia in Scriptura metaphorice accipitur tam ex grammaticali quam physicali significatione. Et proprie, non ut philosophi de ea loquuntur, hic accipienda est. Sed pro substaculo seu subsidentia, in qua pedibus stari potest, ut non in profundum labantur et mergantur... Sic enim dicitur omne illud, per quod quisque [in sua vita] subsistit: ut dives subsistit per divitias, sanus per sanitatem, honoratus per honorem, voluptarii per voluptatem. Quia tam diu sunt tales, quam diu ista durant. Et sic substantia proprie magis est qualitas vel extrinsecum quam ipsa essentia rei. Quia Scriptura nihil curat quidditates rerum, sed qualitas tantum. Et sic qualiter unusquisque est et agit, secundum hoc habet substantiam: qua si caret, iam non subsistit. Quare pauper, abiectus, afflictor sui sunt sine substantia... Quare breviter quicquid est in mundo, quo aliquis potest secundum hanc vitam subsistere et florere, substantia dicitur. Sed Sancti talem non habent*". (WA 3, 419, arriba en traducción propia [UD]).

poniéndose desde allí en relación con otro ser. Antes bien, la relación es anterior al individuo. El individuo solo existe en absoluto desde las relaciones, es decir "desde afuera", en relación con otro. Ello no solo corresponde a la Biblia, sino también al pensamiento budista, como lo ha elaborado Karl-Heinz Brodbeck:[40]

> Lutero y Calvino fueron las puntas de lanza del derrocamiento del concepto de categorías pensado en unidad con la metafísica aristotélica (33)... La relación tiene prioridad sobre los términos relacionados, mientras que el pensamiento europeo llevó adelante una disputa milenaria sobre a cuál de los términos relacionados le corresponde la prioridad en la relación, cuál de los términos de la relación determina, condiciona, etc. al otro en cada caso (44)... La concepción hobbesiana de una cantidad de individuos atomizados, que compiten violentamente entre sí, es una construcción vacía, y más aún, es una extrapolación de la guerra y de la competencia temprano-capitalista de los propietarios. Los lactantes dependen de las madres, ellos no compiten; y aún la guerra más violenta necesita campesinos y operarios o una industria que lo mantenga a él y a sus medios. (46)

Esa analogía entre la Biblia y Buda no resulta sorprendente en modo alguno, no solo porque todas las religiones de la era axial reaccionan frente a las consecuencias sociales destructivas de la economía del dinero y la propiedad privada, sino también frente a la ilusión del ego-céntrico sujeto del dinero.[41] Como muestra Lutero en su interpretación del Salmo 69, el rico, que se afana por acumular dinero infinitamente, no tiene ningún ser, ninguna sustancia en sí mismo, sino solo en sus riquezas. Cuando ellas desaparecen, él también está liquidado. También desde aquí la alternativa central de Jesús "Dios o el Mammón" adquiere significado ontológico. Pues los seres humanos no son entidades individuales neutrales, que descansan sobre sí mismos, sino que ya siempre son determinados desde fuera, "cabalgados", como dice Lutero. La relación con Dios o con el ídolo es entonces la disposición comprensiva fundamental, desde la cual los seres humanos se relacionan con todo lo

---

40 Brodbeck, op. cit., 33ss.
41 Cf. al respecto Duchrow, 2014.

restante. En un caso, ellos intentan instrumentalizar todo en vistas de su ego (como *incurvati in se*) – y con ello destruyen la sociedad y finalmente a sí mismos. En el otro, ellos viven a partir de los dones de Dios (fe, confianza en la justicia de Dios) y así ellos mismos encuentran realización plena en los otros, en el bien de los otros y con ello también encuentran su propio bien.

En otra imagen Lutero dice lo mismo retomando la parábola de Jesús sobre el buen árbol, que da buenos frutos, y el árbol malo, que da malos o no da ningún fruto. Ello lo traspone al ser humano como persona que produce buenas o malas obras. Entre medio no hay nada. Por tanto es una ilusión opinar que el ser humano es un individuo sustancial, que pudiese elegir en tanto observador o decisor libre, neutral, entre Dios y el fetiche Mammón. El ser humano es ya siempre bueno, hecho justo ante Dios (desde fuera) o hecho egocéntrico por el fetiche (igualmente desde fuera). Ello significa: la relación que conduce todas las relaciones (horizontales) restantes, pertenece esencialmente al ser del ser humano. Ello es denominada tradicionalmente "Dios" o ídolo. La cuestión de Dios es parte esencial del ser del hombre como cuestión que expresa la orientación fundamental de su ser y actuar. Quien (personal y socialmente) no es determinado por la justicia de Dios (fe), es determinado por un ídolo (incredulidad) y victimiza a otros.[42] El primero produce obras de amor (solidaridad con los otros, comenzando por los pobres), el último del amor a sí mismo y destrucción de los otros y de sí mismo.

Para Lutero también vale lo mismo para las *instituciones*. Si ellas son determinadas por la competencia entre intereses particulares, se destruyen mutuamente (y la tierra, como lo vemos actualmente). Si ellas se sirven mutuamente, surgen la justicia y la paz, el completo *shalom*, *salaam*. Pero dado que

---

42 Desde aquí se hace manifiesta la conclusión errónea de Karl Marx, quien a partir de la necesaria crítica a las religiones realmente existentes concluye su desaparición tan pronto el ser humano deje de ser un ser miserable. Cf. Duchrow, 2014, 283.

ello debe incluir a todos (si es que realmente quiere ser ese un bien universal), el obrar personal y colectivo se debe orientar a posibilitar una vida en dignidad y participación a los más débiles, amenazados, marginalizados y excluidos. Con ello, en la realidad de intereses antagónicos, siempre se requiere una lucha por la justicia y la paz. Ello es elaborado por Lutero en su concepción de los dos "reinos" (de Dios y del diablo), que disputan entre sí, y de los dos "regímenes" de Dios – el espiritual y el terrenal. En ellos Dios toma en amor a su servicio a la iglesia (mediante la Palabra) y a las instituciones políticas (mediante la razón y, de ser necesario, mediante una violencia que minimiza violencia) para llevar adelante esa lucha por la justicia y la paz. Según Lutero, a través de los regímenes, Dios libera por un lado a los seres humanos que confían, por la fuerza del Espíritu, a una solidaridad voluntaria con todas las criaturas; por otro, Dios utiliza a las instituciones políticas configuradas mediante la razón y los medios de poder para que los seres humanos egocéntricos desistan de sus acciones dañosas de la comunidad. Ello vale también con respecto al tercer "estado" o tercer orden, la economía (*oeconomia*). La única diferencia entre Lutero y nuestra época es que el servicio mutuo de las instituciones políticas y económicas ya no lo debemos desarrollar en forma estamentaria, sino en forma ampliamente democrática.

Con respecto a la cuestión de Dios se debe juzgar a la sociedad a partir de su orden o constitución fundamental.[43] Así, el orden fundamental del Antiguo Israel es determinado por la deidad que libera esclavos, lo cual significa que no debe haber esclavos (Dt. 15,4) – retomado en Hch. 4,34 con relación a las comunidades mesiánicas de Jesús. Pero todo ello no es posible de alcanzar de una vez por todas, sino que representa un proceso social permanente. Eso es lo que dice también Lutero. Pero su respuesta es amonestar a las autoridades. Hoy diríamos que en toda sociedad las instituciones que ya no sirven deben ser transformadas una y otra vez por parte de aquellos que

---

43 Cf. Veerkamp, Ton: *Die Welt anders. Politische Geschichte der Großen Erzählung*. Hamburgo: Argument/InkriT, 2012.

son perjudicados a través de movimientos sociales.[44] Para los seguidores de Cristo sirve como directriz el "Reino de Dios", es decir el nuevo orden de Dios libre de dominio, que se hizo visible y efectivo en el mundo con el Mesías de Dios. No debe ser entendido como una meta que puede ser alcanzada con medios de toda clase. Ello conduciría al totalitarismo. Antes bien, el "Reino de Dios" es dinámica y criterio de procesos en dirección a la justicia.[45]

El carácter procesual vale también para las personas. Eso Lutero lo expresa en su famosa fórmula según la cual también las personas creyentes y misericordiosas son simultáneamente justas y pecadoras (*simul iustus ac peccator*). En la medida en que la fe se abre al Espíritu de Dios, por la justicia de Dios (*iustitia externa*) tales personas son completamente justas. Encorvándose nuevamente sobre sí en amor a sí mismas, ellas son pecadoras y producen víctimas. Es por eso que en la primera de las 95 tesis Lutero afirma que toda la vida de los cristianos consiste en una conversión diaria a Dios (penitencia). Sin embargo, en todo caso las personas son determinadas desde fuera. No son las obras, que ellas determinan por sí mismas, las que les permiten realizar progresos. Antes bien, es la fuerza del Espíritu de Dios, comunicada por medio del relato de la historia de Dios con los seres humanos (por la "palabra" en tanto *viva vox evangelii*), la que les permite a los seres humanos realizar progresos en la solidaridad (en el lenguaje tradicional: santificación).

Lutero sintetiza su teología, antropología y ontología relacionales en un comprimido texto dirigido contra Erasmo:

> Así como el ser humano, antes de ser creado hombre, no hace ni intenta nada para *llegar a ser* una creatura, así tampoco después, una vez hecho y creado, hace o intenta algo para *permanecer siendo* una creatura, sino que tanto lo uno como lo otro se hace exclusivamente

---

44 Al respecto Enrique Dussel ha desarrollado una excelente teoría política de la liberación. Cf. DUSSEL, Enrique: *Política de la liberación: Arquitectónica*. Madrid: Trotta, 2009.

45 Vgl. Hinkelammert, Franz: *Crítica a la razón utópica*. San José/CR: DEI, 1984.

por voluntad de la omnipotente fuerza y bondad de Dios que nos ha creado y nos mantiene sin intervención nuestra, pero no obra en nosotros sin que nosotros participemos, ya que nos creó y guardó para el fin de que él obre en nosotros y nosotros cooperemos con él, sea que ello ocurra fuera de su reino por medio de la omnipotencia general, o dentro de su reino por medio de la fuerza particular de su Espíritu. Decimos además lo siguiente: Antes de ser renovado y transformado en nueva creatura del reino del Espíritu, el hombre no hace nada ni realiza esfuerzo alguno que lo acondicione para esta renovación y este reino; y luego, una vez regenerado, tampoco hace nada ni realiza esfuerzo alguno que le asegure la permanencia en este reino, sino que ambas cosas se deben exclusivamente al Espíritu que obra en nosotros: él nos regenera sin intervención nuestra, y nos conserva una vez regenerados, como dice también Santiago: 'De su voluntad nos hizo nacer por la palabra de su poder para que seamos primicias de sus creaturas' aquí se habla de la creatura renovada. Sin embargo, Dios no obra sin que nosotros participemos, dado que para esto mismo nos hizo renacer y nos conserva: para que él obre en nosotros, y nosotros cooperemos con él. Así él predica por medio de nosotros, y por medio de nosotros se apiada de los pobres y consuela a los afligidos.[46]

Aquí queda definitivamente en claro que Lutero no conoce ningún individuo en el sentido de la Modernidad. Según Lutero la finalidad total de la creación y renovación del

---

46 Lutero, Martín: *La voluntad determinada*, Obras IV, 274 (WA 18, 754,1-16) : "*Sicut homo, antequam creatur, ut sit homo, nihil facit aut conatur, quo fiat creatura, Deinde factus et creatus nihil facit aut conatur, quo perseveret creatura, Sed utrunque fit sola voluntate omnipotentis virtutis et bonitatis Dei nos sine nobis creantis et conservantis, sed non operatur in nobis sine nobis, ut quos ad hoc creavit et servavit, ut in nobis operaretur et nos ei cooperaremur, sive hoc fiat extra regnum suum generali omnipotentia, sive intra regnum suum singulari virtute spiritus sui. Sic deinceps dicimus: Homo antequam renovetur in novam creaturam regni spiritus, nihil facit, nihil conatur, quo paretur ad eam renovationem et regnum; Deinde recreatus, nihil facit nihil conatur, quo perseveret in eo regno, Sed utrunque facit solus spiritus in nobis, nos sine nobis recreans [Stg. 1, 18] et conservans recreatos, ut Iacobus dicit: Voluntarie genuit nos verbo virtutis suae, ut essemus initium creaturae eius; loquitur de renovata creatura. Sed non operatur sine nobis, ut quos in hoc ipsum recreavit et conservat, ut operaretur in nobis et nos ei cooperaremur.sic per nos praedicat, miseretur pauperibus, consolatur afflictos.*" Una interpretación detallada de este texto se encuentra en: Duchrow, Ulrich: *Christenheit und Weltverantwortung. Traditionsgeschichte und systematische Struktur der Zweireichelehre*. Stuttgart: Klett-Cotta (1970), 1983 2. Ed., 512ss.

ser humano es: ser colaborador de Dios en la creación y la nueva creación. Ello quiere decir que el don de la vida y de la renovación son fundamentos iniciales y permanentes para que los seres humanos puedan configurar sus relaciones hacia las otras criaturas tanto personal como socialmente en el modo adecuado, es decir como relaciones justas. Y nuevamente la solidaridad con los pobres es mencionada en primer lugar. Incluso aquellos que corrompen las relaciones en amor a sí mismos, no pueden existir de modo distinto que no sea asesinándose, robándose, etc. unos a otros. Ése es el famoso argumento agustino-platónico de la banda de ladrones que debe realizar un mínimo de mutualidad si es que quiere robar eficazmente a otros. Sin relación no hay ser.

Sin embargo, ahora debe ser escuchado un reparo fundamental: ¿no ha enfatizado Lutero en sus *Predicaciones de Invocavit* (1522) y en otras partes que cada cual debe morir solo y por eso debe creer personalmente?

> Todos nosotros somos llevados a la muerte y ninguno morirá por el otro, sino que cada uno deberá acorazarse y armarse personalmente para luchar contra el diablo y la muerte. Del mismo modo cada uno debe conocer muy bien los contenidos principales que atañen a todo cristiano, mediante los cuales él pueda enfrentar esa ardua lucha bien pertrechado (WA 10 III, 1s.)

Esa argumentación no contradice en modo alguno lo que hemos sostenido hasta aquí. Pues ella muestra que el ser humano no puede sustraerse a la relación o con Dios o con el diablo. Aquí precisamente no se trata de un individuo autónomo, atomizado, como cree ser el antiguo sujeto del dinero y más aún el moderno. Por eso en Lutero es más preciso hablar siempre de persona antes que de individuo. El concepto persona comprende una relación ya desde el vamos. ¿Pero Lutero, en última instancia, no ha referido todo a la conciencia del individuo? Eso, ¿no ha establecido una señal en dirección al moderno individuo autónomo, que no puede pasar inadvertida, al inicio de la Modernidad?

"De acuerdo con una concepción corriente el discurso sobre la conciencia tiende a un aislamiento individualista y a un retiro a la interioridad...". Sin embargo, es claro "que ser humano, mundo y Dios no son temas separados, sino dimensiones de un único tema: qué es el ser humano, qué es el mundo y qué es Dios solo llega uno con el otro al encuentro y al lenguaje... La conciencia debería ser entendida entonces como la coincidencia, como el llegar-a-hacerse-presente-uno-con-el-otro de ser humano, Dios y mundo" – dice uno de los más reconocidos investigadores de Lutero, Gerhard Ebeling.[47] Entonces, lejos de individualizar a la fe y a la teología, con esa concentración en la conciencia Lutero da expresión a la relacionalidad de la realidad, como lo hemos elaborado arriba con respecto a diversos temas: los seres humanos siempre son determinados previamente "desde fuera", la relación tiene prioridad frente a los términos relacionados, no hay ninguna sustancia independiente, que descansa sobre sí misma, etc.

Pero también es importante entender la estructura en la que la relacionalidad, que se expresa en la conciencia, llega a manifestarse. Pues la conciencia tiene carácter de llamado.

> Solo en relación al ser humano en tanto conciencia el mundo es percibido como mundo, es decir no como algo meramente dado, sino como algo que debe ser responsabilizado (441)... La ley escrita en el corazón no es sino el puro llamado, la interpelación de la conciencia, por así decir el signo de pregunta marcado a fuego en el ser humano, que no puede ser quitado del medio... A la determinación de contenido contribuye una doble realidad. Por un lado, la situación concreta... Por otro, eso que es dado previamente como introducción a la comprensión de la situación concreta mediante instrucción en el sentido más amplio, es decir, mediante participación en el acontecimiento del lenguaje (443).

Por tanto, aquí tenemos ante nosotros un planteamiento extremadamente actual en vistas de los desafíos sociales y ecológicos en el mundo de hoy. ¿Habremos de escuchar el

---

47 Ebeling, Gerhard: Theologische Erwägungen über das Gewissen. En idem, *Wort und Glaube*. Tubinga: J.C.B. Mohr (Paul Siebeck), (1960) 1962, pp. 429-446, aquí 432s. También las citas siguientes provienen de ese artículo fundamental.

llamado como comunidad(es) humana(s)? ¿Desesperaremos frente a los desafíos en los que está en juego vida o muerte o nos dejaremos liberar por Dios para un compromiso salvador? De todo ello sigue que Lutero no es co-responsable por el individualismo de la Modernidad. Antes bien, él ofrece abordajes teológicos, antropológicos y filosóficos para superar ese individualismo tanto teórica como prácticamente. Pues desde las tesis sobre las indulgencias su argumentación en forma directa e indirecta es diametralmente opuesta a la lógica y al espíritu del sujeto del dinero encorvado sobre sí mismo. La contraprueba se la puede hacer a partir de sus ataques explícitos a la economía temprano-capitalista y a sus actores.

3. La crítica institucional de Lutero al sistema temprano-capitalista

Lutero ha escrito diversos escritos contra el dinero usurero y el capitalismo mercantil monopólico.[48] Allí el punto teológico realmente decisivo, frecuentemente desapercibido, es –

---

48 *Comercio y usura* (1524), Obras II, pp. 99ss. (WA 15, 218 ss.), y »An die Pfarrherrn wider den Wucher zu predigen«, Vermahnung, 1540, WA 51, 325 ss. Cf. Al respecto Fabiunke, Günter: *Luther als Nationalökonom.* Berlín: Akademie-Verlag, 1963 (allí p. 193 ss. La Amonestación de Lutero en alemán estándar actual); Véase una traducción de las párrafos más importantes del texto en español en Hoffmann, Martin: La locura de la cruz. La teología de Martín Lutero. Textos originales e interpretaciones. San José/Costa Rica: DEI, 2014, pp. 225-230. Barge, Hermann: *Luther und der Frühkapitalismus.* Gütersloh: Bertelsmann, 1951; Críticamente hacia ambos Lehmann, Hermann: Luthers Platz in der Geschichte der politischen Ökonomie. En: Vogler, Günter (Ed.): *Martin Luther. Leben, Werk, Wirkung.* Berlín: Akademie-Verlag, 1986, pp. 279-294; Duchrow, Ulrich: *Weltwirtschaft heute - ein Feld für bekennende Kirche?.* Múnich: Kaiser (1986), 1987 2. Ed., 79 ss.; del mismo: *Alternativen zur kapitalistischen Weltwirtschaft - Biblische Erinnerung und politische Ansätze zur Überwindung einer lebensbedrohenden Ökonomie.* Gütersloh/Mainz: Gütersloher Verlagshaus/Matthias Grünewald-Verlag (1994), 1997 2. Ed. y Prien, Hans-Jürgen: *Luthers Wirtschaftsethik.* Neuendettelsau: Erlanger Verlag für Mission und Ökumene, (1998) 2012 2. Ed. (al respecto Duchrow, Ulrich: Theologie, Ethik und Wirtschaft. Ausgewählte Neuerscheinungen. En: *Pastoraltheologie* (1993) p. 331 s.).

siguiendo aquí a Jesús – la cuestión "Dios o ídolo", es decir
que lo que aquí está en juego no es una cuestión ética, sino en
primera instancia una cuestión teológica, antropológica y – en
el sentido descripto anteriormente – ontológica. Ello se hace
manifiesto de la manera más clara en la interpretación de Lutero
de los Diez Mandamientos en el *Catecismo Mayor*, como lo ha
elaborado F. M. Marquardt.[49] Sobre el Primer Mandamiento,
en especial sobre la frase "No tendrás otros dioses", Lutero
escribe:[50]

> ¿Qué significa tener un Dios o qué es Dios? Respuesta: Dios es aquel
> de quien debemos esperar todos los bienes y en quien debemos tener
> amparo en todas las necesidades. Por consiguiente, 'tener un Dios'
> no es otra cosa que confiarse a él y creer en él de todo corazón [...]
> La confianza y la fe de corazón pueden hacer lo mismo a Dios que al
> ídolo.

En nuestra tradición burguesa esas frases normalmente son
entendidas de manera individualista, vinculadas a la persona
individual. Sin embargo, Lutero ahora continúa explicando
esas frases mediante la presentación de ejemplos de dioses a
los que sucumbió la mayoría de los seres humanos, tratándose
por tanto de un problema del conjunto de la sociedad. Y aquí
en primer lugar está *Mammón*:

> Algunos piensan tener a Dios y a todas las cosas en abundancia,
> cuando poseen dinero y bienes. En esto se confían y se engríen de
> tal modo, con tal firmeza y seguridad en lo que tienen que para ellos
> nada hay que valga la pena. Observad, tal persona tiene ya también
> un dios que se llama Mammón, esto es, el dinero y los bienes en que
> tal persona ha puesto su corazón. Por lo demás, este es el *ídolo más
> común en el mundo*. Quien posee dinero y bienes, se considera muy
> seguro; es alegre e intrépido, como si viviera en medio del paraíso. Por
> lo contrario, el que no tiene de todo esto, está en dudas y se desespera,
> como si no conociese ningún dios. Pocos, muy pocos se encontrarán
> que tengan buen ánimo y que estén sin afligirse, ni quejarse, cuando

---

49 Cf. Marquardt, Friedrich-Wilhelm: Gott oder Mammon aber: Theologie
und Ökonomie bei Martin Luther, en: Einwürfe I. Múnich: Kaiser, 1983,
pp. 176-216.
50 Catecismo mayor, Obras V, p. 45.

no tengan Mammón, pues lo opuesto está adherido y es inherente a la naturaleza humana hasta la tumba. (46, Cursivas de UD)

Aquí Lutero no habla por ej. solo de seres humanos individuales con vicios especialmente grandes, sino que habla del "ídolo más común en el mundo", es decir, de la realidad que lo determina todo, en su época la realidad del sistema temprano-capitalista en desarrollo y su antropología. Ello se evidencia con claridad una vez más en la siguiente interpretación del Séptimo Mandamiento "No hurtarás". Aquí él dice expresamente que el mandamiento no solo habla de ladrones particulares, sino de una modificación del sistema de mercado en dirección a uno determinado por los mecanismos del capital.

> Porque, repitámoslo, hurtar no consiste meramente en el hecho de vaciar cofres y bolsillos, sino que también es tomar lo que hay alrededor, en el mercado, en las tiendas, en los puestos de carne, en las bodegas de vino y cerveza, en los talleres, en fin, en todas las partes donde se comercia recibiendo o dando dinero a cambio de las mercancías o en pago de trabajo [....] En resumen, el hurto es el oficio más extendido y el gremio mayor del mundo. Si se ve ahora el mundo a través de todos sus estados, no es otra cosa que un establo grande, extenso, lleno de ladrones de gran talla. De aquí viene que se los llame "bandidos entronizados" ('*Stuhlräuber*', se refiere aquí a los usureros) o 'salteadores del país y de caminos', no a los que son desvalijadores de cofres o ladrones clandestinos que roben del peculio, sino a los que ocupan un alto sitial, son considerados grandes señores y burgueses, honrados y piadosos, y bajo la apariencia del derecho asaltan y roban. [...] los grandes ladrones y poderosos archiladrones, con los cuales los señores y los príncipes hacen causa común, que están robando a diario no a una o dos ciudades, sino a toda Alemania. (80s. Cursivas de UD)

Luego de los escritos sobre la usura de Lutero no puede haber lugar a ninguna duda en cuanto a quién hace referencia aquí: las grandes sociedades bancarias y comerciales como la de los Fugger. Pero esas instituciones son solo la punta del témpano, de un sistema que traspasa crecientemente la realidad en su totalidad y a todas las personas individuales – de un sistema del capital "devorador":

En los últimos veinte e incluso diez años la usura se ha multiplicado de tal forma entre nosotros que cuando uno se detiene a pensar verdaderamente, casi se le para el corazón. Y sigue en aumento, devora y traga sin parar y continuamente, cuanto más tiempo pasa, con mayor crueldad. [...]. Entonces aquel que tiene en Leipzig cien florines cobra cuarenta al año, lo que significa que se come a un campesino o citadino al año. Si tiene mil florines cobra cuatrocientos por año, y eso significa que se come a un caballero o noble anualmente. Si posee diez mil, entonces cobra cuatro mil a año y eso significa comerse un adinerado conde anualmente. Si tiene cien mil, lo que debería ser el caso de los grandes mercaderes, entonces cobra cuarenta mil por año, lo que significa que se come un príncipe grande y adinerado al año. Si tiene cien mil cobra cuarenta mil al año, lo que significa comerse a un gran rey anualmente. Y en toda esta situación no corre ningún peligro físico ni sus mercaderías, tampoco trabaja, sino que está sentado frente a la estufa asando manzanas. Entonces uno de estos ladrones cómodamente sentado en su silla en casa puede devorar en diez años un mundo entero.[51]

Por tanto, el ego del sujeto del dinero en el marco de la civilización capitalista produce víctimas, empuja "a todo el mundo en hambre y sed, miseria y necesidad". Detrás de ese sistema no solo está la idolatría, en la medida en que se confía en el Mammón, sino también en tanto que:

Los tacaños barrigones en cambio buscan obtener su gloria divina y poder sobre los pobres y necesitados a través de usura, avaricia, robo y saqueo. Les da gusto y placer ser ricos en dinero y que otros sean pobres para poder gobernar con su dinero y hacerse adorar por ello. En este sentido entonces siguen el ejemplo de su padre, el diablo, que también buscaba obtener la divinidad en el cielo con sus grandes riquezas inglesas, con joyas y esplendor, con lo que quiso ponerse por encima de todos los ángeles siendo usurero y avaro. [...] Pero sin prestar atención a todo esto viven los idólatras, los usureros y los avaros barrigones. Ciegos, porfiados, maníacos, locos, insensatos, obsesionados y furiosos actúan intencionalmente en contra de esto. Así de dulce es entonces el veneno de la fruta del paraíso, que quieren

---

51 *Vermahnung an die Pfarrherrn* (1540), WA 51, 377ss. = *A los pastores, que prediquen contra la usura. Advertencia.* Texto seleccionado y traducido en: Hoffmann, Martin. La locura de la cruz, pp. 5-230; cita p. 227s. De este texto provienen las siguientes citas.

tener a Mammón como su dios y elevarse ellos mismos por su poder como dioses sobre los pobres, los arruinados y los miserables, pero no para ayudarlos o salvarlos, sino para arruinarlos de forma más profunda y terrible (230 s.).

Aquí, como en el Primer Testamento, se hace expresa la interdependencia entre idolatría y muerte, hambre y miseria. Lutero dice lo mismo no solo sobre los que cobran intereses, sino sobre las sociedades comerciales, en la medida que manipulan los precios a través de la formación de monopolios "como si fuesen señores sobre las criaturas de Dios".

En su último escrito sobre el tema *A los pastores, que prediquen contra la usura. Advertencia (1540)* Lutero tiene en claro que se enfrenta a un poder de época, que junto al daño que le ocasiona a todo el mundo también manipula la conciencia y encubre la realidad, de forma tal que la formación de capital mediante el cobro de interés "ya no se considera vicio, pecado o vergüenza, sino que se jacta de ser virtud y honra" (226). También la iglesia y la teología han sucumbido a esa apariencia. Al teólogo romano Eck, Lutero lo llama un plutólogo (un científico de la riqueza) en lugar de teólogo, y sobre la iglesia romana dice: "En el fondo todo el régimen espiritual no es otra cosa que dinero, dinero y dinero. Todas las cosas se dirigen a la misma finalidad: hacer dinero".

Por eso, para Lutero – a causa del efecto sobre la sociedad y la iglesia en su conjunto – no puede haber un compromiso de la verdadera iglesia con aquellos que cobran intereses:

> Si tienes conocimiento seguro de un usurero y lo conoces, ¡que no le des ni el sacramento ni la absolución mientras no haga penitencia! En caso contrario te haces parte de su usura y de sus pecados. [...] ¡Que dejes morir al usurero como a un gentil y que no lo entierres junto con otros cristianos! Y que tampoco vayas a la tumba con él si no ha hecho penitencia anteriormente. Si haces lo contrario te haces cómplice de sus pecados, como dije antes. Porque como él es usurero e idólatra porque sirve al Mammón, es también una persona no creyente y no puede tener ni recibir el perdón de los pecados, ni la gracia de Cristo ni la comunidad de los Santos. Se ha condenado a sí mismo,

se ha separado y expulsado en tanto no reconozca su culpa y haga penitencia (228).

Ese texto muestra que Lutero ve a la comunidad de la *iglesia como sociedad de contraste con respecto al orden capitalista*. Ello también se manifiesta en que él le reclama distanciarse de las sociedades de capital y sus prácticas no solo con la palabra, sino en el propio comportamiento financiero (institucional), a fin de darle a los estamentos seculares un "buen ejemplo". La iglesia debería deponer el nombre iglesia si ella cobrase intereses como todos los otros.[52] Pero a la vez también se hace evidente que él no quiere resolver el problema simplemente a través de los usureros individuales, sino que convoca a la iglesia como iglesia a combatir ese mal que afecta al conjunto de la sociedad. Él llama así mismo a la autoridad secular a actuar contra la usura en expansión. Pero ve las cosas de forma realista: ella ya está cooptada. El mejor ejemplo de ello es la dependencia de Carlos V con respecto a los Fugger.[53] Por eso Lutero busca convocar a las comunidades y a lo que hoy llamaríamos movimientos sociales a luchar contra la pobreza y sus causas, lo cual se reflejó también en los órdenes eclesiásticos evangélicos.

En Lutero – así como en la Biblia – la cuestión Dios o ídolo en relación a la economía está inseparablemente ligada con la cuestión del efecto de las estructuras económicas y los modos de comportamiento sobre la comunidad humana, formulado teológicamente: sobre los prójimos (y hoy sobre la tierra). Como hemos visto, la Primera Tabla está relacionada con la Segunda Tabla de los Mandamientos (Primer Mandamiento – Séptimo

---

52 Cf. Von Kaufshandlung und Wucher, WA 6, 59: "Aquí vienen ellos y dicen 'las iglesias y los clérigos hacen eso (cobran intereses) y lo han hecho siempre porque ese dinero es destinado al servicio divino'... ¡Quiten del medio el nombre de la iglesia y reconozcan que eso lo hace el enfermo espíritu usurero o el perezoso viejo Adán, a quien no le gusta trabajar para ganarse su pan, de forma que bajo el nombre de la iglesia desea encubrir su vida perezosa...! Pues ellos deben brillar y darle un buen ejemplo a las personas del mundo".
53 Cf. Ogger, Günter: *Kauf dir einen Kaiser: die Geschichte der Fugger*. Múnich: Knauer/Droemer, 1983.

Mandamiento). De allí se sigue para él la crítica sistémica de las instituciones económicas de su tiempo, no solo un reclamo individual o meramente moral. En ello el punto decisivo que es preciso constatar en los análisis e interpretaciones de Lutero – muy desacostumbrado para el neo-luteranismo – es que, luego de un examen cuidadoso, la institución económica de las *sociedades de capital y comercio que se extienden a través de los países contradice como tal* la voluntad de Dios, así como ella se expresa tanto en la ley natural como en la ley revelada de Dios. De allí que, a partir de una conciencia acorde a la Escritura no solo el uso de esas instituciones, sino ellas mismas en tanto instituciones deben ser rechazadas y combatidas. Consecuentemente también él llama a las instituciones políticas a intervenir en la economía estructuralmente corrompida – claro que sin demasiada esperanza de tener éxito. La corrupción de la economía se extendió a la corrupción de la política ya en el capitalismo temprano – dando lugar a catástrofes. Al respecto, en su escrito *Comercio y usura* Lutero sostiene:[54]

De las compañías comerciales debería decir mucho. Pero todo esto no tiene límite ni fondo. Es mera avaricia e injusticia de modo que ahí no hay nada que se pueda tratar con buena conciencia. Pues, ¿quién es tan estólido para no ver que las compañías no son otra cosa que verdaderos monopolios también? El derecho temporal pagano los prohíbe como algo notoriamente perjudicial para todo el mundo sin hablar del derecho divino y la ley cristiana. Aquéllas tienen toda la mercadería en sus manos y hacen con ella lo que se les antoja, prácticamente todas las artimañas arriba mencionadas. Suben y bajan los precios según su albedrío, y oprimen y arruinan a todos los comerciantes más débiles, como el lucio a los pequeños peces en el agua. Proceden como si fuesen señores sobre las criaturas de Dios y exentas de todas las leyes de la fe y del amor [...]. Reyes y príncipes deberían ocuparse en el asunto y reprimirlo mediante leyes severas. Pero oigo que se han conjurado con ellos. Y se cumple la palabra de Isaías 1: 42: 'Tus príncipes son compañeros de ladrones'. Mientras que hacen ajusticiar a los ladrones que han hurtado un ducado o medio ducado, tratan con los que roban a todo el mundo y hurtan peor que todos los demás. Así queda cierto el proverbio: 'Los ladrones grandes ahorcan a los ladrones pequeños'. Empero, ¿qué dirá al final Dios

---

54 Obras II, 119s. (WA 15, 312s.)

sobre esto? Hará lo que dice por Ezequiel a príncipes y mercaderes, un ladrón con otro como plomo y cobre, como si se incendia una ciudad para que no haya príncipes ni comerciantes. Temo que esto sea ya inminente. No pensamos en enmendarnos por grandes que sean el pecado y la injusticia. Así, él no puede dejar impune la injusticia. Por ello nadie debe preguntar cómo puede pertenecer a compañías comerciales conservando buena conciencia. No hay otro consejo que: abandónalas, no hay más remedio. Si permanecen las compañías, derecho y honradez se perderán. Si se quiere que queden derecho y honradez deben perecer las compañías.

Para la iglesia, él extrae de allí como consecuencia que ella debe enfrentar ese estado de cosas sin ilusiones, con obstinación profética.

Sé muy bien que mi escrito les desagradará. Quizá lo desechen del todo y queden como son. Empero yo quedo disculpado; he cumplido de mi parte para que se vea lo que hemos merecido cuando Dios viene con el azote (121).

Para el obrar personal de los cristianos él ve, de acuerdo con el Sermón del Monte, tres comportamientos económicos legítimos: permitir que a uno le tomen lo suyo, dar y prestar libremente – sin costos adicionales.[55]

No puede haber otro criterio aquí que la necesidad del prójimo y el amor cristiano.[56]

Pero eso debe ser ubicado en el marco de la acción eclesial en su conjunto así como en el de la acción social en su conjunto.

---

55 Lutero explica eso en tres escritos: 1. *Vom Wucher* (1520), WA 6,36ss.; Texto seleccionado y traducido como *Sermón sobre la usura*, en: Hoffmann, Martin. La locura de la cruz, pp. 216-218. 2. *Von Kaufshandlung und Wucher* (1524), WA 15, 293-313, = *Comercio y usura*, Obras II, 103-120. 3. *Vermahnung an die Pfarrherrn* (1540), WA 51, 377ss. = *A los pastores, que prediquen contra la usura. Advertencia.* Texto seleccionado y traducido en: Hoffmann, Martin. La locura de la cruz, pp. 5-230.

56 Ibid., 229 (=WA 51, 393).

De tal forma la contraprueba realizada respecto de las instituciones económicas y políticas confirma el resultado de las reflexiones teológicas y antropológicas: Lutero argumenta continuamente en forma relacional – tanto en contextos personales como institucionales – y lo hace (como Dios) siempre partiendo de los otros necesitados, de los pobres. Seres humanos e instituciones son creados y sostenidos desde Dios para servicio mutuo. La intervención de Dios en Cristo renueva esa determinación original, crea una nueva humanidad. Por tanto, Lutero no puede ser hecho corresponsable por el individualismo de la Modernidad. Al contrario: mediante la lucha contra el comercio de indulgencias él supera la individualización calculadora de la salvación en la iglesia medieval y mediante la lucha contra la economía temprano-capitalista, con su concepto del servicio mutuo, da en el centro del sujeto calculador del dinero como fuerza impulsora de la Modernidad. De allí se derivan una serie de tesis que sintetizan lo expuesto hasta aquí:

Tesis 2:
Para Lutero no existe el ser humano como individuo neutral, observador y decisor. Un ser humano, o bien es determinado por Dios – entonces ese ser humano vive sensiblemente, siendo justo desde el otro y más aún, desde los "más pequeños" (Mt. 25,31ss.), primeramente desde los pobres, humillados, necesitados y despreciados, y así toma parte en la nueva humanidad, que se hace visible desde el Mesías Jesús, aunque ciertamente con el riesgo de ser perseguido y crucificado. O un ser humano es determinado por el poder del pecado – y entonces ese ser humano vive encorvado sobre sí mismo, centrado en su yo, destruyendo a las otras criaturas.

Tesis 3:
Cuando Lutero afirma con Jesús "arrepentíos, porque el reino de los cielos se ha acercado" (Primera de las 95 tesis), ello para hoy significa que nosotros podemos abandonar a diario, personal y socialmente, el infierno del dominio del dinero, que nos enmaraña en un egoísmo competidor, y vivir sensible y solidariamente en relaciones justas con los otros seres humanos y criaturas, alegrándonos en el servicio mutuo.

Tesis 4:
Según Lutero, somos creados como colaboradoras y colaboradores de Dios, sostenidos y renovados para luchar cooperativamente por la justicia y la paz en la economía, la política y la iglesia – expresamente contra la lógica y praxis sistémicamente destructiva de la civilización capitalista. Con ello, luego de algunas iniciativas anteriores en la Edad Media por parte de los movimientos de pobreza, los valdenses, Wyclif y Hus, Lutero es aquel que cuestiona de manera fundamental a partir de una base bíblica la civilización del dinero que surgiera a partir del siglo 8 a.e.c., caracterizada por la competencia egocéntrica y calculadora, que con el capitalismo temprano alcanzó una nueva cima. Con ello él también ofrece, en la lucha por justicia, el fundamento para una solidaridad interreligiosa entre todas las religiones y filosofías que desde sus inicios han reaccionado igualmente, en forma crítico-constructiva, contra la civilización del dinero.

Pero entonces se debe preguntar: ¿Cómo fue posible que el protestantismo haya sucumbido ante el pecado del individualismo (Bonhoeffer)?

4. ¿Cómo se llegó en el protestantismo a la caída en el pecado individualista?

En la época de la Reforma, como es sabido, hubo diferentes corrientes de la teología y piedad. Con respecto a la cuestión del individualismo la tradición espiritualista juega un rol central. Ella tiene sus antecesores en la mística y la literatura edificante (entre otros Juan Taulero, Tomás de Kempis). También Lutero extrajo impulsos de allí. Pero en otras corrientes reformadoras se hace manifiesto que tales concepciones avanzan un paso más al poner el foco en la "palabra interior" y la iluminación interior del cristiano verdadero (por ej. Gaspar Schwenkfeld von Ossig, 1490-1561). No obstante, ese abordaje puede adoptar formas diversas. Así es que también Tomás Müntzer (1489-1525) está en esa tradición, pero la proyecta de forma social-revolucionaria.[57]

---

57 Helmar Junghans (Ed.): *Thomas-Müntzer-Ausgabe. Kritische Gesamtausgabe.* Evangelische Verlagsanstalt, Leipzig 2004 ss.

Luego de la época de la Reforma, la tradición espiritualista adquiere un significado cada vez mayor como movimiento contrario a las iglesias reformadoras que se institucionalizan como iglesias estatales y a la teología luterana y reformada que deviene en la ortodoxia. En especial la concentración de la ortodoxia en el carácter forense de la doctrina de la justificación provoca un movimiento opuesto que pone en el centro el efecto renovador de la justificación en los creyentes. Ello culmina finalmente en la segunda mitad del siglo 17 en el pietismo, pero ya tiene precursores desde el siglo 16. A ellos pertenecen entre otros Valentín Weigel (1533-1588), Jacobo Böhme (1575-1624) y Cristian Hoburg (1607-1675). Este último escribió varios escritos críticos[58], pero también una exposición de su propia teología bajo el título "Theologia mystica oder Geheimen Krafft-Theologia der Alten" [Teología mística o teología secreta de los antiguos] (1656). En ésta última obra están las siguientes frases características:

> Nosotros lo sabemos y experimentamos cotidianamente/como se pelea el mundo sobre ese punto/toda secta pretende ser la iglesia/ incluso pretende ser la verdadera iglesia/Pero sin embargo hay solo una iglesia/así como hay solo un único Dios/Ef. 4. Esa iglesia-una verdadera no son solo esos hijos de Dios iluminados/que están en todo el mundo, no en reunión/sino en la dispersión/pues solo ellos tienen las características esenciales de la única iglesia verdadera de Jesucristo...[59]

Eso significa que la iglesia ahora es entendida como individuos dispersos, que se caracterizan por su iluminación. En los escritos de Hoburg debe ser especialmente destacado que ellos fueron publicados antes o luego del fin de la Guerra de los Treinta Años. Especialmente en esos círculos la guerra fue entendida

---

58 Bajo el pseudónimo Elias Praetorius: „Spiegel der Misbräuche beym Predig-Ampt im heutigen Christenthumb / und wie selbige gründlich und heilsam zu reformiren" (1644), y „Ministerii Lutherani Purgation, d. i. Lutherischer Pfaffenputzer..." (1648). Cf. Schmidt, Martin: *Wiedergeburt und neuer Mensch. Gesammelte Studien zur Geschichte des Pietismus*. Witten: Luther-Verlag, 1969, 51ss. Esa obra ofrece una excelente visión panorámica sobre la cuestión que aquí nos interesa en el pietismo en su conjunto.
59 Citado allí mismo 73, nota 79.

como castigo de Dios por la apostasía de la iglesia con respecto a la verdadera fe. Según su comprensión, la iglesia luterana en particular se había perdido en disputas dogmáticas en lugar de llevar una vida agradable a Dios. Pues de ello hubiese dependido: vivir la fe como seres humanos renovados.

Esa renovación experimentable del ser humano particular a partir de la fe estuvo en adelante en el centro del naciente pietismo. Ella se concentra en su interés de ir más allá de una doctrina de la justificación puramente forense, desplazando al centro el nuevo nacimiento del creyente. Ello ya queda en claro en el gran escrito programático del pietismo alemán, Pia Desideria de Felipe Jacobo Spener (1635-1705), publicado en el año 1675.[60]

> Todo se dirige al nuevo nacimiento del individuo: todo nuestro cristianismo consiste en la persona interior o nueva, cuya alma son la fe y sus efectos, los frutos de la vida.[61]

A él lo siguió Augusto Germán Francke (1663-1727), a quien en su juventud lo atormentaron las dudas de fe, hasta que tuvo una vivencia de conversión. Así, el renacimiento recibió adicionalmente el acento de la certeza de la salvación.[62] Pero lo característico de Francke es ante todo el énfasis en los frutos de la fe en realizaciones organizativas. Él llegó a ser conocido especialmente por la fundación del orfanato en la ciudad de Halle. Por esa razón su esfuerzo también ha sido sintetizado bajo la fórmula "transformación del mundo a través de la transformación del ser humano".[63]

¿Cómo se relaciona ese desarrollo con Lutero? También él ya se había defendido contra el malentendido de su doctrina

---

60 Spener, Philipp Jacob: *Pia desideria. Ed. por Kurt Aland, 2. durchges. Aufl.* Berlín: de Gruyter, 1955, 79. Cf. Schmidt, op. cit., 129ss. y 169ss. Hay traducción al español: René Krüger y Daniel Beros (Ed. / Trad.), Felipe Jacobo Spener. Pia Desideria. Buenos Aires: ISEDET, 2007.

61 Op. cit., 134.

62 Cf. op. cit. 321.

63 Op. cit. 206

de la justificación en el sentido de una "gracia barata" sin consecuencias frente a los antinomistas (que no querían saber nada del cumplimiento de la ley). En *Los concilios y la iglesia* escribe:

> Mas *Ecclesia* significa el santo pueblo cristiano no sólo del tiempo de los apóstoles que han muerto muchos ya, sino hasta el fin del mundo. Esto quiere decir que siempre estará en vida en el mundo un santo pueblo cristiano, en el cual Cristo vive, actúa y reina *per redemptionem*, por gracia y perdón de los pecados, y el Espíritu Santo *per vivificationem et sanctificationem*, por la eliminación diaria de los pecados y la renovación de la vida, a fin de que no permanezcamos en el pecado, sino que podamos llevar una vida nueva cón toda suerte de buenas obras, y no con las antiguas obras malas, tal como lo exigen los Diez Mandamientos, o las dos tablas de Moisés.[64]

Luego él describe cómo el Espíritu Santo obra en la persona creyente de forma que ella cumple los Diez Mandamientos. Y reprende enfáticamente a los antinomistas, que solo buscan el perdón y su salvación, pero no quieren cumplir la voluntad de Dios:

> Éstos, tras que rechazan los Diez Mandamientos y no los entienden, van y predican mucho de la gracia de Cristo, fortalecen y consuelan a los que continúan en su vida pecaminosa diciéndoles que no se atemoricen ni asusten de los pecados ya que Cristo los quitó. No obstante, ven que la gente anda en pecados públicos, y sin embargo los dejan persistir en ellos sin indicio alguno de renovación y mejoramiento de su vida. Esto evidencia a las claras que tampoco tienen un concepto cabal de lo que es la fe, y de lo que es la obra de Cristo. Por esto, con su mismo predicar a Cristo y la fe, los abrogan. Porque ¿cómo puede hablar rectamente de las obras del Espíritu Santo consignadas en la primera tabla, a saber, de la consolación, de la gracia y del perdón de los pecados, aquel que no estima en nada las obras que el Espíritu Santo produce en relación con la segunda tabla, ni insiste en ellas! Estas últimas las puede entender y experimentar, y no obstante las desestima; las de la primera tabla jamás las ejercitó ni experimentó; ¿cómo, pues, puede hablar de ellas? Por consiguiente es

---

64 Obras VII, 248 (WA 50, 625).

cosa segura que los antinomistas no tienen a Cristo ni al Espíritu Santo ni los entienden, y su palabrería es pura música celestial (250).

Así pues, los pietistas luteranos también se remiten gustosamente a Lutero y citan para su causa especialmente pasajes de su prólogo a la Carta a los Romanos[65]:

> Pero la fe es una obra divina en nosotros que nos transforma y nos hace nacer de nuevo de Dios, Juan 1; mata al viejo Adán y nos hace ser un hombre distinto de corazón, de ánimo, de sentido y de todas las fuerzas, trayendo el Espíritu Santo consigo. La fe es una cosa viva, laboriosa, activa, poderosa, de manera que es imposible que no produzca el bien sin cesar. Tampoco interroga si hay que hacer obras buenas, sino que antes que se pregunte las hizo y está siempre en el hacer. Pero quien no hace tales obras es un hombre incrédulo.

Ello significa que también para Lutero se trata del nuevo nacimiento y de las consecuencias de la fe. Pero para él no se trata del análisis, la prueba e interioridad del individuo. Como ya se mostró arriba, para él se trata justamente del *extra nos* (desde fuera) del obrar de Dios y del "ser-en-el-otro" en el amor. El interés en el (interior del) individuo particular es justamente lo moderno, que se refleja en el pietismo. Visto desde Lutero el pietismo es ambivalente. Por un lado, insiste con razón en la realización de la fe en la vida real. Ello ha conducido en el pietismo a un compromiso social grandioso hasta hoy. Por otro lado el acento es puesto en el individuo que se debe convertir para transformar el mundo desde allí. Ello no solo conduce a debilidades en el análisis social, sino también en la estrategia político-económica. Pero también aquí hay transiciones sorprendentes. Friedrich Engels es un ejemplo de ello. Él proviene del ambiente pietista de la región montañosa y de Siegerland (Alemania) y llegó a ser, probablemente no por mera casualidad, un "marxista" revolucionario.[66]

---

65 WA Deutsche Bibel, Tomo 7, 2-27. Cf. Schmidt, op. cit., 299ss.; Obras X, p. 15.
66 Esa referencia se la debo a Ton Veerkamp.

El mismo desarrollo en dirección al pietismo no solo se produce en el luteranismo, sino también en el ámbito reformado, especialmente en Holanda, Inglaterra y posteriormente en los EUA. En especial en el ámbito anglosajón se desarrolla una variante del pietismo, que como es sabido está en una interacción particular con el capitalismo: los puritanos.[67] También ellos pusieron un gran énfasis en la conversión personal y la experiencia religiosa. Juan Wesley, el fundador del Metodismo, fue fuertemente influido por el puritanismo. Esa tendencia conjunta se refuerza una vez más en los movimientos de despertar del siglo 19. La iglesia romana post-tridentina permanece sumida de todos modos en la piedad calculadora.

El efecto del individualismo y de la interioridad del pietismo en sus distintas variantes sobre el desarrollo espiritual general en Europa y su ramificación en los EUA fue extraordinariamente grande. Léase únicamente *"Geschichte der protestantischen Theologie"* [Historia de la teología protestante] de Karl Barth.[68] A Rousseau, Herder, Novalis y Goethe no se los puede entender sin el trasfondo del pietismo. Pero ante todo no se lo entiende a Schleiermacher, quien determinó teológicamente al siglo 19 en su conjunto. Barth escribe sintetizando (92s.):

> El siglo 18 es el siglo del intento o más bien del inicio del intento de la *individualización* o *interiorización* del cristianismo. No fue recién la época de Goethe – me basta mencionar únicamente el nombre de Leibniz – que descubre al individuo o antes bien, que lo ha redescubierto. También en ese sentido nuestra época siguió solo la tendencia subterránea pero ininterrumpida desde el Renacimiento. Si el ser humano se reconoce a sí mismo como in-dividuum, como

---

67 Cf. Weber, Max: Die protestantische Ethik und der Geist des Kapitalismus, en: Max Weber, Gesammelte Aufsätze zur Religionssoziologie Bd. I. Tubinga: J.C.B. Mohr (Paul Siebeck), (1904/5) 1972 6. Ed., pp. 17-206, aunque su tesis deba ser modificada, pues si bien resulta válida para los puritanos, no lo es aún para Calvino (ver al respecto Lüthi, H.: *Variationen über ein Thema von Max Weber. Die protestantische Ethik und der Geist des Kapitalismus, en: del mismo, In Gegenwart der Geschichte.* Colonia/Berlín: 1967).

68 Barth, Karl: *Die protestantische Theologie im 19. Jahrhundert. Ihre Vorgeschichte und ihre Geschichte, 2. verb. Aufl.* Zollikon/Zúrich: Evangelischer Verlag, 1952.

un ser no-dividido e indivisible, ello significa: él se reconoce a sí mismo como un ser al menos similar, al menos emparentado con la realidad última de Dios. Él se encuentra a sí mismo o él encuentra en sí mismo – sea como fuere que también se le presente aquella relación con Dios – en todo caso también una realidad eterna, todopoderosa, sabia, buena, majestuosa, cuya presencia a él – sea como fuere que se enfrente a Dios como origen y encarnación de todos esos bienes divinos – en todo caso le permite e incluso le demanda tomarse primeramente a sí mismo en serio frente a todo lo que es diferente de él fuera de Dios y tomar en serio a todo lo que es diferente de él fuera de Dios en todo caso recién desde allí, es decir, desde sí mismo. Individualización significa entronización del ser humano – no de la humanidad, sino del ser humano: en cada caso del ser humano que se vivencia a sí mismo aquí y ahora como rey oculto, pero para él mismo altamente real, por lo menos del mundo sublunar. Individualización significa, apropiación del objeto para la finalidad de su dominación... Nosotros aquí debemos recordar los motivos hasta ahora pasados de largo, originarios y más propios del así llamado *pietismo*... Él es en su forma fundamental, en los pietistas – por así decir – originarios, *individualismo* (destacado en el original) .

Si bien Barth aquí no analiza expresamente la vinculación de esa historia de la piedad y las ideas con la economía política y su individualismo de la competencia, la ciencia y la técnica de la Modernidad, que hemos bosquejado en la primera parte, sí la sugiere. Lo que indaga en lo sucesivo es que el individualismo también se hace presente en la figura del moralismo y del intelectualismo. Ello significa que aquí se trata de la razón-yo y de la moralidad-yo. Visto exteriormente, disputan entre sí el pietismo orientado a la vivencia y el sentimiento y la ilustración, ésta también en la forma de la ortodoxia luterana. Pero ellos tienen su unidad precisamente en el individualismo de la Modernidad. Nosotros no podemos indagar aquí en detalle ese desarrollo. Sin embargo, al final se mostrará a partir de un ejemplo cómo ha de ser entendido esa relación mutua.

Friedrich Naumann (1860-1919), de orientación nacional-liberal, escribe en 1903 en sus cartas sobre la religión:[69]

---

69 Naumann, Friedrich: *Briefe über Religion, en: Werke, Tomo 1, 566-632.* Colonia/Opladen: Westdeutscher Verlag, (1903) 1964, 625ss.

Cuanto más puramente se predica a Jesús, tanto menos configura el estado, y donde el cristianismo quiso presentarse constructivamente, eso es configurando el estado, dominando la cultura, allí es cuando estuvo más distante del Evangelio de Jesús...

Lutero, en medio de las grandes luchas de sus días, no tuvo siempre la misma claridad y determinación en esa compleja cuestión. Por momentos en él se encuentran intentos de convertir ideas bíblicas en reglas de estado, pero entonces, cuando él estuvo puesto ante el problema de manera fundamental, especialmente en lucha con Karlstadt y Müntzer, él tuvo una claridad irrestricta y majestuosa y distinguió asuntos espirituales y seculares con toda la fuerza de su espíritu y temperamento. Según él los asuntos estatales no deben ser decididos a partir del Evangelio, sino que pueden ser decididos igualmente bien por judíos y gentiles tanto como por cristianos, dado que para su regulación no es preciso otra cosa que la razón, y no la revelación. Esa separación luterana de los ámbitos, que por momentos, en tanto reducción del ámbito de influencia del cristianismo, nos pareció restarle al cristianismo algo de sus derechos, a partir de una profundización de la materia, también a nosotros se nos ha manifestado como correcta. Nosotros regresamos al viejo y gran doctor de la fe alemana al contemplar los asuntos políticos como radicados fuera del círculo de acción de la proclamación de la salvación. Yo no apruebo y hago propaganda a favor de la flota alemana porque soy cristiano, sino porque soy ciudadano del estado y porque he aprendido a renunciar a ver decididas las cuestiones estatales fundamentales en el Sermón del Monte. Que esa disposición encierra en sí una falta de unidad interna, ya lo he admitido...

Pero eso que yo he expuesto, y en correspondencia con su pregunta debí exponer como político sobre la posición de la política respecto del evangelio, es simultáneamente mi respuesta a muchas preguntas similares. El jurista debe posicionarse de forma similar en relación al derecho, el comerciante de forma similar en relación al negocio. ¿Y quién de todos aquellos que hoy se ganan la vida no es de algún modo comerciante? Las mismas condiciones de vida son hechos dados, y el margen de acción de aquello que podemos configurar libremente, es pequeño. Pero dentro de ese libre margen de acción se mueve precisamente nuestro yo personal, y aquí es el lugar donde la ola de Jesús inunda más inmediatamente nuestro actuar. Cada uno de nosotros en muchas cosas es siervo y obedece a una férrea imposición, a un poder externo o a una lógica que radica en las cosas mismas; pero allí donde nosotros somos libres, donde cesan esa imposición y esa lógica, donde sentimos que no tenemos ninguna ruta de marcha absolutamente vinculante, allí está la parte de nuestra vida donde nosotros queremos ser siervos de Jesús primeramente.

Este texto de Naumann muestra con suma claridad cómo convergen dos tergiversaciones de Lutero en la Modernidad. A una de ellas recientemente le hemos dado seguimiento: la individualización y privatización de la piedad y de la fe. Jesús tiene competencia únicamente por el "yo más personal". Sin embargo, ésa es la forma liberal de la individualización. También existe la variante del renacido activo en lo social. Pero ella en lo esencial debe ser entendida caritativamente, no institucionalmente en lo político y económico, como en Lutero. La segunda tergiversación atañe a las instituciones. La contracara de la individualización y la interiorización es ciertamente la adaptación a las "condiciones de vida" entendidas autónomamente. "Ellas mismas son hechos dados". Con ello Naumann se refiere expresamente a la política, el derecho y la economía. A sus leyes se las debe obedecer como a una "férrea imposición". Ellas son entendidas según el modelo de la física mecanicista de Newton, como lo dice también el mismo clásico del liberalismo, Adam Smith, de su economía. Como modelo Naumann recurre a la doctrina neo-luterana de los dos reinos.[70] Ella ha surgido a partir de la tergiversación de la concepción de Lutero de los dos regímenes, que deriva a ambos dos del amor de Dios por las criaturas y por eso los había puesto al servicio de la justicia y de la vida.

En ese contexto Ton Veerkamp hace referencia con razón a los dos rostros de la burguesía y con ello de la Modernidad.[71] Lo que hemos tratado aquí bajo la temática del individualismo atañe al desarrollo de la burguesía, que somete todo al cálculo de ganancias de la libertad del capital. Pero en la Modernidad

---

70 Cf. Duchrow, Ulrich (ed.): *Lutheran Churches - Salt or Mirror of Society? Case Studies on the Theory and Practice of the Two Kingdoms Doctrine.* Geneva: Lutheran World Federation, Dep. of Studies, 1977.; del mismo: Duchrow, Ulrich: *Global Economy: A Confessional Issue for the Churches?.* Geneva: WCC, 1987.

71 Veerkamp, Ton: *Der Gott der Liberalen. Eine Kritik des Liberalismus.* Hamburg: Argument Verlag, 2005., pp. 60ss.

simultáneamente surgió también la utopía de la libertad, que se une a la igualdad y solidaridad (hermandad) de los ciudadanos (al comienzo, aún no de las ciudadanas, a quienes no se les permitía poseer propiedad alguna y por eso no tenían derechos políticos). Aquí se trata del *citoyen*, del sujeto político. Claro que también aquí el luteranismo, tanto el conservador como el liberal, se somete individualistamente, por un lado a la autoridad, por otro a las "férreas leyes" de la política del poder, como lo hemos mostrado a partir del ejemplo de Naumann. Por lo contrario, se muestra históricamente que en una economía política capitalista los derechos políticos de ningún modo se dan y se garantizan automáticamente. Antes bien, solo la lucha organizada de los afectados logra la mejora de la situación político-legal de la mayoría de la población. El movimiento de los trabajadores es el ejemplo clásico. También en el siglo 20 debieron ser conquistados los derechos humanos sociales, económicos y culturales adicionalmente a los derechos individuales ciudadanos y políticos. La fundamentación teórica de esa observación histórica la ofrece magistralmente Enrique Dussel en su política de la liberación.[72] Él muestra que la corrupción sistémica de la política en el capitalismo solo puede ser superada mediante la intervención permanente del pueblo, organizándose en movimientos sociales.

Lutero – medido con respecto a la Biblia, a la que él mismo se remitió – ha cometido muchos errores y ha tomado muchas decisiones erróneas. Entre ellos se cuentan ante todo los escritos sobre los judíos y los turcos, que tienen que ver con partes de su oposición de ley y evangelio, pero también su mala interpretación y comportamiento equivocado en la Guerra de los Campesinos, que deben ser llamados trágicos.[73] Pero también en vistas a la cuestión sobre el individualismo moderno que se debe tratar aquí, en todo caso son tergiversaciones de Lutero las que han marcado los desarrollos más tardíos.

---

72 Cf. op.cit.

73 Cf. Scharffenorth, Gerta: *Römer 13 in der Geschichte des politischen Denkens. Ein Beitrag zur Klärung der politischen Traditionen in Deutschland seit dem 15. Jahrhundert.* Heidelberg: Dissertation, 1964, 131ss. und 163.

Así podemos entender cómo, a partir de una tergiversación de Lutero, no solo fue reforzada la individualización en la Modernidad, sino que esa tergiversación en conexión con la doctrina neo-luterana de los dos reinos ha servido también a la adaptación de la iglesia y la teología a la civilización capitalista y a sus consecuencias, que entre tanto llegaron a ser asesinas. A ella se la debe contradecir proféticamente en base a la Biblia y la Reforma original de Lutero, actuando en correspondencia. De allí se sigue la

Tesis 5:
La individualización de la salvación no ha sido causada por "la" Reforma. Antes bien, ello tuvo lugar en las corrientes espiritualistas de la Reforma, que retomaron tradiciones místicas medievales, luego llegaron a florecer en el pietismo y en el puritanismo desde el siglo 17 y ante todo desde los movimientos de despertar del siglo 19. Junto a ello se desarrolla el individualismo racional de la Ilustración, que se vincula con el liberalismo capitalista, y se refleja en la teología liberal. Ambas tradiciones, la pietista y la ilustrada-liberal, están activas hasta hoy en las grandes iglesias burguesas. Cada predicación individualista apoya voluntaria o involuntariamente la civilización capitalista moderna. Recién la teología dialéctica y Bonhoeffer[74], pero ante todo las teologías de la liberación, cuestionan ese abordaje y así pueden ayudar también a releer bíblica y críticamente al Lutero original. Ello vale también para la liberación de los elementos políticos emancipatorios de la Modernidad con respecto a la corrupción sistémica por la dominación del dinero en la lucha mancomunada de los movimientos sociales.

---

74 Cf. espec. Bonhoeffer, Dietrich: *Ethik. Werke Bd 6*. Gütersloh: Kaiser, 1992, 36ss.

El límite que libera: la justicia "ajena" de la cruz como poder de vida. Implicaciones teológico-antropológicas de una praxis política emancipadora

Daniel C. Beros

"…Si queréis profetizar sobre el futuro,
consultad las entrañas de los hombres sacrificados…"
(Antonio Viera, citado por Rubem Alves)

1. Introducción

Este ensayo trata sobre el ser humano, en clave teológica. Su objetivo es identificar y proponer parámetros epistemológicos, hermenéuticos y praxeológicos elementales, que promuevan una praxis política auténticamente emancipadora en el contexto global actual. Al respecto me parece importante subrayar que lo que busco es poner de manifiesto ante todo una determinada *perspectiva teológico-antropológica de fondo* y no un desarrollo detallado y abarcador de sus implicancias y consecuencias.

Dicha perspectiva busca articular un descubrimiento reformador que considero central, y he sintetizado aquí como "justicia ajena *de la Cruz*".[1] Con ello intento seguir el rastro de un modo muy preciso de dar cuenta del "asunto" de la teología, que el joven Lutero caracterizó como aquella práctica teórica capaz de desentrañar "la realidad" en su dimensión medular.[2] Ello implica dejar que él mismo, allí donde obra *soberanamente* en su incondicional, apasionada y escandalosa *parcialidad y toma de partido*, determine la forma y el sentido del testimonio teológico con la radicalidad liberadora que es propia *de su asunto*. A la vez, supone reconocer el carácter siempre limitado y fragmentario de su propio esfuerzo por decir "qué es lo real".[3]

Antes de avanzar asumo y hago expreso, por mi parte, el carácter ubicado, *parcial* del abordaje que aquí expongo. En lo personal creo que el mencionado carácter no solo está inevitablemente dado por factores biográficos y contextuales, como el género o

---

1 Hasta donde llega mi conocimiento, la conocida y fundamental percepción de la *iustitia aliena* ("justicia ajena" o "justicia extraña"- al respecto ver el estudio de Karl-Heinz zur Mühlen, *Nos extra nos. Luthers Theologie zwischen Mystik und Scholastik.* Tubinga: Mohr-Siebeck, 1972), parece no haber sido vinculada por la tradición dogmática en una misma formulación sintética mediante el genitivo *crucis* (de la cruz) a fin de precisar y concretizar su significado y alcance de forma explícita (y enfática), como se lo hace aquí. Si bien dicha vinculación se corresponde claramente con lo más esencial y decisivo de la visión paulino-reformadora, la teología evangélica, a partir de una comprensión acuñada en marcos conceptuales metafísicos, individualistas y a-históricos, mayormente no la realizó. Sin embargo, a mi entender, dicha formulación tiene la virtud de expresar con precisión tales aspectos determinantes e irrenunciables de la "gramática" liberadora del Evangelio en su alcance histórico-escatológico, precisamente *también* en vistas de la praxis *política* de la fe.

2 "Preferiblemente yo hubiera cambiado desde un inicio la filosofía por la teología. Quiero decir: por una teología que escruta el núcleo de la nuez, el interior del trigo y la médula del hueso. Pero Dios es Dios; el ser humano falla en sus juicios con frecuencia, y más aún: lo hace siempre. Ese es nuestro Dios, él siempre nos guiará con ternura", citado en Bernahrd Loose, *Luthers Theologie in ihrer historischen Entwicklung und ihrem systematischen Zusammenhang.* Gotinga: Vandenhoeck & Ruprecht, 1995, pp. 48 [Esta y las demás traducciones del alemán y del latín son nuestras].

3 *"Theologus crucis dicit id* quod res est" - así Martín Lutero en la tesis 21 de la "La Disputación de Heidelberg". Ver Carlos Witthaus (Ed), *Obras de Martín Lutero* (Tomo I). Buenos Aires: Paidós, 1967, pp. 29-46, aquí p. 42; WA 1, pp. 353-365.

la inserción de clase, etc., sino también por aquello que se me ha dado experimentar y reconocer junto al pueblo pobre en el Conurbano Bonaerense argentino –ellas y ellos, con sus luces y sus sombras, han alimentado, afirmado y condicionado mi vocación pastoral y teológica, sin mérito propio alguno. Pues quizá uno de los aprendizajes más radicales realizados allí es que todo lo implicado en una experiencia como esa permanece sustancialmente *ajeno*, y en cuanto tal, es un don libre y gratuito, nada de lo que alguien pudiera ufanarse cual *beatus possidens*.

No obstante, estoy convencido que las experiencias allí realizadas han jugado un papel significativo, si es que realmente he llegado a atisbar algo de la verdad encerrada metafóricamente en las palabras del padre Antonio Viera, que figuran como epígrafe de este texto. Al citarlas, el teólogo protestante brasilero Rubem Alves, uno de los padres de la Teología de la Liberación en América Latina, ha sostenido que "...de las entrañas de los sacrificados surge este *juego*... que llamamos teología...".[4] Aquí hago mías esas palabras, aunque modificando su perspectiva y énfasis: De las "entrañas" de los sacrificados surge la *pasión* (*passio*) que es esencialmente la auténtica teología – ello es, una teología que brota de una experiencia personal y colectiva que recibe decisivamente su *forma* y *su ubicación* concreta de, a través y con la Palabra de Cruz (1 Co. 1,18).

Por recibir esa "forma", ese "contorno" –tan alejado de todo *pathos* dolorista, romántico y narcisista– la fe es llevada a ubicarse político-históricamente y a tomar parte activa de la com-pasión liberadora de Dios en Jesucristo con las y los violentados y marginalizados en medio de los conflictos y dilemas de la historia. Solo así, dejando que valga incondicionalmente para ella ese juicio y Palabra en el seguimiento del Crucificado, es que la comunidad cristiana y su teología pueden esperar le sea dado testimoniar con autenticidad aquella palabra que es capaz de decir "*quod res est*".

---

4 Rubem Alves, *La teología como juego*. Buenos Aires: La Aurora, 1982, pp. 54-55.

Fuera de esa experiencia histórica real, fuera de esa peregrinación, que es fruto del obrar del Espíritu de Jesucristo, discurrir sobre Dios, el ser humano y el mundo solo será "pura apariencia y palabrería";[5] únicamente como testimonio nacido de aquella *passio* originada en la *iustitia aliena crucis*, de esa experiencia como "escuela del Espíritu Santo"[6], es que la teología podrá servir en esta tierra herida, no a sí misma, como mera reproductora de la lógica imperial dominante, sino a la resistente "esperanza contra toda esperanza" de quienes viven rumiando dolor y curando heridas –a la guarda del reinar de Dios, en la búsqueda de *su* justicia (Ro. 4,18; Mt. 6,33).

2. Praxis política a partir de la justicia ajena de la Cruz: tesis y sus comentarios

2.1 – Ver

1. Tanto en la violencia estructural que sufre la mayor parte de la humanidad, que se expresa en explotación, marginalización y muerte, como en la creciente destrucción de los ecosistemas y de la biodiversidad de la tierra, se revela la amenaza que, si bien se percibe en forma concreta y mayoritaria en los márgenes del "sur global", se extiende sobre el mundo y la vida en su conjunto: su completa destrucción.

2. Los desarrollos históricos que han ocasionado y siguen ocasionando la mencionada violencia estructural, y la consecuente amenaza de destrucción de la vida sobre la tierra, deben ser comprendidos fundamentalmente como consecuencia extrema de la sistemática anulación y pérdida de los límites necesarios para (sobre-) vivir, que viene teniendo lugar en el marco del sistema imperial-capitalista globalmente hegemónico.

---

5 La cita pertenece al comentario de Martín Lutero al *"Magnificat"*. Cf. Daniel Beros, "Fuera de lo cual no se enseña otra cosa que apariencias y palabrería. Algunas consideraciones sobre el significado de la herencia de la Reforma en América Latina", en *Cuadernos de Teología* XXX (2011), pp. 45-52.
6 Cf. Ibid.

3. En virtud de sus implicancias teológicas y de su pregnancia propongo comprender el contenido de dicha amenaza como potencial "aniquilación del mundo" (annihilatio mundi), recurriendo a un concepto acuñado originalmente por la antigua ortodoxia luterana en el marco de su doctrina escatológica "sobre las cosas últimas" (De novissimis).

El capitalismo financiero, ya firmemente hermanado al poder imperial hegemónico, acaba de celebrar su imposición mundial en tanto sistema ordenador de las relaciones materiales y simbólicas globales. Desde que la ortodoxia luterana formulara su visión escatológica transcurrieron poco más de tres siglos. No obstante, lejos de haber quedado archivada en los anaqueles polvorientos y olvidados de la historia, la visión de la aniquilación del mundo[7] –en plena era atómica, en medio de un proceso de destrucción medioambiental galopante– hoy parece tan o más actual que en aquella lejana época barroca, en que la razón esclarecida y revolucionaria recién daba sus primeros pasos. Sin embargo, ahora la inquietante actualidad de esa visión apocalíptica se debe en gran medida al cambio de sujeto que ha tenido lugar en relación con ella: la aniquilación dejó de manifestarse ante todo como consecuencia de una acción del Dios airado, para pasar a ser plausible como obra del propio ser humano.

Los complejos desarrollos históricos conducentes a esta situación representan en lo decisivo el resultado de la imposición

---

7 Según Johannes Andreas Quenstedt, reconocido representante de la ortodoxia luterana, "...la consumación del mundo es la acción de Dios por la cual todas sus estructuras terrenales y celestes y todas las cosas fundadas en él, a excepción de las criaturas racionales, son destruidas y aniquiladas por medio del fuego, en su verdad, poder y justicia, para su gloria y para liberación de los seres humanos elegidos...", en *Theologia didactico polemica* (1685), citado según la edición de 1691 por Richard Grützmacher / Gerhard Muras, *Textbuch zur deutschen systematischen Theologie und ihrer Geschichte vom 16. Bis 20. Jahrhundert* (Tomo I / 1530-1934), Berna/Tubinga, Paul Haupt/Katzmann, 1961 (4ta. Ed), p. 31. Ver también Johann Friedrich König, *Theologia positiva acromatica (Rostock 1664). Herausgegeben und übersetzt von Andreas Stegmann.* Tubinga: Mohr Siebeck, 2006, pp. 430-431.

de un poder que, con la emergencia del sujeto histórico burgués, llegó a alcanzar una dimensión civilizatoria planetaria.[8] Hoy vivimos en tiempos en que, gracias a los ingentes medios científico-tecnológicos que sin cesar se originan en él y son puestos a su servicio, ese poder, constituido imperialmente, multiplica y aumenta dramáticamente sus posibilidades de expresión, intervención y sojuzgamiento. La imposición hegemónica de sus códigos, sus sentidos y sus prácticas, que está ligada a un ejercicio tanto sutil como expreso de la violencia, se produce en y se extiende a casi todos los ámbitos de la realidad. Así profundiza su capacidad de vigilar, controlar y colonizar objetividades, subjetividades y sus múltiples intersecciones (por ejemplo, a través del control de diferentes tecnologías: de la información, internet, etc.), con insaciable ímpetu totalizador-totalitario.[9]

La oscura intuición que quizá anidara en la mencionada postulación escatológica de la ortodoxia luterana[10] –insisto,

---

8 Como han venido señalando no pocos críticos, es probable que en el plano del pensamiento, esa posición la haya expresado paradigmáticamente, de forma más acabada René Descartes. El filósofo francés, con su teoría del conocimiento basada en el famoso *"cogito, ergo sum"*, puso a disposición de la emergente burguesía europea una programática general que – más allá del carácter contradictorio y ambiguo de la tradición que le ha dado sustento históricamente– llegó a ser instrumental a los intereses más profundos de esa clase social. Pues sirvió de manera decisiva al afianzamiento de aquella cosmovisión y aquel *ethos* que en el devenir de la historia occidental se constituyó como voluntad de apropiación e imposición omnímoda y global. Cf. Juan Pablo Feinmann, *La filosofía y el barro de la historia. Del sujeto cartesiano al sujeto absoluto comunicacional*. Buenos Aires: Planeta, 2008.

9 Cf. al respecto el trabajo de Néstor Míguez, Joerg Rieger y Jung Mo Sung, *Para além do espírito do Imperio. Novas perspectivas em política e religião*. San Pablo: Paulinas, 2012 [Versión original inglesa: *Beyond the Spirit of Empire: Theology and Politics in a New Key*, Londres, SCM Press, 2009] y diversos trabajos previos de estos mismos autores y otros como Franz Hinkelammert y Hugo Assmann.

10 Me parece significativo que los teólogos de la ortodoxia luterana desarrollaran su concepción escatológica a través del mencionado concepto; notando que lo hicieron en una época en que el capitalismo comenzaba a formarse y a mostrar sus primeros "frutos amargos". A través del mismo, ¿habrán expresado empáticamente, de manera oscuramente

acuñada en los tiempos en que comenzaba a emerger del fango de la historia el "sujeto transparente" de la modernidad esclarecida y humanista para travestirse *ipso facto* en "monstruo" (M. Benasayag)[11]–, fue escenificada infinidad de veces, tanto en la periferia como en el centro del poder imperial.[12] Su paso por la historia dejó una y otra vez detrás de sí –como lo testimonia el espantado *Angelus Novus*, según lo sugiere Walter Benjamin–[13] un montón de escombros, y bajo ellos, infinidad de "huesos secos". No obstante, es en la presente etapa del desarrollo histórico capitalista, regida por el poder de las finanzas globales, que el deseo ilimitado que lo mueve, habiendo adquirido

---

"intuitiva", excediendo en forma no intencionada el marco de esa doctrina en su propio contexto teológico inmediato, la posibilidad de aniquilación total inherente al "espíritu del capitalismo", que más tarde llegaría a ser potencialmente real? En ese sentido, el Dios de la ortodoxia, que aniquila escatológicamente a la creación, ¿no debería ser interpretado como cifra simbólica del ídolo nihilizante que vivía en el alma del sujeto del sistema temprano-capitalista, que ya entonces amenazaba germinalmente a toda la creación con su destrucción total?

11 Cf. Miguel Benasayag, *El mito del individuo*. Buenos Aires: Topia, 2013.

12 Resulta importante recordar, en este contexto, el primer artículo del Decreto 261/75 del 5 de Febrero de 1975 (primero de los "Decretos de aniquilamiento"), promulgado por el Poder Ejecutivo durante el gobierno de Isabel Perón, con el fin de *"aniquilar* los elementos subversivos" en la Argentina. Con dicho decreto se ponían las bases de legitimación al terrorismo de Estado, enmarcado en la Ideología de la Seguridad Nacional y el programa geopolítico del imperialismo norteamericano respecto de América Latina, que incluía como instrumento de realización – con el objetivo de imponer de la dictadura del capital y el "libre mercado" – el establecimiento de regímenes militares dictatoriales en todo el subcontinente.

13 Recordemos las primeras frases de la famosa tesis IX del escrito de Walter Benjamin: "...Hay un cuadro de Klee que se titula *Angelus Novus*. Se ve en él un ángel, al parecer en el momento de alejarse de algo sobre lo cual clava la mirada. Tiene los ojos desencajados, la boca abierta y las alas tendidas. El ángel de la historia debe tener ese aspecto. Su cara está vuelta hacia el pasado. En lo que para nosotros aparece como una cadena de acontecimientos, él ve una catástrofe única, que acumula sin cesar ruina sobre ruina y se las arroja a sus pies (...)..."; Walter Benjamin, "Sobre el concepto de historia", en *Angelus Novus*. Barcelona: EDHASA, 1971, p. 82 [orig. alemán: „Über den Begriff der Geschichte", Walter Benjamin, *Illuminationen – Ausgewählte Schriften I*. Francfort del Meno: Suhrkamp Taschenbuch, 1977].

expresión sistémica, representa la amenaza real y radical de la aniquilación y reducción a la nada de toda la creación – precisamente a partir de la entrega científico-tecnológicamente potenciada y ético-ideológicamente enceguecida a ese deseo, que el Nuevo Testamento llama "concupiscencia de la carne" (*concupiscentia carnis*), (cf. Gá. 5, 13ss).[14]

Con la última afirmación hemos atravesado el umbral a partir del cual se hacen expresamente manifiestas las percepciones teológico-antropológicas obtenidas por la tradición bíblica en relación con la problemática de fondo en cuestión. Al observar mediante ese prisma hermenéutico el cuadro bosquejado anteriormente, resulta sumamente significativo señalar –como lo sugiere Hans J. Iwand siguiendo al joven Martín Lutero– que la raíz más profunda de la "aniquilación del mundo" radica en la "aniquilación de Dios" (*annihilatio Dei*).[15] En el contexto de tales percepciones se trata de una aniquilación que si bien tiene origen en el corazón humano, se despliega simultáneamente en la historia real –con carácter paradigmático, en la Cruz del Cristo aniquilado– como producto de la voluntad, del querer y desear *ilimitado, amorfo* del *homo peccator* en su articulación colectivo-institucional. En tal sentido, dicha "aniquilación" de

---

14 Cf. Jung Mo Sung, *Deseo, mercado y religión*. Santander: Sal Terrae, 1999.

15 Cf. Daniel Beros (Trad./Ed.), *Hans J. Iwand. Justicia de la fe. Estudios sobre la Teología de Martín Lutero y de la Reforma Evangélica del Siglo XVI*. Buenos Aires: La Aurora, 2015, pp. 52s. En su clásico estudio sobre la comprensión de la "justicia de la fe" en Lutero, Hans Iwand cita el siguiente comentario del Reformador respecto de Ro 8,15: "'¿O acaso esto no 'es maldecir': pensar en su corazón que Dios es un adversario y enemigo, tener sentimientos y una voluntad opuestos a él, y tratar con todas las fuerzas de imponer lo que es contrario a Dios, si esto fuese posible – más aún: desear que Dios y su voluntad perezcan y se conviertan en la voluntad del hombre, o sea, en *una nada*? Pues no hay maldición que supere a ésta: *desearle a alguien el aniquilamiento*, que es precisamente lo que le desean a Dios todos los condenados y los que poseen la prudencia de la carne". Cf. Martín Lutero, *Obras...* (Tomo X), p 282; WA 56, p 369, 15-20 (cursivas nuestras). Iwand conecta allí mismo magistralmente el mencionado concepto con lo expresado por Lutero en la tesis 17 de la "Disputación contra la teología escolástica", de 1517: "El hombre por naturaleza no puede querer que Dios sea Dios, antes bien él quiere que él sea Dios y Dios no sea Dios". Cf. WA 1, p. 225.

Dios no es sino una de las caras de la moneda, cuya contracara radica en la "voluntad esclava" (*servo arbitrio*) de ese ser humano que vive bajo la ley del pecado y de la muerte.[16]

La *annihilatio Dei* así descrita constituye el acto primario y fundamental por el que tal voluntad busca –en su carácter subordinado, *su*-jeto–[17] *afirmarse* y *engrandecerse a sí misma*, sin reconocer ni respetar límite alguno. Articulada histórico-institucionalmente como y en el marco del imperio ilimitado del capital –en tiempos de Jesús y de Pablo por el monetarismo anexionista de Roma, en tiempos de Lutero en la expansión del mercantilismo y colonialismo europeos, y en la actualidad, por el imperio del capitalismo financiero transnacional, representado fundamentalmente por los Estados Unidos de América, el "G-8" y una serie de "potencias emergentes"– dicha voluntad busca imponer con violencia los criterios de su propia "justicia" (para los Reformadores: de su "autojustificación" = injusticia) a toda la creación. Así, los actores institucionales e individuales que encarnan ese *ethos* consideran y tratan a la multiplicidad y pluralidad vital humana y no humana que le es constitutiva como mero objeto y medio al servicio del único fin incondicionado y absoluto que los mueve, que consiste en incrementar infinitamente su capital material y simbólico. De

---

16 Martín Lutero, "La voluntad determinada", en Erich Sexauer (Trad.), *Obras...* (Tomo IV); WA 18, pp. 600-787. Cf. al respecto la significativa "Introducción teológica" al escrito de Hans J. Iwand, en H.H. Borcherdt und Georg Merz (Eds). *Martin Luther. Ausgewählte Werke (Ergänzungsreihe Band I)*. Múnich: Kaiser, 1954, pp. 253-315. Cabe destacar que ya en la "Disputación de Heidelberg" (1518) [Carlos Witthaus (Ed), *Obras...* (Tomo I), pp. 29-46] Lutero sostiene la nulidad del "libre albedrío" humano respecto del vínculo con Dios (cf. tesis teológica 13). Significativamente, esa es la única de las tesis del escrito condenada explícitamente como herética por la bula papal *"Exsurge Domine"* de 1520 (cf. H. Denzinger, *Enchiridion symbolorum*, Nro. 1486 [776]).

17 Aquí utilizo el concepto "sujeto" siguiendo el sentido establecido en la etimología del término latino *sub-iectum*: "puesto debajo", "sometido", "sujetado".

ese modo despliegan la dinámica histórica en que tiene lugar aquella múltiple *annihilatio,* en toda su inquietante realidad y potencialidad.[18]

18 Lo señalado hasta aquí debería haber dejado en claro que dicha "aniquilación de Dios" no se refiere ante todo a una postura teórica o cosmovisional, fuese ésta atea o agnóstica (si bien evidentemente puede implicarla, de la misma manera que puede implicarla en posturas "religiosas" o "cristianas"). Respecto de todo este complejo temático, ver Hans J. Iwand, "Die Freiheit des Christen und die Unfreiheit des Willens", en el libro del mismo autor, *Um den rechten Glauben. Gesammelte Aufsätze.* Múnich: Kaiser, 1959, pp. 247-268. Allí el autor desarrolla en referencia a la disputa sostenida por Martín Lutero y Erasmo de Rotterdam sobre la cuestión de la "voluntad esclava" (*servum arbitrium*) un pensamiento que me parece especialmente significativo en el marco de la presente reflexión: "...Lutero sin dudas ha sobre-interpretado a Erasmo... Éste ha entendido algo muy distinto con el *liberum arbitrium* en su entendimiento subjetivo y en su comprensión moral de la perfección cristiana. ¡Pero Lutero ve el fondo de la cuestión! Él ve el problema del *liberum arbitrium* con *sus* ojos, con sus (ojos) agudizados por la Escritura y su experiencia. Él ve crecer un ser humano desde el germen del *liberum arbitrium* que llegará a ser absolutamente "*anomos*". Su voluntad llegará a ser la voluntad libre, el "*absolutum velle*". Con ese su querer absoluto estará en la nada, todo lo que llega a sus manos y pasa delante de sus ojos, todo lo que ingresa a su espíritu e intelección, se transformará en su propia posibilidad, la del ser humano. Toda realidad se disolverá para él –el ser humano de la voluntad libre– en sus más propias y originales posibilidades. Ya no lo encontrará a Dios, sino que el Dios que él capta o rechaza desde su libre voluntad, será el Dios de sus posibilidades espirituales, religiosas y morales. Ello no significa que Dios dejase de ser realidad, ni que el ser humano dejase de estar ligado a él y de ser dirigido y determinado por él en todo su hacer y dejar de hacer; significa en cambio que él [el ser humano] ha perdido el *acceso* a esa su realidad. Es el ocaso del ser humano ante lo cual Lutero busca preservarlo al quebrar el sueño del *liberum arbitrium*. Él quiere salvar al ser humano ante esa, su infinitud, que en todas partes busca a tientas en la nada. Él quiere recordarle su finitud, su carácter determinado, dado con su "ser-así-y-no-de-otro-modo". ¡Ello es lo que significa en primer lugar *servum arbitrium*! Los grandes conocimientos teológicos siempre están "entre los tiempos" [*zwischen den Zeiten*]. Así como el golpe del joven Lutero afecta profundamente hacia atrás a la escolástica y allí alcanza con el *liberum arbitrium* el nervio de la doctrina de la justificación, en la lucha con Erasmo su mirada a la vez se adelanta y en cierto modo él ya ve detrás de sí a las figuras de Feuerbach y Nietzsche, él ve aquel camino que disolverá a la teología en antropología y que en su "voluntad de poder" convertirá el "más allá del bien y del mal" en una nueva moral política. Él ve al ser humano que resucitará como negador de

A la luz de la historia de Dios con los seres humanos, así como se hace manifiesta radicalmente a la fe en la Cruz de Jesús, la teología de la Reforma diagnosticó al ser humano que tenía a la vista como idolátrico-nihilista.[19] Ese "sujeto" encorvado sobre sí mismo (*incurvatus in se ipsum*) lo está concretamente como "*su*-jeto"[20] urdido en una fase histórica –la de la irrupción expansiva y colonial temprano-capitalista, que a su vez ha sido

Dios, lo ve venir desde lejos, por sobre los siglos, lo ve porque los conoce a partir de sí mismo, a aquel ser humano que con Dios pierde su propia realidad, su ser-así-y-no-de-otro-modo, el ser humano sin historia, ¡el ser humano del *absolutum velle*!...". (256-257).

19 En la formulación de esta percepción teológica fundamental parece haber jugado un papel relevante la lectura realizada por los Reformadores –entre otros testimonios bíblicos– de pasajes "anti-idolátricos" de los salmos y los profetas, como por ej. el capítulo 41 de Isaías (aquí 41,24: "He aquí que vosotros sois nada y vuestras obras vanidad..."). Lutero expresa esa articulación teológica claramente por ej. en su "Disputación de Heidelberg" (*Obras...* [Tomo I], pp. 29-46; WA 1, pp. 353-365.), en la demostración referida a su séptima tesis teológica: "Mas precisamente en esto reside la perversidad total: a saber, complacerse y gozarse uno mismo en las propias obras y adorarse como un ídolo. Mas de esta manera obra exactamente aquel que se siente seguro y no teme a Dios". En el transcurso de su argumentación Lutero pone en evidencia que ese carácter idolátrico tiene su raíz en la "economía" del deseo abismal e ilimitado que habita e imbrica al hombre en tanto pecador. Así lo formula en la demostración de la tesis teológica número 22, donde juega un papel fundamental el concepto de "deseo" (*cupiditas*) y la referencia al insaciable "amor al dinero"– sin duda fruto de su experiencia directa y sus observaciones en su contexto histórico temprano-capitalista: "Por el hecho de ignorar y odiar la cruz, necesariamente aman las cosas opuestas, a saber, la sabiduría, la gloria y el poder, etc. En consecuencia, tal amor los ciega y aún más los endurece. Porque es imposible que la codicia quede satisfecha por las cosas que desea, una vez que ellas sean adquiridas. Del mismo modo que crece el amor al dinero, a medida que la fortuna aumenta, así también para los hidrópicos del alma cuanto más se bebe, más sed se tiene; como dice el poeta: "Cuanto más beben, tanto más sed de agua tienen"... Así sucede con todos los deseos". En ese contexto Lutero menciona explícitamente fuera del deseo insaciable de dinero [*nummus*], el de dominación [*imperium*] y el de gloria [*gloria*] como ejemplos paradigmáticos en los que se hace manifiesta la mencionada "economía". Para un análisis de este texto programático, ver: Daniel Beros, "La Disputación de Heidelberg y su `*theologia crucis*´ como gramática fundamental de la teología evangélica", en: *Cuadernos de Teología XXIX* (2010), pp. 1-13.

20 Ver arriba nota al pie Nro. 17.

producida por él mismo– en que aquella concupiscencia llega a hacerse historia real como *movens* estructural de todo el sistema de transacciones simbólicas y materiales de la sociedad.[21]

Es entonces en ese entramado histórico concreto donde, a través del medio del capital, *el deseo* que atraviesa al ser humano encuentra condiciones reales que actualizan su carácter virtualmente ilimitado. Poseído y fascinado, profundamente imbricado en la economía de un deseo tal, ese ser humano no cesa de erigir cruces sobre cruces (Gn. 4ss) con la "madera" que le provee el "hacha" mediante el que tala –con obsesión que llegará a ser humana- y ecológicamente genocida– "el árbol del conocimiento (del bien y del mal)" (Gn. 2-3).[22] Desde la periferia

---

21 Sobre la crítica teológica a la "economización" o "comercialización" de la salvación y a los desarrollos temprano-capitalistas en el ámbito de la economía por parte del Reformador, ver Daniel Beros, "La ética protestante y el espíritu del capitalismo. Reflexiones a partir del pensamiento ético-económico de Martín Lutero", en: *Cuadernos de Teología XXVI* (2007) pp. 49-72; para una visión de la temática en el contexto mayor de la Medioevo tardío y el período de la Reforma, ver el importante trabajo de Berndt Hamm, „Den Himmel kaufen. Heilskommerzielle Perspektiven des 14. bis 16. Jahrhunderts", en: del mismo, *Religiosität im späten Mittelalter. Spannungspole, Neuaufbruche, Normierungen.* Tubinga: Mohr-Siebeck, 2011, pp. 301-334.

22 Cf. Dietrich Bonhoeffer, *Schöpfung und Fall – Theologische Auslegung von Genesis 1-3.* Múnich: Chr. Kaiser, 1955 – en especial pp. 56-57. Como hemos señalado más arriba (ver nota al pie Nro. 19) nuestra convicción es que esta misma línea hermenéutico-teológica tiene un sólido asidero a lo largo de toda la tradición bíblica, manifestándose en textos tan fundamentales como por ej. "los diez mandamientos" (Ex. 20; Dt. 5). Respecto a este caso concreto y decisivo por su carácter paradigmático, ver Frank Crüsemann, „Struktur und Systematik des Dekalogs. Eine These", en Ingo Kottsieper et als (Eds), *Berührungspunkte. Studien zur Sozial- und Religionsgeschichte Israels und seiner Umwelt. Festschrift für Rainer Alberts zu seinem 65. Geburtstag,* Münster, Ugarit-Verlag, 2008, pp. 119-131 (Agradezco esta referencia bibliográfica al Dr. Rainer Kessler). Allí Crüsemann hace plausible una comprensión de la teología articulada en el decálogo a partir de la tesis de su estructura quiásmica con centro en la prohibición de matar al prójimo. Mi opinión es que la tesis de Crüsemann es acertada y sumamente importante, aunque su planteo tiene la limitación de no hacer suficientemente explícito –sobre la base de su tesis– el significado teológico que tiene la vinculación estructural entre idolatría, deseo ilimitado de apropiación y muerte. Efectivamente:

explotada y "aniquilada" del Imperio hispano-germánico, contemporáneamente a Lutero, el sacerdote y teólogo católico Bartolomé de las Casas lo describía en estos términos: "... porque yo dejo en las Indias a Jesucristo, nuestro Dios, azotándolo y afligiéndolo y abofeteándolo y crucificándolo, no una sino millares de veces...".[23]

A partir de la perspectiva teológica señalada, en un marco histórico como el actual, en que los poderes imperiales hegemónicos han potenciado exponencialmente su capacidad de dominio y control por vía científico-tecnológica, esa economía del deseo abismal[24] se revela no solo como ley de vida del ser humano pecador (en realidad: de muerte; cf. Ro. 7), sino también como ley de vida (= muerte) de la totalidad del sistema civilizatorio, que tiene consecuencias potencialmente mortíferas para la totalidad de la vida sobre la tierra. En ello se expresa su "determinación" de erigirse como orden inmanente absoluto, que al buscar apropiarse de toda otra alteridad, la niega simbólica y materialmente con violencia –como lo expresa con carácter "programático" un ejemplo actual del "evangelio" imperial-capitalista, mediante la consigna: *un sistema, ningunos límites*".[25]

---

una lectura atenta del decálogo revela –como lo destacara G. von Rad en su *Teología del Antiguo Testamento* [cf. su Vol. I, Salamanca, Sígueme, 1986, pp. 243-295.] – que los mandamientos componen algo así como el "espacio vital" delimitado para Israel por Yahvé como expresión de su alianza, es decir de su gracia liberadora. Ese espacio preserva al pueblo de Dios no en última instancia de la consecuencias devastadoras ("no matarás") a que da lugar el establecimiento idolátrico-absoluto ("no tendrás dioses ajenos") del propio deseo ilimitado de apropiación de lo que le pertenece al prójimo ("no codiciarás"). Mi convicción al respecto es que la estructura de la composición literaria sugiere una hermenéutica tal precisamente porque, en última instancia, es fruto de la mencionada percepción teológica de fondo.

23 Citado en Gustavo Gutiérrez, *Dios o el oro en las Indias: Siglo XVI*. Salamanca: Sígueme, 1989, p. 156.

24 La dogmática clásica utiliza para tematizar esa realidad el concepto *"concupiscentia"* (concupiscencia). Cf. *Confesión de Augsburgo*, Art. II.

25 Así reza efectivamente el slogan de *"Netsuite"*, una empresa de software norteamericana que actúa globalmente, que se especializa en finanzas y comercio internacional. Le agradezco esta referencia al Dr. Néstor Míguez,

En y a través de dicho sistema, el ser humano gobierna *tiránicamente* el mundo en tanto tiránicamente *gobernado* por aquel deseo abismal, que el sistema impuesto globalmente no cesa de actualizar como codicia infinita de las finanzas, del capital y de los "recursos naturales". A ese deseo la filosofía moderna, durante la fase colonial-imperialista del capitalismo industrial en pleno desarrollo, lo tematizó *a su manera* como voluntad de poder nihilista.[26]

2.2 – Juzgar

4. La realidad de formas de existencia humana que testimonian, comunican y promueven "vida en abundancia para toda la creación" tiene su condición de posibilidad y fundamento en que, en medio de la "vida falsa" (T. Adorno), los seres humanos son capacitados para ello por haber sido hechos realmente partícipes de la historia en que acontece la justicia "ajena" de la Cruz (iustitia aliena crucis) en tanto poder creador de vida.

5.1 Dado que "la palabra se hizo carne" (Jn. 1,14) asumiendo en su insondable misericordia el pesebre, los márgenes y la Cruz, dicha justicia acontece en la historia como poder de vida afirmando libre, incondicional- y gratuitamente –solus Christus, sola gratia– la dignidad y el derecho a la vida de las víctimas de la violencia ejercida por los poderes hegemónicos y su ley de muerte –sola fide.

5.2 Por la misma razón dicha justicia acontece en la historia como condena irrestricta de los poderes hegemónicos y su ley de muerte, de modo tal que los victimarios y demás "autojustificados" son hechos partícipes de esa justicia a partir de su reconocimiento y aceptación incondicional –sola gratia, sola fide.

---

quien mencionó cómo en una visita a Nueva York se encontró en el centro de esa metrópoli imperial un enorme anuncio con la mencionada leyenda. Míguez dedica su propia interpretación a la consigna en Néstor Míguez, Joerg Rieger y Jung Mo Sung, *Para além do espírito do Imperio…* pp. 267-270.
26 Ver por ej. Hannah Arendt, *Elemente und Ursprünge totaler Herrschaft – Antisemitismus, Imperialismus, totale Herrschaft*. Múnich/Zúrich, 2005 (10a Ed), pp. 308-331 (ver en especial nota al pie en p. 313) [trad. al español: *Los orígenes del totalitarismo* (3 Vol.). Madrid: Alianza, 1981ss.]

5.3 Ello se manifiesta en su conversión real permanente: es decir, en un camino penitente de cambio real de fidelidades y solidaridades históricas, de compromiso político activo con el reconocimiento de la dignidad y el derecho de las víctimas y excluidos en el ámbito público y por ello de compromiso con la defensa de los derechos humanos de todas las personas –solus Christus.

6.1 Mediante el ingreso de la justicia ajena en la realidad a través de aquella historia "cruciforme", los poderes, relaciones e identidades "viejas" pasan, dando lugar a "nuevas criaturas" (2 Co. 5,17). 2.1) Ellas permanecen como tales a partir del vínculo renovador que mantienen a través del testimonio mutuo de la "Palabra de la Cruz" (1 Co. 1,18).

6.2 De esa Palabra reciben una y otra vez el regalo de una vida fundada precisamente en la justicia ajena de la Cruz, es decir en otro poder, otras relaciones y otras identidades, que la hacen una vida promisoria- y escatológicamente reconciliada, plena.

Ello es así pues en la totalidad de la historia bíblica de Dios con su pueblo, realizada con carácter paradigmáticamente radical en Jesucristo: desde el pesebre hasta la Cruz, a la luz de la fe en el mensaje de su resurrección, se revela la gracia y solidaridad incondicional de Dios con los pobres y sufrientes, con las víctimas del despliegue histórico-institucional del deseo ilimitado de apropiación y dominación del *homo peccator*.[27]

---

27 Meditando sobre Mt. 25,31-46, Hans J. Iwand señalaba: "...Tal vez debiera ser así que si una vez se ha pasado delante del Crucificado y ha visto esa ´cabeza ensangrentada y llena de heridas´ la volverá a encontrar en todas partes... (...) Solo porque él, el siervo de Dios de Is. 53 ha sufrido por nosotros, porque él *ha hecho suya* esa existencia de un hermano apátrida, pobre y miserable, y porque nosotros ahora pudimos ser salvos y bienaventurados por ese camino (Heb 2:10) por eso no lo amaremos a él si no amamos a los pobres y nosotros no podremos amar a los pobres sin con ello encontrarlo a él – sin poder captar [ese acontecimiento]. *Por eso* los pobres son el *tesoro* de la Iglesia. "El prójimo en su apremio, vergüenza y tormento nos coloca ante la pobreza y carencia de patria, ante las heridas, ante el cadaver, ante la tumba de Jesucristo" [NB: Iwand cita a Karl Barth, *Kirchliche Dogmatik I,2*, p. 474]. Así pues, lejos de poder leer y comprender nuestro Evangelio [NB: el autor se refiere al texto de Mt 25:31-46] sin eso que ha hecho Jesús por nosotros en su sufrimiento vicario (y toda su vida fue en ese sentido sufrimiento vicario), antes bien

Es precisamente a través de su libre decisión, que afirma la dignidad y el derecho a la vida de las y los violentados – derecho fundado en forma categorial en el juicio soberano de *su* insondable amor– que se hace manifiesta en la historia la *iustitia aliena crucis* como el verdadero poder dador de vida.

Ese poder se hace presente allí simultáneamente como expresión de su juicio airado sobre los victimarios, sus cómplices por acción u omisión y sobre toda otra forma de autojustificación humana. En ello se realiza definitivamente la condena radical de los poderes nihilistas y su ley de muerte: a través de la ejecución de ese juicio y de la conversión histórico-real que este lleva consigo en la medida en que es aceptado irrestrictamente y en toda su consecuencia, el Espíritu de la gracia crea paradójicamente el camino liberador y salvador a una "vida justa", reconciliada y verdadera –también para aquellos pecadores.[28]

Esa justicia ajena de la Cruz se manifiesta de modo tal al hacer visibles aquellos límites y contornos de vida instituidos por Dios en Jesucristo en su externidad escatológica característica.[29] Con, por y en ellos adquiere espacio histórico-real una vida liberada de toda clase de injusticia y violencia, puesto que fundada en las posibilidades de aquel poder que se realiza

---

él es la encarnación y suma de una *solidaridad* que surge de la Cruz, que juzga y salva al mundo, puesta por Dios en su misericordia…", Hans J. Iwand, *Predigt-Meditationen*. Gotinga: Vandenhoeck & Ruprecht, 1963, pp. 246-247.

28 Cf. Daniel Beros, "Dejar que se haga presente la justicia de Dios", en Jerónimo Granados (Ed), *Bicentenario – Tiempos de revolución e independencia. Reflexiones del Claustro de Profesores del ISEDET*. Buenos Aires: I.U.SEDET, 2013, pp. 33-49.

29 Este importante acento específico de la gramática reformadora se lo debo particularmente al diálogo sostenido con el Prof. Dr. Hans G. Ulrich. Él mismo ha seguido esta huella teológica, que pone de manifiesto el carácter *instituido* y lleno de gracia de los "contornos", de la forma de vida de los justificados en el mundo – una perspectiva subrayada ya por Ernst Wolf. Ver al respecto Hans G. Ulrich, *Wie Geschöpfe leben. Konturen evangelischer Ethik*. Münster: Lit, 2005; Ernst Wolf, *Sozialethik. Theologische Grundfragen*. Gotinga: Vandenhoeck & Ruprecht, 1975.

paradójicamente mediante su propia *auto*-limitación radical (E. Jüngel).[30]

Pues la debilidad, abandono y *"aniquilación"* del Cristo crucificado deben ser comprendidos por la fe como consecuencia de aquel deseo ilimitado de autoafirmación nihilista y nihilizante del ser humano pecador en su configuración religiosa e imperial histórico-concreta (a ello hace referencia precisamente el *"sub Pontio Pilatus"* del Credo Apostólico); pero a la vez como libre *anonadamiento* y en él como sorprendente realización de su amorosa elección y justicia, tanto hacia las y los débiles, estigmatizados y violentados, como –mediante su aceptación incondicional– hacia su criatura prisionera de los violentos demonios del pecado y de la muerte.

Precisamente por *ese* camino (re-) creador y no otro –en medio de y a través de *esa historia*, en que tiene lugar un cambio radical de solidaridades históricas, que se realiza como lucha por el reconocimiento y la afirmación del derecho a una vida digna de los excluidos y oprimidos– fue establecida la única relación histórico-escatológica, realmente liberadora y salvífica, entre criatura aniquilada, criatura aniquiladora y el Dios que mediante el Espíritu de Jesucristo "vivifica a los muertos y llama a la existencia a las cosas que fueron reducidas a la nada (*ex nihilo*), para que vivan" (cf. Ro. 4,17).

Ese es pues el punto decisivo en que se hace manifiesta la *forma* liberada de vida, el *contorno* real de la gracia, instituido por Dios en el Cristo aniquilado-anonadado y sellado en su resurrección. Ella da expresión histórico-concreta a la decisión soberana y libre de ese Dios por las víctimas de la "concupiscencia de la carne", que se realiza en la "palabra corporal-encarnada"[31] que *es* real- y originariamente el Hijo Crucificado y Resucitado. A la

---

30 Cf. Eberhard Jüngel, „Gottes ursprüngliches Anfangen als schöpferische Selbstbegrenzung. Ein Beitrag zum Gespräch mit Hans Jonas über den ´Gottesbegriff nach Auschwitz´" en: del mismo, *Wertlose Wahrheit. Zur Identität und Relevanz des christlichen Glaubens*. Múnich: Chr. Kaiser, 1990, pp. 151-162.

31 *"Leibliches Wort"*, Cf. *Confesión de Augsburgo*, Art. V.

fe cruciforme[32] que la acepta incondicionalmente, justificando a Dios en *sus* "razones", hechas carne en Jesucristo (M. Lutero, H. J. Iwand: *Deum iustificare*),[33] él le revela su oculto señorío *sub contraria specie* (bajo la apariencia de lo contrario).

En el mismo sentido en que el testimonio de la Biblia hebrea en el libro del Génesis describe la obra creadora de Dios mediante su Palabra como obra de "separación" (cf. Gn. 1), es recién esa decisión la que establece el juicio, separación y el trazamiento de límites decisivo en la historia del cosmos y de cada ser humano, en sus dos relaciones principales.[34] A través suyo las víctimas son arrebatadas a la violencia de los poderes de la ruina, que con su sentencia buscan sellar eternamente su arrojo a la nada, mediante la adjudicación y comunicación gratuita de la justicia ajena de la Cruz como poder misericordioso y

---

32 Cf. Daniel Beros, "Fuera de lo cual...", pp. 45-52, aquí en especial p. 47.

33 Cf. Daniel Beros (Trad/Ed), *Hans J. Iwand. Justicia de la fe...* op. cit. pp. 50ss.

34 "... La relación de Jesús con los suyos es una relación de elección... (...) En el *crucifixus* son elegidos los suyos, es decir aquellos que se saben llamados a través de su sufrimiento... (...) El Evangelio no está simplemente tan abierto como para que cualquiera pueda venir y tomarlo, sino que está protegido, resguardado. Los fariseos deben permanecer afuera... (...) Y eso, precisamente, porque los suyos están determinados —no en el sentido de una predestinación real, sino que en esa misericordiosa elección de Dios, que sucede en Jesucristo y se dirige a los pobres (Lc 6,20), a los dolientes (Mt 5,4), a la caña cascada, al pábilo humeante (Is 42,3), al pueblo que marcha en tinieblas (Is 9,1). De allí que también llegaría a ser comprensible que la doctrina de la ley y el Evangelio generalmente está unida a determinadas personas. La ley está dirigida a los *"superbi in sua iustitia"* (a los soberbios en su justicia). La ley no dice algo simplemente en el vacío, sino que tiene sus destinatarios, tiene su gente, está orientada hacia esa gente. Debe rechazar a esa gente para que no se apodere del Señor. Y a la inversa, les dice a los *"humiliati in sua paupertate"* (los humillados en su pobreza), que reclaman tener a Cristo, que Cristo está aquí... (...) La *humiliatio* no es un estado de las personas, sino que los *humiliati* son los suyos. Son aquellos que pertenecen a Cristo gracias a su elección... (...) El *Crucifixus* es la protesta de Dios, es la señal de que Dios es el Señor (...) pues en él, el *crucifixus*, ha sido juzgado todo lo que quiere ser elevado y noble y piadoso y verdadero en este mundo sin Cristo...", Hans J. Iwand, *Luthers Theologie* (NW V). Múnich: Kaiser, 1974, pp. 106-108.

solidario de y para la vida; a la vez, a través suyo, aquellos poderes son juzgados y escatológicamente vencidos de modo tal que los victimarios, en tanto sus criaturas corrompidas y corruptoras por el pecado, son arrebatados a los demonios del poder que los poseen.[35]

Así pues, recién a través de esa separación en y mediante la Palabra, a través de ese juicio y trazamiento de límites, cuya potestad originaria pertenece exclusivamente al Dios Trino, es que irrumpe en la historia de muerte aquel poder en que se enhebra una nueva realidad de vida promisoriamente reconciliada. De esa vida son hechos partícipes todas aquellas y aquellos que lo dejan valer sin condiciones para sí, en tanto Palabra de condena y de gracia, confiándose totalmente a él por el camino del seguimiento y de la afirmación concreta y eficaz del derecho de los más débiles de la sociedad. A través de *ese* preciso *"sola fide"*[36] –y de ninguna otra disposición "religiosa"

---

35 Ese es el camino que recorre Dios en Jesucristo con su criatura, que a través de la "obra extraña" (*opus alienum*) realizada en la cruz como expresión del juicio de la ley que da "muerte", por la justicia manifiesta en Jesucristo, que como "obra propia" (*opus propium*) expresa su gracia y fidelidad radical e incondicionada, que es el evangelio, la resucita como "nueva criatura" a la vida reconciliada con Dios y su creación. Cf. por ejemplo, el comentario a la tesis 4 de la "Disputación de Heidelberg", en: *Obras...* (Tomo I), pp. 34.

36 Solo percibiendo la indisoluble relación entre la justicia de Dios revelada en la "Palabra de la Cruz" como acto de solidaridad radical de Dios en la historia con las víctimas de la violencia producida por la constitución idolátrica, absoluta, del propio deseo ilimitado (*concupiscencia*) con la fe verdadera, es posible comprender y vivir correctamente el *"sola fide"* reformador. Lamentablemente la tradición teológica y eclesial, así como la vivencia práctica de los cristianos evangélicos, mayormente desvirtuó esa afirmación central de los Reformadores diluyéndola en términos interioristas e individualistas, que falsean el testimonio bíblico y no significan otra cosa que una forma sutil de "autojustificación" (es decir: de injusticia, de pecado) en la iglesia evangélica. Entre otras razones, ello fue consecuencia de la imposición de una concepción ahistórica de la fe y de una comprensión de la obra reconciliadora de Dios en la Cruz como un acto cuasi metafísico, igualmente desvinculado de la historia y de sus relaciones concretas de poder, desde la perspectiva "de arriba". A mi entender, resulta clave recuperar la auténtica concepción bíblico-reformadora, que describe el acto de fe fundamentalmente como un

o "piadosa", que pretenda corresponder a la intencionalidad teológica original de los Reformadores en relación a la fórmula "por la fe sola"– tiene lugar una y otra vez la "muerte del hombre (de la mujer) viejo (vieja)", la de-construcción permanente del ser humano en tanto pecador.

A partir del cambio radical de *story*, y de *poder* allí implicado: es decir, de su conversión (*metanoia*), obrada por el Espíritu, es que el ser humano llega a ser un "hombre (mujer) nuevo (nueva)" (Ef. 4,20ss), una "nueva criatura" (2 Co. 5,17). Al ser hecho partícipe del anonadamiento amoroso y solidario de Cristo (Fil 2), es convocado y capacitado a tomar parte del poder de Dios para buscar y promover "vida en abundancia" para toda la Creación a través de *otras* relaciones sociales y ecológicas, fundadas en esa "nueva" compasión y justicia de la Cruz.

2.3 – Actuar

7. La Iglesia de Jesucristo es aquella comunidad de seguimiento en que se testimonia, experimenta y celebra la historia en que, según la palabra divina de promesa, acontece siempre de nuevo la justicia ajena de la Cruz, tomando cuerpo visiblemente de ese modo la obra liberadora, reconciliadora y renovadora del Dios trino en el seno de la humanidad.

8. Así pues, dicha comunidad es constituida como tal en tanto medio político en que el Espíritu Santo obra la comunicación mutua de la justicia ajena de la Cruz, y con ella la comunión reconciliada

---

confiarse absoluto e incondicional al juicio de Dios. Mediante ese confiarse histórico-existencial el ser humano abandona ("crucifica") sus propios juicios de tal forma que –mediante la transformación del entendimiento que produce en él el Espíritu de Dios– asume en la historia concreta la solidaridad del Dios de Jesucristo con las víctimas de la violencia, la injusticia y el pecado. Solo así la gracia se abre camino en la vida del pecador como gracia auténtica y justificante (en palabras de Dietrich Bonhoeffer: como "gracia cara"). Es por ello que únicamente si la teología y el testimonio cristiano aprenden a seguir en toda su consecuencia dicha comprensión, será posible aspirar a no incurrir con total desprevención en sus clásicos falseamientos, que han dado y siguen dando lugar a tan "malos frutos" en la iglesia y la sociedad.

entre sus miembros –obsequiando a la comunidad, y a través de ella, también al mundo, los dones y carismas que les son propios.

9. Ello, a la vez que da lugar a la comunión en el seno de la comunidad, impulsa a sus miembros de modo inseparable y como expresión de su solidaridad con y junto a las víctimas de la violencia producida en el seno del sistema global de poder imperante, a descubrir en cooperación con otras personas –sin el recurso a la violencia– cómo se concretan interpersonal e institucionalmente formas de justicia civil que, en todos los órdenes de la vida, permanezcan permanentemente abiertas a la irrupción crítica y liberadora de la justicia ajena de la Cruz –en la ardiente esperanza de que esa justicia y su reinar irrumpan definitivamente en el mundo y en toda la creación como poder de vida en plenitud.

A través del poder de vida misericordioso y solidario, que se manifiesta y actúa de ese modo histórico concreto, por la fe son renovadas y liberadas las mentes y los cuerpos de aquellos y aquellas que, escuchando la Palabra de Promesa, una y otra vez aprenden juntos a orar de nuevo: "Venga *tu* Reino, hágase *tu* voluntad en la tierra como en el cielo" (H. Ulrich).[37]

Ellos adquieren la existencia política[38] que les es característica dejándose llevar, por la iniciativa y el poder del Espíritu Santo, que obra mediante el testimonio mutuo de la Palabra, al "lado reverso de la historia" (G. Gutiérrez)[39] –"a través del

---

37 Cf. Hans G. Ulrich, „Ethik lernen mit dem Vaterunser. Das Gebet als paradigmatische Praxis einer Lebensform", en: Johannes von Lüpke / Edgar Thaidigsmann (Ed.) *Denkraum Katechismus. Festgabe für Oswald Bayer zum 70. Geburstag.* Tubinga: Mohr-Siebeck, 2009, pp. 445-448.

38 "...Puesto que la Iglesia es la ciudad sobre la montaña, polis (Mt 5:14), fundada en la tierra por Dios; puesto que, en cuanto tal, constituye la propiedad sellada de Dios, su carácter "político" forma parte indisoluble de su santificación. Su "ética política" se basa únicamente sobre su santificación...". Cf. Dietrich Bonhoeffer, *El precio de la gracia – El seguimiento.* Salamanca: Sígueme, 1986, p. 194 [*Nachfolge*, Múnich, Kaiser, 1940 (2da Ed), p. 200].

39 Cf. Gustavo Gutiérrez, "Teología desde el lado reverso de la historia", en: del mismo, *La fuerza histórica de los pobres.* Lima: CEP, 1979, pp. 303-394.

sufrimiento y la cruz" (*per passionem et crucem*).[40] Aceptando incondicionalmente en la fe la voluntad amorosa y justa de Dios en Jesucristo, hacen suya *su* divina "opción", confiándose a aquella Palabra que en su gracia los lleva consigo junto a las víctimas de toda forma de estigma, de exclusión y violencia, que en la presente etapa de la historia humana encuentran su consumación sistémico-estructural en la violencia imperial-capitalista. Lo hacen de modo tal que, a través del servicio de su praxis político-comunicativa, en el medio de la justicia civil (*iustitia civilis*) (E. Wolf),[41] en todos los ámbitos de la vida[42] llegue a ser realmente experimentable aquella justicia y solidaridad vivificante y transformadora hecha carne en Jesucristo.

---

40 Según Martín Lutero ello es producto de la toma de contacto por parte de los creyentes con "el lado reverso de Dios" (*posteriora Dei*). Cf. Tesis 20 y su comentario de la "La Disputación de Heidelberg", en: *Obras...* (Tomo I), pp. 41-42. A raíz de tales percepciones de la espiritualidad y la teología latinoamericana y de la Reforma sostengo una vez más que a la "fe cruciforme" le es dada su existencia (política) al reconocer por medio de la "Palabra de la Cruz" el "lado reverso de Dios" confiándose totalmente a ella en el "lado reverso de la historia" –ello es: en el seguimiento del Crucificado junto a los crucificados: *per pasiones et crucem*–. Ello es lo que sostiene Dietrich Bonhoeffer en su famosa poesía "Cristianos y paganos" y en su carta desde la prisión de Tegel del 18 de Julio de 1944: "...El hombre está llamado a sufrir con Dios en el sufrimiento que el mundo sin Dios inflige a Dios... (...) No es el acto religioso quien hace que el cristiano lo sea, sino su participación en el sufrimiento de Dios en la vida del mundo... (...) Esta es la *metanoia*: no comenzar pensando en las propias miserias, problemas, pecados y angustias, sino dejarse arrastrar al camino de Jesucristo, al acontecimiento mesiánico, para que así se cumpla Is 53... (...) Este acto de ser arrastrado a los sufrimientos mesiánicos de Dios en Jesucristo se cumple, en el Nuevo Testamento, de distintas maneras: por la llamada, hecha a los discípulos al seguimiento, por la comunidad de mesa con los pecadores... (...) Lo único común a todos ellos es su participación en los sufrimientos de Dios en Cristo. Esta es su "fe". Nada de metodismo religioso. El 'acto religioso' siempre tiene algo de parcial; la 'fe', en cambio, es un todo, un acto de vida. Jesús no llama a una nueva religión, sino a la vida...", del mismo, *Resistencia y sumisión. Cartas y apuntes desde el cautiverio*. Salamanca: Sígueme, 1983, p. 253.
41 Ernst Wolf, „Politia Christi. Das Problem der Sozialethik im Luthertum", en: *Peregrinatio. Studien zur reformatorischen Theologie und zum Kirchenproblem*. Múnich: Chr. Kaiser, 1962, pp 214-242.
42 Cf. *Declaración Teológica de Barmen* (1934), Art II.

Quienes son movidos a una praxis tal, no se constituyen en "sujetos" en el sentido de que vivan autónoma-, "autopoiéticamente", encontrando por sí mismos dentro suyo o quizá incluso dándose a sí mismos su propia "ley emancipatoria" (pues ello significaría *ipso facto* su recaída en la "vida falsa". Cf. Ro. 7).[43] El suyo, en ese sentido, no es el *pathos* de la Modernidad Occidental, que en su dinámica autoafirmativa y negadora de las otredades, en nombre de la libertad no ha dejado de imponer esclavitudes. Antes bien, ellos viven como *su*-jetos (*sub-iecti*)[44] al poder divino que obra mediante la justicia ajena de la Cruz, recibiendo a través de la fe *heterónomamente*, *extra se*, su "ley de vida" (cf. Ro. 8,2) –pues solo así permanecen realmente en la "vida justa", liberados por la "autonomía" del Espíritu Santo de la tiranía del pecado y sus poderes para acoger y afirmar mancomunadamente la vida del otro/a.[45]

En tanto comunidad que ha experimentado y confiesa que "por sus heridas ha sido curada" (cf. Is. 53, 5), ella vive del testimonio mutuo en que la "palabra corporal-encarnada", que como

---

43 Ello supondría asumir el tipo de "normalización en el poder" (N. Míguez) que invierte y pervierte la dinámica mesiánica expresada por la justicia ajena de la Cruz en el ámbito de la praxis política. Ver al respecto el tratamiento de la dialéctica entre poder mesiánico y poder imperial que realiza Néstor Míguez en el marco de la búsqueda de una praxis política alternativa, en Ibid, pp. 237-278 (ver en especial p. 244).

44 Ver respecto al uso del concepto de "sujeto" la nota al pie Nro. 15.

45 La dimensión pneumatológica en este contexto ha sido enfatizada especialmente por el enfoque de U. Zuinglio. Cf. Berndt Hamm, *Zwinglis Reformation der Freiheit*. Neukirchen-Vluyn: Neukirchener, 1988; Daniel Beros, "Vida y obra de Ulrico Zuinglio", en René Krüger / Daniel Beros (Trad./Ed.), *Ulrico Zuinglio - Una Antología*. Buenos Aires: La Aurora, 2006, pp. 11-22. Cabe destacar aquí que, a la luz de la justicia ajena de la Cruz, no solo la asunción acrítica del *pathos* "moderno" significaría instalarse en la "vida falsa"; también una idéntica asunción de las variantes "postmodernas" no significaría otra cosa. Ello es así en la medida que éstas últimas comparten el establecimiento absoluto del "fragmento" y la exaltación de un "pluralismo" indiferenciado y apático, que tiende a perder de vista y restarle compromiso a la dimensión comunicativa, pública y universal de las transformaciones políticas necesarias. Desde esa perspectiva ambas aparecen como expresiones opuestas (y paradójicamente complementarias) de la misma y problemática auto-*nomía*.

poder renovador de los sentidos y las mentes (Ro. 12,2), les es ofrecida como criterio de discernimiento vinculante del sentido de su praxis política. Por medio suyo llegan a desnaturalizar las agresiones y heridas que sufren en sus cuerpos y almas los violentados/as y mancillados/as tanto como la violentada y herida creación. Quienes son renovados "por el amor de la cruz nacido en la cruz" (M. Lutero) no "pierden de vista" a las víctimas y su derecho a una vida digna e íntegra en un contexto sociocultural y más mediático en que el poder hegemónico las oculta e invisibiliza al sentido común; antes bien, es precisamente su renovada orientación a partir de la *iustitia aliena crucis* la que los capacita a ver a los que "el mundo no ve", en su "desprecio" por ser humano.[46]

Así resisten *crítica y políticamente* (es decir: sin violencia, sino exclusivamente mediante la palabra [*sine vi humana, sed verbo*])[47] la violencia desatada en la historia por aquel poder hegemónico disolvente, impulsado por la "concupiscencia de la carne", llegando a ser la no violencia una característica distintiva de su testimonio político –y ello no como producto de un "ideal" abstracto cualquiera, sino como consecuencia de la reconciliación y la paz obradas por Dios en Jesucristo en medio de la historia (cf. Ef. 2; 2 Co. 5). Eso la convierte en una comunidad de servidores y testigos de esa obra de Dios a favor del mundo, precisamente también en medio de los conflictos y las luchas que son inherentes al ámbito de lo público. Ello radica en que precisamente ese ámbito no puede prescindir de un testimonio resistente como ese, que no apunta en primer lugar a hacer "prosélitos", sino a que todas las personas sean hechas partícipes de una comunidad de derecho, que reconozca y afirme la dignidad y la vida de todos.

Pues dicha comunidad civil solo será capaz de preservar su carácter político en la medida que permanezca abierta a la

---

46 Cf. Martín Lutero, *Comentario a la Carta a los Gálatas* (1531), WA 40/1, 79,5s., citado en Hans J. Iwand, *Luthers Theologie* (NW V). Múnich: Kaiser, 1974, p. 119.

47 Cf. *Confesión de Augsburgo*, art. XXVIII.

irrupción de la justicia ajena/externa de la Cruz como poder afirmador de la vida de los excluidos, de las víctimas; permeable a su renovada irrupción, libre de toda dominación fundamental y absoluta –permanente tentación humana y utopía imperial: el fin de la política–, una sociedad tal experimentará en medio suyo señales palpables y esperanzadoras de un reinar escatológico que encuentra en esa justicia su expresión más radical, realizándose como celebración efectiva de la inclusión y de la comunión: el reinar de Dios y la promesa de su Reino.[48] Por lo dicho hasta aquí queda claro que esa comunidad realiza concretamente su llamado a experimentar y testimoniar públicamente el reinar salvífico de Dios no solo en el ámbito de la Iglesia (*ecclesia*), sino –en el sentido de la doctrina reformadora "de los tres órdenes"[49]– a la vez en el de la política (*politia*) y de la economía (*oeconomia*), es decir en todos los ámbitos de la existencia, tanto eclesial y como civil, de un modo que incluye promisoriamente a toda la Creación (cf. Ro 8, 14-27).

A través de una espiritualidad del seguimiento como la que aquí apenas he podido bosquejar, el ser humano recupera

---

48 Es en ese sentido que coincido con N. Míguez cuando sostiene que "renunciar a lo trascendente es quedarse sin lugar para la crítica radical de la historia". Cf. Néstor Míguez, Joerg Rieger y Jung Mo Sung, *Para além do espírito do Imperio...* p. 276. Ese es el significado liberador fundamental –en relación al *homo peccator*, en su indefectible inclinación idolátrico-nihilista– de la afirmación del carácter "externo" de la justicia de la Cruz, así como lo he planteado a lo largo del presente ensayo. En palabras del Reformador: "...Nuestro fundamento es éste: el Evangelio nos manda no fijar la atención en nuestras buenas obras y perfecciones, sino en Dios, que es el promitente, en Cristo, el Mediador... Así pues, el fundamento de porqué nuestra teología es plena de certeza es que ella nos arranca de nosotros mismos y nos coloca fuera de nosotros, de modo que no nos confiamos a nuestras fuerzas, nuestra conciencia, nuestra capacidad de percepción, nuestro carácter y nuestras obras, sino a lo que está fuera de nosotros, es decir: a la promesa y la verdad de Dios, que no pueden engañar..." Martín Lutero, *Comentario a la Carta a los Gálatas* (1531), WA 40/1, 589, 17-19; citado en: Gerhard Sauter, *Zugänge zur Dogmatik.* Gotinga: Vandenhoeck & Ruprecht, 1998, p. 28.
49 Cf. Al respecto el artículo de Reinhard Schwarz, „Luthers Lehre von den drei Stände und die drei Dimentionen der Ethik", in *Lutherjahrbuch* 45 (1978), pp. 15-34.

el límite liberador instituido por Dios en la Cruz. Pues es precisamente por medio de ese camino histórico "cruciforme", abierto y posibilitado por el Espíritu de Cristo, que aquella justicia *ajena* se hace manifiesta comunicativamente en medio de la comunidad política como contorno concreto de la gracia y así como poder de vida en plenitud –anticipo y promesa de un mundo nuevo, donde cabrán todos.

Sección 3

Política y economía de la liberación

O bien la persona está determinada por Dios - y ella vive entonces de forma compasiva y justa a partir de los demás, comenzando por los "más pequeños" (Mt 25,31 ss.) - o está determinada por el poder del pecado — y en ese caso vive encorvada en sí misma, auto-referente y actuando de forma destructiva frente a las demás criaturas.

Lutero y la economía: la crítica a la religión como crítica al capitalismo

Martin Hoffmann

1. La dialéctica de la Ilustración

«Al final del Iluminismo se encuentra
el becerro de oro»[1].

C on esta tesis el escritor suizo Max Frisch pone al descubierto una problemática propia de la llamada Modernidad. Lo que la caracteriza es un movimiento integral de emancipación provocado por la Ilustración: la liberación cultural de tradiciones y convenciones, la liberación socio-política de autoridades, clases sociales y jerarquías, y también la liberación económica del sistema feudal. Razón, libertad y progreso pasan a ser las ideas centrales de una

---

1 Ese es el título de un discurso de Max Frisch de 1986, citado por: Peter Ulrich, *Zivilisierte Marktwirtschaft. Eine wirtschaftsethische Orientierung.* Friburgo: Verlag Herder, 2005, 24.

sociedad «ilustrada» que se libera de dogmas teológicos y del dominio de la Iglesia. La religión y la teología se miden con la vara de la razón, y la Humanidad es concebida como un proceso de avance constante. Sin embargo, este «proyecto de Modernidad»[2] desemboca en la dialéctica del Iluminismo: el acto de liberación pasa a corresponder a una nueva sumisión a otros dioses. La razón rápidamente degenera en la lógica instrumental de la eficiencia. El regreso de antiguos mitos como la nación, la raza y la tradición popular genera nuevas ideologías de poder. La libertad económica de la burguesía desemboca en un sistema de mercado omnipotente. El ser humano y la naturaleza son sacrificados a los nuevos becerros de oro. Max Frisch descubre la cualidad religiosa de los principios del Iluminismo y la describe de manera muy punzante.

Observemos la dimensión económica de este proceso y volvamos a los inicios, cuando las estructuras feudales de la economía comenzaban a ser reemplazadas por el nacimiento de una burguesía libre y por las primeras formas de economía capitalista. ¿Qué potencial se encuentra en la teología reformadora de Martín Lutero para discutir críticamente esta transformación, su lógica interna y sus consecuencias? ¿Puede ayudarnos este potencial teológico a desenmascarar y a destruir los becerros de oro de hoy en día? ¿Cuáles son las perspectivas que encontramos en esta teología para poder construir una economía a favor de la vida en nuestros tiempos?

2. Lutero y su crítica a la economía

La crítica de Lutero a los procesos económicos y a los fenómenos de transformación del feudalismo a un sistema de capitalismo temprano puede ser considerada el hilo conductor de sus escritos políticos y sociales[3].

---

2 Ver Jürgen Habermas, «Die Moderne – ein unvollendetes Projekt», en íbid., *Kleine politische Schriften I-IV*. Fráncfort/M.: Suhrkamp Verlag, 1981, 444-464.

3 Ver al respecto: Hans-Jürgen Prien, *Luthers Wirtschaftsethik*. Gotinga: Vandenhoeck und Ruprecht, 1992, especialmente 69-83. De este libro son los siguientes números de páginas en el texto.

Ya en su texto reformador *A la nobleza cristiana de la nación alemana: sobre el mejoramiento del estado cristiano* de 1520, Lutero critica no solo el negocio con bienes de lujo sino también especialmente la «compra con intereses» (*Zinskauf*) como nuevo instrumento de explotación y de empobrecimiento.

Sus dos *Sermones sobre la usura*, el llamado «pequeño sermón» de 1519 y el «gran sermón» de 1520, tratan sobre la avaricia, los intereses y la usura y denuncian los negocios públicos en el mercado y el comercio. Lutero reacciona con esos sermones a la situación cada vez más precaria de los campesinos. Como consecuencia de una serie de malas cosechas en los años 1490 al 1494, 1500 al 1504 y por último del 1515 al 1519, los campesinos se habían visto obligados a tomar créditos, lo que en muchos casos llevó a que perdieran sus propiedades. En el ámbito cristiano la prohibición medieval de cobrar intereses había comenzado a tambalear. El derecho canónigo había prohibido los intereses por ser una forma de usura. Pero ahora la teología católica se comienza a adaptar a la nueva situación, en especial el antagonista de Lutero, Dr. Eck, quien en la tradición de la escuela de Tubinga, declara aceptable cobrar hasta un cinco por ciento de intereses.

En sus sermones, Lutero se dirige fundamentalmente contra la usura, tanto en la compraventa (capital comercial) como en el préstamo (capital monetario). Él se refiere especialmente a la «compra con intereses» (*Zinskauf*), un tipo de negocio de hipoteca. En este negocio el deudor daba una propiedad inmobiliaria como prenda de su crédito o cedía el usufructo de la misma, pero podía recuperarla pagando su deuda (pág. 62 s.). Lutero lo declara una «cruel usura» ya que «el pobre pueblo es explotado y oprimido». Sin embargo, él también prevé excepciones en los casos en los que el crédito es otorgado por motivos caritativos, por ejemplo para ayudar a los pobres, y cuando el dador del crédito necesite el capital para sí mismo. En este caso él considera un interés de entre el 4% y el 6% como aceptable, pero de ninguna manera el interés que se cobraba habitualmente, que fluctuaba entre el 7% y el 10%.

Aquí se aprecia claramente que Lutero considera que el mandamiento del amor al prójimo del Sermón del Monte también debe aplicarse a todos los actos económicos[4]. Al comienzo de su sermón, Lutero formula tres reglas que se derivan del texto de Mt 5.40-42: a los humildes se les debe dar gratuitamente; los préstamos deben ser sin intereses; y hay que dejar pasar en amor lo que se ha extorsionado violentamente. Su fundamentación es teológica: Dios es un Dios de los pobres y de los humildes. Por lo tanto, el culto verdadero consiste en dar y en prestar (sin intereses). Lo interesante de esta argumentación es que ya en el año 1520 Lutero comprende la nueva lógica de la economía capitalista, que busca únicamente el bien propio y la maximización del beneficio, y la enfrenta con una lógica de la solidaridad que tiene como meta conservar la comunidad.

Cuatro años más tarde, en 1524, Lutero se refiere nuevamente al tema económico y le agrega una primera parte a su «gran sermón sobre la usura» con su escrito *Comercio y usura*, que analiza las prácticas comerciales. Esta ampliación del sermón le agrega dos alternativas al tema del «compra con intereses». La primera alternativa es que en vez de cobrar intereses fijos, se debería pedir el diezmo sobre la propiedad. De esta forma, el acreedor participaría en el riesgo de la cosecha, o sea en el beneficio económico (104). Por otro lado, Lutero recurre a la práctica del Antiguo Testamento del «año de jubileo» (Lev 25.10). Según esa práctica, cada cincuenta años se debían devolver todas las propiedades confiscadas o perdidas. Este escrito de Lutero, dividido en dos partes, tiene una clara estructura y carácter fundamental: la primera parte trata el tema del capital de comercio, la segunda parte del capital financiero.

El núcleo temático central y la principal crítica de la primera parte es al *monopolio comercial*, o sea la usura con el capital comercial. Aunque Lutero reconoce la necesidad de comerciar, advierte al mismo tiempo los peligros del creciente comercio a

---

4 Ver también: Gerta Scharffenorth, «Die Bergpredigt in Luthers Beiträgen zur Wirtschaftsethik – Erwägungen zu einer Theorie ethischer Urteilsbildung», en: de la misma autora. *Den Glauben ins Leben ziehen … Studien zu Luthers Theologie*. Múnich: Christian Kaiser Verlag, 1982, 314-338.

distancia con bienes de lujo (108). Él sostiene que ese comercio no tiene utilidad pública y que daña la economía nacional, ya que el dinero fluye hacia el exterior. Lutero llega a una dura conclusión: «siendo así, el comercio no puede ser otra cosa que robar y privar a otros de sus bienes». Los puntos centrales de la crítica de Lutero son los siguientes:

- *La fijación de precios* por gremios de comerciantes y cofradías: vender la mercancía al precio más alto posible se convierte en la finalidad principal de todo negocio. Según Lutero esto infringe la ley del amor cristiano y la ley natural, o sea la justicia y la equidad. Entonces, el precio de la mercancía no sólo debe justificarse legal sino también éticamente.

- *Los avales* permiten un flujo de dinero más constante, pero causan una red de dependencias. Lutero considera que los avales constituyen una infracción contra el primer mandamiento, ya que depositan la confianza en lo imprevisible y lo humano.

- El *préstamo económico* se orienta exclusivamente al beneficio propio, como se puede observar en los intereses que se cobran. Según la doctrina tradicional, prestar para obtener más o algo mejor no es otra cosa que «usura pública y maldita».

- En el naciente capitalismo prosperan múltiples *abusos y engaños*: la venta de mercancías a crédito con un determinado plazo de pago en vez de al contado, las operaciones comerciales especulativas a plazo, la venta monopólica de bienes, las ventas a bajo precio para dañar a los concurrentes más débiles, el abuso de estados de emergencia, la fijación de precios en cárteles, la participación empresarial con intereses fijos y la manipulación de mercaderías, medidas y pesos.

- En conclusión, la *formación de monopolios* sobresale como el mal principal. Estos monopolios comienzan a formarse con la creación de grandes sociedades comerciales que, como en el caso de la casa comercial Fugger, reúnen en una misma firma el naciente comercio global y el sistema bancario. Esta crítica se relaciona con los movimientos antimonopolio de la época, que se habían formado en las grandes ciudades hanseáticas y en la región alemana de Franconia. Las grandes sociedades obstaculizaban el sistema de pequeñas y medianas empresas comerciales y manufacturas. Lutero incluso llega a decir: son «realmente un monopolio vanidoso. Oprimen y arruinan a todos los comerciantes más débiles, como el lucio a los pequeños peces en el agua (120)».

En este escrito Lutero apela a la consciencia de cada uno de los comerciantes al caracterizar la consciencia cristiana también como criterio de una economía justa. Pero además revela el nexo estructural entre las diversas formas de capital (el comercial, el financiero y el productivo) y por lo tanto el paso de una economía de trueque feudal a una nueva era monetaria capitalista[5]. Para él está claro que esto implica también una transformación social. Esto se demuestra cuando hace referencia, además de la consciencia y del amor cristiano, a la justicia y a la equidad como principios de la ley natural a los cuales debe someterse el comercio. Lutero teme el desarrollo hacia una economía financiera sin freno ni regulación, que amenaza con destruir la sociedad. En esta temprana fase ya se pueden observar los principios fundamentales del capitalismo: el afán de lucro, considerar a los otros sujetos del mercado únicamente como competencia, considerar al cliente como consumidor y como objeto de la oferta, y la tendencia a la formación de monopolios. Para Lutero los motivos que están detrás de estos desarrollos son la codicia y la avaricia. Por eso puede exigir que la autoridad pública se oponga activamente a la manipulación de precios y a la explotación: para orientar el comercio al bien común es necesaria la regulación estatal, por ejemplo en la fijación de un marco de precios adecuado (equidad). Aquí Lutero está anticipando el concepto de la responsabilidad social de la empresa.

---

5 Ver Hermann Lehmann, «Luthers Platz in der Geschichte der politischen Ökonomie», en: *Martin Luther Leben, Werk, Wirkung*. Ed. por Günter Vogler en cooperación con Siegfried Hoyer y Adolf Laube. Berlín: Akademie Verlag, 1986, 287.

En su *Catecismo Mayor* del año 1529 Lutero profundiza aún más su análisis y relaciona al principio el problema económico con el séptimo mandamiento «no hurtarás». Para él las prácticas comerciales mencionadas no son otra cosa que ejemplos concretos de hurto.

> Porque, repitámoslo, hurtar no consiste meramente en el hecho de vaciar cofres y bolsillos, sino que también es [...] en todas las partes donde se comercia recibiendo o dando dinero a cambio de las mercancías o en pago de trabajo. [...]Lo mismo, además, sucede con más fuerza e intensidad en el mercado y en los negocios comunes, donde uno trata de engañar al otro públicamente, mediante mercancías, medidas, pesas y monedas falsas y con embustes y extrañas astucias o malévolas tretas de explotación[6].

En consecuencia, el Catecismo Mayor transfiere los asuntos económicos del séptimo al primer mandamiento «Yo soy El Señor, tu Dios. No tendrás dioses ajenos delante de mí»[7]. La economía se transforma entonces con el concepto de «mamón» en un problema del ámbito de Dios. Pasa de ser un problema ético a un problema teológico. Lutero se opone a las presiones sistémicas del capitalismo sometiéndolo a la crítica del mandamiento divino. Esas prácticas económicas son idolatría pura, porque la mayoría de las personas desprecian a Dios y siguen al Mammón y veneran su propia justicia:

> Algunos piensan tener a Dios y a todas las cosas en abundancia, cuando poseen dinero y bienes. En esto se confían y se engríen de tal modo, con tal firmeza y seguridad en lo que tienen que para ellos nada hay que valga la pena. Observad, tal persona tiene ya también un dios que se llama Mammón, esto es, el dinero y los bienes en que tal persona ha puesto su corazón. Por lo demás, este es el ídolo más común en el mundo[8].

---

6 WA 30 I, 164 s.

7 Lo siguiente se basa especialmente en F.-W. Marquardt, Gott oder Mammon aber: Theologie und Ökonomie bei Martin Luther, en: *Einwürfe*, Tomo 1, ed. por F.-W. Marquardt / D. Schellong / M. Weinrich. Múnich: Christian Kaiser Verlag, 1983, 176-216.

8 WA 30 I, 133.

Aquí se reconoce y se denuncia claramente la explotación capitalista: el egoísmo absoluto y la búsqueda del propio beneficio. Esto caracteriza a la persona que pone su confianza en sí misma y que se convierte a sí misma en dios. Porque en lo que una persona confía y en lo que se fía, ahí está su Dios.

En el año 1539 Lutero retoma en detalle el tema económico en su advertencia *A los pastores, que prediquen contra la usura*[9]. Lo novedoso de este escrito no consiste en el análisis que realiza, sino en la exigencia a los predicadores y a sus congregaciones de tomar postura frente a los cambios en la economía y en sus prácticas.

> Hace 15 años escribí contra la usura, cuando ésta estaba ya tan arraigada que no tenía esperanzas de que mejorara. Sin embargo, desde ese momento ha avanzado tanto que ya no se considera vicio, pecado o vergüenza, sino que se jacta de ser virtud y de honra, como si amara profundamente a las personas y les sirviera cristianamente. ¿Qué nos ayudará, ahora que la vergüenza se ha vuelto honra y el vicio virtud? [...]Por el amor de Dios les pido a todos los predicadores y pastores que no callen ni sean indulgentes, sino que prediquen contra la usura y adviertan y avisen al pueblo. Si no podemos defendernos contra la usura, porque se ha vuelto imposible no solo en nuestros sermones sino en todo el gobierno temporal, por lo menos queremos sacar a muchos de esta Sodoma y Gomorra con nuestras advertencias (193).

Lutero reacciona a ese desarrollo con una crítica muy dura que llama proféticamente a una vuelta atrás e inspira la búsqueda de modelos alternativos.

- Lutero exige la excomunión por motivos económicos. Los pastores no deben dar la absolución ni los sacramentos si un usurero rechaza la palabra de Dios y se separa totalmente de la Iglesia, cobrando intereses de forma notoria.

---

9 WA 51, 331-424. Traducido por Dámaris Zijlstra Arduin en Martin Hoffmann, *La locura de la cruz. La teología de Martín Lutero. Textos originales e interpretaciones.* San José, Costa Rica: DEI 2014, 225-230. Una trascripción al alemán contemporáneo se encuentra en: Guenter Fabiunke, *Martin Luther als Nationalökonom.* Berlín (DDR): Akademie Verlag, 1963, 193-230. De este libro también son los siguientes números de páginas en el texto.

- Lutero también exige que los sermones se dirijan claramente contra los poderosos. Él les recuerda que los sermones de todos los profetas se dirigían mayormente contra las personas más importantes y que en el Evangelio Cristo era una persona humilde, insignificante y sin embargo se dirigía a los sumos sacerdotes.

- Lutero incluso exige que los pastores intervengan en funciones estatales o jurídicas en el ámbito económico y que como predicadores del Evangelio actúen en su representación.

- En sus escritos económicos, Lutero recurre consciente y directamente al Sermón del Monte y a las parénesis del Nuevo Testamento y saca de ellos consejos económicos positivos, como por ejemplo que se debería dar y prestar con gusto, sin intereses y sin reclamar demasiado, y que, dado el caso, se debe desistir al cobro si el deudor está en apuros.

- Finalmente, Lutero desarrolla la idea de que la congregación cristiana en sí misma está destinada a existir como sujeto económico independiente. Para él la congregación es aquella parte de la sociedad en la que se presta evangélica y gratuitamente y donde se comercia con dinero o mercancías. Esto significa ni más ni menos que Lutero considera a la congregación como sujeto social anticapitalista e independiente, que se opone a las presiones del sistema.

Lutero se orienta a partir de esto, siempre teniendo presente la muerte de Cristo, y los pobres. Ellos son para Lutero la norma que debe ser tomada en cuenta por la congregación cristiana contra el creciente capitalismo.

3. La crítica al capitalismo de Lutero en la historia de la investigación

Aunque el análisis crítico de Lutero de la transformación económica de su tiempo es conocido, casi siempre pasa a segundo plano detrás de sus declaraciones políticas. Además los investigadores discuten dónde ubicar esta crítica, esto es, cuáles fueron las razones y las intenciones que la motivaron. En la interpretación de la crítica económica de Lutero se visualizan tres aspectos como líneas centrales[10].

La primera tiene su raíz en la interpretación de Karl Marx. En 1858 él llama a Lutero el «más antiguo economista nacional alemán»[11]. Lo considera como uno de los iniciadores de la teoría económica burguesa. Marx destaca especialmente que Lutero ya en los inicios del capitalismo había reconocido y criticado las consecuencias negativas de su desarrollo. Él había comprendido tempranamente el principio de la acumulación del capital.

La segunda línea de interpretación reconoce los mismos puntos críticos, pero los interpreta de otra forma, considerándolos un reflejo de ideas conservadoras y reaccionarias anticuadas y manifestación del pensamiento medieval.

La tercera forma de interpretación sigue el análisis de Ernst Troeltsch; esta interpretación resalta la doble moral de Lutero en su persona y su cargo, y una separación de la realidad en el mundo interno de la personalidad y el mundo exterior, que cuenta con su propia dinámica y autonomía. Aunque la idea fundamental de Lutero sería anti-capitalista y anti-monetaria, la regulación de la economía correspondería en realidad al área de la razón.

Sin embargo, los estudios más recientes sobre la ética social y política de Lutero, y en especial las publicaciones de la Federación Luterana Mundial (FLM)[12], retoman el primero

---

10 Ver la síntesis de la historia de la investigación en Prien, págs. 13-24.

11 Acerca de la crítica a la economía política, citado en Fabiunke, pág. 6, según: Karl Marx, *Grundrisse der Kritik der politischen Ökonomie*. Berlín: Akademie Verlag, 1953, 891 y en Prien, pág. 13.

12 Por ejemplo: Verantwortung füreinander – Rechenschaft voreinander. Neoliberale Globalisierung als Anfrage an die lutherische Kirchengemeinschaft (LWB Dokumentation 50/2005).

de los tres acercamientos y ven en Lutero más que nada una voz profética. Al comienzo del trágico desarrollo hacia un capitalismo neo-liberal fue Lutero el que descubrió algunos de los principios centrales de esta forma de economía y advirtió sobre sus peligros, sometiendo esta forma económica a un análisis bíblico-ético. Esta línea de interpretación parece la más adecuada, especialmente si consideramos la estructura argumentativa de las publicaciones económicas de Lutero. Él parte siempre explícitamente del mandamiento del amor al prójimo, de las enseñanzas del sermón del monte y de ejemplos del Antiguo Testamento, esto es, propone una base alternativa de una vida social plena como marco de referencia para la economía. El hecho de someter a la economía a tal marco de referencia es en sí mismo un acto de crítica profética contra el avance de la autonomía de las normas del sistema capitalista.

Aunque llamar a Lutero «economista nacional» podría ser algo exagerado, existen dos aspectos que impiden considerarlo un romántico retrógrado. Por un lado, él cambia su opinión acerca del cobro de intereses al permitir cobrar intereses moderados en ciertas situaciones de emergencia (ver arriba), con lo que intenta adaptarse a una economía acorde con sus tiempos. Por otro lado, su énfasis en un marco de referencia bíblico-teológico para una economía a favor de la vida y del ser humano significa exactamente lo contrario a mantener el *status quo* de una economía feudal. Más bien libera impulsos críticos que se oponen a una razón cada vez más instrumental.

4. La crítica a la religión como crítica económica

A la luz de la crítica fundamental de Lutero surge la pregunta acerca de las circunstancias que le posibilitaron analizar los principios centrales del capitalismo y sus consecuencias en un estado tan temprano.

Mi hipótesis es que los descubrimientos reformadores de Lutero fundamentan una *gramática teológica totalmente nueva* a la luz de la cual puede ser vista y comprendida la vida. Esta gramática lleva inicialmente a la ruptura con la lógica religiosa a la que él se enfrentó en las esferas de influencia de la Iglesia católico-romana. Al mismo tiempo incluye también la ruptura con la lógica económica del capitalismo temprano, que arroja analogías sorprendentes. Lutero se convierte en un crítico del capitalismo temprano porque es un crítico de la religión, por lo menos en su forma institucionalizada.

Esta hipótesis se basa en dos observaciones: por un lado la conexión estructural y lógica entre la economía y la religión, y por otro la reformulación del Evangelio que realiza Lutero.

5. La equivalencia de economía y religión

Fue el filósofo alemán Walter Benjamin el que ya en el año 1921 formuló la tesis del «capitalismo como religión»[13] en un famoso fragmento de un ensayo. Benjamin no se basa únicamente en el origen religioso de la economía como lo hace Max Weber, que considera al movimiento reformador (especialmente al Calvinismo) como punto de partida de una ética de *este* mundo que justifica las ganancias económicas[14]. Él da un paso más allá e identifica al capitalismo mismo con una religión:

> El Cristianismo de la época de la Reforma no ha favorecido la aparición del capitalismo, sino que se ha transformado en el capitalismo mismo[15].

Pero este filósofo sin lugar a dudas no tuvo en cuenta las afirmaciones de crítica económica de Lutero. Si no, su hipótesis no tendría base alguna. Él más bien pone su atención en las funciones de religión y capitalismo.

---

13 Walter Benjamin, *Gesammelte Schriften*, ed. por Rolf Tiedemann und Hermann Schweppenhäuser, Tomo VI, Fráncfort/M. 1985, 100-103; reeditado también en: Dirk Baecker (ed.), *Kapitalismus als Religion*. Berlín: Kulturverlag Kadmos, ²2004, 15-18.

14 Además de que esta hipótesis originaria ya ha sido rebatida, porque Weber ingenuamente pasa del puritanismo del siglo XVII a Calvino.

15 En el mismo lugar, pág. 17.

De hecho, ya desde la Antigüedad se pueden observar coincidencias entre la religión y la economía[16]. El denominador común consiste en la comunicación o el intercambio de contenidos. Los contenidos religiosos actúan como intermediarios entre la realidad transcendental y la inmanente. Comunican una realidad con la pretensión ser la realidad última. Esta realidad se representa por medio de símbolos y fundamenta juicios de valor que guían el actuar de las personas aludidas. La magia arcaica pasa cada vez más a ser una religiosidad institucionalizada que define las reglas del intercambio comunicativo con la dimensión divina. Así es que se forma un monopolio de la transmisión de contenidos. Mediante magia, ritos, oración y meditación el creyente puede participar en lo transcendental. Sin embargo, si la respuesta no llega y por lo tanto crece el miedo a una respuesta, comienza el regateo calculado sobre los derechos y los deberes divinos. Como moneda de trueque el ser humano primero se entrega a sí mismo como ofrenda, luego a un animal y finalmente entrega dinero.

La dimensión económica en esta relación de trueque consiste por un lado en una relación *do-ut-des* (doy, para que me des) con la transcendencia mágica (por eso el mago puede ser visto como un economista dedicado a lo transcendental) y por otro lado en la amenaza de falencia. En términos religiosos en esta comunicación se encuentra siempre la amenaza de la pérdida de la salvación y la vida. Es que en ambas dimensiones reina el regateo por un valor determinado y su contraprestación. A través del intercambio regular de contenidos se genera además una unidad interactiva fija que se define por los mismos valores y que supera en conjunto la inseguridad de la vida, dotándola de sentido. Los mediadores de tal verdad buscan una posición dominante en este proceso comunicativo. En tanto el sistema valórico de una religión posea también carácter estructural, la religión se convertirá en una (y en la más importante) instancia legitimante. Se genera entonces una interacción entre religión

---

16 Ver por ejemplo Jochen Weiß, *MAMMON. Eine Motivgeschichte zur Religiosität des Geldes*. Saarbrücken: VDM Verlag Dr. Müller, 2007. Aquí sigo su argumentación.

y dominio: la religión es utilizada una y otra vez para legitimar el dominio, y recurre por otra parte al dominio para imponerse. Además, las religiones monoteístas tienen en sí una tendencia jerárquica que fácilmente justifica equivalentes sociales y políticos.

Sin embargo, hay que tener en cuenta en este sentido que la religiosidad yahvista de Israel conlleva en su núcleo mismo una crítica al dominio. Es justamente la orientación exclusiva hacia Yahvé y su amor a la justicia la que cimienta en las poblaciones montañosas originarias una estructura social basada en la solidaridad familiar. En el exilio esa orientación lleva a una crítica a la monarquía y en los tiempos después del exilio a la fundación de una república basada en la Tora[17]. También el mensaje de Jesús contiene tendencias críticas al poder, basadas en la fe monoteísta. Esta diferenciación en el proceso de desarrollo de la religión es fundamental, pero al mismo tiempo no puede negar la tendencia de la religión institucionalizada a adaptarse y legitimar el poderío.

A partir de la escrituración de la religión, Dios (como realidad transcendente) se convierte en algo negociable y transformable. Con el nacimiento de las transacciones por dinero y la acuñación de moneda, la religiosidad deja atrás a los dioses. El trueque de sacrificios existente hasta el momento se transforma en un trueque de mercaderías. En este proceso juegan un rol fundamental los templos y sacerdotes. El reemplazo del sacrificio animal por un sacrificio de dinero, especialmente oro y plata, le concede a estos un significado religioso. El pago de impuestos en los templos convierte a los servidores de Dios en los primeros economistas. Ahora el sacerdote, en vez de recibir una parte de la carne sacrificada, recibe el pago de intereses.

> En el momento en el que se necesita de dinero para comerciar y cuando la cultura humana florece, la religiosidad se separa de los dioses transcendentes. Eso es lo que Friedrich Nietzsche comprueba

---

17 Ver especialmente Tom Veerkamp, *Die Welt anders. Politische Geschichte der Großen Erzählung*. Berlín: Argument Verlag, 2012, 33-127.

con *la muerte de Dios*. "Mientras tanto su desaparición convierte todo en violencia y caos, del cual finalmente surgen los nuevos dioses". Los nuevos dioses son ídolos, productos de la cultura que conservan el orden valórico reinante[18].

El dinero adquiere la inmortalidad divina y ya no se limita al negocio del trueque. Suministra motivación ética, concretamente el afán de ganancias, y pautas de acción, esto es, el actuar económico. Al prometer prosperidad y salvación, la economía gana carácter ideológico. El mamón instala esta ideología, se apropia del poder explicativo de religión y genera sus propios dogmas: el dogma del mercado omnipotente, el dogma del libre juego de las fuerzas del mercado, el dogma de la separación entre ética y economía científica, el dogma del *homo oeconomicus* racional y el del crecimiento ilimitado. La fe en la fuerza salvífica y sanadora del mercado es la nueva religión y su omnipotente e incuestionable dios se llama mamón. Las tendencias religiosas del capitalismo están completamente a la vista, en eso consiste el descubrimiento decisivo de Walter Benjamin. A partir de ahí, sin embargo, se puede sacar también la siguiente conclusión: el que rompe con la lógica central de la religión, también rompe con el capitalismo.

Esto obviamente implica el análisis minucioso del término religión. Todas las grandes religiones mundiales cuentan en sus contenidos originales una mirada crítica hacia la economía financiera, y a pesar de esto todas históricamente tienden a adaptarse al desarrollo económico[19]. Por eso en un primer paso se tiene que redescubrir dentro de la propia religión la intención original de las propias raíces, para luego romper con la lógica religiosa y economista-capitalista.

---

18 J. Weiß, 57. La cita de Nietzsche proviene de «Die fröhliche Wissenschaft» (1882), en: *Sämtliche Werke*, Tomo 3, ed. por G. Colli/M. Montinari. Múnich: dtv/de Gruyter, 1988, 480 s. (Aphorismus 125).

19 Ver para esto el libro instructivo de Ulrich Duchrow, *Gieriges Geld. Auswege aus der Kapitalismusfalle – Befreiungstheologischen Perspektiven*. Múnich: Kösel Verlag, 2013.

6. Lutero y su ruptura con la lógica económica de la religión

Ya los primeros descubrimientos reformadores de Lutero (especialmente la justificación del pecador sólo por la fe) lo llevaron a romper profundamente con la lógica económica de la religión. En la teología y la práctica medieval de la Iglesia, esa lógica tenía básicamente dos funciones[20]. Por un lado, la teología explicaba el vínculo causal entre el pecado humano, la ira de Dios y la muerte. El tiempo de constante amenaza mortal (enfermedades, epidemias de peste, mortalidad infantil, guerras) se había creado un esquema interpretativo para estos acontecimientos que sin embargo también generaba por sí mismo nuevos miedos, por ejemplo al juicio final, y que de esta forma encadenaba cada vez más a los creyentes a la Iglesia como única institución salvífica. La experiencia humana de recompensa y castigo, de ganancia y pérdida, se proyecta a la relación con Dios. Por otro lado, la Iglesia conectó el perdón del pecado y la salvación a los méritos y las buenas obras de los creyentes. El tesoro de buenas obras acumulado por los Santos y los mártires permitió disminuir el castigo por el pecado. Como administradora de este tesoro, la Iglesia podía disponer del mismo y compartirlo también a cambio de dinero, como por ejemplo en el caso de las indulgencias. La lógica económica de inversión y beneficio (ganancia) tiene su reflejo religioso en la lógica de las buenas obras y la recompensa (salvación). Esta lógica fracasa frente a tres descubrimientos centrales de la teología de la Reforma.

---

20 Daniel Beros demostró esto claramente en su aporte Reforma y espíritu del capitalismo'. Perspectivas históricas, sistemáticas y éticas", en: René Krüger y Ángel Furlan (Comp.), *Un sistema ilegítimo. La ideología neoliberal y sus estructuras económicas en perspectiva ético-teológica*, Buenos Aires, el autor, 2014, 11-37. Ver ibíd. «La ética protestante y el espíritu del capitalismo. Reflexiones a partir del pensamiento ético-económico de Martín Lutero», en: *Cuadernos de Teología*, Vol. XXVI, 2007, 49-72.

6.1 ¿Justificación a medida o justificación por gracia?

La justificación sólo por gracia se opone a la cuantificación de la gracia. Esto destruye todo intento de equilibrar culpa y expiación y calcular compensaciones humanas[21].

Por eso mismo, ya las 95 Tesis de Lutero[22] fueron una puñalada al corazón del catolicismo y no tanto porque en ellas por primera vez y de forma realmente moderada se manifestara la crítica al Papa, sino más que nada porque al rechazar el sistema de indulgencias, Lutero rompe con esa idea cuantificadora y por lo tanto con la lógica que une Iglesia y economía. Él describe esta conexión en su crítica al sacramento de la penitencia de la Iglesia:

> 1. Cuando nuestro Señor y Maestro Jesucristo dijo: «Haced penitencia...» [Mt. 4.17], ha querido que toda la vida de los creyentes fuera penitencia.

En esta primera y fundamental Tesis 1, Lutero describe la penitencia en el sentido del Nuevo Testamento como un acto de continuo arrepentimiento. Este acto surge de la fe en Cristo, que reorienta la vida. Es una penitencia cotidiana, ya que el creyente sigue viviendo bajo la influencia del pecado. Por lo tanto, Lutero niega la concepción de la penitencia como un acto sacramental de la Iglesia con efectos jurisdiccionales, esto es, niega que la Iglesia y sus sacerdotes dispongan de la gracia de

---

21 El surgimiento de dinero, deuda y leyes se observa a la luz de la formación de sociedades arcaicas y sus nuevas clases sociales del sector militar y administrativo. En ese proceso juegan un papel central los funcionarios del templo. Ellos crearon un sistema estandarizado de cómputo y comenzaron a calcular: tasas, alquileres, arrendamientos y prestamos/créditos. Con el dinero como moneda de trueque, también aparecen las deudas y exigencias de intereses. Ver para esto U. Duchrow, *Gieriges Geld*, 18 s. Él se basa en la investigación de David Graeber, *Schulden: Die ersten 5000 Jahre.* Stuttgart: Klett-Cotta Verlag, 2012.

22 Martín Lutero, *Disputatación acerca de la determinación del valor de las indulgencias [Las 95 tesis]* (1517), en *Obras de Martín Lutero*, Tomo I. Buenos Aires: Editorial Paidós/El Escudo, 1967, 7. Las siguientes tesis son de este escrito, 7-15.

Dios a causa de su ordenación y que puedan administrar la sentencia divina remitiendo o imponiendo penas. Lutero saca la penitencia de la lógica de obras, juicios, deberes y sanciones y la lleva nuevamente a su sentido literal de consuelo certero de la palabra de Dios. El grado de instrumentalización de este sacramento de la penitencia a manos de la Iglesia se ve también en su conexión con intereses económicos.

Así critica el tráfico de indulgencias:

> 5. El Papa no quiere ni puede remitir pena alguna, salvo aquella que él ha impuesto, sea por su arbitrio, sea por conformidad a los cánones.
>
> 6. El Papa no puede remitir culpa alguna, sino declarando y testimoniando que ha sido remitida por Dios […]
>
> 21. En consecuencia, yerran aquellos predicadores de indulgencias que afirman que el hombre es absuelto a la vez que salvo de toda pena, a causa de las indulgencias del Papa.
>
> 27. Mera doctrina humana predican aquellos que aseveran que tan pronto suena la moneda que se echa en la caja, el alma sale volando.
>
> 28. Cierto es que, cuando al tintinear, la moneda cae en la caja, el lucro y la avaricia pueden ir en aumento, más la intercesión de la Iglesia depende sólo de la voluntad de Dios.
>
> 43. Hay que instruir a los cristianos que aquel que socorre al pobre o ayuda al indigente, realiza una obra mayor que si comprare indulgencias.
>
> 45. Debe enseñarse a los cristianos que el que ve a un indigente y, sin prestarle atención, da su dinero para comprar indulgencias, lo que obtiene en verdad no son las indulgencias papales, sino la indignación de Dios.

La potestad religiosa como autoridad mediadora está limitada por la muerte, por lo que también el castigo por la culpa deja de ser cuantificable según criterios e ideas humanas.

Así es como Lutero critica el manejo del tesoro de la iglesia:

> 62. El verdadero tesoro de la iglesia es el sacrosanto evangelio de la gloria y de la gracia de Dios.
>
> 65. Por ello, los tesoros del evangelio son redes con las cuales en otros tiempos se pescaban a hombres poseedores de bienes.

67. Respecto a las indulgencias que los predicadores pregonan con gracias máximas, se entiende que efectivamente lo son en cuanto proporcionan ganancias.

Así critica la construcción de símbolos externos de poder (Basílica de San Pedro):

50. Debe enseñarse a los cristianos que si el Papa conociera las exacciones de los predicadores de indulgencias, preferiría que la basílica de San Pedro se redujese a cenizas antes que construirla con la piel, la carne y los huesos de sus ovejas.

82. Por ejemplo: ¿Por qué el Papa no vacía el purgatorio a causa de la santísima caridad y la muy apremiante necesidad de las almas –lo cual sería la más justa de todas las razones si él redime un número infinito de almas a causa del muy miserable dinero para la construcción de la basílica– lo cual es un motivo completamente insignificante?

86. Del mismo modo: ¿Por qué el Papa, cuya fortuna es hoy más abundante que la de los más opulentos ricos, no construye tan sólo una basílica de San Pedro de su propio dinero, en lugar de hacerlo con el de los pobres creyentes?.

Las 95 Tesis de Lutero y su nueva visión de la gracia (redescubierta en Pablo) afectan en su núcleo a la lógica calculadora de la religión y la economía, y por lo tanto tienen que ser valoradas como crítica fundamental al sistema religioso-económico de la Iglesia mundial de la época.

6.2 El ser humano: ¿un ego solipsista o un ser en relación?

Ya desde Descartes, la condición de la lógica económica moderna se encuentra en el esquema de la subjetividad que consiste en la separación del «yo» y el «tú». Sin embargo, si según Lutero el proceso de llegar a ser un sujeto ocurre en la fe y como ser en Cristo y en el prójimo, entonces no puede organizarse la vida social, política y económica según el modelo de la competencia. La autonomía del sujeto proclamada por la Modernidad incluye, desde la perspectiva reformada, la libertad y la responsabilidad.

El economista Karl-Heinz Brodbeck comprobó que la forma de pensar cartesiana influyó de tal forma en el concepto de ciencia de la Modernidad que no solamente las ciencias naturales, sino también las ciencias económicas siguieron este modelo[23].

Existen leyes naturales que sigue la economía de mercado, por ejemplo la búsqueda del beneficio y un mercado que se regula a sí mismo. Sin embargo, esto presupone la separación entre el sujeto que reconoce y el objeto material. Aquí se considera como absoluto al sujeto que reconoce. Cuando el ser humano no solamente resulta ser el gobernador de la naturaleza, sino también su dueño, esto adquiere importancia económica. En su afán de riqueza, poder y prestigio, estos propietarios se relacionan en el mercado de forma mecánica y competitiva.

En cambio, Lutero percibe una *imagen del ser humano* diametralmente opuesta basándose en la Biblia[24]. Él sostiene que el proceso de llegar a ser sujeto acontece en la dimensión relacional propia de la persona. Su «ser humano» existe en relación: consigo mismo, con las demás personas y con Dios.

Esto ya lo vemos en su calificación del ser humano como imagen de Dios. Lutero aquí no describe al ser humano a partir su esencia o su naturaleza, sino a partir de su destino. Fue creado para ser el compañero de Dios (tesis 21: «creado desde el principio a imagen de Dios sin pecado, para que se multiplique y domine todas las cosas y nunca muera»). Pero entre el ser humano y su destino divino se encuentra el pecado como gran obstáculo en su relación con Dios. Por eso el hombre le falla continuamente a su destino y pierde su justicia original (*iustitia originalis*). El Nuevo Testamento descubre en Jesucristo la semejanza hecha realidad (2. Cor 4.4; Col 1.15). Es la anticipación del nuevo Ser. Deben ser «igualados» a su imagen (Ro 8.29; Col 3.10).

---

23 Karl-Heinz Brodbeck, *Die Herrschaft des Geldes. Geschichte und Systematik.* Darmstadt: Wissenschaftliche Buchgesellschaft, [2]2012.

24 Ver acerca de la visión de Lutero del ser humano su esclarecedora *Disputa acerca del ser humano* (De homine) de 1536, en: WA 39, 175-177; traducido en parte al español en Hoffmann, *La locura de la cruz*, 106-107. De este libro son las siguientes tesis.

Esa semejanza solo puede producirse por la intervención liberadora de Dios y consecuentemente no por la disposición humana o sus capacidades. «*El ser humano es justificado por la fe*» (tesis 32) es por eso para Lutero la definición más compacta de ser humano. Cuando la justicia de Dios se cumple en las personas, liberándolas y transformándolas, puede alcanzarse esa semejanza. Entonces desde el punto de vista teológico, el ser humano se encuentra entre su semejanza con Dios tal como fue creado por un lado, y el dominio efectivo al que lo somete el pecado por el otro.

En consecuencia, para Lutero la *consciencia* cobra nueva importancia. No es lugar de una pretensión ética (como fue en la teología escolástica) o de una voz acusadora del «tribunal interno» (como para Kant), sino que es el *lugar de la identidad del ser humano*. Se trata de la unidad de la persona. A causa de a su distorsión, la consciencia se muestra en forma doble: como conciencia desesperada y como conciencia liberada.

En su denuncia, la conciencia muestra la experiencia de la no-identidad y de la contradicción interna del ser humano: ¿me reconozco en mis propias acciones? ¿Me puedo identificar con mis actos? En la pregunta respecto a las acciones, es la persona del ser humano la que está en juego. ¿A qué se ata esa persona? ¿Qué es lo que la define? ¿Quién tiene autoridad sobre su conciencia: la preocupación, el miedo, la propiedad, el prestigio o el Evangelio? Así, la conciencia se puede convertir en una «bestia espantosa y diabólica» que «provoca y fortalece a la muerte y al infierno» y provee armas a «toda la creación» en contra del ser humano[25]. La conciencia se convierte entonces en un lugar de conflicto en el que distintas fuerzas y poderes se encuentran en lucha. De la continuidad de la lucha surge la desesperación. Pero cuando la conciencia se vincula en fe con Jesucristo, surge la liberación y comienza un nuevo «yo».

---

25 Lutero. *Lecciones sobre Génesis* (1535-45). Sobre 43.19-22. WA 44,546; en español en Hoffmann, *La locura de la cruz*, 111.

Así debemos aprender que en la fe que aprehende a Cristo mismo entramos con la conciencia en una nueva ley (por decirlo de alguna manera), que devora la otra ley que nos tenía atrapados[26].

La identidad del creyente ya no surge de sus actos o logros (Lutero habla de obras) sino de su relación con Cristo y de Su obra. En la justicia concedida por Cristo el creyente recibe la historia que lo determina y que justamente no resulta de su hacer, sino que siempre lo precede. Esto solo puede ser comprendido como una nueva constitución del yo en la fe. El creyente tiene el centro de su yo, aquello que significa el valor que tiene frente a Dios, fuera de sí mismo, precisamente en Cristo. A partir de esa vinculación de su albedrío con el de Dios se posibilita su libertad de acción, independientemente de la constitución de sí mismo y de la determinación ajena, y libre para servir en el mundo.

Al diferenciar entre *persona y obra* y vincular la definición de la identidad a la persona, Lutero libera todos los actos exteriores del ser humano de su afán de dominar y auto-afirmarse. Lutero lo formula de forma precisa en su escrito *La libertad cristiana:*

> Se deduce de todo lo dicho que el cristiano no vive en sí mismo, sino en Cristo y el prójimo; en Cristo por la fe, en el prójimo por el amor. Por la fe sale el cristiano de sí mismo y va a Dios; de Dios desciende el cristiano al prójimo por el amor. Pero siempre permanece en Dios y en el amor divino[27].

Solamente en relación y en comunidad con el otro es que el ser humano puede llegar a ser sujeto. Esto significa el rechazo del ego solipsista cartesiano, el rechazo al dominio despiadado de la naturaleza y el rechazo a toda práctica de explotación y opresión social, política o económica.

En esta misma línea se encuentra también el redescubrimiento y la reconstrucción del concepto de sujeto en Latinoamérica. Este

---

26 Lutero. *Gran comentario de la carta a los Gálatas* (1531). WA 40 I, 270; en español en Hoffmann, *La locura de la cruz*, 112.
27 Obras de Martín Lutero I, 167 (WA 7, 38).

proceso está descrito en la gran obra de Franz Hinkelammert *El grito del Sujeto. Del teatro-mundo del evangelio de Juan al perro-mundo de la globalización*[28]. Éste parte de la idea del filósofo francés Emmanuel Levinas de que el ser-persona recién se realiza frente al otro, y concluye:

> Así se constituye el sujeto a partir del otro y en respeto mutuo por la vida, la corporalidad y las necesidades. Entonces ser sujeto significa poder vivir en mutua solidaridad como seres vivos, corporales y necesitados[29].

Ulrich Duchrow concluye lo siguiente:

> Sería un malentendido sostener que esto solamente se aplica al contexto interpersonal. Eso queda más claro que nunca antes en la historia de la humanidad a partir del momento de la globalización de la responsabilidad conjunta por la sobrevivencia, esto es, a partir de la explosión de la bomba nuclear. A partir de ese momento se debe desarrollar la solidaridad en todas sus dimensiones. Porque la humanidad como sociedad únicamente puede ser vivida a partir de *estructuras, instituciones y leyes* solidarias[30].

El hecho de que Lutero determine al sujeto a partir de las dimensiones básicas de su relación con Dios y con el mundo (expresadas mediante la fe y el amor) anticipa este descubrimiento, si no lo consideramos limitado al ámbito personal. Como Lutero desarrolla su ética en el marco del esquema contemporáneo de los tres estamentos y describe así las obras de Dios en las instituciones Iglesia, Estado y economía, el criterio del amor al prójimo como obra de solidaridad tiene importancia estructural.

---

28 San José, Costa Rica: DEI 1998.

29 De esta forma lo resume Ulrich Duchrow en: Ulrich Duchrow/ Reinhold Bianchi/René Krüger/Vincenzo Petrarca, *Solidarisch Mensch werden. Psychische und soziale Destruktion im Neoliberalismus – Wege zu ihrer Überwindung*. Hamburgo: VSA Verlag, 2006, 250.

30 Ibíd., 251.

6.3 ¿Racionalidad económica o *ratio crucis*?

La pretensión de racionalidad de la economía moderna y el propio concepto de racionalidad deben ser cuestionados a partir de la teología de la cruz de Lutero y su lógica interna.

«Tradicionalmente, la economía es definida como la doctrina de los *actos racionales*»[31]. Se considera un accionar racional «obtener el máximo beneficio a partir de recursos limitados, o dicho de otra manera, alcanzar un objetivo determinado con un mínimo uso de recursos»[32], esto es con un uso eficiente de los recursos. La *ratio* no es finalmente otra cosa que la razón calculadora. Aquí vuelve a quedar en evidencia de qué forma la ciencia económica se basa en los modelos de pensamiento de las ciencias físicas y matemáticas. ¿Qué consecuencias tiene este pensamiento? Por un lado, la razón se concreta en los cálculos económicos de beneficios; por otro lado, ésta concibe la economía como un sistema mecánico de intereses diferentes que compiten entre sí por la obtención de ganancias; y por último, la razón construye y postula el concepto de mercado libre como forma de equilibrar esas fuerzas mecánicas.

Las consecuencias de tal limitación de la racionalidad son evidentes:

La idea de la previsibilidad del mundo, de sus seres vivos y del ser humano tuvo muchas consecuencias, pero no desembocó en un planeta sano y ordenado en equilibrio. Únicamente un cínico podría afirmar que *el* problema económico está resuelto a nivel planetario; ni siquiera en los países más ricos del mundo se puede postular esto. Ya el mismo Nietzsche había diagnosticado con precisión la base de este error: «Lo que yo ataco es el optimismo *económico*: como si con los crecientes gastos de todos también aumentara necesariamente la

---

31 Karl-Heinz Brodbeck, *Die fragwürdigen Grundlagen der Ökonomie. Eine philosophische Kritik der modernen Wirtschaftswissenschaften*. Darmstadt: Wissenschaftliche Buchgesellschaft, ⁶2013, 188. Ver para lo siguiente el cap. 5: Rationalität, 188-257.
32 Peter Ulrich, *Zivilisierte Marktwirtschaft*,19.

utilidad para todos. Lo contrario parece ser el caso: *Los gastos de todos se suman para dar lugar a una pérdida total.* El ser humano decrece[33].

La persona que actúa racionalmente, el *homo oeconomicus,* se convierte en el ideal de la economía. Para eso es esencial la transformación del sujeto mismo que actúa: no solamente saca cuentas y hace cálculos, sino que en cierto sentido él mismo se convierte en una máquina calculadora, o sea, en un ser humano pensador-calculador. Max Weber describe su carácter con el término «*Kaufmannsseele*» (alma de comerciante) y esboza su camino histórico como «fantasma del capitalismo».

Esta manifestación de racionalidad genera el esquema de pensamiento económico del «cuanto más, mejor». Sin embargo, igualar racionalidad y cálculo priva a la razón humana de dimensiones esenciales.

El proyecto histórico de la Modernidad (como lo explica Peter Ulrich[34]) tuvo en sus orígenes una tendencia claramente emancipadora, aunque al final y al cabo únicamente la clase social de los propietarios se beneficiara de la misma. Justamente del uso ilimitado de la razón se esperaba la auto-liberación del ser humano de toda atadura, tradición y dominio. Se buscaba una vida autónoma, un pensamiento autónomo y la auto-afirmación, o sea la independencia social, cultural y económica. Sin embargo, su característica principal, la racionalidad económica, comenzó a desarrollar una dinámica propia y se aplicó a grandes áreas de funcionamiento de la sociedad, que pasaron a regularse según su propia lógica y sus propias leyes. Las cuestiones del significado (¿qué concepto de vida integral se está siguiendo?) y de la legitimación (¿cómo convivir en justicia?) son separadas del concepto de racionalidad. El llamado economismo (una ideología que considera la racionalidad material económica como principal criterio valórico) se convierte en la «gran ideología de nuestros tiempos» (35). El

---

33 Karl-Heinz Brodbeck, *Die fragwürdigen Grundlagen der Ökonomie,* 193s.
34 Ver Peter Ulrich, *Zivilisierte Marktwirtschaft,* 45-51. De este libro son los siguientes números de páginas en el texto.

economismo transforma y limita las tres grandes ideas de la Modernidad: la razón orientada a la vida se transforma en eficiencia, el progreso se convierte en crecimiento económico y la libertad ciudadana en libertad de mercado (17 s.).

Resumiendo, la pretensión de racionalidad de la economía se basa en un concepto de *ratio* que se ha separado del *logos* (como cuestión de sentido y de justicia) y que se despliega de forma funcional e instrumental. Es ahí que nace el individuo moderno. La *ratio* pierde en este proceso su marco de referencia, que tiene como meta la humanidad y la economía a favor de la vida.

Si lo relacionamos ahora con el *concepto de Lutero de la razón*, entonces debemos referirnos principalmente a la teología de la cruz. Esta revela a la *ratio* humana como auto-imposición y la reformula en un contexto a favor de la vida.

Es que a la luz de la cruz la persona es reconocida más bien como sujeto, un sujeto dialéctico en sí mismo. Su egoísmo apartado de Dios y su enredo en el pecado que se revela en todos los involucrados en la crucifixión del inocente tergiversan las dimensiones centrales de la vida: la referencia hacia sí mismo, hacia los demás y hacia Dios. En vez de estar a favor de la vida, la persona se adueña de todo (Dios, ley, razón, amor) y lo transforma en un medio para su auto-formación y auto-afirmación. Al mismo tiempo vive pensando que justamente de esta forma puede llegar a ser uno consigo mismo. La suposición de que el ser humano pueda ser idéntico consigo mismo y dirigido por la razón, y de que pueda dirigirse libremente a su verdadero destino se revela como ilusorio en la cruz, según Lutero. Bajo el poder del pecado, el ser humano le falla justamente a su identidad y a su libertad pensando poder llevarla a cabo a través de esquemas de dominio. Aquí se encuentra una de las raíces del desarrollo de una razón instrumental en la Edad Moderna, que somete al mundo y a la naturaleza. En contra de esto, Lutero enfatiza lo siguiente en las tesis 19 y 20 de la Disputa de Heidelberg:

> No se puede con derecho llamar teólogo, a aquel que considera que las cosas invisibles de Dios se comprenden por las creadas. Mas merece

ser llamado teólogo aquel que entiende las cosas visibles e inferiores de Dios, considerándolas a la luz de la Pasión y de la Cruz[35].

La teología de la cruz rompe con la lógica cotidiana cuando ve en la humanidad (de Jesús) lo divino, en la debilidad la fortaleza, en la impotencia la omnipotencia y en la necedad de estos actos la sabiduría última. La realidad en su conjunto adquiere entonces un nuevo significado a la luz de la cruz. Así entendida, la *theologica paradoxa* de Lutero también incluye la paradoja de la realidad. En la cruz de Cristo se revela entonces la realidad en su conjunto y lo hace en una dialéctica propia. La lucha de Jesús por condiciones más justas es históricamente un conflicto antitético. Por eso desemboca en el martirio de la justicia y revela que aquello que los seres humanos llaman justicia (por ejemplo que sería mejor si se muriera uno que el pueblo entero) es la máxima injusticia.

Cuando Lutero dice en su Tesis 21: «El teólogo que busca la gloria visible de Dios llama a lo malo bueno y a lo bueno malo, el teólogo de la cruz llama a las cosas por su nombre»[36], además del conocimiento verdadero de Dios también está en juego el conocimiento verdadero del mundo. Lutero se remite expresamente para ello a la primera carta a los Corintios, en la que Pablo confronta la sabiduría del mundo con la necedad de Dios: «Pues la locura de Dios es más sabia que la sabiduría humana, y la debilidad de Dios es más fuerte que la fuerza humana» (1:25).

Esta visión de la realidad resulta especialmente importante si seguimos a Franz Hinkelammert, que traduce el término paulino «*to moron*» no como necedad sino como locura, como lo hace también la traducción castellana (Nueva Biblia de Jerusalén, 1 Cor 1,21.23.25).[37] Así, la cruz de Jesús abre un

---

35 Obras de Martín Lutero I, 31 (WA 1,361s.).

36 Ibíd.

37 Franz Hinkelammert, *La maldición que pesa sobre la ley. Las raíces del pensamiento crítico en Pablo de Tarso.* San José/Costa Rica: Editorial Arlekín, 2010, 35-43; según 1 Cor 1,21.23.25 NBJ.

nuevo «juego» en el que la sabiduría divina hace su aparición en el teatro humano de las locuras y le roba su legitimación:

> ¿No ha convertido Dios en locura la sabiduría de este mundo? Ya que Dios, en su sabio designio, dispuso que el mundo no lo conociera mediante la sabiduría humana, tuvo a bien salvar, mediante la locura de la predicación, a los que creen (1. Cor 1:20s).

La sabiduría del mundo significa entrar en el juego por el poder, las influencias, el partidismo y la institucionalización e intentar imponerse (1. Cor 3.3-4), como dice Pablo en la primer carta a los Corintios y también en la carta a los Romanos. Así, Pablo entiende no solo la crucifixión de Jesús como acto de poder de las autoridades de la época que se veían amenazadas, sino también la pelea entre distintos grupos en Corinto. «Es mejor que perezca un solo hombre y no toda la nación» demuestra que la sabiduría del mundo finalmente solo es un cálculo de costo-beneficio.

Pensar a la luz de la cruz significa por el contrario pensar críticamente y practicar la crítica ideológica.

> Para Pablo, los sabios de este mundo no son para nada tontos, pero son locos. Ellos son realmente sabios, y son geniales. Pablo no está interesado en ofender personalmente a los sabios de este mundo, sino que caracteriza su sabiduría como locura, no están equilibrados. A la luz de lo que Pablo llama la sabiduría de Dios, la sabiduría de los sabios es una locura. Esto lo comprende la persona cuando observa la sabiduría del mundo a la luz de la sabiduría divina[38].

Sin embargo, la sabiduría de Dios se encuentra finalmente oculta en la lógica paradójica de la cruz, como Lutero subraya una y otra vez: «El teólogo de la cruz llama a las cosas por su nombre» (Tesis 21). Lo que se muestra en la cruz de Jesús como punto culminante de su vida y su mensaje es diametralmente opuesto a una vida de egoísmo y autoafirmación. Apunta a una vida en dignidad, justicia, reconciliación y paz para todos. Por eso la sabiduría de Dios no toma como referencia a los fuertes sino a los débiles, como dice Pablo:

---

38 Ibíd., 27.

> Pero Dios escogió lo insensato del mundo para avergonzar a los sabios, y escogió lo débil del mundo para avergonzar a los poderosos. También escogió Dios lo más bajo y despreciado, y lo que no es nada, para anular lo que es (1. Cor 1:27 s.).

El criterio interior de esa sabiduría de Dios es lo que Pablo menciona con la «dialéctica entre lo que es y lo que no es».

> El Ser – aquello que es – es socavado, porque aquello que *no* es revela aquello que *es*. Es como en la leyenda: el emperador está sin vestimenta. Lo que no es, no es la nada, sino aquello que cambia el mundo. Es lo que nos permite orientarnos y que apunta a la verdad que es revelada. Para Pablo esto es el Reino de Dios (1.Cor 4:20). [...] Basándose en ello, Pablo hace tres determinaciones de la sabiduría de Dios: 1) en la debilidad está la fuerza; 2) los elegidos de Dios son los plebeyos y los despreciados; 3) lo que *no* es, revela lo que *es*[39].

Esta lógica de la cruz no se deduce, como subraya Lutero, de la percepción empírica de la realidad, sino de la fe que aporta una nueva perspectiva a esa percepción, la perspectiva del Dios re-creador, que llama a «las cosas que no existen a la existencia» (Rom. 4:17), o sea la perspectiva del Reino de Dios venidero. En la disputa de Heidelberg, Lutero sigue este pensamiento hasta sus últimas consecuencias a través de los temas teológicos centrales y desarrolla así una nueva «gramática fundamental de la teología evangélica»[40].

La gramática sirve para leer y comprender. La perspectiva de la cruz sirve para entender la vida verdadera, una vida que corresponda al Reino de Dios. No se basa en el cálculo de costo-beneficio de un individuo o un grupo, sino en el amor al prójimo, la «locura divina del *yo soy cuando tú eres*»[41] o, como dice Pablo en la epístola a los Romanos, la justicia (1:18).

---

39 Ibíd., 39.

40 Ver Daniel Beros, «La Disputación de Heidelberg y su *"theologia crucis"* como gramática fundamental de la teología evangélica», en: *Cuadernos de Teología*, v. XXIX, 2010, 1

41 Hinkelammert, *La maldición*, 54.

La cruz como perspectiva que nos permite acceder a la realidad significa finalmente entender a la humanidad desde el margen del consenso dominante. En cambio, el mensaje de Jesús, en cambio, apunta justamente al margen de la sociedad, él descubre y concede dignidad humana a los pobres, a los de corazón roto, a los cautivos, los ciegos, los oprimidos (ver Lu. 4:16-21). Su cruz significa una última identificación con las víctimas de la sociedad y se convierte por lo tanto a sí mismo en víctima por esa interpretación de la humanidad. En este sentido, Dios se da a conocer como Dios de amor en especial y de la forma más profunda en la cruz. Es el otro – el prójimo en su necesidad – a partir del cual se entiende a la humanidad. La categoría de la alteridad, que subraya el filósofo Levinas, se muestra en el mensaje y en el destino de Jesús. Por eso se tuvo que llegar al final violento de la cruz, porque su pretensión de verdad cuestiona y desautoriza el consenso dominante, tanto en el ámbito político como religioso. De esta manera se produce la reacción contraria: el «consenso hegemónico» se convierte en situación de poderío, esto es, la sociedad política reacciona con violencia contra una nueva percepción de la verdad[42]. Lo paradójico y provocante de la Teología de la Cruz se encuentra precisamente en descubrir en los oprimidos y en los torturados la verdadera humanidad que corresponde a Dios.

La teología de la cruz nos demuestra dos cosas respecto a nuestro tema. Primero, que lleva a Lutero a tomar una posición opuesta a la de la teología de la gloria de la religión institucionalizada. Esta se basaba en la idea de que el ser humano, a través de razón y de la fe, puede ascender de las cosas visibles a la realidad invisible de Dios[43]. Para Lutero, las cosas creadas no son únicamente las obras de la creación de Dios, sino también los logros de las personas. Las obras morales y las obras de la creación se encuentran en la misma línea como vías de acceso al conocimiento de Dios. Ni la moral ni la razón humana abren para él el camino a un correcto conocimiento de Dios; porque el

---

42 Enrique Dussel, «Desde la teoría crítica a la filosofía de la liberación (Algunos temas para el diálogo)» en ídem, *Materiales para una política de la liberación*. México: Plaza y Valdés, 2007, 335-356.

43 Ver Lutero, *La disputación de Heidelberg*, tesis 19.

conocimiento de Dios a partir del mundo creado le da valor de absoluto al sujeto conociente, al que de esta forma se le escapa la verdad de lo conocido.

En la crítica a esa forma de pensar religiosa es que se fundamenta a su vez la crítica a la economía. Esta sigue la misma matriz de pensamiento cuando exige seguir la lógica materialista de la razón económica, separándola al mismo tiempo de las cuestiones del sentido y de la legitimación. Cae automáticamente en la proyección de la «mano invisible del mercado» que todo lo dirige y la autonomía de la racionalidad económica reemplaza automáticamente otras ideas normativas de economía, como el servicio a la vida, según el lema de que «es razonable lo que es rentable». Esta se decide, siguiendo la lógica de la teología de la cruz, no por el beneficio del accionista, sino por los «márgenes del mercado»[44], o sea, considerando cuánta «vida plena», cuánta justicia y cuánta solidaridad se tenga con los perdedores del mercado.

7. Resumen

Comprender a Lutero como crítico del capitalismo temprano solo puede significar denunciar con él la lógica de los actos económicos y confrontarla con la gramática bíblica de la vida que surge de su re-descubrimiento reformatorio. Para resolver los desafíos actuales de un comercio global más justo, no es decisivo saber con cuánta profundidad Lutero pudo comprender económicamente el desarrollo del capitalismo, o si incluso se quedó estancado en conceptos sociales y económicos feudales. Mucho más relevante me parece la pregunta acerca de los esquemas de pensamiento teológicos que Lutero nos ofrece para analizar de forma crítica las construcciones económicas de la realidad.

---

44 Esta idea ética-económica de Peter Ulrich se corresponde de forma llamativa con la lógica de la teología de la cruz de Lutero, que convierte a los débiles, los invisibles, los sufrientes, o sea a todos los que viven a los márgenes del mercado, en criterio de sabiduría y justicia, o en palabras de Ulrich: en criterio de una vida plena y una convivencia en justicia. Ver *Zivilisierte Marktwirtschaft*, 167-176.

Para Lutero este análisis comienza, como hemos dicho anteriormente, con el cuestionamiento de la lógica religiosa de una relación entre Dios y el ser humano basada en el trueque y en la que encuentran las buenas obras y el buen comportamiento por un lado, y premio, castigo y salvación eterna por otro. Así se cuestiona el poder de la Iglesia que, como instancia mediadora, crea una situación de monopolio y se quiebra con la instrumentalización de los sacramentos como mecanismos espirituales de dominio.

Esta gramática de Lutero para leer y comprender tanto la realidad religiosa como también la realidad económica, se fundamenta en la reformulación del Evangelio. Es el mensaje bíblico, y en especial el de Pablo, el que nos enseña a mirar con nuevos ojos la realidad de la vida humana. Los pilares de este concepto son la justificación solo por la fe, el concepto del ser humano como ser relacional y la cruz como opción por la solidaridad para con los débiles. Esta perspectiva revela la lógica material neoliberal de la economía del mercado, con sus principios de eficiencia, competencia y mercado total, como una lógica contraria a la vida y auto-destructiva. El concepto reformador del ser humano y de una economía que sirva a la vida se dirigen en contra de eso, proclamando la libertad del sujeto actuante aunada a la responsabilidad por una convivencia en justicia que preserve los medios de vida para todos. Es por esto que también desde el punto de vista teológico debe exigirse la primacía de una ética política y de instituciones políticas[45] que conecten el sistema económico con un orden integral a favor de la vida. Las cuestiones claves se resumen en este sentido a las preguntas clásicas acerca del concepto que tiene una sociedad (y también una sociedad mundial) sobre la vida plena y sobre la convivencia en justicia, respetando la dignidad humana y el derecho de la naturaleza. Las señales de alarma de Lutero a principios de la época Moderna contra este trágico desarrollo deberían ser escuchadas para poder abrir las puertas a un discurso vital.

---

45 Ver Enrique Dussel, *20 Thesen zu Politik*, mit einem Geleitwort. Ed. por Ulrich Duchrow, Münster: LIT Verlag, 2013.

Jesús el revolucionario: radicalizar la cristología después de Bonhoeffer

Peter Goodwin Heltzel

1. Introducción

Esencial a la tarea de hoy en día de radicalizar la Reforma es la construcción de una cristología profética poscolonial que resalte la carne judía subyugada de Jesús de Nazaret. Desde la *theologia crucis* de Martín Lutero, Jesucristo ha sido el centro de la teología protestante. Sin embargo, en la teología luterana hubo un enfoque en la justificación de *individuos* por la fe en Jesucristo. Dietrich Bonhoeffer mantiene el enfoque cristológico de la teología luterana, pero la profundiza al argumentar que Jesús sufre con los que sufren y son oprimidos hoy en día. Reggie Williams sostiene en el libro *Bonhoeffer's Black Jesus: Harlem Renaissance Theology and an Ethic of Resistance*, el bautismo de Bonhoeffer en la iglesia negra de Harlem lo ayudó a relacionar el sufrimiento de Jesús con el sufrimiento de los oprimidos, sean negros en Estados Unidos de América (EE. UU.) o judíos en Alemania. Después de Harlem, Bonhoeffer resalta a Jesús como profeta revolucionario, el «Uno para

Otros», quien desciende al sufrimiento de otros para llevarles sanidad y esperanza.

La cristología «desde abajo» de Bonhoeffer ofrece una trayectoria importante para la teología negra de la liberación de EE. UU. Al resaltar a Jesús como un campesino judío perteneciente a un grupo minoritario en cierta época del Imperio romano, la teología negra de la liberación de EE. UU. relaciona a Jesús, el profeta judío, con la lucha por la justicia racial y económica de EE. UU. En la teología negra de James Cone, la identidad judía de Jesús llega a ser la base del «Cristo negro», la presencia de Jesús en el movimiento de personas comprometidas en la lucha negra por la libertad. El énfasis de Cone en el lugar histórico y social y el sufrimiento de Jesús, además de la identificación de Jesús con los oprimidos, es un punto de partida importante para cualquier proyecto teológico que se preocupe con el sufrimiento de la humanidad y la liberación de los oprimidos en el aquí y ahora.

2. El Jesús negro de Bonhoeffer: Radicalizar la Reforma con una cristología profética

Mientras estaba en *Union Theological Seminary* en 1930-1931, Dietrich Bonheoffer (1906-1945) se transformó al encontrarse con el cristianismo negro profético. Ya que no lo podían ordenar hasta que cumpliera los veinticinco años, Bonhoeffer decidió viajar a Nueva York para ingresar al *Union Theological Seminary* con el fin de realizar sus estudios teológicos posdoctorales. Sin embargo, después de haber tomado algunos cursos en el seminario, su conclusión fue esta: «no hay teología aquí.... Los estudiantes —con un promedio de veinticinco a treinta años— son por completo ignorantes con respecto a lo que concierne a la doctrina».[1] Profundamente desilusionado con la

---

1 Dietrich Bonhoeffer, «150. A Superintendente Max Diestel» (19 diciembre, 1930) Barcelona, Berlín, New York: 1928-1931. Inglés ed., *Dietrich Bonhoeffer Works* (Minneapolis: Fortress, 2008), 10: 265. A continuación citado como DBWE. Quiero agradecer a Nkosi Anderson, Gottfried Brezger, Jamall Calloway, J. Kameron Carter, James Cone, Willie Jennings, Jennifer M.

calidad y profundidad de la conversación teológica en el *Union Theological Seminary*, se sintió más a gusto con el espíritu y el fuego de la iglesia negra de Harlem. Cierto domingo, Albert Franklin Fishe, un estudiante negro del UTS, de Birmingham, Alabama, invitó a Bonhoeffer a que lo acompañara al culto matutino en la *Abyssinian Baptist Church*. El «bautismo» de Bonhoeffer en la iglesia negra le cambió la vida para siempre. En esa enorme iglesia bautista negra de Harlem, Bonhoeffer escuchó la predicación poderosa del reverendo Adam Clayton Powell (1865-1953), quien predicaba buenas nuevas a los pobres. El púlpito del reverendo Powell era un lugar donde se proclamaba poderosamente a Jesús, el Liberador de los oprimidos. En una época cuando en todo el país linchaban a los negros, Powell predicó apasionadamente contra el pecado social, el sufrimiento y la injusticia, con lo que ofrecía un horizonte de esperanza para las personas pobres de Harlem.

Bonhoeffer se sintió inspirado y desafiado por los sermones proféticos del reverendo Powell y la adoración eufórica de la *Abyssinian Baptist Church*, donde tuvo un encuentro transformador con el Jesús negro, a quien exaltaban desde el púlpito.[2] Según Reggie Williams, los sermones del reverendo Powell «Un Dios hambriento» y «Un Dios desnudo» ofrecían una interpretación innovadora de Mateo 25.31–45, y tuvieron un impacto perdurable en la teología y el ministerio de Bonhoeffer.[3] Powell ayudó a Bonhoeffer a ver que Dios en Jesucristo está presente en nuestros hermanos que padecen hambre, sed, o están desnudos o en la cárcel. Habiendo llegado poco después de la Gran Depresión (1929-1939), Bonhoeffer fue testigo de la pobreza extrema de la comunidad negra de Harlem en el contexto de la brutal violencia racial de los EE. UU. de Jim Crow.[4]

McBride, Christopher Morse, Jan Rehmann, Hans Schwarz, and Reggie Williams por sus comentarios sobre este capítulo.

2 Véase Reggie Williams, *Bonhoeffer's Black Jesus: Harlem Renaissance Theology and an Ethic of Resistance* Waco, TX: Baylor University, 2014.

3 Williams, *Bonhoffer's Black Jesus*, 101-115.

4 Nota de la traductora: Jim Crow se refiere a un sistema de segregación racial que funcionaba en el Sur de EE. UU. hasta ser abolido por las leyes

La predicación del reverendo Powell cristalizó la idea de que Jesús sufre con el sufrimiento de los negros, tema que revolucionó la cristología del joven Bonhoeffer. Como Jesús sufrió por todas las personas que sufren, el evangelio ofrece a los oprimidos la esperanza de una liberación de este mundo. En la ciudad de Nueva York, Bonhoeffer vio la disparidad dramática entre la vida de los blancos ricos y los negros pobres. W. E. B. Du Bois describió esta frontera negra como la línea de color. Como alguien que camina en la frontera, Bonhoeffer cruzó la línea de color en los EE. UU., al descender de una comunidad académica blanca y de élite de Morningside Heights al corazón negro de Harlem.

En la Iglesia Bautista Abyssinian, Bonhoeffer vivió la experiencia de estar en la comunidad de Cristo, con la cual había soñado en su tesis *Sanctorum Communio*, que había completado en 1927. Allí escribió así: «Los cristianos pueden y deben actuar como Cristo: deben llevar las cargas y sufrimientos del prójimo... Debo llegar al punto en que las debilidades, necesidades y pecados de mi prójimo me aflijan como si fueran míos, de la misma manera en que Cristo se afligió por nuestro pecado».[5] La iglesia bautista negra era un refugio seguro en una sociedad de supremacía blanca para que los afroamericanos pudieran reclamar en Cristo Jesús su propio valor y ser nutridos espiritualmente en una comunidad de amigos revolucionarios.

En la década de los treinta, la corriente dominante de los cristianos norteamericanos blancos, que se mantenían callados frente a los linchamientos y el racismo, predicaba, de hecho, el evangelio de un Jesús blanco, pues ofrecía una justificación religiosa de la jerarquía racial. En contraste, el reverendo Powell hablaba con audacia acerca de Jesús el profeta que dirigía la lucha por la libertad del pueblo negro. El mensaje de Powell se conectó poderosamente con la comunidad creciente

---

que resultaron del movimiento por los derechos civiles de la década de los sesentas.

5 Dietrich Bonhoeffer, *Sanctorum Communio: A Theological Study of the Sociology of the Church*, DBWE 1: 178-180.

de afroamericanos de Harlem. De 1890 a 1930, 2,5 millones de afroamericanos del Sur de EE. UU. migraron a ciudades del Norte, en busca de oportunidades y libertad. Durante ese período, la población negra de la ciudad de Nueva York creció en un sesenta y seis por ciento. Como el Sur era fervientemente religioso, miles de migrantes sureños se integraron en las congregaciones del Norte, incluida la *Abyssinian Baptist Church*. Llegaron a Harlem con sus historias orales, su música *soul* y sus escritos creativos. En la década de los veinte, el renacimiento de Harlem irrumpió con nuevas formas de arte para expresar el alma negra. Por ejemplo, el poema de Countee Cullen, «El Cristo negro», constituye un esfuerzo artístico de reimaginar el cristianismo en el contexto de la supremacía de los blancos. Durante tiempos de turbulencia, los músicos de Harlem crearon música nueva con *swing* y *soul*. Los espirituales, *blues* y *jazz*, anticiparon un futuro profético intercultural.

Los espirituales negros fueron los que más conmovieron a Bonhoeffer. Un pianista que amaba la música clásica, Bonhoeffer, se sintió atraído por las notas del *blues* y el *soul* de los espirituales que cantaba en la Iglesia Abyssianian. Los espirituales revelaban la cosmovisión liberadora de un pueblo oprimido. En un mundo de segregación y sufrimiento, Dios está *con* nosotros. No estamos solos. En la música, prédica, danza, literatura y arte visual, el espíritu del pueblo negro cobraba vida mediante un principio de improvisación.[6] El arte negro se creó como una forma de sobrevivencia, un ritual de resistencia. Tomando formas y fragmentos de su pasado africano, y del cruel paso por el Atlántico en barcos de esclavos, de la esclavitud y la segregación, los negros de Harlem, en la década de los treinta, forjaron una forma de arte lleno de fe que era auténticamente negro. La imaginación profética de los cristianos negros rechazó el dominio de los egipcios, rogándole a Dios que bajara y los liberara, pues eran un pueblo esclavizado como Israel. Esta fue una cosmovisión forjada por un pueblo cuyos ancestros africanos tuvieron que sobrevivir como pudieron dentro del

---

6 Véase mi discusión de la improvisación de música jazz en *Resurrection City: A Theology of Improvisation*. Grand Rapids: Eerdmans, 2012, esp. 13 ff.

casco de un barco de esclavos sometidos a una tripulación de blancos.[7] Para un pueblo subyugado y sufriente, Dios, y solo Dios, era la fuente de su vida y su liberación. Los espirituales cantados por las almas saturadas de *blues* harían eco en el alma de Bonhoeffer durante años, quien dio testimonio de tener una fe tan fuerte como la de los mártires.

Aunque Bonhoeffer era consciente de la preocupación de Jesús por los pobres, fue en Harlem que él fue bautizado en la negritud. El descenso de Bonhoeffer a la vida de los pisoteados y desheredados consolidó su posición privilegiada y su prestigio como teólogo blanco de descendencia alemana. Bonhoeffer comenzó a ver a Jesús escondido en la vida de los pobres y los oprimidos. Como líder laico de la iglesia, Bonhoeffer enseñó a un grupo de jóvenes en la escuela dominical, dirigió un club de jóvenes en el YMCA (Young Men's Christian Association) de Harlem, y enseñó un estudio bíblico para mujeres durante la semana. Desde las quejas de los jóvenes de que no encontraban un lugar tranquilo para estudiar pasando por las voces de las mujeres negras de Harlem que le compartían la interpretación de la Biblia desde el corazón de la mujer negra, hasta el llamado y respuesta durante el sermón dominical, Bonhoeffer, acorralado contra la pared, escuchaba los gritos del pueblo negro. Ahí, en la Iglesia Bautista *Abyssinian*, Bonhoeffer se dio cuenta de lo que en verdad estaba en juego en la lucha negra por la sobrevivencia —la pura verdad del evangelio mismo, un mensaje que se suponía debían ser *buenas noticias para los pobres* (Isaías 61.1; Lucas 4.18).

El bautismo de Bonhoeffer en el cristianismo negro, en Harlem, lo desafió a profundizar la afirmación de Martín Lutero de que Cristo es por nosotros (*pro nobis*). Mientras Lutero desarrolló, principalmente en la doctrina de la soteriología, la idea de que Dios en Cristo Jesús actúa a favor de nosotros, Bonhoeffer profundizó y radicalizó este motivo al aplicarlo a la eclesiología y a la ética. Cuando, en 1924, leyó el comentario de Barth a la

---

7 Véase la discusión de Willie Jennings', «The Story of the Slave Ship», en *The Christian Imagination: Theology and the Origins of Race*. New Haven: Yale University Press, 2010, 171-180.

Epístola a los Romanos, Bonhoeffer se inspiró para recuperar sus raíces luteranas mediante una teología atrevida de la Palabra de Dios, pero en Harlem, Bonhoeffer enfrentó un nuevo desafío: ¿qué relevancia tenía la palabra de la gracia de Dios para la vida concreta de los pobres y oprimidos?

En Harlem, los negros eran los pobres. Como líder laico de la iglesia negra más grande de la nación, Bonhoeffer comenzó a reflexionar sobre la raza como problema teológico. Williams escribió así: «Bonhoeffer permanece como el único teólogo blanco destacado del siglo veinte que habla sobre el racismo como un problema cristiano... El Jesús negro llegó a ser una figura discursiva que encarnaba a Dios con y para los despreciados y rechazados de toda la humanidad».[8] Bonhoeffer fue el primer teólogo blanco occidental que se propuso descentralizarse y luchar teológicamente en sus propios términos con una tradición cristiana subyugada —el cristianismo negro profético de los EE. UU.—. Bonhoeffer fue un reformador radical, porque se atrevió a pensar sobre la tradición eclesial negra como fuente de teología y, con ello, ofreció la posibilidad de una teología protestante profética.

J. Kameron Carter argumenta que la estadía de Bonhoeffer en Harlem y el Caribe —el Atlántico negro— lo inició en la negritud como en la realidad oceánica del cruel paso de los esclavos negros por el Atlántico. Un modo ecuménico de existencia, la negritud en la cual fue bautizado Bonhoeffer lo dejó inseparablemente vinculado a las luchas históricas de los pueblos negros por la libertad; este bautismo le dio el fuego profético para regresar a Alemania a fin de luchar valientemente por la libertad de los judíos durante el Tercer Reich alemán. Carter escribe: «leer a Bonhoeffer de esta manera es tomar en cuenta su negritud, si se me permite correr el riesgo de usar un concepto tan heterodoxo para los estudios de Bonhoeffer y los estudios teológicos, o de que él ha sido secuestrado por una negritud soberana, por el *entre*, por la fuerza de las relaciones,

---

8 Reggie Williams, *Bonhoeffer's Black Jesus*, 139. *Jesus the Revolutionary: Radicalizing Christology after Bonhoeffer*, 225.

ese movimiento renegado del futuro de la negritud».[9] A través del lente de la iglesia negra, Bonhoeffer fue capaz de ver mejor el pecado del racismo y la posibilidad de un testimonio cristiano profético y antirracista.

3. Bonhoeffer y el evangelio social negro en Berlín

De regreso a Alemania, Bonhoeffer lleva el espíritu y el fuego del movimiento del evangelio social negro estadounidense, con el que confronta con coraje la ideología racista *Volk* (nación) que se había viralizado a lo largo y ancho de su nación. Bonhoeffer y su amigo Franz Hildebrandt coescribieron un catecismo luterano en el que se confesaba el pecado del racismo y se renunciaba a él: «Dios ha arreglado todo, de tal modo que todas las razas de la humanidad de la tierra proceden de una sola sangre (Hechos 17.26). Por lo tanto, cualquier orgullo étnico definido en términos de carne y sangre es un pecado contra el Espíritu Santo».[10] Después de haber experimentado la división racial entre negros y blancos en los EE. UU., Bonhoeffer percibió la memoria bíblica de que la humanidad está unida por una sola sangre como el fundamento de su propia lucha para dirigir a la iglesia profética de Alemania a resistir la ideología nazi y a tratar a los judíos con amor y respeto.

Después de su ordenación, el 15 de noviembre de 1931, Bonhoeffer pidió al superintendente del Distrito Eclesial Evangélico (*Evangelischer Kirchenkreis*) al que pertenecía, que le asignara un barrio pobre parecido a Harlem. En febrero 1932, Bonhoeffer comenzó su servicio como pastor de la parroquia *Zionskirche* en *Stadtmitte* (barrio central de la ciudad). Charles Marsh escribe: «después de su bautismo por inmersión en Harlem, este traslado a una parroquia urbana le hizo sentir como si llegara

---

9 J. Kameron Carter, «Paratheological Blackness» South Atlantic Quarterly (2013): 112 (4): 608 n. 4; 589-611. Nota de la traductora: la palabra «blackness» se traduce igualmente como «negritud» y «oscuridad», y el sentido simbólico de combinar estos dos significados es intencional en este artículo. «Blackness» es una metáfora del sufrimiento.

10 Se cita en Reggie Williams, *Bonhoeffer's Black Jesus*, 114.

a casa».[11] Pastor juvenil, amoroso y comprometido, Bonhoeffer se encargó del cuidado espiritual de treinta jóvenes varones de la iglesia, para los que el pastor principal no tenía ni tiempo ni interés de atender. Bonhoeffer se dedicó de lleno a su nuevo trabajo, escuchaba a los jóvenes, jugaba deporte con ellos, y les enseñaba la Biblia y los catecismos luteranos. Charles Marsh escribe: «En el segundo semestre, Bonhoeffer comenzó a invitar a sus discípulos en grupos de dos y tres a la pensión del señor Heide, ahí les servía una cena, les leía las Escrituras o les contaba historias bíblicas, les ponía grabaciones de música clásica y de espirituales negros, e incluso les enseñaba ajedrez. En ocasiones les contaba alguna historia de sus viajes. Las noches, por lo general, terminaban con «un breve tiempo de catecismo».[12] Bonhoeffer construyó entre los varones jóvenes pobres una comunidad amorosa como parábola del Reino, para dar testimonio de «Cristo para el *otro*» como comunidad, con el mismo espíritu que tuvo su clase de escuela dominical en Harlem.

Durante este período Bonhoeffer desarrolla un estudio enfocado en el Sermón del Monte de Jesús con su llamado sencillo y directo a una vida de amor y justicia (Mateo 25). El llamado de Jesús no fue simplemente amar al prójimo, sino que también amar al enemigo. A partir de este encuentro con la enseñanza radical de Jesús del amor no-violento, en las calles de un barrio pobre de Berlín, Bonhoeffer profundiza y hace más concreta su ética cristológica y profética. Arraigado en la condición de Jesús como judío, Bonhoeffer cultiva una ética cristocéntrica de responsabilidad en profunda solidaridad con la lucha judía por la libertad.

4. Die Judenfrage en la teología luterana

En abril de 1933, Bonhoeffer habla en contra del régimen nazi, con el argumento de que la iglesia no debe simplemente

---

11 Charles Marsh, *Strange Glory*. New York: Alfred A. Knopf, 2014, 147.
12 Charles Marsh, *Strange Glory*, 148. Cf. Reggie Williams, *Bonhoeffer's Black Jesus*, 113-115.

«vendar a las víctimas debajo de la rueda, sino también interponerse entre los rayos en la rueda misma». Mientras Karl Barth redactaba la Declaración Teológica de Barmen, Bonhoeffer ayudaba a escribir la Declaración de Bethel con sus colegas Hermann Sasse, Gerhard Stratenwerth, George Merz, Hans Fischer y Wilhelm Vischer. Aunque estos documentos confesionales rechazaban la complicidad de los cristianos alemanes con el régimen nazi, no mencionaban la "cuestión judía" (*Judenfrage*) ni tuvieron el valor de rechazar el "parágrafo ario" (*Arierparagraph*). En consecuencia, Bonhoeffer no firmó ninguno de los dos documentos. La adopción de la cláusula antijudía por la iglesia del *Reich* auguraba más manifestaciones de antisemitismo en los años venideros.

El 6 de mayo de 1939, el gobierno nazi estableció un Instituto para el Estudio y la Erradicación de la Influencia Judía en la Vida Eclesial Alemana, que se abrió en el castillo de Wartburg, donde Martín Lutero tradujo el Nuevo Testamento al alemán en 1521.[13] Dicho instituto fundó tres grupos de eruditos que buscaban desjudaizar la Biblia, el catecismo, la liturgia y la teología cristiana en Alemania. Alon Confino escribe: «El Instituto reflejaba cuán atractivo resultaba el movimiento cristiano alemán entre los protestantes en el Tercer *Reich* y la idea de una Alemania sin el judaísmo. Mezclaba ideas nazis acerca de la raza aria con el cristianismo; mientras tanto, los pastores, eruditos, e instituciones eclesiales y estatales prestaban apoyo a su mensaje y lo legitimaban.[14] Desjudaizar a Jesús iba de la mano con restablecerlo como un superhéroe blanco ario. Al cortar su conexión histórica con el judaísmo,

---

13 Para un análisis concienzudo del establecimiento y agenda de investigación de este Instituto para el Estudio y la Erradicación de la Influencia Judía en la Vida Eclesial Alemana en la Universidad de Jena en Thuringia, Alemania, véase Susannah Heschel, *The Aryan Jesus: Christian Theologians and the Bible in Nazi Germany*. Princeton: Princeton University Press, 2008, esp. 67-105; Cf. Susannah Heschel, «Transforming Jesus from Jew to Aryan: Protestant Theologians in Nazi Germany», Albert T. Billgray Lecture, University of Arizona, 1995.
14 Alon Confino, *A World without Jews: The Nazi Imagination from Persecution to Genocide*. New Haven: Yale University Press, 2014, 147.

la teología occidental reemplazó la identidad judía mediante una ideología racial "blanca" como el modelo primario para reinterpretar y practicar la fe cristiana.[15]

El antisemitismo alemán tiene sus raíces en la teología misma de Martín Lutero, que nace de una tendencia más amplia hacia el supersesionismo[16] en el cristianismo europeo. La tendencia incendiaria de Lutero de hacer críticas doctrinales por medio de difamaciones pasó de la autoridad papal de la Iglesia Católica Romana hacia el pueblo judío. En la segunda mitad de la carrera de Lutero como reformador, publicó un tratado infame, *Los judíos y sus mentiras* (1543), una difamación mordaz de la cultura judía, que incluía un razonamiento del porqué debía ser atacada y eliminada de su tierra. Al ofrecer consejos a los príncipes, Lutero escribe lo siguiente de los judíos:

> Primero, pongan fuego a sus sinagogas o escuelas y entierren o cubran con tierra lo que no se queme, para que ningún hombre nunca jamás vuelva a ver ni piedra ni ceniza de ellas…. Segundo, aconsejo que arrasen y destruyan sus casas también…. Tercero, aconsejo que les quiten todos sus libros de oración y escritos talmúdicos, en los cuales se enseñan idolatría, mentiras, maldiciones y blasfemia…. Cuarto, aconsejo que les prohíban a sus rabíes enseñar de ahora en adelante a pena de pérdida de vida y cuerpo, pues ellos han perdido el derecho a tal puesto por mantener cautivos a los pobres judíos con los dichos de Moisés (Deuteronomio 17 [.10ff]), en los que él les manda a obedecer a sus maestros a pena de muerte, aunque Moisés claramente agrega: "lo que les enseña de acuerdo con la ley del Señor." Esos villanos hacen caso omiso de eso. Ellos irresponsablemente abusan de la obediencia de esa pobre gente contraria a la ley del Señor y le infunden este veneno, maldiciones y blasfemia… Quinto, aconsejo que les prohíban la usura… Sexto, aconsejo que se les ponga en sus manos a los judíos y a las judías jóvenes y fuertes un mayal, hacha, azada, pala, rueca o huso para que ganen su pan con el sudor de la frente, como se les impuso a los hijos de Adán. (Génesis 3 [.19]).[17]

---

15 Para una elaboración de esta afirmación, véase: J. Kameron Carter, *Race: A Theological Account*. Oxford: Oxford University, 2008.

16 Nota de la traductora: El supersesionismo es la posición teológica de que el nuevo pacto reemplazó al antiguo.

17 Luther, «The Jews and Their Lies» (1543), in *Luther Works* 47:268-272.

Lutero sostuvo que los judíos ya no eran el pueblo escogido y promovió la violencia directa contra ellos, que incluía destruir sus sinagogas y casas, quitarles sus libros de oración y otras propiedades y prohibirles a los rabíes predicar. El consejo de Lutero a los príncipes fue claro: no cedan protección y compañerismo a los judíos porque son engañadores y peligrosos. Al verlos como falsos profetas, Lutero quería que fueran expulsados de la *polis* entendida como esfera «cristiana». En Martín Lutero vemos un florecimiento de la tradición cristiana del antijudaísmo. Su intervención en contra de los judíos marca una transición importante del antijudaísmo de la Iglesia Católica Medieval a lo que Heiko Oberman llama el antisemitismo racial de la Modernidad.[18]

Uno de los pueblos donde vivió Lutero había expulsado a los judíos hacía noventa años antes, con lo que se refleja la tradición teológica y cultural de echarle la culpa de la muerte de Jesús a los judíos. Como muchos cristianos del siglo 16, Lutero era un supersesionista, que veía en el cristianismo el cumplimiento del judaísmo y esperaba su conversión. De hecho, en sus escritos tempranos Lutero los vio como aliados contra la corrupción de la Iglesia Católica Romana (aunque siempre los consideraba blasfemos por rechazar la divinidad de Jesús). Pero la amargura de Lutero hacia los judíos crecía cada vez más al quedar claro que ellos no tenían ninguna intención de convertirse a su revolución protestante, como tampoco al viejo orden del catolicismo.

La teología de Lutero expone la manera en que el imaginario teológico cristiano puede rechazar su origen judío, mientras

---

18 Aunque Heiko Oberman argumenta que Martín Lutero no fue antisemita, piensa que la teología de Lutero creó las condiciones para que emergiera un antisemitismo racial: «Si Lutero podía abandonar a esta raza abofeteada como el pueblo de Dios desheredado, entonces, de verdad, no cabía más lugar para los judíos como judíos. La oposición al judaísmo llegó a ser, en efecto, una oposición a los judíos. Desde este momento en adelante, la imagen del judío, tal como estaba, no era prueba contra la conscripción al servicio desconocido del antisemitismo racial.» Heiko A. Oberman, *The Roots of Anti-Semitism: In the Age of Renaissance and Reformation*. Philadelphia: Fortress Press, 1984, 50.

que simultáneamente promueve el proyecto de blancura en el proyecto de la civilización occidental. La idea europea colonial de que los blancos eran superiores a las poblaciones indígenas de África y del Nuevo Mundo tiene sus raíces teológicas en la idea problemática de que el cristiano era superior al judío.

El racismo tiene sus raíces en el supersesionismo, una interpretación acerca del Nuevo Testamento que afirma que la relación de Dios con los cristianos *reemplaza* el pacto de Dios con los judíos.[19] La «teología del reemplazo» cristiano —la idea de que el cristianismo reemplaza el judaísmo— es una herejía en contra de la cual se debe luchar dentro de la iglesia.

Por medio de la influencia perversa del antisemitismo, la teología alemana moderna comenzó a transformar a Jesús de judío en ario. Aunque teólogos como Karl Barth y Dietrich Bonhoeffer trataron de resistir al régimen nazi, la mayoría de los líderes cristianos de Alemania traicionaron los ideales proféticos del cristianismo, pues permanecieron en silencio mientras la máquina propagandística nazi promovía un Jesús ario como justificación teológica del nacionalismo alemán.[20]

Despojado de su identidad judía, Jesús se hace «blanco» en gran parte de la teología alemana del siglo 20. Al cortar su conexión histórica con el judaísmo, la teología occidental reemplaza con frecuencia la identidad judía con la «blancura» como el modelo principal para interpretar y practicar la fe cristiana. Como el

---

19 Véase J. Kameron Carter, *Race: A Theological Account.*

20 Véase Stefan Arvidsson, *Aryan Idols: Indo-European Mythology as Ideology and Science.* Trans. Sonia Wichmann (Chicago: University of Chicago, 2006); Zygmunt Bauman, *Modernity and the Holocaust* (Cambridge: Polity 1988); Robert P. Ericksen and Susannah Heschel, ed. Betrayal: *German Churches and the Holocaust.* Minneapolis: Fortress Press, 1999; George Mosse, *Nationalism and Sexuality.* Madison: University of Wisconsin Press, 1985; Leon Poliakov, *The History of Anti-Semitism, vol. 1.* Oxford: Oxford University Press, 1985; Ídem, *The Aryan Myth.* London: Sussex University Press, 1974; Paul Lawrence Rose, *Revolutionary Anti-Semitism in Germany from Kant to Wagner.* Princeton, N.J.: Princeton University Press, 1990; Gershom Schockem, *From Berlin to Jerusalem: Memories of My Youth,* trans. Harry Zohn. New York: Schockem, 1971.

principal marcador social de privilegio en el mundo moderno, la *blancura* se refiere a la identidad racial de personas de ascendencia europea, quienes son las principales beneficiarias del poder y de los privilegios de las instituciones sociales que continúan su poder.

En juego están los enlaces estructurales y culturales entre el mundo cristiano alemán y el americano, en realidad, el mundo racial más amplio ya que se operaban por medio de un discurso de ambiciones de la civilización occidental y su destino cultural (a veces llamado "destino manifiesto"). Hitler resulta instructivo, porque ejemplifica precisamente el problema de cómo el proyecto occidental de civilizar ha utilizado conceptos cristianos, y así, a un nivel cultural o de estructuras sociales, ha sido un proyecto problemático de salvación —en el que la salvación se concreta en torno a un falso «Dios-hombre», el varón blanco—.[21] De hecho, es contra esta dinámica —la hegemonía del varón blanco— que la teología cristiana tiene que seguir luchando.

En oposición vigorosa a la ideología del antisemitismo promovida por muchos cristianos alemanes, Bonhoeffer se unió al movimiento de la Iglesia Confesante, a fin de recuperar las raíces judías del cristianismo, y trabajar en profunda solidaridad con los judíos que el régimen nazi asesinó. Su cristología profética lo llevaría, paso a paso, hasta la conspiración de matar a Hitler y dar fin a las matanzas violentas de los judíos a manos de los nazis. A causa de su activismo en el movimiento de resistencia, arrestaron a Bonhoeffer el 5 de abril de 1943 y lo llevaron a la prisión de Tegel.

---

21 Sobre la noción de un falso «Dios-Hombre», que hace eco en lo que se ha llamado el problema cristológico en la teología cristiana clásica, véase más recientemente J. Kameron Carter, «An Unlikely Convergence: W. E. B. Du Bois, Karl Barth, and the Problem of the Imperial God-Man», *CR: The New Centennial Review* 11.3 (2012): 167–224.

5. Fragmentos del futuro desde la prisión

Durante su encarcelamiento en Alemania por su resistencia contra Hitler y el régimen nazi, Bonhoeffer imaginaba lo que sería una iglesia sin religión. Era esencial que la iglesia, después de la guerra, se solidarizara con las víctimas. Bonhoeffer escribe:

> La persona hambrienta necesita pan, la persona sin hogar necesita asilo, aquella a la que han privado de sus derechos necesita justicia, la persona solitaria necesita una comunidad, la indisciplinada necesita orden, y el esclavo necesita libertad. Sería una blasfemia contra Dios y nuestro prójimo dejar a las personas hambrientas sin comida mientras afirmamos que Dios está más cerca de aquellas que tienen necesidades más profundas.[22]

Cargar con los pecados y el sufrimiento de otros, que es a lo que Jesús llama a la iglesia, no es otra cosa que una imitación concreta de la vida misma de Jesús, una vida de cruz, una vida que fue fundamentalmente riesgosa y que no es posible contener dentro de las categorías de la religión.

Ya que Jesús era plenamente solidario con los que sufren y con los oprimidos durante su ministerio terrenal, los cristianos son llamados a buscar a ser solidarios con los que sufren. Bonhoeffer llama a la experiencia de un cristianismo profético que pueda

---

22 Dietrich Bonhoeffer, «Ultimate and Penultimate Things», *Ethics*, DBWE 6: 163. Discutir la teología «desde abajo» es una construcción común en la teología de la liberación contemporánea, pero Bonhoeffer tenía una mirada más matizada de la distinción *von oben / von unten*. En su ensayo «The "Ethical" and the "Christian" as a Topic», Bonhoeffer argumenta que «la orientación desde arriba hasta abajo ... es una cualidad esencial de lo ético, aunque es tan ofensiva a la mente moderna» (Bonhoeffer, *Ethics*, DBWE 6: 372). Bonhoeffer cree que el mandato de Dios llega desde arriba hacia abajo y considera que el movimiento teológico «desde arriba hacia abajo» es importante éticamente. Christopher Morse sostiene que «la cercanía del cielo» responde a esta tensión en la teología de Bonhoeffer, ya que la realidad del cielo, aunque no es de este mundo, está entrando en el mundo. Toda nuestra acción ética está orientada por el Reino de Dios que viene. Christopher Morse, «Responsibility in the Real World: Bonhoeffer», en *The Difference Heaven Makes: Re-hearing the Gospel as News*. New York: T & T Clark, 2010, 86-98, esp. 87 y 96.

«ver los grandes eventos de la historia mundial desde abajo, desde la perspectiva de los marginados, los sospechosos, los maltratados, los impotentes, los oprimidos y despreciados, en resumen, desde la perspectiva de los que sufren».[23] Construir la doctrina cristiana desde la perspectiva de los que sufren ofrecía un nuevo horizonte para la teología protestante profética. En esto, la iglesia debe encontrarse no solamente en solidaridad con aquellas personas de abajo en la historia, sino intencionalmente marchando al frente de la lucha contra los poderes y principados. En otras palabras, la identificación de la iglesia con los que sufren es un gesto apocalíptico para resaltar el hecho de que esta era, en que los pocos están arriba mientras que los muchos sufren abajo, ha encontrado su fin en Jesucristo. Este estado injusto de cosas es pasajero. Se está poniendo al mundo de cabeza, y la identificación de la iglesia con los que sufren da testimonio de esta realidad, en palabra y en hecho.[24]

6. La identidad judía de Jesús: la teología negra y el problema de la supremacía blanca

Reggie Williams, que interpreta la cristología profética de Bonhoeffer a partir de sus experiencias con la iglesia negra de Harlem, expone un importante encuentro teológico transatlántico. A causa de los primeros encuentros violentos entre europeos y personas de piel oscura en el «Nuevo Mundo», el cristianismo colonial echó una extensa y oscura sombra sobre el continente americano. El bautismo de Bonhoeffer en la negritud fue un desbaratamiento santo del molde cristiano-colonial de EE. UU., de manera que ofreció una señal apocalíptica de sanidad y esperanza. Bonhoeffer, el ecumenista a favor de la reconciliación, comenzó a crear puentes entre blancos y negros, entre estadounidenses y alemanes. La vida

---

23 Dietrich Bonhoeffer, «After Ten Years: A Reckoning made at New Year 1943», *Letters and Papers from Prison.* ed. Eberhard Bethge. New York: Collier Books, 1953, 17.

24 Véase Dietrich Bonhoeffer, «Christ, Reality, and Good: Christ, Church, and World», *Ethics*, DBW 6: 62-64.

y el legado de Bonhoeffer abren hoy en día la posibilidad de reconstruir un espíritu revolucionario, al derribar las barreras de raza y religión.

Dietrich Bonhoeffer encarnó un espíritu revolucionario al guiar a la iglesia confesante a solidarizarse de manera profunda con los judíos, al mismo tiempo que confrontaba con valentía el racismo del Tercer *Reich* y a los cristianos que eran cómplices del régimen fascista. La vida y teología de Bonhoeffer proveen un puente importante entre la reforma de Martín Lutero en Alemania y la reforma de James Cone en los EE.UU. Martín Lutero fue un revolucionario en el sentido de que recuperó el poder del *evangelio de la gracia* en el contexto de su cautiverio en la cristiandad católica. En el mismo espíritu revolucionario, James Cone recuperó el poder profético del *evangelio de la liberación* en el contexto de su cautiverio en la iglesia blanca racista de los EE. UU.

El sueño de Dietrich Bonhoeffer de un discipulado costoso hace eco en el llamado de Cone a la liberación como proyecto de libertad. Bonhoeffer recuperó la identidad judía de Jesús en su confrontación profética con el Jesús ario que proclamaban los cristianos alemanes. Después de Bonhoeffer, la identidad de Jesús como judío sigue siendo un problema teológico y racial. Después de Malcom X y Martin Luther King, Jr., la teología negra de la liberación de Cone relaciona la identidad judía de Jesús con la existencia negra en los EE. UU. La cuestión central de la teología negra es esta: ¿cómo hablamos acerca de Dios, Jesús, y el ser humano en una sociedad definida por el legado de la esclavitud, la segregación de Jim Crow, linchamientos, disturbios, brutalidad policial y de la supremacía blanca? Por el hecho de que los negros en los EE. UU. eran oprimidos por el racismo blanco, entendieron claramente la opresión de los judíos y la urgencia de atender el llamado que hacen las Escrituras a la liberación. Al compartir una circunstancia común de cautiverio colonial, tanto judíos como negros clamaron a Dios el Liberador para que rompiera las cadenas de su opresión colonial.

¿Cómo podríamos caracterizar la teología negra de la liberación en relación con la teología poscolonial? La teología negra de la liberación es la trayectoria teológica dentro del movimiento radical negro. El movimiento radical negro fue un discurso poscolonial en la década de los sesenta. Mientras Cone era estudiante de teología en la Universidad Northwestern, leyó el libro de Frantz Fanon, *The Wretched of the Earth*, 1961, y el análisis de Fanon del efecto psicológico deshumanizante de la colonización sobre los colonizados lo persuadió. En *A Dying Colonialism*, 1965, y *Black Skin, White Masks*, 1967, Fanon profundizó su crítica de la colonización, en la que ofrece un análisis global de la supremacía blanca. Fanon escuchó el clamor de los pobres del tercer mundo, a quienes la blancura de los regímenes coloniales dominaba, e hizo un llamado a que los movimientos de liberación anticoloniales se materializaran. Fanon proporcionó a Cone perspectivas y herramientas para descolonizar la teología en los EE. UU. mediante una exégesis más radical de las Escrituras (al resaltar temas de opresión y liberación) y una teología profética (al destacar la liberación política de las personas negras y la restauración de su dignidad). Al unirse con profunda solidaridad a los activistas que luchaban en el tercer mundo en contra del colonialismo europeo y estadounidense, Cone buscó luchar contra los principados y poderes del neocolonialismo y del racismo blanco dentro del territorio de los EE. UU. Tiene sentido interpretar a Cone por un lente poscolonial porque la teología negra de la liberación es una orientación dentro del movimiento radical negro, que en sí mismo ya es un discurso poscolonial.

Mientras Fanon ofrecía una crítica clara de la lógica colonial de la blancura, el movimiento de las Artes Negras expresaba creativamente lo que significaba ser negro. Mientras Cone enseñaba en la Universidad Adrián, en Detroit, en los años sesenta, irrumpió el movimiento de las Artes Negras, con el que se creó un contexto fértil para desarrollar una nueva *theopoiesis*. Durante este tiempo, Cone devoró los ensayos de LeRoi Jones (Amiri Baraka), como «The Revolutionary Theatre», «Black Hope», «The Legacy of Malcolm X», «The Coming of the Black Nation» and «State/meant». Se encendió la imaginación profética de Cone al leer *We a Badd People*, 1970, de Sonia Sánchez, *Think Black!*, 1967, y *Black Pride*, 1968,, de Don Lee L.

Lee's (Haki R. Madhubuti), *Return to My Native Land*, 1960, de Aime Cesaire, y aún *The Rebel*, 1956, de Albert Camus, escritor existencialista francés. El movimiento de las Artes Negras inspiró a la comunidad afroamericana a valorar y a amar a su ser negro —color de piel, textura de pelo, cuerpo, arte, música, danza, teatro, historia, a héroes y heroínas—. Lo negro estaba de regreso, y era bello.

Al transfigurar la tragedia en triunfo mediante una auto-afirmación del ser negro, el movimiento de las Artes Negras fue el modelo estético de donde emergería la teología negra. Al unir corrientes de tragedia y liberación, la novela de James Baldwin fue el prototipo de una forma de escritura que era honesta, enojada y bella. Cone vio *The Fire Next Time*, 1962, como un manifiesto del movimiento. Baldwin escribe: «La única cosa que tienen los blancos que necesitamos o debemos querer los negros es poder —y nadie mantiene el poder para siempre—».[25] El sueño de Balwin por el poder negro comenzaría a manifestarse en la realidad por medio del movimiento del Poder Negro que fue el modelo político para el lanzamiento de la teología negra de James Cone.

Aunque Richard Wright fue quien escribió la novela titulada *Black Power*, en 1954, fue Stokely Carmichael quien popularizó el término durante la marcha en Meredith contra el temor. El 16 de junio de 1966, Carmichael se dirigió a los manifestantes en Greenwood, Mississippi, anunciando que la única manera de superar la opresión del racismo blanco era mediante la construcción de un *poder negro*. Esto marcó un giro en el movimiento por los derechos civiles, que hasta ese momento había sido guiado principalmente por el Dr. Martin Luther King, Jr. y su visión de un activismo no-violento que se basaba en el amor y buscaba plena integración dentro de la sociedad blanca. En contraste con el estar «integrados» al sistema socioeconómico blanco, Carmichael promovió la autonomía

---

25 James Baldwin, *The Fire Next Time*. New York: Vintage International, 1992, 96.

negra como fundamento para lograr la autodeterminación y la liberación negra para el pueblo negro.[26]

Inspirado por el llamado al *poder negro* de Stokely Carmichael, James Cone forjó una teología negra de liberación en el fuego del movimiento del poder negro. Como profesor de teología de la Universidad Adrián, en Adrián, Michigan, Cone se preocupaba por los disturbios raciales en Detroit, a noventa y siete kilómetros de distancia. Sabía en su corazón que la teología cristiana tenía que cambiar para que fuera relevante al grupo creciente de activistas negros que luchaban por la justicia en ciudades a lo largo y ancho de los EE. UU. Cuando el Dr. King fue brutalmente asesinado, mientras dirigía un movimiento a favor de un salario digno para los obreros sanitarios en Memphis, Tennessee, el 4 de abril de 1968, se encendió el fuego revolucionario de Cone. Se sentó en el sótano de la iglesia de su hermano Cecil, y escribió *Black Theology and Black Power*, 1969, en cinco semanas. Cone abogó por una teología negra que inspirara y capacitara a los negros a retomar su propio poder al trabajar juntos para desmantelar las instituciones racistas y encontrar su verdadera libertad. Un año después, Cone escribió *A Black Theology of Liberation*, que sistematizó la teología negra.[27]

Jesucristo era la norma de la teología de Cone, pero buscó entender a Jesús a través de la experiencia negra. En *The Spirituals and the Blues*, 1972, Cone descubrió a Jesús como uno que sufre con los otros, representado en la música de la iglesia negra.[28] Los esclavos negros cantaron del sufrimiento de Jesús durante la crucifixión en el espiritual «*Were you there?*»

- *Were you there when they crucified my Lord?* (¿Estabas allí cuando crucificaron a mi Señor?)

---

26 Stokely Carmichael, «Toward Black Liberation», *Black Fire: An Anthology of Afro-American Writing*. ed. Roi Jones and Larry Neal. Baltimore: Black Classic Press 1968, 119-132.

27 James H. Cone, *Black Theology & Black Power*. New York: Seabury Press, 1969; Ídem, A Black Theology of Liberation. Maryknoll, NY: Orbis Press, 1970.

28 James H. Cone, *The Spirituals and the Blues*. New York: Seabury Press, 1972.

- *Were you there when they crucified my Lord?* (¿Estabas allí cuando crucificaron a mi Señor?)
- *Oh! Sometimes it causes me to tremble, tremble, tremble;* (¡Oh!, a veces me hace temblar!)
- *Were you there when they crucified by Lord?* (¿Estabas allí cuando crucificaron a mi Señor?)

Cone escuchaba en los espirituales el llanto de Jesús, que era completamente humano, que compartía plenamente el sufrimiento de los pobres, en especial el de los pobres negros de los EE. UU. Los afroamericanos oprimidos por el racismo blanco se relacionaron profundamente con Jesús, el judío de Palestina que fue crucificado en una cruz romana. En su libro *God of the Oppressed,* 1975, Cone relaciona la identidad judía de Jesús con la existencia negra en los EE. UU., para lo cual desarrolla una fuerte crítica del racismo y una teología de la liberación constructiva, que es relevante al movimiento por la justicia racial y económica. En el capítulo 6, «*Who is Jesus Christ for us today?*» (¿Quién es Jesucristo para nosotros hoy?), Cone desarrolla una cristología concreta de la negritud en EE. UU.[29]

Para Cone el problema del racismo exige pensar en torno al contexto histórico-social a fin de ofrecer un análisis más profundo y puntual de quién es Jesucristo. Intenta lograrlo con un método teológico dialéctico: «Quien es Jesús para nosotros hoy en día no se decide por enfocar nuestra atención exclusivamente ni en el contexto social ni en la Biblia, sino por ver a ambos en una relación dialéctica».[30] Frustrado por las abstracciones teológicas de los teólogos blancos, Cone exigió que la teología se enfrentara con sus múltiples contextos, en especial con el contexto de opresión en que los negros buscaban movilizarse a favor de su propia liberación.

El llamado teológico de Cone a ver el *contexto* tomó dos formas: tanto el llamado a volver al contexto original de la historia bíblica

---

29 James H. Cone, *God of the Oppressed.* New York: Seabury Press, 1975, 108-137.
30 Cone, *God of the Oppressed*, 113.

como el llamado a los oprimidos en el contexto contemporáneo. Examinar el trasfondo judío concreto del contexto de Jesús forma la base para un análisis teológico contextual en el presente. Mientras Bonhoeffer afirmaba la importancia de la identidad judaica de Jesús, Cone va más allá para explicar el significado *concreto* de la identidad judaica de Jesús para la lucha por la justicia racial de hoy en día. Cone escribe: «El Jesús histórico resalta el contexto social de la cristología, y, por ende, establece la importancia de la identidad racial de Jesús. *¡Jesús fue judío!*»[31]

«La particularidad de la persona de Jesús como se revela en su condición de judío es indispensable para el análisis cristológico. Por un lado, la identidad judaica de Jesús destaca la importancia de su humanidad para la fe, y por otro, conecta el drama de la salvación de Dios en Jesús con el acontecimiento del Éxodo-Sinaí».[32] Al pensar en su particularidad concreta de Jesús un judío pobre de Palestina—, Cone cuestiona a cualquier teología cristiana que deje de mencionar el ministerio de Jesús con los pobres.[33] Para Cone, el asunto no era solamente que Jesús era pobre y que ministró a los pobres, sino que el Cristo vivo sigue ministrando a los pobres, liderando hoy en día la lucha por la justicia. Cone concluye ese capítulo con la afirmación provocativa de que «Jesús es negro». Al relacionar el método teológico con la historia del movimiento por la liberación negra, Cone replantea la cristología al destacar la actividad de Cristo en las luchas por la justicia aquí y ahora.[34]

Para Cone, la negritud de Cristo tiene un doble significado: es «tanto literal como simbólico».[35] A nivel literal significa que Dios se reveló como un predicador palestino pobre y de piel

---

31 Cone, *God of the Oppressed*, 119.

32 Cone, *God of the Oppressed*, 119.

33 Cone, *God of the Oppressed*, 116.

34 Cone escribe: «La autoridad de la Biblia para la cristología, entonces, no está en su estatus objetivo como la Palabra de Dios literal. Más bien, se encuentra en su poder para señalar a Uno que el pueblo ha encontrado en la lucha histórica por la libertad.» James H. Cone, *God of the Oppressed*, 112.

35 Cone, *God of the Oppressed*, 136.

oscura en plena solidaridad con los pobres de piel oscura de los EE. UU. «La negritud de Cristo es literal en el sentido de que se hace Uno con los negros oprimidos, al tomar su sufrimiento como su lucha, la historia de nuestro dolor y el ritmo de nuestros cuerpos», escribe Cone.[36] Hace una intervención *teológica* vital al interpretar a Israel como un pueblo oprimido y al conectar su experiencia con la experiencia de opresión afroamericana. El reto de la teología negra para toda la teología cristiana de los EE. UU. es reimaginar el cristianismo como un movimiento por la justicia guiado por el Espíritu, fundamentado en las historias de la lucha por la libertad negra desde el movimiento de la abolición de la esclavitud hasta el movimiento por los derechos civiles, una historia teológica contada en el libro de Gayraud S. Wilmore, *Black Religion and Black Radicalism*.[37] Desde abajo de la modernidad evangélica blanca, el cristianismo profético negro altera la jerarquía racial americana, y marca así el comienzo de un futuro intercultural y profético.

A nivel simbólico, la *negritud* de Cristo significa que Dios se une a los oprimidos en toda lucha global por la libertad: «La "negritud de Cristo", entonces, no es simplemente una declaración respecto al color de la piel, sino más bien la afirmación trascendental de que Dios nunca, no, nunca jamás, ha dejado al oprimido solo en la lucha. Está con ellos en los EE. UU., África y América Latina y vendrá al final de los tiempos para consumar plenamente su libertad».[38]

Luego Cone relaciona la experiencia de Israel, mediada por la carne judaica de Jesús, con la experiencia de las personas negras y todas las personas de color de los EE. UU. y de los pueblos oprimidos a lo largo y ancho de todo el mundo, criticando todas las teologías blancas del centro que perpetúan los discursos abstractos de la Ilustración: «¿Cómo puede hablarse la teología

---

36 Cone, *God of the Oppressed*, 136.

37 Gayraud S. Wilmore, *Black Religion and Black Radicalism: An Interpretation of the Religious History of African Americans*. 3rd edition. Maryknoll, NY: Orbis Books, 2010.

38 Cone, *God of the Oppressed*, 137.

cristiana de la esperanza en Jesucristo si esa esperanza no comienza ni termina con la liberación de los pobres en la existencia social en la cual toma forma la teología? En los EE. UU., esto significa que no se puede hablar de la esperanza en el sentido cristiano a no ser que sea para hablar de la liberación de los pueblos negros, rojos y morenos».[39] Aunque Cone escribe teología desde la experiencia, cultura e historia negras, su visión teológica no es exclusivamente para afrocristianos sino para todos los pueblos oprimidos, de toda raza y región. Cone escribe: «El Dios en la teología negra es el Dios de y para los oprimidos, el Dios que se vislumbra en su liberación».[40] El reto profético de Cone a la teología protestante radica en su llamado a retomar la identidad de Jesús como un profeta revolucionario, a rendir cuenta teológicamente de la raza y a construir una teología profética que pueda inspirar y capacitar a una nueva generación de líderes de fe en el movimiento por la justicia racial y económica.

El libro más reciente de Cone, *The Cross and The Lynching Tree*, 2011, considera el árbol de linchamiento como un sitio cultural para comprender el enlace entre las concepciones de Jesucristo y el mundo social de Jim Crow en los EE. UU.[41] Cone escribe:

> Desde la perspectiva teológica, Jesús fue el primero al que lincharon, el cual presagiaba todos los cuerpos negros linchados en tierra americana. Fue crucificado por los mismos principados y poderes que lincharon a los negros en EE. UU.[42]

En cuanto siguen crucificados los cuerpos negros, morenos, rojos, amarillos, de mujeres y LGBTQ, no existe manera de cómo dejar atrás el compromiso cristológico de Cone de liberar al oprimido. Una cristología protestante profética de hoy en día tiene que construirse desde la cristología del oprimido de

---

39 Cone, *God of the Oppressed*, 128.
40 James H. Cone, *A Black Theology of Liberation*. Twentieth Anniversary Edition, Maryknoll, N.Y.: Orbis, 1990, 61.
41 James H. Cone, *The Cross and the Lynching Tree*. Maryknoll, NY: Orbis Books, 2011.
42 Cone, *The Cross and the Lynching Tree*, 158.

Cone, especialmente su preocupación con la identificación de Jesús con los pobres, en la medida que el Espíritu de liberación le da poder a la lucha contemporánea por la justicia.

7. Conclusión

La teología protestante del futuro debe construir un puente entre el sufrimiento histórico y la esperanza escatológica por medio de un ministerio cristocéntrico de liberación y reconciliación. Dentro de la tradición luterana, Bonhoeffer radicaliza la Reforma por medio de su presentación de Jesús el revolucionario, el *Uno para el otro*, hasta la muerte. Bonhoeffer fue el primer teólogo blanco occidental que intentó activamente descentrarse de su cosmovisión occidental y luchar teológicamente en sus propios términos a favor de una tradición cristiana subyugada —el cristianismo negro profético—. En 1930 y 1931 Bonhoeffer asistió a la Iglesia Bautista *Abyssinian* en Harlem, y en ella encontró una fe trascendente y entusiasta con una adoración inspiradora y una teología profunda. En Harlem Bonhoeffer fue bautizado en la profundidad del sufrimiento negro, sin embargo, al mismo tiempo experimentó la promesa de la lucha negra por la liberación. Lo que Bonhoeffer encontró en la adoración de los afroamericanos de Harlem fue el poder de la esperanza revolucionaria en medio de la aflicción, que había entendido teóricamente en la teología de la Palabra de Dios de Karl Barth, pero que no captó existencialmente hasta que lo vivió de primera mano en la iglesia negra.

Por medio de sus experiencias con los afroamericanos descontentos de Harlem y un evangelio social negro que relacionaba a Jesús con el sufrimiento negro, Bonhoeffer pudo regresar a Alemania con una sensibilidad más profunda hacia el sufrimiento judío y un mayor compromiso de trabajar para poner fin a la violencia alemana contra los judíos. Aunque en 1939 se le ofreció un profesorado prestigioso en el Seminario Teológico Unión, Bonhoeffer lo declinó y regresó a Alemania para unirse a la lucha de la Iglesia Confesante contra el régimen fascista de Adolfo Hitler. Cuando supo de las ejecuciones masivas de los judíos, Bonhoeffer comprometió su vida a la acción revolucionaria subversiva. Siguió a su Jesús negro en el camino del discipulado costoso hasta la muerte, en Flossenbürg, Alemania, el 9 de abril de 1945. Mientras celebramos el 500 aniversario de cuando Martín Lutero clavó sus 95 tesis en las puertas de la Iglesia del Castillo deWittenberg, el Jesús negro de Bonhoeffer abre una nueva trayectoria para radicalizar la cristología y renovar hoy en día la teología protestante profética en *cinco* aspectos.

Primero, al resaltar la particularidad de la carne judaica de Jesús, podemos volver a la raíz al cristianismo en su herencia judía para avanzar hacia un futuro auténticamente intercultural e interreligioso. La identidad judaica de Jesús confronta a una cristología exclusivamente occidental y blanca para afirmar la particularidad de la carne judía de Jesús para todos los pueblos, sin tomar en cuenta su cultura, raza o religión. La identidad judía de Jesús significa que todos sus seguidores en el movimiento cristiano global están incluidos en la historia del pueblo de Israel. Esto ayuda a los cristianos a entender que la historia cristiana es primeramente una historia judía, antes de ser una historia moderna del estado-nación occidental.

Segundo, la enseñanza de Jesús acerca del Reino rechaza el espíritu de un nacionalismo religioso, el esfuerzo de domesticar el cristianismo por la rendición al poder de los reinos de este mundo. Después de que Constantino declaró el cristianismo la religión oficial del Imperio romano, el cristianismo occidental ha luchado contra esta tendencia nacionalista. Por ejemplo, el principio *cuius regio eius religio*, acordado en primera instancia en la Dieta de Augsburgo (1555), y reforzado luego en la Paz de Westfalia (1648), significó que el gobernante en los principados alemanes escogiera la religión de la región. Mientras institucionalizó las divisiones de la Reforma y la contrarreforma, *cuius regio eius religio* también suprimió la libertad de la religión y el pluralismo religioso emergente. En tanto la cristología fuera utilizaba por la nación en el desarrollo de la conquista colonial europea, Jesús llegaba a ser un instrumento de dominación y opresión. La creación de una identidad nacional en «EE. UU.»

y «Alemania» condujo cada vez más a una arrogancia colonial, a la supremacía blanca y a la hegemonía occidental en los siglos diecinueve y veinte. Enfocarnos en la identidad judaica de Jesús —el que sufrió y murió en una cruz romana— nos ayuda a confesar y a arrepentirnos de las maneras en las cuales el cristianismo ha participado en un legado violento de opresión en nombre de la corona.

Tercero, radicalizar la cristología implica confesar y arrepentirse del antisemitismo y de la supremacía blanca. La «teología del reemplazo» —la idea de que el cristianismo reemplaza al judaísmo— es una herejía que se debe negar y rechazar dentro de la iglesia. De igual manera, se debe rechazar la supremacía blanca como un mal sistémico que tiene que ser desmantelado en la iglesia, la academia y la sociedad. Jennifer M. McBride argumenta que la vida y teología de Bonhoeffer reta a los cristianos norteamericanos blancos a *aceptar la culpa / a asumir responsabilidad / a arrepentirse del pecado* de la supremacía blanca como una forma concreta de testimonio público.[43] La teología de la Reforma comenzó como una confesión de pecado y una confesión de la fe en Jesucristo. Es vital que hoy mismo mantengamos el espíritu confesional de la Reforma, especialmente cuando se trata de renunciar a los pecados del antisemitismo y de la supremacía blanca.

Cuarto, la teología protestante de hoy en día necesita comenzar con un espíritu de escucha humilde al Otro oprimido. A partir de Bonhoeffer, tenemos que ver «los grandes acontecimientos de la historia mundial desde abajo, desde la perspectiva del

---

43 Jennifer M. McBride, *The Church for the World: A Theology of Public Witness*. Oxford: Oxford University Press, 2012. Cf. Alexia Salvatierra y yo sostenemos que el llamado de Bonhoeffer a la confesión y el arrepentimiento son prácticas guiadas por el Espíritu para la justicia y la reconciliación, ofreciendo ejemplos concretos de los dones de la fe cristiana que nosotros, como organizadores enraizados en la fe, traemos a nuestros ministerios de participación pública y transformación social. Alexia Salvatierra y Peter Goodwin Heltzel, «Confession and Repentance», Faith-Rooted Organizing: Mobilizing the Church in Service to the World. Downers Grove: InterVarsity Press, 2013, 96-98.

marginado, de los sospechosos, de los maltratados, de los que no tienen poder, de los oprimidos, de los denigrados —en resumen, desde la perspectiva de los que sufren—».[44] Al ver al mundo de la modernidad evangélica blanca desde abajo de lo negro y profético de la historia, James Cone nos llama a reimaginar cómo nosotros como cristianos nos relacionamos con la opresión histórica, cuestionando nuestra complicidad actual en la justicia de hoy en día. Jesús el judío pobre en el Imperio romano es el Uno para el Otro, un profeta en solidaridad con los pueblos que sufren a lo largo y ancho del mundo, sean judíos en Alemania o negros en EE. UU. Para los teólogos de ascendencia europea, esto requiere que escuchen de manera atenta y metodológica a los pueblos de ascendencia africana, asiática y latinoamericana. En vez de predicar, los teólogos occidentales necesitan ser oidores profundos, abiertos a un encuentro transformador con personas del mundo no-occidental. Los teólogos blancos de ascendencia europea de hoy en día necesitan ser más intencionales para dialogar con teólogos negros, teólogos de la liberación y teólogas feministas (*womanist*), para escribir teología en una modalidad colaborativa, conversacional e intercultural. Solamente por medio de una conversación honesta entre razas podemos acercarnos a un activismo sostenible y colaborativo para el bien común.

Quinto, la visión profética de Jesús nos llama a un ministerio de justicia racial y económica. La enseñanza de Jesús acerca del Reino es fundamentalmente una enseñanza económica, ya que comenzó su ministerio con una invocación al Año de Jubileo (Levítico 25; Isaías 58, 61; Lucas 4.18, 19). En los Hechos de los Apóstoles aprendemos que en la iglesia primitiva «todos los que habían creído estaban juntos y tenían en común todas las cosas: vendían sus propiedades y sus bienes, y lo repartían a todos según la necesidad de cada uno». (Hechos 2.44–45 – RVR1960). En medio de la división y la inequidad económicas, el Espíritu

---

44 Dietrich Bonhoeffer, «After Ten Years: A Reckoning made at New Year 1943», *Letters and Papers from Prison*. ed. Eberhard Bethge. New York: Collier Books, 1953, 17.

de Dios está dando poder a un movimiento global basado en el amor para una «nueva economía», un orden económico más justo, equitativo y sostenible para todos los hijos de Dios.

La «Disputación acerca de la determinación del valor de las indulgencias» que Martín Lutero entregó al arzobispo local, el 31 de octubre de 1517, era más que una crítica teológica, era un ataque a un sistema hegemónico de poderes religiosos, políticos y económicos. Hoy en día, mientras radicalizamos la teología de la Reforma, necesitamos recuperar la crítica *económica* de Martín Lutero, especialmente lo que tiene que ver con las prácticas de las grandes empresas de comercio y los bancos comerciales.

Reformar la economía es nuestra agenda inconclusa. La lucha por la justicia racial y la tolerancia religiosa basada en la fe tiene que seguir adelante con el fin de luchar por una democracia económica. La injusticia económica no es solamente un problema personal y moral; es un problema sistémico que exige una respuesta sistémica. Una teología *cruciforme* debe trabajar hoy en día en construir un orden socioeconómico que ofrezca la oportunidad de que todos ganen un salario digno y tengan un hogar donde pueden amar y ser amados (1 Corintios 1.18). Para confrontar con valor el capitalismo neoliberal, se requiere un análisis comprensivo del poder, de las alternativas económicas innovadoras y de una estrategia de organización y promoción improvisada. En el espíritu de la red europea de justicia *Kairos Europa* y del movimiento de una nueva economía en EE. UU., necesitamos convocar nuevos espacios para criticar al capitalismo, incluyendo el análisis de los principios de propiedad y el paradigma de crecimiento que lo guía.

Si deseamos que se materialice la nueva economía, tenemos que organizarla. Organizar es el trabajo necesario para construir una participación amplia y un compromiso comunitario en la vida pública. Al inspirarnos en las fuentes más profundas de nuestra fe, la organización que echa sus raíces en la fe se preocupa de la transformación tanto personal como política, y trabaja en formar líderes que logren no solamente ganancias transaccionales, sino que sean transformados en el proceso de trabajar juntos de tal modo que lleguen a ver el mundo de maneras nuevas y mejores. La organización basada en la fe no trata de una batalla entre intereses opuestos, sino de una transformación de nuestra sociedad desde las fuentes más profundas de nuestra fe. Nuestras tradiciones de fe traen autoridad moral, ritualidad simbólica y prácticas de reconciliación que son esenciales para construir un movimiento sostenible.

Construir un poder colectivo para la nueva economía significa que los líderes religiosos necesitan cruzar las líneas de raza y religión, para cultivar nuevas relaciones de largo plazo. Construir la nueva economía exige que los líderes trabajen para edificar un movimiento multisectorial, en el que se incluyan sindicatos, grupos comunitarios, organizaciones políticas, representantes electos y ciudadanos ordinarios. Seguir hoy en día a Jesús el Revolucionario significa decir «¡*Nein*!» (¡No!) a un sistema económico que oprime a los pobres participando activamente en el movimiento dirigido por los pobres para lograr justicia racial y económica para todos.

Así como Jesús fue el *Uno para el otro* que sufre, nosotros también tenemos que continuar con valentía nuestra lucha por el amor y la justicia hasta que todos los pueblos vean cubiertas sus necesidades y haya llegado a su fin su sufrimiento. Como protestantes proféticos, celebramos que Martín Lutero haya recuperado el evangelio de la gracia recibido por nuestra fe en Jesucristo. No obstante, renunciamos al evangelio falso del antisemitismo, colonialismo y supremacía blanca, para anunciar y encarnar el amor, la justicia y el *shalom* de Dios. ¡Que sigamos con valor los pasos de Jesús el Revolucionario! Al descender a los lugares de sufrimiento y muerte, que podamos ser el *cuerpo de Cristo*, para dar testimonio del amor y de la vida de Dios escondida en la carne judaica sufriente de Jesús, en seguimiento de una esperanza profética e intercultural.

Sección 4

Liberación de la violencia hacia la vida en paz

Entonces la justicia de Dios, la justificación del ser humano y la justicia humana se encuentran inseparablemente vinculadas entre sí.

Más allá de la Reforma ética de Lutero: campesinos, anabaptistas y judios

Craig L. Nessan

En las últimas décadas se le ha prestado atención al surgimiento de lo que los analistas políticos han caracterizado como "políticas de identidad". Aunque el análisis crítico de los pros y contras de este fenómeno sea reciente —especialmente en un ambiente político crecientemente polarizado— el tema de la identidad política es antiguo.

En el Aniversario de los 500 años de la Reforma debemos considerar tres conceptos trágicos de la ética teológica de Martín Lutero, arrepintiéndonos de cómo Lutero cayó en las "políticas de identidad religiosa", que lo llevaron a terribles conclusiones, cuyas consecuencias continúan envenenando al mundo aún siglos después. Estos tres puntos involucran la posición de Lutero en contra de los campesinos, los anabaptistas y los judíos. En lugar de promover su protección bajo las leyes de la sociedad según las «políticas del prójimo», Lutero recurrió a la retórica religiosa e hizo un llamado a la violencia que repercute hasta el día de hoy.

La lógica del paradigma de las dos estrategias de Lutero debiera haberle llevado a conclusiones diferentes.[1] Lutero declaró como el centro de la ética, el amor al prójimo, según su concepto de las dos estrategias expresado específicamente en su tratado de *La Libertad Cristiana*. Sin embargo, en su polémica contra los campesinos, anabaptistas y judíos, Lutero actuó de acuerdo a una política de identidad religiosa que negaba el mandamiento más grande: amarás a Dios y a tu prójimo como a ti mismo (Mt 22.34-40). En lugar de defender a los grupos oprimidos, según la exigencia de una política del prójimo, los atacó como enemigos a través de la hermenéutica de una política de identidad religiosa violenta. Las conclusiones éticas de Lutero requieren de la crítica, la deconstrucción, y el repudio en camino a la reconstrucción de una ética teológica como la política del prójimo.

1. La política de la identidad religiosa en la actualidad: aborto, homosexualidad y el Estado de Israel

En los Estados Unidos, las políticas de identidad religiosa de los cristianos de la derecha religiosa proporcionan un trasfondo para analizar las propias políticas de identidad religiosa de Lutero contra los campesinos, anabaptistas y judíos. Los tres ejemplos principales de la política de identidad religiosa por los cristianos de la derecha religiosa abarcan su postura en relación al aborto, la homosexualidad y el Estado de Israel. En la política de identidad religiosa, los argumentos provienen principalmente, si no del todo, de fuentes de autoridad religiosa. La religión es una poderosa fuente para la política

---

1 El paradigma de dos reinos de Lutero aquí se reconstruye como las "dos estrategias" de Dios. Véase Craig L. Nessan, "Christian Political Responsibility: Reappropriating Luther's Two Kingdoms," en Paul S. Chung, Ulrich Duchrow, and Craig L. Nessan, *Liberating Lutheran Theology: Freedom for Justice and Solidarity in Global Context*. Minneapolis: Fortress, 2011, 46-52.

de identidad, en la medida en que aquellos motivados por la creencia religiosa afirman una autoridad divina para su causa.[2]

Para los cristianos de la derecha religiosa, la garantía proviene principalmente de la Biblia. Al basarse en las afirmaciones absolutas acerca de la inspiración plena de la Biblia y en el literalismo bíblico, los cristianos de la derecha religiosa se posicionan como un grupo de interés con apoyo divino para su agenda política. Existe una correspondencia directa entre los argumentos biblicistas de los cristianos de la derecha religiosa y su propuesta política en relación al aborto, la homosexualidad y el Estado de Israel. Ésta es una característica de todas las políticas de identidad religiosa. La política de identidad religiosa está orientada a mantener la pureza de la interpretación de la voluntad de Dios con base en la revelación divina manifestada en las Sagradas Escrituras. Debido a la certeza sobre la verdad de sus conclusiones, hay poco o ningún espacio para la negociación en relación con las posibles necesidades del prójimo, quienes podrían ser afectados negativamente por su agenda religiosa. Esto también significa que prácticamente no hay espacio ideológico para una "política del prójimo".

La política de identidad religiosa es fundamental para la agenda de los cristianos de la derecha religiosa en relación al aborto, la homosexualidad y el Estado de Israel. En la política de identidad religiosa, existe un vínculo directo entre cierta interpretación de la Biblia y las justificaciones que se originan para lograr una agenda política en particular. La aparente correspondencia, uno a uno, entre la interpretación bíblica y un programa político claramente definido, genera pasión por la política de identidad religiosa. Por el hecho de que Dios supuestamente haya autorizado esta agenda a través de la revelación divina, las consecuencias para las personas afectadas negativamente por tal agenda son minimizadas por medio del sarcasmo o la burla.

---

2 Véase Cressida Heyes, "Identity Politics," *Stanford Encyclopedia of Philosophy*, http://plato.stanford.edu/entries/identity-politics/, 1 de agosto de 2013.

Hagamos el contraste entre la política de identidad religiosa y la "política del prójimo". Éste también se basa en motivaciones religiosas o ideológicas. Sin embargo, la política del prójimo se resiste a la reducción del análisis ético a la correspondencia, uno a uno, entre la autoridad religiosa y la agenda política. La política del prójimo introduce la complejidad al análisis ético y la emergente agenda política. Las necesidades de todos los prójimos, en especial de los más afectados por cierta postura política, se toman en cuenta en la discusión ética.

El enfoque reduccionista de los cristianos de la derecha religiosa se supera mediante la inclusión de "otros prójimos": no únicamente los derechos de los niños aún no nacidos, sino también los de la madre, el padre, la familia extendida, así como la inclusión de otros factores contextuales, sociales y económicos; no sólo la norma del matrimonio entre un hombre y una mujer, sino también los derechos de los homosexuales y lesbianas, la situación de sus familias y amigos, y otros asuntos prácticos, derechos civiles y aspectos legales; no solamente la soberanía del Estado de Israel, sino también la legitimidad de sus leyes y políticas, en especial aquellas que oprimen al pueblo palestino y su interacción negativa con otros países del Oriente Cercano. La política del prójimo requiere un método diferenciado de consideración ética, tomando en cuenta muchos factores conflictivos que afectan a un gran número de personas —¡incluso también las necesidades de la creación y de sus criaturas!— para decidir un curso de acción.

Al aplicar la distinción entre la política de identidad religiosa y la política del prójimo, podemos analizar como el propio Lutero, en disputa con sus oponentes religiosos, se apartó de su bien articulada política del prójimo para asumir la postura de la política de identidad religiosa, con el propósito de oponerse y vencer a sus enemigos religiosos. Aunque es posible que los propios oponentes religiosos —campesinos, anabaptistas y judíos— pudieran haber empleado sus propias versiones de las políticas de identidad religiosa, cuando Lutero asumió una política de identidad religiosa en sermones y escritos polémicos contra esos grupos, no sólo tuvo consecuencias éticas desastrosas en su tiempo, sino que su posición continúa sovocando la integridad de la teológica y ética luterana 500 años más tarde.

2. La política de la identidad religiosa de Lutero: campesinos, anabaptistas y judíos

Tres casos particulares de la política de identidad religiosa ponen en duda lo legítimo, no sólo de la ética de Lutero, sino de toda su teología: sus escritos contra los campesinos, los anabaptistas y los judíos. La integridad ética de la Reforma Luterana puede ser severamente cuestionada si las conclusiones deducidas por Lutero en esos tres casos en el siglo XVI no son repudiadas. ¿Dónde se equivocó Lutero? ¿Será posible recurrir a argumentos teológicos de Lutero para llegar a otras conclusiones? Una de las claves para interpretar, criticar y reconstruir el pensamiento de Lutero, implica desenmascarar cómo la política de identidad religiosa quebrantó los fundamentos de su política del prójimo basada en su concepto de las dos estrategias. Sólo al confrontar el razonamiento de Lutero contra los campesinos, anabaptistas y judíos, es posible transformar su pensamiento hacia una firme política del prójimo.

2.1 Lutero contra los campesinos

Se necesita entender los escritos de Lutero en contra de los campesinos dentro del contexto y corrientes históricos del principio del siglo XVI. La Reforma fue un movimiento naciente, que dependía de la protección favorable de los príncipes alemanes que cobijaron a Lutero y fomentaron las reformas de su programa teológico. Levantamientos campesinos ya habían sucedido en Europa en el siglo XIV.[3] La Guerra Campesina Alemana empezó en 1524 y llegó a su clímax en el período de marzo a mayo de 1525. La pobreza, el sufrimiento económico

---

3 Véase para eso y lo siguiente Martin Brecht, *Martin Luther: Shaping and Defining the Reformation 1521-1532*, traducido por James L. Schaaf. Minneapolis: Fortress, 1990, 172-173.

y los consiguientes problemas sociales que enfrentaba la clase trabajadora alemana eran extremos. Las reformas teológicas y prácticas presentadas por Lutero levantaron expectativas legítimas de que se pudiera remediar las condiciones de vida del campesinado.

Lutero mantuvo una actitud profética contra la práctica de la usura.[4] Inicialmente apoyó moderadamente la causa de los campesinos. Pero, al ver que el agravio de los campesinos pertenecía a la esfera de las autoridades civiles, Lutero rechazó sus esfuerzos de apelar a los argumentos espirituales y bíblicos como justificación de la rebelión.[5] Hasta cierto punto, Lutero pudo haber actuado de acuerdo a la política del prójimo, sosteniendo que el llamado de los campesinos a tomar las armas, los llevaría a su destrucción. Sin embargo, una vez que la crisis comenzó a degenerar en violencia, Lutero careció de imaginación para encontrar una solución más que regresar al *status quo*. Defendió el orden político contrario a las demandas de los campesinos, argumentando con vehemencia a favor de la obligación de los gobernantes civiles de aplastar sus esfuerzos por reformar la sociedad a través del cambio revolucionario con violencia. "Lutero comprendió de manera parcial la complejidad de la situación, y esto pudo haber influido en su juicio y reacción".[6] Para Lutero, la Rebelión Campesina le pareció como un signo de la llegada del Apocalipsis.

Brecht comenta sobre *Los artículos fundamentales y principales de todo el campesinado y aquellos que son oprimidos por las autoridades espirituales y temporales*, también conocido como *Los Doce Artículos*, publicado en marzo de 1525 por los campesinos:

---

4 Ulrich Duchrow, "Property, Money Economies, and Empires: Contexts of Biblical, Reformation, and Contemporary Ecumenical Theology," en Chung, Duchrow, and Nessan, *Liberating Lutheran Theology*, 173-181.

5 Johannes Heckel, *Lex Charitatis: A Juristic Disquisition on Law in the Theology of Martin Luther*, trad. ed. Gottfried G. Krodel. Grand Rapids: Erdmans, 2010, 78-80.

6 Brecht, 173.

La acusación más común de que el Evangelio provoca la revolución fue rechazada. Al creer en el Evangelio, los campesinos no eran revolucionarios. Sin embargo — esto fue una amenaza encubierta— se podría esperar que Dios apoyara a su pueblo oprimido. Todos los artículos se apoyaban de referencias bíblicas al margen.[7]

Aunque muchos líderes campesinos, incluso los autores de los *Doce Artículos*, deseaban un cambio pacífico, la violencia se desató contra los gobernantes y los monasterios a finales de marzo y culminó en abril. Al recibir este documento en abril, Lutero preparó una respuesta, *Llamado a la Paz: Una respuesta a los Doce Artículos de los campesinos en Suabia*, que se publicó a principios de mayo. Lutero no estaba convencido del carácter cristiano del movimiento campesino, y creía de que si se amenazara el orden temporal, entonces no se podría continuar con la Reforma.

Lutero unió inseparablemente el mantenimiento del orden civil existente con la libertad para proclamar el Evangelio. Mientras se reconociera la legitimidad de algunas demandas de los campesinos, Lutero creyó que Dios sería el juez de los gobernantes injustos y se manifestó en contra del uso de la violencia por parte de los campesinos, sobre todo tomando en cuenta los antecedentes de Müntzer y Karlstadt.[8]

Ahora pueden ver hasta qué punto estos falsos profetas los han descarriado. Todavía les llaman cristianos, a pesar de que les han hecho peor que paganos. Con base en estos pasajes, hasta un niño puede entender que la ley cristiana nos dice que no debemos luchar en contra de la injusticia, ni tomar la espada, ni aún para protegernos, ni para vengarnos, sino que debemos renunciar a la vida y a la propiedad, y permitir que aquel que nos la quite la mantenga. Tenemos todo lo que necesitamos en nuestro Señor, quién no nos dejará, como lo ha prometido [Heb. 13.5]. ¡Padecimiento! ¡Padecimiento! ¡La Cruz! ¡La Cruz![9]

---

7 Brecht, 174.
8 *LW* 46:24-28.
9 *LW* 46:29.

Lutero aconsejó a los campesinos a no buscar la justicia económica a través de la fuerza, sino suplicar ayuda a Dios. Se refirió a su propio ejemplo de protesta con relación al Papa y al Emperador, y cómo él nunca fomentó la rebelión o se levantó en armas.[10]

El hecho de que Lutero no abogara con más vigor en contra de las condiciones económicas sufridas por los campesinos, y en su lugar les aconsejara a sufrir y soportar la cruz, revela su propio interés personal en este conflicto. El orden temporal que protegía su propio programa de reforma no toleraría, razonaba Lutero, los tipos de reformas materiales que exigían los campesinos. La vuelta a la violencia pondría en peligro el estatus quo temporal y daría pretexto para suprimir todo lo logrado hasta ese momento. Lutero tuvo escasa imaginación para una reforma que llegara más allá del orden político feudal hacia la justicia económica y la participación social, a pesar de que su teología reconoció formalmente los requisitos del reino de la mano izquierda. Lutero escribió en contra del tercer artículo:

> Este artículo haría a todos los hombres iguales, y convertiría el reino espiritual de Cristo, en un reino mundano y externo; y eso es imposible. Un reino mundano no puede existir sin una desigualdad de las personas; algunos son libres, algunos son prisioneros, algunos son amos y otros sirvientes, etc...[11]

Además, Lutero rechazó el uso de las Escrituras de parte de los campesinos como una especie de política de identidad religiosa, respondiendo con su propia política de identidad religiosa para oponerse a sus demandas. Lo más irritante para Lutero fue que los campesinos recurrieran a las Escrituras para justificar la rebelión.[12] Lutero temía que el caos devorara a Alemania si los campesinos persistieran en su camino violento y recomendó el arbitraje como la alternativa necesaria.[13]

---

10 *LW* 46:31.
11 *LW* 46:39.
12 *LW* 46:34-36.
13 *LW* 46:42-43.

Mientras Lutero escribía *Exhortación a la Paz*, recibió informes a principios de mayo de un aumento de violencia por parte de los campesinos. Por lo tanto, modificó su tratado anterior, al que añadió una sección nueva devastadora, *En contra de las hordas asesinas y ladronas del campesinado*. Lutero acusó a los campesinos de violar su obligación de obediencia a los gobernantes. Debido a que habían escogido la violencia, Lutero imploró a las autoridades que aplastaran la rebelión campesina:

> Porque la rebelión no es un simple asesinato; es como un gran incendio que ataca y destruye toda la tierra. Así la rebelión trae consigo una tierra llena de muerte y derramamiento de sangre, dejando viudas y huérfanos, y pone todo patas arriba, como el peor desastre. Por lo tanto, permite a todos los que puedan, herir, matar, apuñalar, secreta o abiertamente, recordando que nada puede ser más venenoso, dañino, o diabólico que un rebelde. Es igual que cuando se mata a un perro rabioso; si no lo atacas, él te atacará y a toda la tierra contigo.[14]

Aunque Lutero apeló a los gobernantes a negociar hasta donde fuera posible, la idea central de su argumento fue dirigida a liberar sus conciencias, para responder a la rebelión con toda la fuerza necesaria para mantener el buen orden. Aún contra aquellos que habían sido obligados a unirse a la rebelión en contra de su propia voluntad, los gobernantes deberían

> apuñalar, herir o matar. Si mueres en el intento, ¡felicidades! No hay muerte más bendecida que morir obedeciendo la palabra divina y el mandamiento en Romanos 13. 1, 2, sirviendo con amor a tu prójimo, a quien estás rescatando de las ataduras del infierno y del diablo.[15]

La defensa de Lutero de restablecer el orden político y económico era coherente con su concepto de buen gobierno. Así también en sus escritos contra los anabaptistas y los judíos, la imaginación de Lutero estuvo sujeta a las limitaciones de su tiempo con respecto a los requisitos de la justicia política y económica. Presa de los rápidos acontecimientos, los escritos de Lutero contra las "*hordas de ladrones y asesinos*" parecen aún

---

14 *LW* 46:50.

15 *LW* 46:54-55.

más malignos para las generaciones posteriores, quienes saben cómo estos escritos también contribuyeron a la supresión de otros movimientos por el cambio social, tales como fueron defendidos por las teologías de la liberación.[16]

Inclusive frente a los excesos de los gobernantes y el resentimiento permanente de los campesinos, Lutero se mantuvo firme en su postura sobre lo correcto de su posición. Por ejemplo, Lutero publicó cuatro cartas de Müntzer, bajo el título *Una Historia Terrible y el Juicio de Dios sobre Thomas Müntzer*, para defender sus puntos de vista acerca de cómo Dios juzga a los rebeldes.[17] Lutero hizo referencia repetida a Müntzer en muchos de sus escritos tardíos para justificar su posición sobre el levantamiento campesino: "Yo asesiné a Müntzer; su muerte está sobre mis hombros. Pero lo hice porque él quería asesinar a mi Cristo". Lutero seguía convencido de que su papel en la guerra campesina, de asesorar a las autoridades a negociar con sus súbditos y llamándoles al empleo de las armas en caso de rebelión, fue justificado.

Ya en 1525, Lutero estaba preparado para defender su posición, escribiendo *"Una carta abierta sobre el libro severo en contra de los campesinos"*. Dios ordenó al mundo de tal manera que los sirvientes guardaran obediencia a sus señores y aquellos que tenían autoridad descargaran su ira en los sirvientes desobedientes: "Los campesinos no quisieron escuchar; no dejaron que nadie les dijera nada, por esa razón, sus oídos debieran ser abiertos con las balas hasta que sus cabezas saltaran de sus hombros. Tales estudiantes necesitan la vara".[18] Mientras Lutero pidió misericordia para aquellos que se rindieron, defendió su postura de acuerdo a los dos reinos:

> Existen dos reinos, uno es el reino de Dios, otro es el reino del mundo. He escrito esto tan a menudo que me sorprende que haya alguien que

---

16 Craig L. Nessan, *The Vitality of Liberation Theology*. Eugene: Wipf& Stock, 2012, 149-150.

17 Brecht, 184-185, quien también incluye la siguiente cita.

18 *LW* 46:65.

no lo sepa o no lo recuerde. Cualquier persona que puede distinguir entre estos dos reinos, ciertamente no se sentirá ofendido por mi pequeño libro, y comprenderá también correctamente los pasajes sobre la misericordia. El reino de Dios es un reino de gracia y misericordia, no de ira ni de castigo. En él no hay más que perdón, consideración por los demás, amor, servicio, hacer el bien, paz, alegría, etc. En cambio el reino del mundo es un reino de ira y severidad. En él no hay más que castigo, represión, juicio y condenación para frenar a los malvados y proteger a los buenos. Por esta razón tiene la espada y las Escrituras llaman al príncipe "la ira de Dios", o "la vara de Dios" (Is 14).[19]

Lutero, en este caso, trágicamente no tomó en cuenta la obligación primordial del reino de la mano izquierda de proveer suficiente sustento para los pobres. Dios tenía que enseñar a los campesinos el valor de mantener la ley y el orden, e instruyó a los señores "a gobernar con justicia y mantener el orden en sus territorios y caminos".[20] Mientras que los campesinos fueron clasificados como rebeldes, ladrones, asesinos, y malhechores, Lutero parecía ajeno al hecho de que las autoridades pudieran ser acusadas de lo mismo, por establecer la injusticia estructural.[21] Y es en esta coyuntura que la enseñanza de Lutero sobre los dos reinos necesita una severa crítica y revisión, si es rescatable. "Lo que se ha perdido por completo es una muestra de comprensión hacia el oprimido y sus problemas."[22]

2.2 Lutero contra los anabaptistas

La postura de Lutero contra los anabaptistas se basó en su opinión de que ellos practicaban un retiro monástico del mundo. Criticó a los anabaptistas, como lo hizo con los monjes, por intentar "subir al cielo" para escaparse de la sociedad civil y por lo tanto no cumplir con las obligaciones básicas del amor al prójimo. Los puntos de vista de Lutero fueron, además, afectados negativamente por su incapacidad para diferenciar entre las opiniones expresadas por los líderes revolucionarios,

---

19 *LW* 46:69-70.
20 *LW* 46:75.
21 *LW* 46:80-81.
22 Brecht, 188.

como Müntzer en la rebelión de los campesinos, y otros anabaptistas.[23] La falta de conocimiento de primera mano acerca de los anabaptistas, debido en parte a la falta de contacto directo con los representantes reales del movimiento, llevó a Lutero a hacer generalizaciones que no lograron tomar en serio muchas de las características clave del pensamiento y la práctica anabaptista.[24]

La postura de Lutero contra los campesinos fue impulsada tanto por su antipatía hacia sus llamados bíblicos para justificar su causa revolucionaria como por su temor a perder el apoyo político para su propia reforma, si los gobernantes hicieran una conexión entre el programa de la reforma de Lutero y las demandas de los campesinos para la justicia económica a través de la revolución. En respuesta a las políticas de identidad religiosa de los campesinos, Lutero retiró de la política del prójimo a su propia versión de la política de identidad religiosa, con el fin de oponerse a ellos. El principal argumento de Lutero contra los anabaptistas fue que, como Entusiastas (*Schwärmer*) fomentaron la misma actitud rebelde de Müntzer. Lutero se preocupaba por el aparente éxito del movimiento anabaptista, sobre todo entre las clases más populares. Temía disturbios civiles que pondría en peligro la protección de los príncipes de sus reformas teológicas y prácticas.

Aunque la más extensa discusión de Lutero sobre el movimiento anabaptista fue *Von der Widdertauffe an zween Pfarherrn, ein Brief* (1528), sus escritos están llenos de comentarios críticos y despectivos en contra de ellos.[25] El carácter conservador de la reforma de Lutero se demuestra por su defensa de la teología católica contra los anabaptistas respecto a la Cena del Señor, el perdón de los pecados, el oficio pastoral, el Credo, y

---

23 Para ello y las referencias siguientes al tratado de Lutero de 1528 véase: John S. Oyer, *Lutheran Reformers against Anabaptists: Luther, Melancthon, and Menius and the Anabaptists of Central Germany*. The Hague: MartinusNijhoff, 1964, 249-252.

24 Además, Lutero estaba demasiado comprometido con la dura retórica de Melanchton en contra de los supuestos errores de los anabautistas.

25 *WA* 26: 139-?

especialmente el bautismo. Lutero rechazó los puntos de vista de los anabaptistas sobre el bautismo en varios aspectos.

Primero, criticó su dependencia de la fe del creyente como requisito previo para el bautismo.[26]

> Ellos no pueden salirse del aprieto, más deben reducirse a una simple actividad humana inclusive el Bautismo y los Sacramentos, que son la Palabra de Dios y la institución. Así, los anabaptistas afirman que el Bautismo no significa nada si la persona no es santificada previamente. Ellos no quieren ganar la santidad a través de y desde el Bautismo, sino por su devoción quieren hacer el Bautismo santo y saludable.[27]

De esta manera Lutero se distanció de la propuesta de re-bautismo de Balthasar Hubmaier.

Segundo: rechazó la afirmación anabaptista de que el bautismo infantil creaba dudas en el creyente sobre la validez de su propio bautismo. "Esta es el verdadero recuerdo, escuchar la Palabra de Cristo. Así, todos los sacraméntanos y anabaptistas son pelagianos"[28].

Para permitir la libre elección en cuestión del Evangelio se hizo la salvación condicionada a la voluntad humana.

Tercero: Lutero criticó los motivos de los anabaptistas como una postura tomada por el solo deseo de oponerse al Papa.

Cuarto: Lutero criticó la dependencia anabaptista en Marcos 16.16 ("El que creyere y fuere bautizado, será salvo") por hacer el bautismo demasiado subjetivo.

> Se debe estar en guardia contra los anabaptistas y los espíritus cismáticos, que hablan despectivamente del Bautismo y afirman que es solamente agua y de ningún beneficio para nadie. Ellos miran este acto sagrado como una vaca que se queda mirando a una nueva puerta. Porque ellos contemplan a un pobre predicador de pie o, en

---

26 Oyer, 117-121.

27 *LW* 14:39.

28 *LW* 17:256.

caso de emergencia, una mujer que bautiza. Ellos se ofendan por esto y dicen: "Bueno, qué se puede conseguir con un Bautismo".[29]

Por el contrario, Lutero defendió el bautismo infantil como una práctica histórica de la iglesia, citando a otros textos de la Escritura para su posicionamiento (por ejemplo, Mt. 19.14).[30] Debido a que el bautismo se realiza por orden de Dios, no de acuerdo a la fe humana, el bautismo infantil es eficaz y válido como un sacramento de la iglesia.

Quinto: Lutero acusó a los anabaptistas de justificación por obras en su acercamiento al bautismo.[31] El acto en sí de realizar el bautismo, se convirtió entre los anabaptistas en una especie de demostración monástica de buenas obras.

> Estos son los lobos voraces vestidos de ovejas, que han corrompido el cristianismo en todas las épocas. Hasta hace poco eran llamados monjes; ahora son los anabaptistas, los nuevos monjes.[32]

El enfoque subjetivo de los anabaptistas al bautismo, junto con su literalismo bíblico, llevó a Lutero a identificar a los anabaptistas como entusiastas (*Schwärmer*).[33]

Los escritos de Lutero dieron un giro siniestro cuando identificaron a los anabaptistas como blasfemos, un delito castigable. Por ejemplo, en su *Comentario sobre el Salmo 82* de 1530, Lutero escribió:

> Si algunos enseñaran doctrinas que contradijeran un artículo de fe claramente basado en las Escrituras, y creído en todo el mundo por toda la Cristiandad, como los artículos que enseñan a los niños en el Credo— por ejemplo, si alguien enseñara que Cristo no es Dios, sino un simple hombre, al igual que otros profetas, como enseñan los turcos y los anabaptistas— tales maestros no deben ser tolerados, sino

---

29 *LW* 22:173.
30 Véase *LW* 3:103.
31 Véase *LW* 21:254.
32 *LW* 21:258-259.
33 Oyer, 124.

castigados como blasfemos. Porque ellos no son solamente herejes, sino abiertamente blasfemos; y los gobernantes están en el deber de castigar a los blasfemos, así como castigan a los que maldicen, juran, injurian, abusan, difaman y calumnian.[34]

Roland Bainton comentó: "En 1530 Lutero adelantó la idea de que dos delitos deben ser castigados inclusive con la muerte: la sedición y la blasfemia".[35] Bainton describe la aprobación de Lutero sobre la postura de Melanchton en contra de los anabaptistas en dos *Gutachten* de 1531 y 1536:

En un comunicado de 1531, escrito por Melanchthon y firmado por Lutero, se describió como blasfemia inaceptable, un rechazo del oficio ministerial y como sublevación contra el orden clerical, la desintegración de la Iglesia. En un comunicado de 1536, de nuevo escrito por Melanchthon y firmado por Lutero, la distinción entre los anabaptistas pacíficos y los revolucionarios fue eliminada....Es posible que Lutero no estuviera muy de acuerdo en firmar estos escritos. De cualquier forma añadió posdatas a cada uno. En el primer escrito dijo: "Estoy de acuerdo. Aunque parezca cruel castigarlos con la espada, es más cruel que ellos condenen el ministerio de la Palabra y no tengan una doctrina bien fundamentada, que reprimen la verdadera, y así busquen desequilibrar el orden civil". Lutero agregó al segundo escrito una súplica de que la severidad debería ser balanceada con la misericordia.[36]

En 1540 se dice que en su *Mesa de Diálogo* volvió a la postura de Philip of Hesse que sólo los anabaptistas sublevados deberían ser ejecutados; los otros simplemente expulsados. Pero Lutero dejó pasar muchas oportunidades para decir una palabra a favor de aquellos que con gozo se entregaron como ovejas a la matanza".[37]

Las acusaciones de Lutero contra los anabaptistas contribuyeron a la difamación de carácter y cargos de sublevación y blasfemia.

---

34 *LW* 13:61.

35 Roland Bainton, *Here I Stand: A Life of Martin Luther*. New York: Mentor, 1950, 295.

36 Bainton, 295.

37 Bainton, 295.

Que los artículos de doctrina sediciosos deberían ser castigados con la espada no requiere más pruebas. Por lo demás, los anabaptistas sostienen principios relacionados con el bautismo infantil, el pecado original, y la inspiración que no tienen ninguna conexión con la Palabra de Dios, y de hecho se oponen a ella... Acorde con esto se hace evidente que las autoridades seculares están obligadas... a infligir castigos corporales a los delincuentes... concluimos que los sectarios tercos deben ser ejecutados.[38]

Tales conclusiones fueron justificadas por una dura política de identidad religiosa que reclamaba la ejecución de los anabaptistas, la cual se justificaba porque pertenecían a Satanás:

Tal es la religión de los anabaptistas ahora, aunque día a día revelan que están poseídos por el diablo y son hombres rebeldes y sanguinarios.[39] Los anabaptistas eran secuaces de Satanás en una gran lucha cósmica. Los luteranos podían detectar el carácter demoníaco de sus oponentes por su doctrina y también por su secretismo en la difusión de sus ideas. Ellos preferían la oscuridad a la luz.[40]

Estas opiniones se quedaron enraigadas en los escritos autorizados de la Iglesia Luterana en el *Libro de Concordia*. Por fin fueron repudiados por la Federación Luterana Mundial en el 2010 con la confesión:

Así, los luteranos, siguiendo el ejemplo de los exiliados que regresaron en Nehemías 9, se atreven a pedir perdón por el daño de sus antepasados en el siglo XVI, cometidos contra los anabaptistas, por olvidar e ignorar esta persecución en los siglos siguientes, y por todas las imágenes inapropiadas, engañosas e hirientes de anabaptistas y menonitas hechas por autores luteranos, en publicaciones tanto populares como académicas, hasta nuestros días.[41]

---

38 Martin Luther citado por Johannes Janssen, *History of the German People from the Close of the Middle Ages*, trans. A.M. Christie. St. Louis: Herder, 1910, 222-223.

39 *LW* 27:88.

40 Oyer, 250.

41 *Healing Memories: Reconciling in Christ. Report of the Lutheran-Mennonite International Study Commission.* Geneva: Lutheran World Federation, 2010, 102.

2.3 Lutero contra los judíos

El punto de vista convencional—en que Lutero comenzó su carrera con cierta apertura y generosidad hacia los judíos en anticipación a su conversión al Evangelio, y el cual más tarde en la vida se convirtió en rencor y odio contra ellos— resulta ser falso.[42] Desde sus primeros escritos en adelante, Lutero demostró desprecio por el pueblo judío, no sólo por motivos bíblicos sino sobre todo debido a su rechazo hacia Jesús como el Cristo, tanto en el Nuevo Testamento como especialmente en el judaísmo rabínico.[43] Aunque no se podría haber predicho que sus declaraciones contra los judíos conducirían finalmente a Auschwitz, el legado del antisemitismo encendido por su pluma y perpetrado por sus seguidores fue de todos, el más desastroso de los errores éticos de Lutero.

Lutero sabía muy poco acerca del judaísmo vivo:

> No tenía ni compañeros, ni amigos judíos para conversar. Su conocimiento del judaísmo dependía principalmente en lo que leía, y esas lecturas eran dominadas por los tratados abiertamente anti-judíos, algunos de los cuales fueron escritos por cristianos y otros por judíos conversos.[44]

Lutero siempre mantuvo la opinión de que los judíos eran un pueblo apóstata, basado en su rechazo de recibir a Jesús como su Mesías, y por lo tanto culpable de su propio maltrato posterior en la historia cristiana. Empleó el argumento de que por 1500 años los judíos habían vivido desafiando el Evangelio de Jesucristo. La única explicación razonable fue "que habían sido entregados por Dios al Diablo. De ahí, su resistencia al evangelio—y su rechazo a admitir *la* razón de su exilio —fue intencional e imperdonable".[45]

---

42 Brooks Schramm and Kirsi I. Stjerna, eds., *Martin Luther, the Bible, and the Jewish People: A Reader*. Minneapolis: Fortress, 2012, 5-10.

43 Eric W. Gritsch, *Martin Luther's Anti-Semitism: Against His Better Judgment*. Grand Rapids: Eerdmans, 2012, 35-36.

44 Schramm and Stjerna, 5.

45 Schramm and Stjerna, 6.

El pueblo judío había abandonado su condición de "pueblo elegido" debido al rechazo de Jesús como Cristo.

> Para Lutero, la promesa de la semilla de Abraham fue en realidad la promesa de la Semilla, el *Mesías*/Cristo (Gen 3.15). La descendencia física de Abraham, los judíos, fue el instrumento escogido por Dios en los tiempos del Antiguo Testamento para sostener esa promesa. Pero los verdaderos descendientes de Abraham, incluso en los tiempos del Antiguo Testamento, fueron siempre los que creyeron en la promesa del Mesías y no los que solamente se confiaron en la descendencia física. Este fue el error fundamental y el pecado de los judíos, que confían, por así decirlo, que han nacido en la gracia, que están ligados a Dios por nacimiento, y por lo tanto Dios debe ser benevolente con ellos. Para Lutero, esto constituye una obscenidad teológica, porque la gracia y benevolencia de Dios *sólo* se puede acceder por la fe, y nunca ha sido de otra manera.[46]

Lutero rechazó a los judíos como "elegidos" de acuerdo a los términos del Antiguo Testamento, lo cual lo llevó a ver a los judíos como el pueblo apóstata. Los judíos son totalmente culpables por sus pecados. La maldición pronunciada por las multitudes judías en la crucifixión de Jesús, cae justamente sobre los judíos apóstatas de todos los tiempos: "¡caiga su sangre sobre nosotros y sobre nuestros hijos! (Mt 27.25)". En las primeras lecturas de Lutero en los Salmos (1513-1515), hay evidencia de esta postura fundamental contra los judíos.[47] Al comentar sobre el Salmo 1, Lutero escribió:

> Negar que es un pecado haber crucificado al Señor, es peor que haber cometido el pecado mismo, es decir, la crucifixión. Por lo tanto, el último error y el último pecado son imperdonables".[48]

> Hasta hoy en día, le crucifican dentro de ellos mismos, como los acusa el apóstol (Hebreos 6.6), ya que guardan la verdad perforada y continúan apuñalándolo con sus mentiras duras como el hierro (las cuales son sus aguijones). Hasta el día de hoy no saben lo que están haciendo, así como no lo sabían entonces. Ellos azotan, apedrean y

---

46 Schramm and Stjerna, 7.

47 Las siguientes citas siguen el material documentado en Schramm and Stjerna.

48 *LW* 10:13.

matan a los profetas y escribas, de la misma manera como lo hicieron sus padres.[49]

El mito de los "1500 años de apostasía judía y el exilio", ya estaba arraigado en el pensamiento de Lutero en esta primera etapa. En cuanto al Salmo 78, Lutero comentó:

[Dios] hizo de esto una política firme, y Él los castiga de forma permanente sin cesar, no de la misma manera que a los justos, sino una y otra vez. Así como un camino no se hace por uno que pasa, sino por constantes pisadas, así también vemos las múltiples huellas y señales de la ira de Dios. Él ha hecho ahora un camino, un camino gastado y firme.[50]

Lutero mantuvo la esperanza de que algunos judíos se convirtieran, a través de la predicación del Evangelio, ya que recientemente había sido proclamado a través de la Reforma. En su comentario sobre la Magnífica (1521), Lutero escribió:

Cuando María dice: "Su descendencia para siempre", debemos entender que "para siempre" significa que tal gracia es continuar la descendencia de Abraham (es decir, los judíos) a partir de ese momento en adelante, y a lo largo de todos los tiempos, hasta el último día. Aunque la gran mayoría de ellos son duros de corazón, siempre hay algunos, pocos tal vez, que se convierten a Cristo y creen en Él... Debemos, por lo tanto, no tratar a los judíos con desprecio espiritual, porque hay futuros cristianos entre ellos, y se están convirtiendo cada día.[51]

Lutero no sostuvo que todos los judíos permanecieran condenados hasta el último día del juicio. Sin embargo, la conversión fue la condición para que fueran aceptados. Este punto de vista se elabora en *Jesucristo nació judío* (1523):

Si realmente queremos ayudarlos, debemos guiarnos en nuestro trato con ellos, no por la ley papal, sino por la ley del amor cristiano. Debemos recibirlos cordialmente y permitirles negociar y trabajar con nosotros, para que tengan ocasión y oportunidad de integrarse

---

49 *LW* 10:19.
50 *LW* 11:80.
51 *LW* 21:354-355.

con nosotros, escuchando nuestra enseñanza y testimonio de nuestra vida cristiana. Algunos de ellos mostrarán ser duros de corazón, ¡y qué! a fin de cuentas, tampoco nosotros mismos somos todos buenos cristianos.[52]

Un tratado fascinante para comprender la hermenéutica del Antiguo Testamento de Lutero y de ese modo su concepto del judaísmo es *Cómo los cristianos deberían considerar a Moisés* (1525). Aquí Lutero se hace la pregunta: ¿qué de la Ley de Moisés, es decir el Antiguo Testamento, aún se aplica a los cristianos? Él ofrece una respuesta triple, cada punto relacionado con su concepto teológico de la Ley y el Evangelio. Primero: las leyes de Moisés que se ajustan a la Ley natural siguen siendo obligatorias para los cristianos. Todas las demás leyes, ceremoniales o rituales específicos sólo para Israel, ya no son obligatorias.[53] Segundo: la Ley de Moisés está obligada donde transmite a Cristo y la promesa del Evangelio (por ejemplo: Gn 3:15 y Dt 18:15). Tercero: la Ley de Moisés es útil para instruir a los cristianos a través de los ejemplos de una vida recta, como es el caso de Abraham. Mientras conservaba aspectos claves del Antiguo Testamento para una vida cristiana de fe, el método hermenéutico de Lutero concuerda con su sentencia del judaísmo rabínico como apóstata, ya en el período posterior del Nuevo Testamento.

En sus cartas, sermones, tratados y comentarios bíblicos, Lutero mantiene hasta el final de esta vida, una postura básica contra los judíos. En un comentario en Génesis 17, en 1538, Lutero argumentó:

Dios no miente. Sus promesas son verdaderas y firmes. No prometen que la escoria de un pueblo vendrá de Abraham; prometen reyes y pueblos. Entonces, ¿dónde ha permanecido el reino durante estos 1500 años? ¿Dónde han quedado sus leyes, las instituciones de los padres, y su adoración? ¿Qué otra cosa son los judíos de hoy, más que un cuerpo miserable, destrozado y esparcido por todo el mundo?[54]

---

52 *LW* 45:229.
53 Véase *LW* 35:165.
54 *LW* 3:150.

El cuerpo de la obra de Lutero en contra de los judíos culminó en el tratado, *Sobre los judíos y sus mentiras* (1543). Contrario a las interpretaciones convencionales, sus impactantes recomendaciones a ambas autoridades tanto civiles como al clero, sobre cómo hacer frente a los judíos, coincide con los principios de Lutero a lo largo de su carrera.[55] El motivo para escribir este artículo fue una impugnación rabínica de sus propios argumentos en contra de los judíos, que Lutero había publicado anteriormente *Contra los Sabatistas* (1538). Al mismo tiempo, Lutero se sintió ofendido por las afirmaciones calumniosas contra Jesús y su madre, transmitidos en un texto judío medieval, y por la información que le fue facilitada por un judío converso.[56]

Lutero afirmó su punto de vista sobre el problema judío de esa época, de si los judíos deberían ser tolerados o expulsados. Mientras que él prefería que los judíos se establecieran en tierras no ocupadas por los cristianos, Lutero argumenta que las blasfemias judías ya no se pueden tolerar.

> ¿Qué debemos hacer los cristianos con los judíos, esta gente rechazada y condenada? Dado que viven con nosotros, no osamos tolerar su conducta ahora que estamos al tanto de sus mentiras, sus injurias y sus blasfemias. Si lo hacemos, nos hacemos partícipes de ellas. Por lo tanto, no podemos extinguir el fuego inextinguible de la ira divina, de la que hablan los profetas, tampoco podemos convertir a los judíos. Con la oración y el temor a Dios, debemos practicar la misericordia para ver si podemos salvar por lo menos a unos cuantos de las llamas incandescentes. No nos atrevamos a vengarnos. Una venganza mil veces peor de lo que podríamos desearles, ya los tienen asidos por el cuello. Te daré mi consejo sincero...[57]

En su escrito *"Sobre los judíos y sus mentiras"*, Lutero hace sus propuestas inflamatorias sobre una política en contra de los judíos, tanto para las autoridades civiles como para el clero.[58]

---

55 Véase Schramm and Stjerna, 99-163.

56 Para este y el siguiente, véase Schramm and Stjerna, 164-165.

57 *LW* 47:268.

58 *LW* 47:268-272, 285-287. Véase el diagrama que bosqueja las siguientes medidas en Schramm and Stjerna, 165.

A las autoridades civiles, Lutero recomienda las siguientes acciones: destruir sus hogares, confiscar libros de oraciones y escritos talmúdicos, prohibir a los rabinos enseñar, abolir salvoconductos, prohibir la usura y hacer cumplir a los judíos el trabajo manual. A los pastores y predicadores recomienda: quemar sinagogas; confiscar libros de oraciones, escritos talmúdicos, y la Biblia; prohibir la oración y la enseñanza judía; y prohibir a los judíos pronunciar el nombre de Dios públicamente. Al final de su vida e incluso en su último escrito público, Lutero defendió el trato duro a los judíos.[59]

La fuerza del testimonio público de Lutero contra los judíos adquirió vida propia al pasar los siglos.[60] El camino de Lutero a la *Kristallnacht* y Auschwitz es largo y retorcido. Pero se puede llegar allí desde aquí.

En nuestro contexto del post-holocausto, y conociendo más de lo que conoció Lutero, de hasta donde pueden llegar los seres humanos—incluso los cristianos— en el camino del odio hacia los judíos, seguimos las huellas que son una vergüenza y que requieren recordarse con honestidad. A causa de las atrocidades durante el período nazi, y debido a las expresiones antisemitas en nuestro tiempo, sería justo realizar una evaluación y reflexión en espíritu de oración, de palabras como las de Lutero de modo que podamos decir la verdad, arrepentirnos y luchar por la justicia para proteger una vida digna, de acuerdo con los principios valiosos de nuestras respectivas religiones.[61]

Solo en 1994, la Iglesia Evangélica Luterana en América adoptó una declaración de repudio sobre los escritos antisemitas de Lutero y su legado.[62]

---

59 Véase *Admonition against the Jews* (1546) in *LW* 58:458-459.

60 Gritsch, 97-137.

61 Schramm and Stjerna, 204.

62 "Declaration of ELCA to Jewish Community," <http://www.elca. org/Who-We-Are/Our-Three-Expressions/Churchwide-Organization/ Office-of-the-Presiding-Bishop/Ecumenical-and-Inter-Religious- Relations/Inter-Religious-Relations/Christian-Jewish-Relations/ Declaration-of-ELCA-to-Jewish-Community.aspx>, 14 de agosto de 2013.

3. La falacia de la teología ética de Lutero

La teología ética de Lutero está incrustada en la cosmovisión apocalíptica medieval tardía, que ubica a Dios en una batalla cósmica contra Satanás, de la vida contra la muerte.[63] Debido a que el fin del mundo se acercaba, el demonio había intensificado esfuerzos para ganar el control del mundo a través de los que trataban de engañar y apartar a muchos del Evangelio de Jesucristo. Los campesinos, anabaptistas, y judíos estaban entre aquellos (¡aunque no eran los únicos!) A través de ellos Satanás estaba en su apogeo en la víspera del Apocalipsis. Por ello Lutero justificaba hacer la guerra contra estos enemigos de Dios.

Los escritos de Lutero contra los campesinos, anabaptistas, y judíos exponen una trágica falacia en la teología ética luterana y plantean interrogantes penetrantes e incisivos que deben ser contestados. ¿Hay algo que vale la pena rescatar de entre los escombros de las expresiones incongruentes y denigrantes de Lutero, que no sólo han provocado el sufrimiento y la muerte de muchos durante el siglo 16, sino que también han contribuido al odio, la persecución, e incluso al asesinato de un sinnúmero de personas vulnerables en los siglos posteriores? ¿Cómo se puede terminar y cerrar el legado de Lutero de desprecio y destrucción en el nombre de Jesucristo? ¿Hay alguna alternativa al rechazo frontal hacia la teología de Lutero, cuando las consecuencias éticas han sido letales? Cuatro correctivos son imprescindibles.

Primero: es necesario deconstruir el pensamiento binario de Lutero contra los enemigos. Mientras la batalla apocalíptica entre Dios y Satanás fue el marco de la teología de Lutero, siempre donde se identifica a los oponentes como partidarios de Satanás, todo es posible como medio para su destrucción. Lutero experimentó ataques espirituales (*Anfechtung*) como viva realidad. El diablo y los demonios rugían como agentes, amenazando su causa por todos lados. El peligro, al cual Lutero sucumbió, así como

---

63 Heiko Obermann, *Luther: Man between God and the Devil.* New York: Doubleday, 1992.

el peligro en las expresiones contemporáneas de la política de identidad religiosa, implicó demonizar a los oponentes. Una vez que los otros hayan sido objetificados a través de las categorías deshumanizantes, toda forma de eliminación es legitimizada.[64] La retórica de Lutero contra los campesinos, anabaptistas, y judíos los privó de su condición de prójimos dignos de protección bajo la Ley. Es imprescindible proteger la teología frente a la creación de opuestos binarios que autoricen el mal contra aquellos que consideran menos que humanos.[65]

Segundo: es necesario sospechar, con base en la universalidad del pecado humano, de los argumentos personales. Lutero construyó una profunda doctrina de la universalidad del pecado. Incluso aquellos justificados por la gracia mediante la fe en Jesucristo siguen sufriendo bajo la realidad del pecado. Lutero resistió el perfeccionismo cristiano e insistió en que la dualidad de la existencia cristiana en este mundo sigue siendo *simul justus et peccator* (simultáneamente santo y pecador). Sin embargo, en tiempos de intenso conflicto, Lutero se eximió a sí mismo de esta condición de dualidad. En lugar de reconocer los límites de su propia perspectiva y la posibilidad de su propio error, Lutero asumió el absolutismo ético contra sus enemigos. Es imprescindible proteger la teología contra la demonización de otros, que se hace a través de una genuina humildad acerca de las limitaciones de la propia perspectiva ética debido a la universalidad del pecado, también entre los cristianos.

Tercero: es necesario, sin excepción, salvaguardar el estado de derecho del prójimo, incluso con los que estamos en conflicto por razones religiosas o ideológicas. Lutero afirmaba que, al defender al prójimo de cualquier daño, el gobierno civil contribuía a conservar el bien común. El *primus usus legis* pertenece intrínsecamente al reino/estrategia de la mano izquierda de Dios. Sin embargo, en su propio estilo "entusiasta" (*Schwärmerei*), Lutero abogaba por

---

64 Daniel Jonah Goldhagen, *Worse than War: Genocide, Eliminationism, and the Ongoing Assault on Humanity*. New York: Public Affairs, 2009, 14-21.

65 David Livingstone Smith, *Less than Human: Why We Demean, Enslave, and Exterminate Others*. New York: St. Martin's Press, 2011, 250-262.

dañar a los prójimos—campesinos, anabaptistas y judíos—a quienes él rechazaba por razones religiosas. De esta manera Lutero contradijo su propia lógica teológica acerca de la función apropiada del gobierno y sucumbió a la política de identidad religiosa, convocando a las autoridades civiles a participar en acciones violentas en contra de ciertas personas, no sólo porque se oponían a su política, sino debido a sus convicciones religiosas. Aunque es anacrónico esperar que Lutero se adhiera a cualquier doctrina moderna de separación de la Iglesia y el Estado, la naciente fundación para tal doctrina está implícita en su propia enseñanza acerca de los dos reinos/estrategias. Al no respetar la responsabilidad de las autoridades civiles para la protección del prójimo de acuerdo con el primer uso de la ley, incluidos aquellos que se oponían por razones religiosas, Lutero descuidó la función principal para la que Dios instituyó el gobierno. Es imperativo frenar a las instituciones religiosas de hacer daño a los enemigos religiosos, lo cual se hace por medio de una ley universal que brinda protección física a todos las personas y salvaguarda de sus derechos.[66]

Cuarto: es necesario arrepentirse de los errores del pasado, no solo por la confesión de los pecados, sino a través de la restauración de las relaciones correctas con los que han sido perjudicados. El quinto centenario de la Reforma ofrece la ocasión para que las principales iglesias protestantes confiesen los pecados de sus antepasados contra los campesinos, anabaptistas y pueblos judíos en la época de la Reforma, y se arrepientan del legado de persecución en los siglos posteriores. Aunque ha habido declaraciones de culpabilidad[67] y procesos de reconciliación[68] en las relaciones ecuménicas recientes, el aniversario de la Reforma

---

66 *Universal Declaration of Human Rights*, Article 18, <*http://www.un.org/en/documents/udhr/*>, December 26, 2013.

67 "Declaration of ELCA to the Jewish Community," adoptado el 18 de abril de 1994, <http://download.elca.org/ELCA%20Resource%20Repository/Declaration_Of_The_ELCA_To_The_Jewish_Community.pdf>, 26 de diciembre de 2013.

68 "Action on the Legacy of Lutheran Persecution of "Anabaptists," adopted by LWF in July 2010, <http://www.lwf-assembly.org/uploads/media/Mennonite_Statement-EN.pdf>, 26 de diciembre, 2013.

ofrece un *kairos* no sólo para los actos solemnes de la contrición, sino también la posibilidad de abrir procesos de verdad y reconciliación en toda la comunión luterana. Su objetivo es la restauración de recuerdos fidedignos[69] y la restauración de las relaciones justas con las generaciones actuales de los anabaptistas y pueblos judíos. Mientras que tales procesos de verdad y reconciliación deben comenzar con acciones formales por denominaciones y organizaciones mundiales de la iglesia, también deben extenderse a las comunidades y congregaciones locales. Por el lado de los luteranos, este proceso tiene que empezar por recordar la historia documentada en este capítulo, reconociendo el daño causado a millones de seres humanos, porque los escritos de Lutero han contribuido a una tendencia histórica de la difamación, persecución y actos de daño físico, incluso asesinato. ¿Cómo el decir la verdad de la herencia luterana con respecto a los campesinos, anabaptistas, y judíos, puede llevar a la reconciliación con los prójimos de estas tradiciones en estos tiempos?[70]

4. Reconstruyamos las dos estrategias de Lutero como política del prójimo, comenzando por el último

El Evangelio de Jesucristo, proclamado como Palabra y administrado como sacramento, libera a los cristianos *del* poder del pecado, la muerte y la maldad, y *para* servir al prójimo. De acuerdo con una ética de la cruz, el amor cristiano al prójimo pone especial atención a aquellas personas más vulnerables y

---

69 "Right Remembering in Anabaptist-Lutheran Relations," Report of the Evangelical Lutheran Church in America-Mennonite Church USA Liaison Committee (Chicago: Department of Ecumenical Affairs, 2004), <http://download.elca.org/ELCA%20Resource%20Repository/Right_ Remembering_In_Anabaptist_Lutheran_Relations.pdf>, 26 de diciembre de 2013.

70 Véase *From Conflict to Communion: Lutheran-Catholic Common Commemoration of the Reformation in 2017* (Leipzig: Evangelische Verlagsanstalt/Bonifatius, 2013), #236-237, que incluye un llamado a una "confesión luterana de pecados contra la unidad" en relación tanto a católicos romanos como a anabaptistas/menonitas.

necesitadas de protección. La estrategia de la mano derecha (espiritual) implica la obra de Dios para lograr la salvación por la gracia mediante la fe en Jesucristo. Esta gracia no es "barata".[71] La muerte y resurrección de Jesucristo está presente en la vida de cada persona cristiana, evidenciadas como la muerte al pecado y la resurrección a una nueva vida. La vida cristiana implica la participación, tanto en la estrategia de la mano derecha de Dios de compartir las buenas nuevas con otros a través de escuchar y predicar la fe [72], como en la estrategia de la mano izquierda de Dios de servicio al prójimo. Los prójimos que Dios nos da para servir como cristianos incluyen: 1) los miembros de nuestra familia, 2) los que encontramos a través de nuestro trabajo diario, 3) las personas servidas por las instituciones religiosas, y 4) los que servimos a través de la acción política colectiva.[73] Es este cuarto grupo al que dedicamos especial atención en relación a los fracasos de la ética socio-política de Lutero.

Un peligro agudo que enfrenta una ética social cristiana es la política de identidad religiosa. Se pone en evidencia en la agenda contemporánea de los cristianos de la derecha religiosa, con relación al aborto, la homosexualidad, o el Estado de Israel. Al hacer una correspondencia uno a uno entre las reclamaciones a la autoridad bíblica y una postura ética absolutista, las políticas de identidad religiosa ignoran la complejidad de los problemas y reducen el rango de los prójimos que necesitan ser atendidos. Aunque su tiempo y contexto eran claramente diferentes, la ética social de Lutero sucumbió a la lógica de la política de identidad religiosa en sus posiciones absolutistas contra los campesinos, los anabaptistas, y los judíos. Hay recursos en el pensamiento de Lutero que pudieron haber replanteado sus argumentos en una política coherente del prójimo. Pero al final, sus apelaciones a las Escrituras lo llevaron a una dura condena

---

71 Véase Dietrich Bonhoeffer, *Discipleship*, ed. Geffrey B. Kelly and John D. Godsey, trad. Barbara Green and ReinhardKrausss. Minneapolis: Fortress, 2001, 53-56.

72 Richard H. Bliese y Craig Van Gelder, ed., *The Evangelizing Church: A Lutheran Contribution*. Minneapolis: Fortress, 2005, 133-137.

73 Craig L. Nessan, *Shalom Church: The Body of Christ as Ministering Community*. Minneapolis: Fortress, 2010, 22-25.

de sus enemigos religiosos, con graves consecuencias para su protección de las autoridades civiles.

Por el hecho de que Lutero rehusó defender a los campesinos, anabaptistas, y judíos como prójimos que merecían la protección de la ley civil, debemos, como un acto de arrepentimiento, reconstruir su pensamiento con una consistencia más profunda, con respecto a los dos distintos reinos aun dialécticamente relacionados, que describen las maneras en que Dios manifiesta su trabajo en el mundo.

Es crucial, *en primer lugar*: entender que estos reinos no se han de interpretar espacialmente. Un error fundamental, el cual lleva a una serie de malentendidos acerca de los dos reinos, los imagina según una metáfora espacial, lo cual conduce inevitablemente a la comprensión de ellos como separados y desconectados.[74] Por lo tanto es constructivo hablar, no de dos "reinos" (*Reiche*) sino de dos "estrategias" (*Regimente*). Dios tiene dos estrategias distintas, pero indispensables para gobernar el al mundo. Ambas son necesarias para servir a Dios en sus propósitos de protección contra el mal y de traer el reino de *shalom*.[75] Estas dos estrategias se deben ver en relación dialéctica, no contradictoria. Dios es ambidiestro y gobierna el mundo con las dos manos, a través de la estrategia espiritual del Evangelio a la derecha y la estrategia civil, lo que supone el primer uso de la ley, a la izquierda.[76]

En segundo lugar: la estrategia de la mano izquierda del derecho civil abarca a todas las personas, no sólo a los cristianos. Todas las personas participan en "el baile de máscaras de Dios" y cumplen sus obligaciones para con el prójimo en las cuatro estaciones que pertenecen a la estrategia de la mano izquierda—a través de la familia, el trabajo diario, las instituciones religiosas y las responsabilidades políticas—ya

---

74 Walter Altmann, *Luther and Liberation:*
75 Véase Paul Althaus, *The Ethics of Martin Luther*, trad. Robert C. Schultz. Philadelphia: Fortress, 1972, 52-53.
76 Althaus, 54-56.

sea que reconocen explícitamente a Dios como aquél a quien ellos sirven o no. Dios emplea gobernantes seculares como agentes en esta estrategia de la mano izquierda, ya sea los príncipes y los señores del mundo medieval tardío de Lutero, o los funcionarios elegidos en la democracia moderna. El alcance de la ley del derecho civil, si la ley es equitativa y justa, debe proteger y salvaguardar a todas las personas sin excepciones por motivos de raza, clase, género, orientación sexual o cualquier otro grupo, incluso la religión. Es la falacia de la política de identidad religiosa, ya sea por Lutero en su tiempo o por los representantes contemporáneos de los cristianos de la derecha religiosa, excluir a ciertas personas de igual protección de la ley sobre la base de sus apelaciones a la autoridad religiosa (¡bíblica!).

En tercer lugar: — y en contradicción con la defensa especial de la política de identidad religiosa — si hay una tendencia ejercida por los cristianos en la estrategia de la mano izquierda, no debe ser en contra de aquellos que no comparten una visión religiosa "cristiana" del mundo, sino más bien en nombre de aquellos a quienes Jesús nombró "los más pequeños" —los hambrientos, los sedientos, los sin hogar, los enfermos, los encarcelados, — los más vulnerables, aquellos marginados de la sociedad en necesidad de una defensa política particular (ver Mt. 25:31-46). Lo que legitima el compromiso político a favor de los oprimidos (incluyendo cada vez más la opresión del mundo natural) no son apelaciones a una autoridad religiosa (bíblica). Por el contrario, cuando los cristianos están involucrados en el activismo político, se ven obligados a emplear argumentos públicos que tienen como objetivo persuadir a todas las personas razonables acerca de la legitimidad de un determinado curso de acción, aparte de una defensa especial sobre la base de una autoridad religiosa (¡biblista!). El trabajo de la política implica la construcción de coaliciones para influir en el equilibrio de poder en alianza con todos aquellos que comparten la preocupación por el prójimo, a partir del más pequeño. Las políticas de identidad religiosa deben ceder el paso a una política coherente del prójimo, con *el bienestar del prójimo como la única preocupación de la ética social luterana*, no de la auto-justificación religiosa.

En cuarto lugar: cuando las autoridades civiles violan su responsabilidad dada por Dios, la de proteger y salvaguardar los derechos de las personas (especialmente las minorías), los cristianos están llamados a participar en la acción política directa para hacer que el gobierno ejerza propiamente su responsabilidad civil. De acuerdo con Bonhoeffer:

> Así pues, hay tres posibilidades de acción que la iglesia puede tomar frente al Estado: *Primero* (como hemos dicho), puede cuestionar al Estado en cuanto al carácter legítimo de sus acciones, es decir, haciéndolo responsable de lo que hace. *Segundo,* puede dar servicio a las víctimas de las acciones del Estado. La iglesia tiene la obligación incondicional hacia las víctimas de cualquier orden social, incluso si ellos no pertenecen a la comunidad cristiana. "Trabajemos por el bien de todos". Estas son dos formas en que la iglesia, en su libertad, se conduce en el interés de un Estado libre. En los momentos cuando las leyes están cambiando, la iglesia no puede bajo ninguna circunstancia descuidar ninguna de estas funciones. La *tercera* posibilidad no es sólo vendar las heridas de la víctima debajo de la rueda, sino apoderarse de la propia rueda. Tal acto sería la acción política directa por parte de la iglesia. Esto sólo es posible y solicitado, si la iglesia ve que el Estado está fallando en su función de crear ley y orden; es decir, si la iglesia percibe que el Estado, sin ningún tipo de escrúpulos, ha establecido demasiado o muy poca ley y orden. Debe verse en cualquier eventualidad una amenaza a la existencia del Estado y también a su propia existencia.[77]

Con esta tercera posibilidad Bonhoeffer ofrece la corrección necesaria a la política de identidad religiosa de Lutero: la iglesia debe llamar al Estado para cumplir "su función de crear la Ley y el orden", no para imponer su propia agenda religiosa en el Estado. Bonhoeffer (junto a los otros conspiradores) ejerce esta forma de responsabilidad política, siguiendo la *última ratio* de la planificación de golpe de estado contra la dictadura, tal medida que Lutero nunca se imaginó dentro del ámbito legítimo de la responsabilidad política cristiana.

---

77 Dietrich Bonhoeffer, "The Church and the Jewish Question," en Dietrich Bonhoeffer, *Berlin 1932-1933*, ed. Larry L. Rasmussen, trad. Isabel Best y David Higgins. Minneapolis: Fortress, 2009, 12:365-366.

Los límites de la ética social de Lutero son profundos. El razonamiento político y retórica de Lutero en contra de los campesinos, anabaptistas, y judíos debe ser rechazado y repudiado. Sus consejos y conclusiones se reflejan en toda la historia posterior por medio de los argumentos y las acciones de aquellos que han apelado a su precedente, tanto en su retórica como en sus actos de persecución y violencia. Sólo mediante la deconstrucción de la lógica de la política de identidad religiosa, tanto entonces como ahora, se puede reconstruir el marco ético de Lutero en el servicio de una política del prójimo que tiene como su único propósito la defensa de los débiles de cualquier daño, y salvaguardar el bienestar de los más vulnerables de la sociedad, sin tener en cuenta sus convicciones religiosas.

El prejuicio y su aplicación histórica: una hermenéutica radical del trato de Lutero a los turcos (musulmanes) y a los judíos

Charles Amjad-Ali

1. Introducción: Reexaminemos las «verdades» fundamentales de Europa

Filosófica y teológicamente, vivimos en un mundo en el cual el diálogo (y sus varios sinónimos), tanto como el énfasis en un contexto multirreligioso, no tan solo se han generalizado, sino que también se les considera históricamente únicos y epistemológicamente centrales. Por lo tanto, al diálogo se lo ve con un potencial insólito para tratar el supuesto «fenómeno nuevo» del pluralismo religioso y cultural. Sin embargo, ello hace caso omiso no solo de la larga experiencia viva de tal coexistencia en Asia y África, sino además de experiencias similares en la misma Europa. Detrás de este enfoque se halla una presunción arrogante y falsa de que este contexto es incomparable, de que en los siglos anteriores no hubo tales contextos ni experiencias y que carecieron de la capacidad de tratar con otras religiones. Así, se supone que

Europa era exclusivamente cristiana, a pesar del hecho de que en la península ibérica, la parte más occidental de Europa continental, durante casi ochocientos años, los gobiernos fueron musulmanes y, además, tuvo también una enorme y muy influyente presencia judía. A eso se agrega la expansión imperial turca que comenzó en el siglo catorce y que resultó en el control islámico sobre la mayor parte de Europa central y oriental.

En este contexto inmediato operaba y escribía Martín Lutero en el siglo 16. Al considerar cómo Lutero entendía al islam, es imperativo reconocer estas situaciones y traumas históricos como parte de su contexto. Tal como señala Bernhard Lohse, «siempre se debe ver la historia de Lutero y la Reforma dentro de este contexto más amplio»[1]. Esto quizás provea una justificación del carácter de sus escritos sobre los turcos, aunque no siempre debido al contenido de sus argumentos falsos con apariencia de verdad en contra de los musulmanes, y, aún peor, contra los judíos. Debe notarse que, aun cuando es posible justificar, hasta cierto punto, los escritos de Lutero respecto a los turcos y al islam, su animadversión extrema contra los judíos no tiene ninguna justificación. Ante esta amenaza turca surgieron muchas reacciones:

Los escritores católicos llamaban a una cruzada unida para reconquistar Constantinopla y, ocasionalmente, la Tierra Santa. Los humanistas y primeros protestantes, además de aprobar y promover estrategias defensivas de guerra, comenzaron a estudiar a los otomanos y su religión; algunos esperaban impulsar una empresa misionera entre ellos. Y autores radicales de la Reforma instaron a una respuesta pacífica ante el imperialismo otomano junto a unos pocos que expresaban la esperanza de una conquista turca de Europa[2].

---

1 Bernhard Lohse, *Martin Luther: An Introduction to His Life and Work*, trans., Robert Schultz. Edinburgh: T & T Clark, 1987, p. 4.

2 Adam S. Francisco, *Martin Luther and Islam: A Study in Sixteenth-Century Polemics and Apologetics*. Leiden: Brill, 2007, 31. El autor del presente artículo está muy agradecido con la información comprensiva que provee este libro innovador. Aunque no siempre estoy de acuerdo con sus

Lutero tenía elementos para todas estas respuestas, pero también formulaba críticas, algunas teológicas, para todas simultáneamente. En este contexto, Adam Francisco provee una pauta crítica, al decir que

> cuando Lutero comenzó su investigación de la religión de los turcos usaba ... [los escritos anteriores acerca del islam] para desarrollar su propio enfoque. Le proveyeron información, a la cual nunca hubiera accedido, porque *jamás dialogó con un musulmán ni entró en contacto con la cultura islámica*. Pero, una vez que decidió que era necesario responder teológicamente al islam, tenía que usar lo que pudiera obtener para comenzar sus propios escritos polémicos y apologéticos contra los turcos y su religión.[3]

Entonces, al considerar a Martín Lutero como teólogo, debemos verlo en este contexto más amplio. El hecho de que trabajara sobre otras religiones como el judaísmo (judíos) y el islam (turcos) muestra que, aunque a menudo escribía como si estuviera en un entorno monoreligioso y monocultural cristiano (con la heterodoxia de los católicos romanos y los anabautistas), en realidad elaboraba su teología teniendo en mente estas otras religiones monoteístas.

Considero que Calvino, al igual que en muchos otros asuntos, siguió a Lutero en esta tradición. Los dos hacían, con hostilidad, polémica y apologética contra el islam/los turcos y los judíos, aunque no siempre de la manera más pacífica, ni siquiera cristiana. Esta presuposición de un contexto monoreligioso y, más críticamente, monocultural, se mantiene hasta hoy en día entre la mayoría de los teólogos luteranos y calvinistas.

A raíz del uso que le dio Hitler a sus textos abominables y de la culpa luterana frente al Holocausto, se ha llevado a cabo algún

---

conclusiones, existen pocas fuentes que cubren el asunto de Lutero y los turcos con tanta profundidad. Para un enfoque alemán exhaustivo sobre este asunto, véase también Johannes Ehmann, *Luther, Türken und Islam: eine Untersuchung zum Türken- und Islambild Martin Luthers (1515 – 1546)*. Gütersloh: Gütersloher Verlagshaus, 2008, que hace un resumen de la erudición alemana sobre el tema.

3 Francisco, pp. 29–30, énfasis agregado.

trabajo con los escritos de Lutero sobre los judíos, aunque se ha hecho caso omiso de sus escritos sobre los turcos, aun por la mayoría de los teólogos luteranos. Sin embargo, debo agregar rápidamente que en muchos aspectos la hostilidad y la retórica de Lutero frente al islam no son tan diferentes de algunas de nuestras expresiones contemporáneas, en especial, después del 11 de setiembre de 2001. Teniendo en cuenta el hecho de que, 400 años más tarde, se utilizó en Alemania lo que Lutero dijo y escribió acerca del judaísmo, me hace temer que algunos de los escritos de Lutero contra el islam se podrían utilizar para alimentar nuestros prejuicios y victimización antiislámicos, o sea la *islamofobia*.

2. El contexto multicultural y multireligioso de Europa

En el tiempo de Lutero y sus nuevas preocupaciones teológicas, Europa no era ni monoreligiosa ni monocultural. Había vivido una serie de acontecimientos históricos en los siglos anteriores a la Reforma que reflejaron su contexto multireligioso y altamente pluralista en lo cultural. Estos acontecimientos todavía formaban parte de la memoria colectiva, y, de hecho, eran los fundamentos teológicos y epistémicos de la Reforma. España había permanecido bajo el gobierno musulmán desde el año 714 hasta la terminación de la Reconquista en 1492 (la caída de Granada, el último estado islámico en la península Ibérica).[4] El año 1492 es mejor conocido y afamado por Cristóbal Colón y el «descubrimiento» (o sea, colonización) de América bajo el patronato de los reyes católicos Fernando e Isabela. Después de 1492, estos reyes convirtieron a la fuerza a los judíos y a los musulmanes al cristianismo. A los musulmanes convertidos se les llamó *moriscos*[5], o sea moros, y a los convertidos judíos, *marranos,* que significaba cerdos, o

---

4 Cuando el General musulmán Tariq ibn Ziyad derrotó al Rey Roderic, el último de los reyes visigodos de Hispania.

5 Se aplicaba el término *morisco* a los musulmanes convertidos de origen español y no tanto a los de descendencia árabe.

sea «sucios» e «inescrupulosos»[6]. La expulsión de los moriscos comenzó en 1609 y finalizó en 1614[7]. La expulsión de los judíos inició antes, después del genocidio de 1391[8], y se ve como el momento crítico para la existencia de los judíos españoles (sefardíes) en Europa. Este acontecimiento fue el precursor de la Inquisición, que se inició unos noventa años más tarde, y de la expulsión que siguió, incluso de los judíos convertidos. El número de los expulsados de España varía: Juan de Mariana calcula un número de ochocientos mil[9], mientras Rabbi Isidore Loeb lo calcula en ciento sesenta y cinco mil[10]. Loeb también muestra que unos noventa mil de estos refugiados migraron a Turquía, donde el Sultán les dio la bienvenida.

Además de esta presencia e influencia por tiempo extendido de los musulmanes y judíos en Europa occidental, gran parte de Europa central y oriental vivían también bajo un similar control musulmán a largo plazo, en este caso, de los turcos otomanos. Comenzó, por lo menos, en la batalla de Kósovo en 1389. Con algunas variaciones, este estatus se mantuvo sin cambio hasta

---

6 La referencia a los judíos como cerdos, en especial en el contexto de los ochocientos años de dominación islámica (que tenía leyes similares de pureza), resultaba altamente denigrante, ofensiva y obscena: por lo tanto, sus descendientes prefirieron el término *anusim,* una palabra hebrea que significa forzado.

7 En 1609 el rey Felipe III publicó el Acta de Expulsión de los Moriscos, los que se habían quedado después de 1492, porque los vio como personas leales a los turcos otomanos y, por lo tanto, una quinta columna subversiva en la península Ibérica. Esta expulsión se completó en 1614. Véase Mary E. Perry. *The Handless Maiden: Moriscos and the Politics of Religion in Early Modern Spain.* Princeton: Princeton University Press, 2005.

8 Este genocidio ocurrió en distintos lugares en toda España: Sevilla, Córdoba, Toledo, Aragón, Cataluña, Mallorca, Valencia, Palma, Barcelona, etcétera.

9 De Mariana fue un jesuita español, muy respetado por la precisión y sabiduría de sus investigaciones. Véase su famoso *Historiae de rebus Hispaniae,* una obra de veinte volúmenes publicada primero en Toledo en 1592 (traducida del latín al español y aún al inglés por J. Stevens, como *The General History of Spain* en 1699).

10 Loeb fue el fundador y el primer editor de la revista judía *Revue des Études Juives* en París, en la cual propone esta figura en su artículo «Le nombre des juifs de Castille et d'Espagne», en vol. xiv. 1887, pp. 162–183.

la Primera Guerra Mundial, es decir un período de más de quinientos años.[11] Con el control de Constantinopla en 1453 y de toda Grecia en 1460 (la cuna de la «civilización occidental»)[12] los musulmanes turcos tuvieron también una presencia global y de larga duración en esta parte de Europa.

Estos dos contextos multireligiosos de larga duración en Europa occidental, central y oriental, más la presencia de las otras dos religiones monoteístas en la Europa «cristiana», niegan, por un lado, su pretensión monoreligiosa, y, por otro lado, nos exigen ver el significado epistémico de sus experiencias multireligiosas y prácticas dialógicas. También nos demandan una reexaminación más crítica de esta historia y una desmitologización de ella para llevar a cabo una tarea teológica y filosófica más honesta.

El islam ha tenido su propia amnesia de veracidad: acepta acríticamente el reclamo «occidental» del Mediterráneo y sus aportes. De esta manera, los musulmanes pueden mantener la pureza absoluta de su origen y revelación completamente árabes. Esto mantiene el mito de que el patrimonio islámico es

---

11 Esta presencia turca en Europa data tan temprano como la Batalla de Maritsa en 1371, que ganaron los turcos, o tan tarde como la victoria turca en la Batalla de Kósovo en 1389. Esta adquirió un papel central en el folclore serbio y se ve como la batalla épica que pregona el comienzo de la mala suerte para Serbia. Este folclore jugó un papel bastante significativo en las guerras yugoslavas y bosnias de la década de los noventa y el genocidio de los musulmanes ocurrido allí después de unos seiscientos años. Se debe recordar también que el Imperio Otomano se había apoderado de las áreas griegas de Tracia y de mucho territorio de Macedonia después de la Batalla de Maritsa en 1371. Sofía cayó en 1382, seguida por Tarnovgrad en 1393, el estado de Rumania/Hungría después de la Batalla de Nicópolis en 1396. La victoria turca sobre las fuerzas húngaras en la Batalla de Varna, en 1444, amplió su control sobre los países balcánicos y fue una preocupación especial de Calvino. Véase mi artículo «Debilitating Past and Future Hope: Calvin, Calvinism and Islam» en *Reformed World*, Vol. 61, No. 2 (2011), pp. 120–133.

12 Lo que es ahora Grecia moderna fue también parte del Imperio otomano desde mediados del siglo 15 hasta su declaración de independencia en 1821, un período histórico también conocido como *Tourkokratia* en griego (Τουρκοκρατία) o «dominio turco».

puramente árabe y que no está ni influenciado ni contaminado por el mundo grecoromano mediterráneo, ni por los mundos hindú, chino/mongol ni del zoroastrismo. Por otro lado, cuando se demuestra un enfoque más abierto, estas fuentes mediterráneas y otras no solamente se reconocen, sino que también se exagera el aporte musulmán a ellas más allá de toda realidad. La segunda posición es más para una sofistería polémica y apologética y termina con desafiar la veracidad de la profunda interacción entre los mundos mediterráneo y musulmán. Algunos de los choques internos entre los diferentes grupos islámicos se basan en los niveles de pureza de estas fuentes mediterráneas y posmediterráneas que desean mantener y articular.

3. El cristianismo como una religión occidental, la animadversión de Lutero contra los judíos y los musulmanes

Tanto la amnesia del Occidente como la del mundo islámico, bajo un profundo examen, incluso mínimo, muestra que los fundamentos que cada uno afirma no son sostenibles, aun cuando se acepta la necesidad de un prejuicio epistémico, al estilo de Gadamer[13]. Sin embargo, se han levantado enormes estructuras epistemológicas que dan por hecho que el Occidente es cristiano y el (Medio) Oriente es musulmán; es la diferencia fundamental entre Occidente (*Abendland*) y Oriente[14]. Esta

---

13 Hans-Georg Gadamer rescata la ubicación epistémica del prejuicio y considera que la Ilustración misma tiene un prejuicio en contra del prejuicio mismo, y así reclama una veracidad trascendente trastocada, que no es sostenible históricamente. Véase su *Truth and Method*. New York: Seabury Press, 1975.

14 Véase Edward Said, *Orientalism*. New York, Pantheon Books, 1978 y mucho de la literatura posterior sobre este tema y el desprivilegio de las normativas dadas por sentado. Para una lectura crítica de esto, véase Henri Pirenne, *Mohammed y Charlemagne*. London: George Allen & Unwin Ltd., 1954, trad. de *Mohomet et Charlemagne*, que influyó a Marc Bloch, entre otros, en la formación de la "Escuela de los Annales", de la cual surgió una de las obras más significativas sobre la sociedad mediterránea escrita por

estructura supone primero que el cristianismo es una religión exclusivamente occidental, lo cual niega la existencia de iglesias en el Oriente. Por otro lado, el islam se transforma en una religión exclusivamente árabe, aunque la mayoría de musulmanes viva en el mundo que no es árabe. Tenemos que desarticular estos estereotipos míticos si pretendemos vivir en un mundo justo y pacífico y alcanzar la verdad para construir una sociedad justa basada en el bien común y la virtud social.

De esta serie de prejuicios, falsedades y distorsiones nace un malentendido casi permanente en ambos lados. Ya que en este documento tratamos principalmente sobre Lutero, la Reforma y el islam, tenemos, primero, que abordar seriamente el problema de los malentendidos centenarios, y, de hecho, la difamación artificial contra los musulmanes, su profeta, sus escrituras, su religión y su cultura para poder superar la ignorancia frente al islam en su totalidad. Lo que es aún más preocupante que esta absoluta ignorancia es la malicia consciente, las difamaciones y distorsiones calculadas contra el islam y sus aportes, que han formado parte del lenguaje del Occidente durante más de seiscientos años.

Fernand Braudel, *The Mediterranean and the Mediterranean World in the Age of Philip II*, trad. de Siân Reynolds. Berkeley, CA: University of California Press, 1996. Para las implicaciones más amplias, véase también la obra controversial de Oswald Spengler, *The Decline of the West* (*Der Untergang des Abendlandes, 1918–1922*). New York: Alfred A. Knopf, 1932, que trata la «mente oriental» y la morfología de culturas en dos volúmenes. En los círculos marxistas, el concepto del despotismo oriental tomó un nuevo significado. Véase especialmente Karl A. Wittfogel, *Oriental Despotism: A Comparative Study of Total Power*. New Haven: Yale University Press, 1957. Esta sofistería ha continuado, y ahora se ha articulado de nuevo en años recientes como el choque de civilizaciones y «el occidente contra los demás» (o sea, el capitalismo consumista del occidente contra el fundamentalismo religioso y tribal del islam; y la tecnología avanzada brillante demostrada en Lexus vs la tecnología más antigua de la arboleda de olivos. Véase Samuel Huntington, *The Clash of Civilizations and the Remaking of World Order*. New York: Simon and Schuster, 1996; Benjamin Barber, *Jihad vs. McWorld: How Globalism and Tribalism are Reshaping the World*. New York: Random House, 1996; y Thomas Friedman, *Lexus and the Olive Tree: Understanding Globalization*. New York: Picador, 1999, entre otros.

Cuando damos al Occidente y al cristianismo el crédito por la democracia, los derechos participativos, la justicia social, la igualdad de género y la libertad de opción sexual, etcétera, resulta cómodo olvidarnos que tomamos prestado directamente de fuentes seculares de la Ilustración, la cual atacó al cristianismo y viceversa, ya que era la única religión que formaba parte de ese discurso. Esta denigración también se dio contra los judíos, por lo menos hasta 1945, y de este período en adelante han emergido lecturas nuevas y anacrónicas sobre las relaciones judío-cristianas. Por ejemplo, se ha vuelto muy común el término «judeocristiano» aplicado a la ética, moralidad, valores, etcétera, como fijación retrospectiva históricamente permanente[15]. Por lo tanto, cualquier crítica al estado de Israel se percibe como una amenaza contra esta mitología recién perpetuada. Entonces, cuando damos crédito al Occidente, damos crédito inmerecido al cristianismo por el logro de valores humanos sin que en realidad prestemos atención a las distorsiones, desafíos y críticas de estas ideologías de la Ilustración.

Otro problema hermenéutico de carácter social que enfrentamos hoy en día es la dificultad de la generalizada yuxtaposición de sistemas incompatibles, y en gran medida hostiles en cuanto a pensamiento, moral y creencias. Estos encarnan en poderes políticos y económicos con una presencia impresionante, si no amedrentadora por su magnificencia. A veces hablamos como si este fuera un problema nuevo —y, en efecto, es nuevo para el mundo moderno—. El sentido de superioridad occidental en todas las esferas de actividad, en lo que va de los últimos trescientos años, apenas se ha cuestionado en sus expresiones coloniales y poscoloniales. Ha llegado a ser parte de nuestra herencia general, dolorosa de abandonar y aceptar moralmente. Lo que se pasa por alto es el hecho de que Europa misma pasó por esta dolorosa experiencia hace más de mil años,

---

15 Desde la etiqueta de «asesinos de Cristo», anteriormente muy común (hasta 1939), hasta la etiqueta actualmente de uso universal de «judeocristiano» ocurre un cambio epistemológico enorme, y no siempre es producto de un compromiso de una ética elevada.

por la supremacía del Imperio romano y parcialmente por la expansión musulmana hegemónica después del siglo siete. Además, Europa vivió con el desafío musulmán más o menos de manera permanente, que comenzó por lo menos con la conquista de España en 711, para luego pasar por las cruzadas a partir de 1095 hasta el siglo diecisiete. En raras ocasiones hubo un período de complacencia con respecto a este desafío durante la Edad Media e incluso mucho después de la Reforma, muy a pesar de nuestra hermenéutica monoreligiosa de esta historia.

La presencia del islam fue uno de los problemas más graves de la cristiandad medieval. Planteó un problema en todos los niveles de la experiencia. Como problema práctico, exigió acción y discernimiento entre las varias posibilidades de cruzada, conversión, coexistencia e intercambio comercial. Como problema teológico, exigió una respuesta al misterio de su existencia. ¿Cuál era su papel providencial en la historia? ¿Era síntoma de los últimos días o una etapa del desarrollo del cristianismo?; ¿una herejía, un cisma, o una nueva religión?; ¿una obra del ser humano o del diablo?; ¿una parodia obscena del cristianismo, o un sistema de pensamiento que merecía que fuera tratado con respeto? En diferentes lugares, Lutero argumentó cada una de estas posiciones, a pesar de que etimológicamante cada argumento era distinto en sí mismo. Se encuentran elementos de todas estas evaluaciones en diferentes textos de Lutero.

4. De Roma a Constantinopla (la Nueva *Rum*) y el establecimiento de la cristiandad

Existen ciertas afirmaciones típicas y claramente incorrectas acerca del Occidente que necesitamos examinar como parte del contexto más amplio del acercamiento de Lutero al problema de los turcos y los judíos. En pocas palabras, el Occidente considera que está en continuidad directa con la cultura y civilización mediterráneas y que es el sucesor del Imperio romano (no simplemente del «Imperio romano occidental», sea lo que signifique ese término)[16] sin que África ni Asia tuvieran ninguna mediación, mucho menos una contribución principal, en estos desarrollos. Esta argucia historiográfica se elabora para resaltar la continuidad duradera entre la historia «europea» y su «madre», las civilizaciones grecorromanas del Mediterráneo. Así, ubica al menos conceptualmente al Mediterráneo[17] exclusivamente en Europa, aunque geográficamente se halla entre África, Asia y Europa.

Resulta de vital importancia entender el hecho de que la percepción de una continuidad mediterránea y el estatus monorelígioso de Europa evolucionó en gran parte desde un modelo constantiniano de la cristiandad. Es igualmente importante recordar, sin embargo, que la capital de esta cristiandad constantiniana estaba en la frontera con Asia, si no dentro de ella, o sea en el Bósforo. No recibió ningún aporte ni fue producto directo de las llamadas tribus «bárbaras» europeas — godos, visigodos, hunos, francos, anglos, sajones, etcétera—,[18] quienes habían amenazado al Imperio romano. Su agresión y amenazas provocaron el traslado de la capital del Imperio, de

---

16 Parece que se acuñó esta frase en la historiografía moderna para definir las provincias y cortes del Imperio romano y para darles igual estatus con el «Imperio romano de Oriente» a causa de Constantinopla. Aparentemente, esto ocurrió cuando Constantino transfirió la capital de Roma a Bizancio en 330, la cual, después de su muerte, fue nombrada Constantinopla, y siguió como capital del Imperio romano hasta 1204, sea lo que fuera el estatus del gobierno carolingio de Carlomagno (800–814) con la bendición del Obispo de Roma (papa Leo III). Para esta historiografía, véase Edward Gibbon, *The History of the Decline and Fall of the Roman Empire* 6 vols. London: Straham & Cadell, 1776–1789.

17 El término en sí se deriva de la palabra latina *mediterraneus* (*medi-*: «medio» o «entre»; + *terra*, «tierra»), o sea «en el centro de la tierra» o «entre tierras», ya que es el mar entre los tres continentes conocidos en aquel entonces, África, Asia y Europa. La palabra alemana para Mediterráneo correctamente lo llama *Mittelmeer*, el mar en medio.

18 Estas tribus se ubicaban en o formaban parte de Alemania oriental, Pomerania hasta el Mar Negro, Escandinavia, el Cáucaso, en Asia Central, las tribus germánicas de Normandía que controlaban Portugal y España (Hispania), el sur de Polonia, España hasta algunas partes del norte de África y Francia, y Bretaña, especialmente después de que los romanos dejaron el área en 410 d. C.

Roma (Italia) a Bizancio/Constantinopla (la nueva Roma en el Bósforo), en el siglo cuarto. Resulta crítico tomar en cuenta que es aquí, en esta nueva capital, donde el cristianismo llega a ser la religión de la Roma imperial. Constantinopla, entonces, es el lugar de origen de lo que llegó a llamarse la «cristiandad», en lugar de lo que ahora se clasifica como Europa.[19]

Además, debe recordarse que, al principio de este período, existía solo un Imperio romano (ni irregularidades tales como Imperio de Occidente e Imperio de Oriente) que trasladó su capital de Roma a Constantinopla, al sur, hacia el interior de Asia. Para los musulmanes, esta era la *Rum*, la única Roma que conocían, ya que llegaron después de este traslado. Los musulmanes se convirtieron en los herederos de este Imperio romano y de la mayor parte del Mediterráneo, comenzando con el período inicial de expansión y conquista islámicas, y, finalmente, culminando con la captura de Constantinopla en 1453 - la tarea se completó cuando los musulmanes sometieron a la *Rum*. Con esto heredaron la tradición intelectual del mundo greco-romano, que luego la transmitieron al Occidente eruditos musulmanes, aun en el caso de un teólogo/filósofo cristiano tan central y fundamental como Santo Tomás Aquino. Sidney Griffiths señala correctamente que

Al-Farabi (870–950), Ibn Sina/Avicenna (980–1037), y Ibn Rushd/ Averroes (1126–1198) son los filósofos musulmanes más reconocidos, … no obstante, están lejos de ser los únicos con aportes importantes. Y por supuesto, sus logros provocaron otro movimiento de traducción en los siglos once y doce, esta vez en el occidente islámico-cristiano, en lugares como Bolonia, Toledo y Barcelona, donde mentes ávidas tradujeron textos filosóficos del árabe al latín, y proveyeron el ímpetu para el florecimiento de la filosofía y la teología escolásticas en las

---

19 El primer estado que adoptó el cristianismo como su religión estatal fue el reino de Armenia en 301 d. C., seguido por Albania (hoy Azerbaiyán), entre 301 y 314. Las iglesias ortodoxas de Armenia y Azerbaiyán anuncian con orgullo que estos fueron los primeros reinos cristianos, antes del establecimiento del poder imperial cristiano en Constantinopla.

obras de Tomás Aquino, Bonaventura y Duns Scotus, gracias a los logros anteriores de eruditos como Abelardo y Alberto el Grande.[20]

Entonces, no fue por medio de espada que Alberto el Grande y Santo Tomás de Aquino (1224–1274) aceptaron a los maestros musulmanes, sino que fue por su filosofía (Avicenna y Averroes), y me atrevo a decir que también por su teología. Fue a la luz de estos maestros que Santo Tomás reexaminó el cristianismo e insistió en la claridad del texto sagrado, tal como en el islam. Esto, entonces, influyó en la *sola scriptura* de Lutero, que dejaba poco espacio para la mediación de la tradición. Por otro lado, fue el juicio y la crítica que Santo Tomás hizo de estos maestros, con sus filosofías aristotélicas, en *Summa de veritate catholique fidei contra gentiles* (conocida como "Suma contra gentiles")[21] que determinó en el Occidente nuestra posición respecto al islam y a los musulmanes, además respecto a Aristóteles en los círculos protestantes. Estos fueron los predecesores y guías de Lutero que llevaron a la Reforma.

En la España gobernada por los musulmanes, las tres tradiciones religiosas monoteístas ciertamente intercambiaron elementos entre sí, y resultaron beneficiadas con el florecimiento de

---

20 Sidney H. Griffith, *The Church in the Shadows of the Mosque: Christians and Muslims in the World of Islam*. Princeton: Princeton University Press, 2008, 18. Véase también Majid Fakhry, *A History of Islamic Philosophy*, 3.ª Edición. New York: Columbia University Press, 2004; Fernand van Steenberghen, *Aristotle and the West: The Origins of Latin Aristotelianism*, trad. de Leonard Johnston. New York: Humanities Press, 1970; Charles Burnett, «The Translating Activity in Medieval Spain» en *The Legacy of Muslim Spain* 2 vols., ed. Salma Khadra Jayyusi, vol. 2: 1036-58 (Leiden: E.J. Brill, 1994); Burnett, «Arabic into Latin: The Reception of Arabic Philosophy into Western Europe», en *The Cambridge Companion to Arabic Philosophy*, ed. Peter Adamson y Richard C. Taylor, 370-404. Cambridge: Cambridge University Press, 2005; John E. Wansborough, *The Sectarian Milieu: Content and Composition of Islamic Salvation History*. Oxford: OUP, 1978. Véase también el libro de este autor, *Islamophobia: Tearing the Veils of Ignorance*. Johannesburg: Ditshwanelo Caras, 2005, específicamente el primer capítulo.

21 Tradicionalmente se ha datado en 1264 d. C., aunque algunos estudios más recientes lo ubica hacia el final de la vida de Santo Tomás, entre 1270 y 1273.

la filosofía y las ciencias medievales del Medio Oriente musulmán. Había más «tolerancia» y coexistencia de lo que se haya imaginado o admitido. Algunos eruditos contemporáneos han cuestionado esta noción de una coexistencia pacífica entre musulmanes, judíos y cristianos —conocida como *la convivencia*— y se han preguntado si se puede definir como «pluralista».[22] Pero resulta evidente que existía mucha más interacción, alegría, buen humor, aceptación y tolerancia en la España musulmana que en la España «cristiana» después de 1492.

5. El temor generalizado hacia el islam y las cruzadas

El temor al islam no es un problema nuevo en la cristiandad ni en la historia cristiana. Comenzó con las conquistas islámicas al final del siglo siete, o sea de su rápida expansión y su anexión de casi todas las tierras bíblicas. Esta primera expansión se extendió a la ocupación de tres de las cinco ciudades de los patriarcados fundantes del cristianismo (la Pentarquía), o sea Jerusalén, Antioquía y Alejandría, y más tarde incluso Constantinopla. Roma fue la excepción en los dos casos, aunque estuvo muy cerca de que la capturaran.[23]

Este se incrementó por el temor y asombro que los musulmanes generaron durante los tres siglos que duraron las cruzadas. Lo que sacudió duramente al cristianismo fue la incapacidad de los cristianos de mantener el éxito entusiasta por la captura de la Tierra Santa de manos de los musulmanes en la Primera Cruzada y su consiguiente incapacidad de sostener la ocupación. Generó una seria dificultad para los cristianos, dada la difundida noción religiosa de que el éxito y la victoria

---

22 Véase, por ejemplo, Stephen O'Shea, *Sea of Faith: Islam and Christianity in the Medieval Mediterranean World*. New York: Walker & Company, 2006.

23 El Sultán Mehmet II del Imperio otomano claramente tenía los ojos puestos en Roma, pues ya había capturado Otranto en 1480, cuando de pronto murió y terminó esa expansión por la lucha interna otomana respecto a la cuestión de la sucesión.

muestran que Dios está de nuestro lado por causa de nuestra fe y piedad; a la inversa, la misma idea ayudó a los musulmanes precisamente por su alto nivel de éxito en esos siglos.

Las cruzadas llegaron a ser una causa célebre autojustificante para el cristianismo y jugaron un papel muy importante en la mayoría de los aspectos de la vida medieval europea, sea en lo eclesial, económico, político, cultural o social. Los papas dieron legitimidad religiosa y espiritual a las cruzadas, comenzando con Urbano II en 1095 en el Concilio de Clermont, quien vinculó el llamado a la cruzada con las guerras de independencia que tuvieron lugar en la Península Ibérica a manos de los cristianos, las cuales fueron centrales en el desarrollo teológico de la Reforma, tal como lo demostraré.

Las cruzadas fueron una serie de «guerras santas» cristianas llevadas a cabo entre 1096 y 1270 contra los musulmanes en Siria Mayor y Palestina, y luego en otras partes de la región. Steven Runciman, uno de los más destacados historiadores de las cruzadas, las describe correctamente como «un largo acto de intolerancia en el nombre de Dios, lo cual es un pecado en contra del Espíritu Santo»[24]. Otros han argumentado que «en un sentido amplio, las cruzadas fueron una expresión del cristianismo militante y expansión europea»[25].

Por supuesto que también estaban presentes los intereses más estrictamente mercantiles, económicos y capitalistas, como los de Venecia y sus intereses mercantiles con la India y la China. Aunque Venecia no asumió un protagonismo directo durante las cruzadas, sí jugó un papel significativo en ellas. Se limitó al comercio y al poder político necesarios para proteger este comercio. Cuando comenzaron las cruzadas, Venecia dominaba el comercio del mar Adriático y del Mediterráneo oriental, especialmente dentro del Imperio bizantino. Con la

---

24 Steven Runciman, *A History of the Crusades.* New York: Harper and Row, 3 vol., 1967, 480.
25 Véase http://history-world.org/crusades.htm. Fecha de acceso: 9 de febrero de 2015.

victoria de la Primera Cruzada, sus comerciantes rápidamente establecieron importantes relaciones de comercio con el nuevo reino cruzado. Dado que era uno de los principales poderes navales en el Mediterráneo, llegó a ser uno de los puntos de partida más cómodos para las cruzadas.

Se llevaron a cabo por lo menos ocho cruzadas, de las cuales las primeras cuatro son las más relevantes. El grito de batalla de la Primera Cruzada, «Es voluntad de Dios» y «Para librar la Tierra Santa de los infieles», se estableció como la abierta razón de ser para las cruzadas siguientes. La Primera Cruzada fue exitosa y con ella fue conquistada Jerusalén en 1099. Fue cuando se estableció el Reino de Jerusalén, que duró hasta 1187. La segunda resultó en un desastre. La tercera llevó al Tratado de Ramla en 1192 entre Saladín y el rey Ricardo Corazón de León. Este tratado fue muy favorable para los cristianos, ya que con él se les permitió hacer peregrinaje hacia Jerusalén, a pesar de que la ciudad estaba bajo el control musulmán. En la cuarta, en 1204, los cruzados saquearon Constantinopla (unos doscientos cincuenta años antes de que los musulmanes otomanos la subyugaran en 1453). Profanaron muchas iglesias ortodoxas, incluso la iglesia de Santa Sofía (construida en 537), uno de los sitios eclesiales más sagrados en todo el cristianismo. Como resultado, se estableció un nuevo reino latino de Bizancio que duró sesenta años.

Lo que se olvida o casi no se menciona como relevante es el hecho de que, además de matar a un enorme número de musulmanes inocentes no combatientes, las cruzadas también mataron a un número masivo de judíos, tanto en Europa como también en el Cercano Oriente.[26] Esas masacres genocidas se

---

26 Esto generó una serie de escritos que trabajan de nuevo el material *Akedah* (el sacrificio de Isaac por Abraham) en los discursos teológicos y religiosos judíos rabínicos y varias formas de arte como cantos y cuentos de folclore. Para un trato muy especial de este material durante el holocausto judío basado en las cruzadas, véase Shalom Spiegel, *The Last Trial: On the Legends and Lore of the Command to Abraham to Offer Isaac As a Sacrifice: The Akedah*, traducido por Judah Goldin. Woodstock, VT: Jewish Lights Publishing, 1993, 3.ª edición. Para una lectura crítica del material

justificaron con el argumento de que tales matanzas no eran pecaminosas porque las personas asesinadas no eran cristianas sino infieles (no eran de la fe). Gustavo Perednik, un erudito de la judeofobia, afirma que «la primera mitad de este milenio presenció genocidios de judíos como si fueran la norma. Y precisamente ocurrieron cuando la Iglesia llegaba al cenit de su poder... los principales genocidios acontecieron con las primeras tres cruzadas y las cuatro campañas para asesinar a los judíos que siguieron a estas cruzadas».[27] Y podemos agregar aquí que el milenio también concluyó con un genocidio de judíos con el Holocausto.

6. La amenaza turca y las visiones apocalípticas para la Europa medieval

El islam, ahora con el rostro del turco, presentaba una amenaza de proporciones apocalípticas. A partir del siglo catorce esta amenaza se había vuelto tan preocupante que formó parte de varios escritos medievales. En el siglo dieciséis una victoria

---

Akedah para los estudios del Nuevo Testamento, véase Nils Alstrup Dahl, *Crucified Messiah, and Other Essays*. Minneapolis, MN: Augsburg Press, 1974. Para escritos más populares, véase entre otros la obra brillante de Amos Oz, *Unto Death: Crusades and Late Love (Two Novellas)*. New York: Mariner's Books, 1978.

27 Perednik también señala correctamente que «El Papa Urbano II convocó a una campaña para "liberar la Tierra Santa del infiel musulmán" ... Los cruzados decidieron comenzar su limpieza con los "infieles en casa", y atacaron a los judíos en toda Lorena, masacrando a los que se negaron a que los bautizaran. Pronto se rumoreó que su líder Godfrey había jurado no partir para la cruzada hasta que hubiera vengado la crucifixión con derretir la sangre de los judíos y que no podía tolerar la existencia de ningún hombre que se llamara judío. De hecho, un denominador común de los genocidios... fue el esfuerzo de exterminar la población judía entera, incluso la niñez.» Entonces, «Al final del siglo trece los judíos habían sido expulsados de Inglaterra, Francia y Alemania». Véase su «Judeophobia - Anti-Semitism, Jew-Hate and anti-"Zionism"», una serie de ponencias basadas en su libro *La Judeofobia: Cómo y cuándo nace, dónde y por qué pervive*. México: Tusquets, 2001, disponible en línea en http://www.zionism-israel.com/his/ judeophobia.htm.

turca sobre Europa parecía palpablemente inmanente. La caída de Constantinopla en 1453 (solo treinta años antes del nacimiento de Martín Lutero en 1483) representó un golpe devastador. Pero la expansión noroeste de los otomanos, que culminó con el ataque a Viena en 1529, resultó más debilitadora existencialmente. Aunque los Habsburgos rechazaron este ataque, al alto costo de unas treinta mil vidas —por muerte o esclavitud—, no redujo el sentido de amenaza inminente de los turcos.[28]

Los sentimientos antijudío y antiislámico de las cruzadas continuó en el período de la Reforma, como lo evidencian los escritos de Lutero, e incluso después con Calvino. Los dos polemizaron contra el islam; sin embargo, lo que resulta más significativo es que los dos vieron al islam como el juicio de Dios sobre un cristianismo sumamente corrupto y venal, especialmente el catolicismo romano. Por lo tanto, Lutero podía llamar al islam «la vara de Dios». Ya en 1518, Lutero escribe que «luchar contra el turco es lo mismo que resistir a Dios, quien visita nuestro pecado sobre nosotros con esta vara»[29]. Entonces, Lutero veía a los turcos como el instrumento de castigo de Dios sobre una cristiandad pecaminosa. En respuesta al llamado del papa Leo X para una nueva cruzada contra los turcos otomanos, Lutero argumenta en *Resolutiones disputationum de indulgentiarum virtute* (1518, la cual envió al papa) que... "Muchos, sin embargo, hasta los «peces gordos» de la iglesia, no sueñan ahora con otra cosa que la guerra contra el turco. Quieren luchar, no contra la iniquidad, sino contra el látigo de la iniquidad, y así se opondrían a Dios, quien dice que por medio de ese látigo nos castiga él mismo por nuestras

---

28 Gregory Miller, «Holy War and Holy Terror: View of Islam in German Pamphlet Literature 1520-1545» (Ph.D. Boston: Boston University, 1994), 67-68.

29 Véase Sarah Henrich y James L. Boyce, «Martin Luther–Translations of Two Prefaces on Islam: Preface to the Libellus de ritu et moribus Turcorum (1530), and Preface to Bibliander's Edition of the Qur'ān (1543)» in *Word & World*, Vol. XVI, No. 2, Spring 1996, 250-266, esp. 252, véase su nota 3 donde cita las «Explicaciones de las noventa y cinco tesis» en *Luther's Works*, vo. 31:91-92.

iniquidades, porque no nos castigamos a nosotros mismos por ellas".[30] Igualmente, todavía en 1529, sigue describiendo a los turcos como «la vara de la ira de Dios» por medio de la cual «Dios castiga al mundo»[31].

Pero estos reformadores también veían al islam, juntamente con el catolicismo, como «el segundo cuerno en la cabeza del diablo». Ambas posiciones, aparentemente paradójicas frente al islam, las sostuvo Lutero, y Calvino lo siguió.[32] Para Lutero, los turcos eran la vara tanto de la ira de Dios como también de Satanás. George Forell argumenta que «para Lutero el diablo siempre era el diablo de Dios, o sea, al tratar de contrarrestar a Dios, el diablo servía a Dios»[33]. Entonces, Dios usaba a Satanás (y por lo tanto a los turcos) para sus propósitos. Se confirma esto aún más por la guerra injusta llevada a cabo exclusivamente con propósitos agresivos en vez de defensivos, lo cual es el *modus operandi* del diablo. Los turcos, según Lutero, eran el instrumento «con el cual Dios castiga al mundo tal como hace a menudo por medio de sinvergüenzas malvados, y a veces por medio de personas piadosas»[34]. Francisco señala que Lutero rara vez habla de los turcos sin mencionar también al papado.

Sus colegas recordaron que sugería que los dos eran el Anticristo. «El papa es el espíritu del Anticristo y el turco es la carne del Anticristo. Ellos se ayudan entre sí para ahogarnos, el segundo con cuerpo y alma, el primero con doctrina y espíritu».[35] En sus propios escritos...

---

30 Véase, «Explanations of the Disputation Concerning the Value of Indulgences», conocido popularmente como «Las explicaciones de las 95 tesis » in *Luther's Works*, trad. Harold J. Grimm y Helmut T. Lehmann, vol. 31. Philadelphia: Muhlenberg Press y Fortress Press, 1957, 79–252, esp. 92.
31 Henrich y Boyce, 252.
32 Véase Amjad-Ali, «Debilitating Past" 120-133.
33 George Forell, «Luther and the War against the Turks», en William Russell (ed.), *Martin Luther, Theologian of the Church: Collected Essays*. St. Paul: Luther Seminary, 1994, 127.
34 «On War against the Turks», *Luther's Works,* 46:170. Véase Francisco, 80.
35 *D. Martin Luthers Werke: Tischreden*, 6 vols. Weimar: Bohlau, 1912–1921,1:135.15– 17: «Papa est spiritus Antichristi, et Turca est caro Antichristi. Sie helffen beyde einander wurgen, hic corpore et gladio, ille doctrina et spiritu»; cf. también 3:158.31–35.

él percibía al papa como el Anticristo mientras que a los turcos los consideraba como otro tipo de aberración demoniaca. Juntos con el resto del mundo musulmán, eran seguidores de la bestia de Apocalipsis 20.10, quien era Mahoma. La situación, según la exégesis que Lutero hace del pasaje, era así: el reino de Mahoma (la bestia) reinaba en el Oriente y el papado (el profeta falso del Anticristo) reinaba en el Occidente. Los dos estaban listos bajo el mando de Satanás en espera de órdenes para comenzar el asalto final contra la iglesia. «Ya que se acerca el fin del mundo —escribe—, el Diablo tiene que atacar a la cristiandad con sus dos fuerzas». Sin embargo, vale la pena notar que, probablemente por la proximidad, Lutero siempre veía al papado como una amenaza mayor que Mahoma y los turcos. Comentaba con frecuencia que, en comparación con el papa, «Mahoma aparece ante el mundo como un santo puro». Sin embargo, los dos jugaron un papel integral en su perspectiva escatológica de la historia y su evaluación de la naturaleza de la amenaza turca.[36]

7. El acercamiento de la cristiandad medieval al islam y a los judíos

Norman Daniel, un filósofo, teórico político y profesor de ética en la Universidad de Harvard, al escribir sobre el acercamiento occidental «científico» hacia el islam, nos advierte correctamente que,

aun cuando leemos a los eruditos más imparciales, todavía hay que tener en mente cómo argumentaba la cristiandad medieval, porque siempre ha sido, y todavía es, parte de la composición de toda mente occidental que analiza el tema[37].

Desde una perspectiva muy distinta, Colin Chapman, un misionero evangélico que había pasado tiempo en la Near East School of Theology (Escuela de Teología del Cercano Oriente), la London Bible College (Universidad Bíblica de Londres) y en varias instituciones académicas del Reino Unido, escribe que

---

36 Francisco, 83–4.
37 Norman Daniel, *Islam and the West: The Making of an Image*. Edinburgh: Edinburgh University Press, 1960; edición revisada 1993, 326.

en el tiempo de la Reforma, los protestantes veían al islam al lado del catolicismo romano como encarnaciones del Anticristo, mientras que los católicos veían en el islam muchas de las características que más odiaban de los protestantes. Luego, con la llegada de la Iluminación, los racionalistas se turnaron para denigrar al islam y derramar desprecio sobre el profeta.[38]

Lo consistente en estas dos citas de fuentes altamente divergentes es la generalizada actitud y juicio antiislámicos en la historia occidental que han sido la epistomología normativa durante siglos. Y esto se da a pesar de que el discurso involucra a interlocutores de puntos de partida ideológicos muy diferentes, antagonistas y hostiles. Las expresiones modernas de la islamofobia tienen raíces en la historia de la fe cristiana y se han mantenido consistentes por largo tiempo, incluso cuando las características sociales, ideológicas y estructurales hayan cambiado, y aun cuando nuestro vocabulario de prejuicio haya sufrido bastantes alteraciones eufemísticas.

Existe un número importante de publicaciones que cubren la historia de los encuentros cristiano-musulmanes (que han proliferado especialmente desde el ataque en Nueva York el 11 de setiembre de 2001). La calidad varía mucho, aunque algunas (principalmente las de antes de 2001) son de alta calidad. La mayoría de los teólogos cristianos referidos en estos textos, que tenían interacciones significativas con el islam antes de, e incluso durante, las cruzadas, vivía bajo el gobierno islámico. Estos teólogos eran minorías religiosas que vivían bajo el control islámico y dentro del entorno cultural islámico en general, y, por lo tanto, el islam los definía, aun con todo y su polémica en contra del islam. Albert Hourani señala correctamente que…

ya para el siglo diez… los hombres y las mujeres del Cercano Oriente y el Magreb vivían en un universo definido por el islam… Señalaban el tiempo por las cinco oraciones diarias, el sermón semanal en la

---

38 Colin Chapman, *Islam and the West: Conflict, Coexistence or Conversion?* London: Paternoster Press, 1998, 11.

mezquita, el ayuno anual del mes de Ramadán, el peregrinaje a la Meca y el calendario musulmán.[39]

El hecho de que mientras vivían bajo gobierno musulmán (en la Siria Mayor, Magreb, España y Turquía) en general podían llevar a cabo su trabajo apologético y polémico (en especial contra el profeta Mahoma), muestra el nivel del espacio intelectual que tenían estas sociedades, a pesar de la propaganda contraria.[40]

Aunque teológicamente los judíos eran el vecino más antiguo y más cercano al cristianismo (los conceptos de *praeparatio evangelica*, Mesías, etc.), eran víctimas vulnerables frente a una cristiandad agresiva, inmediatamente después de la «conversión» de Constantino en el siglo cuarto. El islam, al contrario, siendo una religión principal poscristiana, representaba un desafío serio a la suficiencia y eficacia del cristianismo. Así como el cristianismo veía al judaísmo como *praeparatio evangelica,* el islam veía a ambos, judaísmo y cristianismo, (sus predecesores monoteístas) como *praeparatio islámica*, para acuñar una frase. Su rápido crecimiento y conquistas fenomenales, inmediatamente después de su fundación, los percibía el islam como claras

---

39 Véase su *A History of Arab Peoples.* New York: Warner Books, 1992, 54-57. Esta es la experiencia de todos los cristianos que viven en contextos musulmanes aún hoy, aunque el nivel de tolerancia se ha disminuido mucho en los años recientes. Lastimosamente estos cristianos no forman parte de la discusión ecuménica contemporánea frente a las relaciones cristiano-musulmán que es supervisada por la «preocupación cristiana en el contexto occidental» y por su acercamiento «objetivo».

40 Los nombres más significativos son: John Sedra, un patriarca monofisita jacobita de Antioquía de 631-48; Juan de Damasco, un malquita (m.749/764), posiblemente el autor de la primera *Summa Theologica*; Theodore bar Koni, un cristiano siríaco, (m. 792), autor de *Scholian*, un comentario sobre el Antiguo y el Nuevo Testamentos; Patriarca Timoteo I, de la Iglesia Oriental, (727/8–823); Theodore Abu Kurrah, un malaquita de Edesa, quien fue el Obispo de Harran también en Siria (c. 755–830), quien hizo su teología cristiana en árabe y escribió tanto en siriaco como en árabe; Hunayn ibn Ishaq (808–873) médico, filósofo y traductor nestoriano, conocido por su traducción al árabe de textos filosóficos y científicos griegos; Elyas de Nisibis, un nestoriano (975-1046); y Paul de Antioch (ca. 1180), obispo malaquita. Cf. Griffith, op. cit.; y Wansborough, op. cit.

indicaciones de la validez y eficacia de su causa. Por lo tanto, el islam planteaba un desafío a los cristianos en lo teológico, geográfico, numérico, político y económico. Ubicado tan cerca, representaba un desafío amenazante y de confrontación, un vecino al que debían denigrar y, en lo posible, eliminar. Philip Hitti, el gran historiador cristiano árabe libanés, antes de 2001, en la Universidad de Princeton, habló así de esta relación:

> Se han ligado las dos comunidades por la cooperación y el conflicto, la tolerancia y el odio, el diálogo y la invectiva, la amistad personal y el conflicto comunal[41].

Hourani, previamente de la Universidad de Oxford, también un gran historiador con un trasfondo cristiano libanés, lo describe como «una relación larga e íntima, ambigua y en general dolorosa»[42]. Entonces, a pesar de la exaltada afirmación teológica y el gran imperativo divino de «amar a nuestro prójimo como a nosotros mismos», los cristianos hemos odiado amar y hemos amado odiar a nuestro prójimo más cercano, los musulmanes.

Tanto Hitti como Hourani tienen razón en dar sus respectivas evaluaciones de la historia paradójica de la relación cristiano-musulmán, en especial frente al cristianismo occidental y el islam. Lutero representa esta ambigüedad y la aparente contradicción en su actitud hacia los musulmanes. Con el tiempo, muestra la misma actitud contradictoria hacia los judíos, pero su negatividad es mucho más violenta. Es claro en su viraje completo frente a los judíos. En sus escritos más tempranos, tiene una evaluación relativamente positiva, especialmente por la actitud negativa generalizada contra los judíos en ese tiempo. Su primera afirmación acerca de los judíos viene de su carta de 1514, dirigida al pastor Georg Spalatin, el secretario/asesor al Príncipe Elector Federico el Sabio:

---

41 Philip Hitti, *Islam and the West*. Princeton, NJ.: Van Nostrand, 1962, 6.
42 Albert Hourani, *Europe and the Middle East*. London: Macmillan Press, 1980, 71–2.

La conversión de los judíos será solamente la obra de Dios que opera desde adentro, y no del hombre que trabaja —o mejor dicho juega— desde afuera. Si se quitan estas ofensas, seguirá algo peor. Porque así son entregados a reprobación por la ira de Dios, para que sean incorregibles, como afirma Eclesiastés, porque todo el que es incorregible se hace peor por la corrección en lugar de mejor.[43]

Luego, en 1519, Lutero desafía la doctrina de *Servitus Judaeorum* (servidumbre de los judíos) que entre 529 y 534 estableció Justiniano I en *Corpus Juris Civilis* (Cuerpo de Ley Civil) y a los teólogos que la defendían:

Teólogos absurdos defienden el odio hacia los judíos. ¿Cuál judío aceptaría entrar a nuestras filas cuando ve la crueldad y enemistad que les infligimos —pues por nuestra conducta para con ellos no parecemos cristianos sino bestias—?[44].

Lutero hace una afirmación más comprensiva a favor de los judíos en «*Que Jesucristo nació judío*», escrito en 1523, de nuevo con una crítica muy fuerte a aquellos teólogos que apoyaban una posición antijudía:

Si yo hubiera sido judío y hubiera visto a semejante torpes e insensatos gobernar y enseñar la fe cristiana, hubiera preferido ser cerdo que cristiano. Han tratado a los judíos como si fueran perros y no seres humanos; no han hecho más que ridiculizarlos y apoderarse de su propiedad. Cuando los bautizan, no les enseñan nada de la doctrina y vida cristianas, sino que solo los someten a la insensatez del papado y al escarnio... Si los apóstoles, que también eran judíos, nos hubieran tratado a los gentiles tal como los gentiles tratamos a los judíos, nunca habría existido un cristiano entre los gentiles... Cuando pensamos jactarnos de nuestra posición —como cristianos— debemos recordar que somos meramente gentiles, mientras que los judíos son del linaje de Cristo. Somos extranjeros y parientes políticos; ellos son parientes de sangre, primos y hermanos de nuestro Señor. Por lo tanto, si se

---

43 Martin Luther, «Luther to George Spalatin», en Luther's *Correspondence and Other Contemporaneous Letters,* trad. Henry Preserved Smith. Philadelphia: Lutheran Publication Society, 1913, 1:29.
44 Lutero, citado en Elliott Rosenberg, *But Were They Good for the Jews?* New York: Birch Lane Press, 1997, 65.

trata de jactarse de carne y sangre, *los judíos están más cerca de Cristo que nosotros...*

Si de verdad queremos ayudarlos, cuando los tratemos no debemos guiarnos por la ley papal sino por la ley del amor cristiano. Tenemos que recibirlos con amabilidad y permitirles negociar y trabajar entre nosotros, para que tengan la ocasión y oportunidad de asociarse con nosotros, escuchar nuestra enseñanza cristiana y ver nuestra vida cristiana. Si algunos de ellos fueran tercos, ¿qué? Pues, entre nosotros tampoco somos todos buenos cristianos.[45]

Sin embargo, ya en 1543, con la publicación *«De los judíos y sus mentiras»,* Lutero mismo se ha convertido en uno de esos teólogos «torpes irracionales e insensatos», al hacer afirmaciones ultrajantes, altamente inmorales, si no es que totalmente pecaminosas, acerca de los judíos. Afirma que son «un pueblo inmoral y adúltero, o sea, no es pueblo de Dios, y su jactancia respecto de su linaje, la circuncisión y la ley se debe considerar como inmundicia»[46], lo cual está en directa contradicción con lo que había dicho anteriormente. Dice...

¿Qué debemos hacer los cristianos con este pueblo rechazado y condenado, los judíos? ... no nos atrevemos a tolerar su conducta, ahora que estamos conscientes de sus mentiras e injurias y blasfemias... Les daré mi consejo sincero: Primero, que pongan fuego a sus sinagogas o escuelas y entierren o cubran con tierra lo que no se queme, para que ningún hombre nunca jamás vuelva a ver ni piedra ni ceniza de ellas... Segundo,... que también arrasen y destruyan sus casas. Pueden vivir debajo de un techo o en un establo como los gitanos... Tercero,... que les quiten todos sus libros de oración y escritos talmúdicos, en los cuales se enseñan idolatría, mentiras, maldiciones y blasfemia... Cuarto,... que les prohíban a sus rabíes enseñar de ahora en adelante a pena de pérdida de vida y cuerpo... Quinto,... que se les quite por

---

45 Martin Luther, «That Jesus Christ was Born a Jew», Trad. De Walter I. Brandt, en *Luther's Works.* Philadelphia: Fortress Press, 1962, 200–201, 229, énfasis agregado.

46 Martin Luther, «On the Jews and Their Lies» en *Luther's Works,* vol. 47: The Christian in Society IV, trad. de Martin H. Bertram. Philadelphia: Fortress Press: 1971, 268293, énfasis agregado; véase también Robert Michael, *Holy Hatred: Christianity, Antisemitism, and the Holocaust.* New York: Palgrave Macmillan, 2006, 111.

completo a los judíos el salvoconducto en las carreteras... Sexto, ... que les prohíban la usura y que les quiten todo dinero y tesoro de plata y oro, y los guarden para seguridad... con la usura nos han robado todo lo que poseen. Séptimo, aconsejo que a los judíos y a las judías jóvenes y fuertes, les pongan en sus manos un mayal, hacha, azada, pala, rueca o huso para que ganen su pan con el sudor de la frente... sufrimos tanto a manos de estos inmorales hijos del diablo, esta camada de víboras... estas serpientes venenosas e hijos del diablo.[47]

Unos meses después, todavía en 1543, Lutero escribió *"Vom Schem Hamphoras und vom Geschlecht Christi"* (Del nombre que no se puede conocer y las generaciones de Cristo):

Aquí en Wittenberg, en nuestra iglesia parroquial, hay una cerda tallada en la piedra debajo de la cual se hallan acostados cerditos y judíos que están mamando; detrás de la cerda se aparece parado un rabino que levanta la pierna derecha de la cerda, la levanta, se agacha y mira con gran esfuerzo en el Talmud debajo de la cerda, como si quisiera leer y ver algo muy difícil y excepcional; sin duda ganaron sus *Shem Hamphoras* de ese lugar.[48]

De manera que, en el curso de un periodo de veinte años, Lutero pasa de dar un significado especial a los judíos, al asociarlos con Cristo, a una completa difamación, amargura y los llama el linaje del diablo. Las razones de este cambio de actitud no las articula Lutero, y las razones que algunos eruditos sugieren no tienen mucho sentido. Él recomendó una erradicación física, material y espiritual de los judíos, en una letanía inquietante que recuerda al régimen nazi de Hitler —cuando pusieron en práctica lo que Lutero recetó.

---

47 Ibid., sección 11, énfasis agregado.

48 *Schem Hamphoras* es el nombre hebreo rabínico para el nombre inefable de Dios, el tetragramaton. El uso del término por Lutero era en sí un insulto a las sensibilidades judías. Véase Gerhard Falk, *The Jew in Christian Theology: Martin Luther's Anti-jewish Vom Schem Hamphoras, Previously Unpublished in English, and Other Milestones in Church Doctrine Concerning Judaism*. Jefferson, NC: McFarland & Company, Inc., 2013.

8. Las perspectivas aparentemente contradictorias de Lutero respecto al islam y los turcos

Entonces, queda claro que Lutero se ubica dentro de la tradición de evaluar negativamente al judaísmo y al islam. Sin embargo, es uno de los primeros teólogos occidentales destacados en reconocer el papel clave del islam, a pesar de que Europa enfrentaba su amenaza y conquista inminente. Esto está presente en muchos de sus escritos y no, como con tanta frecuencia se presenta, exclusivamente en su *Sobre la guerra contra los turcos*. Lutero recomendaba que «de cualquier manera posible se debe publicar y diseminar la religión y costumbres del islam».[49] Es particularmente fascinante recordar que Lutero, hacia el final de su vida en 1543, jugó un papel importante en la publicación de una nueva traducción del Corán al latín por Theodore Bibliander.[50] De esto, por la razón que fuera, no se habla mucho, quizás por la publicación mucho más infamatoria ese mismo año de *Sobre los judíos y sus mentiras*. Bibliander había estudiado árabe y por pedido de Lutero publicó una versión revisada del Corán en latín basado en la traducción original, aunque no siempre precisa, de Robert Ketton *Lex Mahumet pseudoprophete* (La ley de Mahoma, el falso profeta) de 1143.[51]

En 1542, Lutero utilizó su influencia en el Concilio de Basilea, el cual había prohibido y confiscado el Corán de Bibliander. Persuadido por la carta de Lutero, el concilio levantó la prohibición y soltó el texto con la condición de que tanto Lutero como Melanchton le escribieran prefacios. Finalmente, se publicó el Corán en 1543 con estos prefacios. Henrich y Boyce resumen que

---

49 Op. cit. Henrich & Boyce, 255.

50 Nacido en Bischofszell, Suiza, a *Theodor Buchmann* se le conoce por su nombre griego de *Theodore Bibliander,* una práctica común (juntamente con el latín) para mejorar el estatus de la persona en Europa central.

51 Cabe mencionar, citando Francisco, que "No hay ninguna razón por que negar que la traducción de Robert sea mejor descrito como paráfrasis y asimismo que sirvió para alimentar la mayoría de la polémica anti-musulmana medieval", Francisco, 12.

el asunto principal del prefacio de Lutero... era argumentar una vez
más a favor de una presentación clara de las enseñanzas de Mahoma
para que, en contraste, pudieran refutarlas con más facilidad con las
claras enseñanzas de la iglesia acerca de Cristo, su encarnación, su
muerte por nuestros pecados, y su resurrección; y para que así los
cristianos pudieran armarse para el conflicto con el enemigo, con un
conocimiento seguro y cierto de los principios de su propia fe.[52]

Además de estas advertencias y críticas, Lutero, al final de su
prefacio, escribe esto:

En esta época que nos toca vivir, ¿cuántos variados enemigos ya
hemos visto? Defensores papistas de la idolatría, las monstruosidades
múltiples de los anabautistas, Miguel Serveto y otros. Ahora
preparémonos contra Mahoma. Pero ¿qué podemos decir de asuntos
que están todavía fuera de nuestro conocimiento? Por lo tanto,
resulta valioso para el estudioso leer los escritos del enemigo para
poder refutarlos con más profundidad, para cortarlos en pedazos
y darles vuelta, para que puedan llevar a algunos a la seguridad, o
definitivamente para fortalecer a nuestro pueblo con argumentos más
sólidos.[53]

Entonces, el enfoque de Lutero era tratar de superar el vacío
de conocimiento de la religión de los turcos. Según Southern,
fue porque «anticipaba la probabilidad de que la cristiandad
quedara sumergida bajo el islam».[54] Es importante recordar
aquí que uno de los aportes más importantes de la Reforma
fue quitar el lugar privilegiado de la *lingua sacra* o *religiosis* del
latín, e introducir la vernácula *lingua popularis*, el alemán, para
la lectura y hermenéutica de los textos sagrados y los rituales
religiosos. Hizo que la religión fuera más igualitaria, menos
sacerdotal y más cognitiva en vez de supersticiosa y misteriosa.
El cristianismo de la Reforma, incluso el de los anabautistas, en
esa coyuntura, era la expresión original de este cambio, mientras
que otras expresiones cristianas continuaron con esta distinción,

---

52 Henrich & Boyce, 256.

53 Ibid., 266.

54 R.W. Southern, *Western Views of Islam in the Middle Ages*. Cambridge,
MA: Harvard University Press, 1962, 3.ª impresión 1982, 105–106.

incluso en el Occidente.[55] Epistemológicamente se puede criticar a las religiones (incluso a muchas comunidades cristianas) que mantienen la distinción entre el valor sagrado de la *lingua sacra/religiosis* y el valor comprensivo del idioma vernáculo. Sin embargo, muchos eruditos siguen otorgando una posición privilegiada a los musulmanes árabes cuando se trata del islam por el valor sagrado del árabe. Sus números no justifican ese privilegio, ya que por lo menos el 80 % de los musulmanes no hablan árabe.[56] Lutero no tuvo ninguno de estos problemas y, por lo tanto, cuando miraba al islam, reconocía al idioma árabe como una *lingua sacra* y le daba un lugar central. Insistió en una nueva traducción del Corán al latín y no al alemán. (Mantenía la distinción entre *lingua sacra* y *lingua popularis* a pesar de su propio énfasis teológico en el segundo como valioso para las dos tareas. Quizás era su manera de mantener la distinción entre la *lingua intelligentia*/academia y la *lingua popularis*). Pero es importante recordar que Lutero no miraba el islam árabe; su entendimiento del islam se basaba en equipararlo con los turcos, el enemigo imperial contemporáneo. Entonces, él utiliza «musulmanes» y «turcos» intercambiablemente cuando habla del islam y de los musulmanes. Al evaluar la naturaleza de la fe y cultura musulmanas y la amenaza que representaba para los cristianos, Lutero argumentó, en su prefacio a *Libellus de ritu et moribus Turcorum* (1530), que era importante que los cristianos conocieran la escritura islámica y la cultura musulmana y que las estudiaran:

> Ya que tenemos a la puerta al turco y a su religión, nuestro pueblo tiene que ser advertido, no sea que, movido por el esplendor de la religión turca y las apariencias externas de sus costumbres o disgustados con la pobre exhibición de nuestra propia fe o la deformidad de nuestras costumbres, niegue a Cristo y siga a Mahoma.[57]

---

55 Tardó unos cuatrocientos cincuenta años hasta que los católicos romanos llegaran a esta posición al final del Vaticano II (1963–65).

56 Uno se pregunta si este énfasis en los árabes y el árabe no se basa en un entendimiento interesado del mundo islámico y su valor geopolítico y económico —tanto por el petróleo como por el estado de Israel—.

57 Op. cit. Henrich & Boyce, 260.

Antes, en el texto argumenta:

> Vemos que la religión de los turcos o Mahoma es mucho más espléndida en ceremonias—y, puedo decir, en costumbres—que la nuestra, incluso hasta las de los religiosos y todos los clérigos. La modestia y sencillez de su comida, ropa, habitaciones, y todo lo que conlleva, además de los ayunos, oraciones y reuniones comunes del pueblo que este libro revela no se ve en ninguna parte entre nosotros. … ¿Cuál de nuestros monjes, sea cartesiano (los que quieren aparecer como los mejores) o benedictino, no se avergüenza por la maravillosa y milagrosa abstinencia y disciplina entre los religiosos turcos? Nuestros religiosos son meras sombras en comparación con ellos, y nuestro pueblo, comparado con ellos, claramente profano. Ni los cristianos verdaderos, ni Cristo mismo, ni los apóstoles ni los profetas jamás presentaron tan gran exhibición. Esta es la razón por la cual muchas personas tan fácilmente se apartan de la fe en Cristo por causa del islam y se aferran a él con tanta tenacidad. Creo con sinceridad que ningún papista, monje, clérigo, ni su igual en la fe podría mantenerse en su fe si pasara tres días entre los turcos…. De hecho, en todas estas cosas los turcos son, por mucho, superiores.[58]

¡Cuánta exaltación! Aunque es claro que es por una finalidad negativa.

9. Cruzada contra los católicos y el pacifismo anabautista, Lutero sobre la vocación cristiana y la teoría de los dos reinos

En sus escritos anteriores, Lutero no endosó ni condenó las varias medidas militares tomadas en contra de los turcos, pero sí rechazó por completo la idea de una nueva cruzada. En 1518, cuando Georg Spalatin solicitó su opinión acerca de los planes papales para otra cruzada contra los turcos, respondió:

> Si lo entiendo bien, usted me pregunta si puedo defender con fundamento bíblico una expedición contra los turcos. Aun si la guerra se emprendiera por razones piadosas y no por ganancias, confieso que

---

58 Op. cit. Henrich & Boyce, 259, énfasis agregado.

no puedo prometer lo que pide, sino todo lo contrario... Me parece que si tenemos que emprender una guerra contra los turcos, deberíamos comenzar con nosotros mismos. En vano libramos una guerra fuera de nosotros si en casa somos conquistados por batallas espirituales. Ahora que la curia romana es más tirana que cualquier turco, y lucha con hechos portentosos contra Cristo y contra su Iglesia, y ahora que el clero vive sumergido en la bajeza de la avaricia, ambición y lujo, y ahora que la cara de la Iglesia se presenta por todas partes más miserable, no existe esperanza de emprender una guerra exitosa ni victoriosa. Hasta donde puedo ver, Dios lucha en contra de nosotros; primero tenemos que conquistarlo a él con lágrimas, oraciones puras, vida santa y fe pura.[59]

Así que para Lutero la verdadera amenaza al cristianismo no venía tanto de los turcos sino de la «subyugación de la iglesia a la doctrina falsa, elaborada por el papado».[60] Ya hemos mencionado arriba la respuesta de Lutero al llamado del papa Leo X a una nueva cruzada contra los turcos otomanos. Y de nuevo, en *Las buenas obras (1520)*, «La cristiandad se está destruyendo, no a manos de los turcos sino de los que debieran defenderla».[61] La denuncia general de Lutero en contra del papado, y en especial en contra de la convocatoria a una cruzada/guerra santa bastante popular frente a una invasión turca inminente, ya había enojado a la Iglesia Romana. Se exacerbó el asunto con la aparente falta de ataque directo contra los turcos de parte de Lutero. Entonces, con el apoyo popular, la Iglesia romana buscó su excomunión con más entusiasmo. Lutero, en su correspondencia personal, había mostrado mucha negatividad para con el Papa desde 1518, al argumentar que Roma era más tirana que el turco.[62] Fue más allá, y en 1518 «declaró públicamente que el Papa era no solamente un

---

59 *Luther's Correspondence*, 1:140–141, citado en Francisco, 68.

60 Francisco, 68.

61 Von den guten Werken, *Luther's Works*, Vol. 44:72, citado en Francisco, 69.

62 Cf. su carta a Georg Spalatin citado arriba, véase también su carta a Wenzel Link (1483-1547), el sucesor a Johann Staupitz como vicario general de la orden agustina, en D. Martin *Luthers Werke: Briefwechsel*, 18 vols. Weimar: Böhlau, 1930–1985. 1:270.13-14, citado en Francisco, 69.

"tirano" del cristianismo sino que también el "Anticristo"».[63] Él empeoró la situación cuando, en 1520, hiperbolizó que los «turcos» verdaderos eran los siervos del Papa, «sus lacayos y putas».[64] La respuesta del Papa a este ataque sostenido fue amenazar con excomulgar a Lutero en 1520.

Entre las muchas presuntas enseñanzas heréticas y escandalosas de Lutero denunciadas por el papado en la bula *Exsurge Domine* (1520), estaba el resumen de esta afirmación que había hecho respecto a los turcos: «luchar en contra de los turcos es luchar contra la visitación de Dios sobre nuestras iniquidades».[65] Lutero respondió a la bula papal de excomunión afirmando que...

> Este artículo no significa que no debamos luchar en contra del turco, tal como acusa ese santo fabricante de herejías, el papa. Más bien significa que debemos reparar nuestros caminos y buscar que Dios actúe con misericordia con nosotros. No debemos lanzarnos a la guerra, confiando en la indulgencia del papa con la cual ha engañado a los cristianos en el pasado y sigue engañándolos todavía... Lo único que logra el papa con sus indulgencias para las cruzadas y sus promesas del cielo es llevar a los cristianos con sus vidas a la muerte y sus almas al infierno. Esto, obviamente, es obra propia del Anticristo. Dios no exige cruzadas, indulgencias y guerras. Quiere que vivamos vidas buenas. Pero el papa y sus seguidores huyen de la bondad más rápido que de cualquier cosa, y todavía así quieren devorar a los turcos... Esta es la razón por la cual nuestra guerra en contra de los turcos ha sido tan exitosa —tanto que donde antes él tenía una milla de tierra, ahora tiene cien—. Pero todavía no logramos ver, porque este romano, líder de los ciegos nos ha engañado por completo.[66]

---

63 Francisco, 69, citando «Eyn Sermon von den newen Testament», en *Luther's Works*, Vol. 35:107.

64 *Luther's Works*, Vol. 35:90.

65 "Exsurge Domine", en Carl Mirbt (ed.), *Quellen zur Geschichte des Papsttums und des römischen Katholizismus*, 2. ed. Tübingen: J.C.B. Mohr, 1901, 184. Papa Leo X también envió una carta al elector Federico acompañando la bula, afirmando que Lutero "muestra parcialidad por los turcos". Véase Francisco, 70, nota al pie 11.

66 *Luther's Works*, vol. 32:89-91, como citado en Francisco, 70. El Papa excomulgó a Lutero oficialmente en 1521 a traves de la bula *Decet Romanum Pontificem*.

No significa que Lutero fuera pacifista, algo por lo cual condenaba fuertemente a los anabautistas. Al contrario, endosó una respuesta militar en contra de los turcos. Véase por ejemplo, el *Türkenbüchlein* —los así llamados escritos turcos, de los cuales el más conocido es *Sobre una guerra contra los turcos*, 1529—. La escribe para contrarrestar a esos

> predicadores estúpidos entre nosotros los alemanes ... que nos hacen creer que no debemos y no podemos luchar. Algunos incluso son tan tontos que dicen que no es correcto que los cristianos lleven la espada temporal o que sean líderes ... algunos quieren que el turco venga y gobierne porque creen que nuestro pueblo alemán es salvaje y no civilizado.[67]

Cuando los turcos otomanos comenzaban a invadir seriamente a Europa, con las conquistas de Suleiman I de Belgrado en 1521, el Reino de Hungría en 1526, y el ataque (repelido) a Viena en 1529, la amenaza de una ocupación otomana de Europa empezaba a parecer muy realista. Ya no era cuestión de una cruzada contra los turcos (o sea, un ataque ofensivo en territorio turco fuera de Europa), sino una posibilidad real de tener que defender al territorio europeo occidental contra una ocupación otomana. En *Sobre una guerra contra los turcos*, Lutero argumenta que, aunque en sus escritos anteriores había sostenido que los cristianos debían emprender sus guerras por medios espirituales, o sea, por el arrepentimiento y la reforma, y que, de hecho, esto todavía era válido, él había mantenido una posición en contra de una guerra con los turcos porque el papa había promovido esta guerra como guerra santa, emprendida en nombre de Cristo, algo que Lutero encontraba extremadamente ofensivo. Pero quería afirmar que debían luchar en contra de los turcos como parte de su vocación secular. No sería una cruzada, una guerra santa en contra de la religión turca, sino una guerra secular, llevada a cabo por líderes seculares y no religiosos, contra un invasor. Si se emprendía una guerra en contra de la herejía, habría que comenzar con el catolicismo romano. «Dejen que el turco crea y viva como quiera, igual como se deja vivir

---

67 Luther's Works, 46:161–162, emphasis added.

al papado y a otros cristianos falsos».[68] Ahora, él instó a todos a tomar armas en contra de los turcos, no como asunto religioso sino como asunto de vocación, ampliando teológicamente ese término más allá de la exclusividad del llamado sacerdotal. En *Eine Heerpredigt wider den Türken* (1530), anima a los cristianos a abrazar la vocación de soldado porque «Tal persona debe saber que solamente se defiende "contra los turcos en una guerra que ellos comienzan" que tenía derecho y hasta obligación de emprender... porque al luchar en contra de los turcos «se luchaba en contra de un enemigo de Dios y blasfemo de Cristo, de hecho, del Diablo mismo».[69]

Creo que dos de los principios centrales de la teología de Lutero —los dos reinos y el concepto de *vocatio dei*— fueron profundamente influenciados por el contexto de la presencia turca y la respuesta que generó en la Iglesia Católica Romana de convocar a la cruzada o, al contrario, el pacifismo de los anabautistas. Este último estaba de acuerdo con Lutero de que el islam era la vara de Dios para limpiar al cristianismo de su pecado, pero consideró que su resistencia en contra de los turcos era anticristiana y en contra de la ordenación y diseño de Dios. En contraste con el pacifismo de los anabautistas, que no se preocupaban de cómo se les percibía en la sociedad, Lutero todavía necesitaba el apoyo del pueblo, especialmente de sus amigos príncipes, y por eso, su correspondencia con el reverendo Spalatin mencionada arriba. Por consiguiente, desarrolla una idea muy creativa y nueva al ver una noción más amplia de la *vocatio dei,* en vez del entendimiento estrecho existente que la limitaba a las responsabilidades sacramentales y sacerdotales. Es por esta noción de la soldadesca como vocación, y la vocación de un soldado, que puede contrarrestar tanto la mentalidad católica romana de una cruzada de guerra santa como también la mentalidad pacifista anabautista. De esta manera Lutero reconfigura la noción de la teoría de una guerra justa, separándola de la noción católica de una guerra

---

68 *Luther's Works*, 46:185–186.
69 Francisco, 77, al citar Eine Heerpredigt wider den Türken en *Luther's Werken* 30/2:173.4–5, 9.

religiosa y refutando la posición anabautista del pacifismo total sin lugar para ningún tipo de guerra. Para Lutero, entonces, lo que está en juego no es tanto una definición en sí de hacer la guerra, sino de dos tipos de gobierno —civil y religioso—, además de la noción de que la vocación cristiana es más amplia que el sacerdocio. La guerra, por lo tanto, está en el dominio del gobierno civil y debe ser iniciada y conducida por ese lado de los dos reinos y no iniciada como una guerra santa o cruzada iniciada por la Iglesia, que no tiene por qué tomar esa vocación.

10. El anacronismo de *Cuius Regio Eius Religio* y la exclusión de hecho del «otro»

Se debe recordar que el acercamiento de Lutero hacia los musulmanes, especialmente los turcos, se basaba en el miedo, pavor y vulnerabilidad y, por lo tanto, tenía una dimensión profundamente apocalíptica. Su posición frente a los judíos, al otro lado, es hacia una minoría altamente vulnerable, débil, y constantemente amenazada. Los judíos habían vivido con la espada de Damocles sobre su cabeza en toda Europa, lo cual se agudizó especialmente después de la masacre de 1391 y el comienzo de su genocidio y expulsión final de España un siglo después. La pregunta en el contexto europeo occidental, caracterizada a mitad del siglo diecinueve como la Cuestión Judía o *Judenfrage*, era si los judíos podían ser ciudadanos: primero del Sacro Imperio Romano. Luego, posterior a la Reforma, se amplió frente a los estados/feudos autónomos e independientes de los príncipes, a los cuales Lutero, para bien o para mal, había apoyado y con los cuales estaba afiliado. Se volvió especialmente importante después de la Paz de Augsburgo entre el santo emperador romano, Carlos V y las fuerzas de la Liga de Esmalcalda, la alianza de los príncipes luteranos, en setiembre de 1555. El acuerdo reconoció el estatus de los príncipes luteranos y la Confesión de Augsburgo de 1530 y ratificó una cláusula clave: «*cuius regio, eius religio*» (cuyo reino, su religión). Esto, entre otros asuntos, llega a ser una de las cláusulas centrales codificadas en el Tratado de Westfalia de 1648, algo mucho más secular, que se ve como la fundación del sistema moderno del estado nación.[70] La centralidad de este concepto secular aún en el Tratado de Westfalia excluyó de forma predeterminada a los judíos y a los cristianos que no tenían un príncipe con un reino, tales como los anabautistas. Los judíos y los anabautistas tenían que convertirse o adoptar la religión de sus príncipes locales; o cedían su posición de fe o enfrentaban la persecución hasta la muerte. Un destino que ambos grupos tuvieron que enfrentar en varias ocasiones.[71]

11. La esencialización del islam, de la *Judenfrage* a la *Muslimfrage*, y las minorías turcas en Alemania

Al buscar una aplicación contemporánea de las discusiones de Lutero sobre los turcos y los judíos, en especial a la luz de la horrenda apropiación de los sentimientos antijudíos de Lutero por la Alemania nazi, es esencial una examinación breve pero crítica de la situación de los turcos en la Alemania contemporánea. Mucho de lo que vemos en Alemania se aplica igualmente al resto de Europa. Al lograr superar las identidades nacionalistas generadas después de Westfalia en 1648 en Europa continental, y con la consolidación de una «identidad europea unida» con un nacionalismo trascendente similar a los EEUU., la cuestión del «otro» adquiere una importancia clave. Se aplica especialmente a los inmigrantes que no son europeos (nacionalizados u otros), especialmente los musulmanes, y en Alemania, especialmente a los turcos. Se ha vuelto aún más

---

70 Alguna forma de «cuius regio, eius religio» todavía está presente y aplicable *de iure* en muchos de los estados-nación europeos que los comunistas no ocuparon, aunque en realidad es posible que no se vean como estados cristianos.

71 Un ejemplo crítico y altamente escandaloso de esta intolerancia es la Guerra Campesina alemana de 1524–1525, en la cual una tercera parte de los campesinos, aproximadamente 100.000, murieron a manos de los ejércitos de los príncipes feudales, a los cuales apoyaba Lutero. El peor ejemplo es que solo en la guerra de un día de Frankenhausen, masacraron a unos 6.000 campesinos. Entonces, en 1525 Lutero escribe, «Wider die räuberischen und mörderischen Rotten der Bauern» (Contra las hordas asesinas y ladronas de campesinos).

crítico desde el 11 de setiembre de 2001 y el crecimiento de la retórica islamofóbica. La presencia contemporánea del islam y su creciente radicalización, ha planteado una serie de preguntas, y desafía algunas de las presunciones fundamentales detrás de la democracia liberal y los regímenes de derecho que se han establecido en Europa.

Asuntos como la libertad de expresión versus el discurso de odio; el carácter de la libertad de religión en un contexto secular poscristiano; las imágenes despectivas acerca del profeta Mahoma y la asociada esencialización terrorista del islam; la retórica alarmista acerca de que el islam imponga la ley sharia en la Europa secular; la libertad de religión y expresión encarnada en el derecho de usar el velo versus la imposición estatal de un uniforme; el asunto de la libertad de prensa y expresión de Charlie Hebdo y los parámetros del discurso de odio en contra de los extranjeros; el surgimiento de organizaciones neonazi como *PEGIDA*[72] y sus políticas xenófobas; partidos políticos nacionalistas y su extrema xenofobia como el *Partij voor de Vrijheid* de Geert Wilder y el *Front National* de Marine Le Pen, etcétera; todos exigen una reevaluación seria de la democracia, los regímenes aceptados de derechos humanos, el reconocimiento del papel reconstructivo de los inmigrantes en la historia europea después de la Segunda Guerra Mundial y el papel de la justicia compensatoria.

Frente a la horrible historia del Holocausto, con algún nivel de cooperación de la mayoría de Europa, o por lo menos consentimiento con el silencio (aunque hubo casos claramente excepcionales), ya no es aceptable hacer comentarios antijudíos y «antisemíticos» ni de negar el Holocausto;[73] estos se perciben

---

72 Patriotische Europäer gegen die Islamisierung des Abendlandes (Europeos Patrióticos en contra de la Islamización de Occidente).

73 Cuando esta restricción válida en contra del vilipendio de un pueblo o de individuos es ampliada para cubrir el estado, moral o no, implica quitar el derecho mismo del discurso ético, que es un *sine qua non* para la democracia moderna y un gobierno transparente y responsable. Entonces, si cualquier crítica al estado, aun por sus actos más inmorales, se ve como un juicio peyorativo en contra de un pueblo particular, hay

correctamente como crímenes de odio. Sin embargo, no se da el mismo estatus a las minorías musulmanas que residen ahora en Europa. Así que el lenguaje, imágenes, y retórica política y militar antisemita que antes se aplicaba a los judíos ahora se puede usar con impunidad o poca restricción contra los musulmanes y el islam, con ajustes apropiados.

Nuestra examinación del contexto alemán contemporáneo después de la Segunda Guerra Mundial tiene que comenzar con la reconstrucción crítica de una Alemania arrasada por la guerra y destruida por seis años de devastación. Los alemanes en ese tiempo no tenían ninguna colonia principal, y muchos de sus jóvenes habían muerto o habían quedado heridos por las dos guerras mundiales (de 1914–1945). Por lo tanto, Alemania tuvo que reclutar a obreros extranjeros para su reconstrucción y reindustrialización después de la Segunda Guerra Mundial.[74] Las exigencias del Plan Marshall americano ya había enfrentado desafíos con la pérdida de la mitad de Alemania a manos de la Unión Soviética (y luego la construcción del Muro de Berlín en 1961), lo cual restringió seriamente el flujo de trabajo para la industrialización y las demandas crecientes generadas por el *Wirtschaftswunder* (milagro económico) de la década de los cincuenta.

Todo esto amplió la demanda de obreros, con pocos recursos autóctonos disponibles, así que Alemania entró en varios

---

una seria confusión de categorías. Si no se desafía esta situación, entonces el asunto de la justicia restaurativa, que debe estar por detrás de esta posición, está seriamente dañado, si no completamente anulado, y la idea del pensamiento virtuoso crítico y la misma ciudadanía se queda en duda. La ausencia de estos derechos era central para generar los crímenes contra el pueblo desde un principio. Entonces, cuando se ve una crítica al estado como antisemítico y se cierra toda conversación crítica, tenemos una confusión grande entre el pueblo (*demos*) y el estado (*basileia*). Esto corta el valor fundamental de la habilidad de tener discurso moral contra el estado en su tendencia de sobrepasarse de forma coercitiva.

74 Eufemísticamente llamados *Gastarbeiter* (obreros huéspedes), en comparación con el término más negativo contextualmente, *Fremdarbeiter* (obreros extranjeros o extraños), que se refería al trabajo forzado reclutado de la Europa ocupada por Alemania para trabajar en la agricultura y la industria durante la Segunda Guerra Mundial.

acuerdos económicos bilaterales con diferentes países.[75] La porción más grande de estos obreros venía de países musulmanes, principalmente de Turquía.[76] En 2009 la Oficina Federal para Migración y Refugiados de Alemania estimó que había 4,3 millones de musulmanes en Alemania, o sea 5,2 % de la población. Cerca de 63 % de ellos eran de descendencia turca (o sea, 2,7 millones, el 3,0 % de la población). Cerca del 65 % de estos musulmanes eran ciudadanos alemanes. Da una idea del contexto numérico contemporáneo de minorías religiosas en Alemania, lo cual cobra especial importancia cuando se compara con la población judía residente en Alemania antes de la Segunda Guerra Mundial: «En Europa central, antes de la guerra, la comunidad judía más grande se encontraba en Alemania, con unos 500.000 miembros (0,75 % de la población alemana total)».[77] Si se encontraba inaceptable este número tan pequeño de judíos de 1933 en adelante, y, por lo tanto, había aceptación generalizada de los campamentos de concentración y hasta del genocidio,[78] uno se pregunta hacia dónde podría llevar la actual presencia turca y musulmana, que hoy en día es mucho más grande, si ocurriera un evento detonante.

---

75 Los acuerdos bilaterales en los cuales entró Alemania para importar obreros fueron con Italia (1955), España (1960), Grecia (1960) (los tres habían sido sociedades fascistas; respectivamente bajo Mussolini, Franco, y Ioannis Metaxa), Turquía (1961), Marruecos (1963), Portugal (1964), Túnez (1965) y finalmente Yugoslavia (1968), mientras estaba todavía bajo el mando comunista de Tito.

76 Véase el estudio altamente crítico de Sonja Haug, Stephanie Müssig y Anja Stichs, *Muslimisches Leben in Deutschland im Auftrag der Deutschen Islam Konferenz*. Berlin: Bundesamt für Migration und Flüchtlinge, 2009. [Vida musulmana en Alemania, publicado para la Conferencia Islámica Alemana por la Oficina Federal para Migración y Refugiados, disponible en http://www.bmi.bund.de/cae/servlet/contentblob/566008/ publicationFile/31710/vollversion_studie_muslim_leben_deutschland_.pdf.

77 Véase «Jewish Population of Europe in 1933: Population Data by Country» en la United States Holocaust Memorial Museum's Holocaust Encyclopedia, en http://www.ushmm.org/wlc/en/article.php?ModuleId= 10005161.

78 Para la participación comprensiva del pueblo alemán en este período moralmente oscuro de la historia alemana, véase, Daniel J. Goldhagen, *Hitler's Willing Executioners: Ordinary Germans and the Holocaust*. New York: Alfred A. Knopf, 1996.

Hemos enfrentado la *Muslimfrage* —la Cuestión Musulmana— en varias formas; ahora la preocupación es que podría convertirse en una eliminación estructurada contemporánea más violenta del «otro» parecida a la que se llevó a cabo contra los judíos durante la Segunda Guerra Mundial.

En el contexto contemporáneo, los turcos radicados en Alemania son, por un lado, una minoría étnica y religiosa vulnerable, débil y dependiente, como los judíos en el tiempo de Lutero. A veces se les trata con desprecio y coerción social y moral. Por el hecho de que son una «clase baja/obrera» y una minoría étnica vulnerable, lo que Lutero escribió acerca de los turcos otomanos no se aplica directamente a los turcos alemanes contemporáneos. Sin embargo, se podría aplicar con facilidad lo que escribió acerca de los judíos.

Por otro lado, son musulmanes y, por lo tanto, el nuevo enemigo binario después de la Guerra Fría y del colapso de la Unión Soviética. Por lo tanto, son esencializados y estereotipados como parte de la «Guerra contra el Terror». El estatus de los turcos en Alemania ha sufrido un cambio radical después del 11 de setiembre de 2001 (tal como es el caso para todos los inmigrantes musulmanes radicados en Europa). De ser una fuerza laboral de obreros vulnerables y por lo tanto tolerados por su utilidad económica y social, han pasado a representar el nuevo *Inbegriff der Feindschaft* (quintaesencia de enemigo) con implicaciones casi apocalípticas para los valores sociales occidentales y, por lo tanto, son una amenaza y desafío a esta «vida virtuosa normativa». Aquí, entonces, los textos de Lutero sobre los turcos otomanos pueden aplicarse de manera bastante directa.

Conllevó un cambio grande, y con él, nuevos prejuicios: el islam y los musulmanes ya no se ven como una minoría débil y vulnerable que vive en Europa en guetos culturales y sociales, sino más bien como la hipérbole de un enemigo muy poderoso y amenazante, tanto dentro como fuera, que podría apoderarse de Europa sin que se advierta previamente, e imponer su ley (sharia) sobre los ciudadanos locales, y los valores y logros europeos. Entonces, frente a la actual presencia islámica europea, ambos acercamientos de Lutero, hacia los judíos y los turcos, tienen aplicación y posibilidades.

12. El uso de hermenéuticas *subtilitas* (*intelligendi*, *explicandi*, y *applicandi*): Hacia el papel del «otro» en la historia humana

Hans-Georg Gadamer define la aplicación como la parte integral de la tarea hermenéutica, y argumenta que esta aplicación implica comprender el texto en la situación contemporánea del intérprete mismo.[79] Para él, eso completa el círculo hermenéutico porque reconoce el lugar del intérprete con todos sus prejuicios existentes (*prejudicium*) como el *arche* y *telos* de la tarea hermenéutica. En este artículo he tratado de lograr una tarea hermenéutica así con los textos de Lutero frente a los musulmanes (turcos) y los judíos, los eventos históricos en los cuales surgieron, y el contexto total de su obra, para radicalizar la Reforma a la luz de los prejuicios presentes en contra del «otro».

Detrás de esta tarea hermenéutica existe una preocupación especial para el desarrollo de la teología reformadora con el enfoque en el «otro» religioso de los musulmanes (turcos) y los judíos durante ese período. Exigió una hermenéutica radical de los textos de Lutero, en sus contextos amplios y estrechos, y una evaluación de la tradición de su interpretación dentro del *prejudicium* europeo.

Si aceptamos la unidad triádica, o sea, los tres momentos de la tarea hermenéutica (o sea *subtilitas intelligendi*, *subtilitas explicandi* y *subtilitas applicandi*), como válida y esencial teológica e históricamente, espero que haya logrado estos tres

---

79 Véase su *Truth and Method*. New York: Seabury Press, 1975, 274, véase también Haoming Liu, «Subtilitas Applicandi as Self-Knowledge: A Critique of the Concept of Application in Hans-Georg Gadamer's Truth and Method,» en *The Journal of Speculative Philosophy*, New Series, Vol. 10, No. 2 (1996), 128–147.

momentos en este artículo al desmitificar la interpretación dada por sentada de ciertos dogmas y posiciones osificadas.

También he intentado proveer diferentes interpretaciones del contexto histórico en el cual surgieron los textos de Lutero. *Subtilitas intelligendi* requiere una comprensión sólida, discernir si entendemos de verdad un pasaje o los eventos que lo rodean, y prestar atención a las dificultades para entenderlas. La búsqueda de un acercamiento apropiado para investigar los eventos o épocas históricos lleva a un momento radical de entender los textos y biografía de Lutero. *Subtilitas explicandi* requirió mirar esos eventos o épocas históricos, con la suposición de que tenían un argumento e ilustración inteligibles, que he tratado de demostrar y así lograr algún nivel de claridad. También requiere desmitificar la interpretación fija dada por sentada para que podamos ir más allá de las tradiciones y dogmas osificados que han echado un velo sobre esta transparencia autocomprensible. Al mismo tiempo he puesto los mismos eventos y textos originales bajo el escrutinio hermenéutico de la razón y la lucha para superar la confusión que algunos de estos eventos y épocas han generado. Esto, entonces, tiene su propio momento radicalizante sobre la Reforma.

Los *subtilitas intelligendi* y *subtilitas explicandi,* aunque necesarios para la tarea hermenéutica, están incompletos sin la *subtilitas applicandi.* Este último no solamente exige la validez de las primeras dos *subtilitas* a la luz de la aplicación ética y moral de ideas, sino que también con respecto a lo que son los valores éticos y morales de los textos de Lutero frente al «otro» y los eventos circundantes para nosotros hoy en día. En el contexto de este artículo, se exige una aplicación de una hermenéutica crítica para explicar los contenidos y contornos hablados y no hablados, para que intentemos proyectar su aplicación frente al «otro» contemporáneo. Fue especialmente importante por la historia espantosa de la hermenéutica previa y la práctica (in)moral de la mayoría «cristiana» dominante sobre una minoría religiosa y cultural judía. La aplicación reconocida, y quizás incluso inconsciente del texto de Lutero, con su prestigio y voz moral, para lograr estos actos inmorales dejó atrás una interpretación y una «historia de los efectos» (*Wirkungsgeschichte*) debilitada. Es decir que entender la «historia de los efectos» de estos textos es también un estudio de su *subtilitas applicandi.* Más aún, define los prejuicios y autoconocimiento que están por detrás de esta *subtilitas applicandi* y que la hace tan conmovedora para la tarea hermenéutica y su vocación radicalizadora. La aplicación de estos textos, épocas o eventos necesita tener valor y, por lo tanto, debe entenderse también como aplicable a la situación presente. Porque, según Gadamer,

> si el corazón del problema hermenéutico es que la misma tradición siempre se debe entender de una forma diferente, el problema, lógicamente, es de la relación entre lo universal y lo particular.[80]

Esto tiene una relación directa con la tarea detrás de este proyecto, que es una manera de radicalizar la Reforma. Tenemos que ir más allá de la santificación de los textos y eventos de la Reforma para generar material y certeza doctrinal y dogmática, y también la actitud de autojustificación que desarrollamos hacia estos textos de la Reforma. Más bien la tarea debe ser proveer pautas críticas y radicales para nuestro propio autoentendimiento en nuestra situación y nuestro tiempo para un acercamiento más virtuoso al «otro» contemporáneo para que prevalezcan la justicia y la paz, y para que con Aimè Cèsaire podamos decir que

> porque no es cierto que el trabajo del hombre (sic) esté terminado
> que no tengamos por qué estar en la tierra
> que seamos parásitos en el mundo
> que sea suficiente para nosotros someternos al mundo en que el trabajo del hombre (sic) apenas ha comenzado
> y el hombre (sic) todavía tiene que superar todas las interdicciones metidas en los huecos de su fervor
> y ninguna raza tiene un monopolio de belleza, inteligencia, fuerza
> y hay lugar para todos en la convocación de conquista.[81]

---

80 *Truth and Method*, 278.

81 Aimé Césaire, *Notebook of a Return to the Native Land*, trad. Clayton Eshleman y Annette Smith, Middletown, CT: Wesleyan University Press, 2001, 44. Este poema largo se publicó originalmente en París en 1939, y de nuevo en 1947 como *Cahier d'un retour au pays natal.*

La responsabilidad de la convicción: el pacifismo cristiano[1]

Antonio González Fernández

En los debates éticos y políticos, es frecuente apelar a la "responsabilidad" para eludir comportamientos que podrían ser éticamente vinculantes o para justificar decisiones, a veces brutales, que parecen atentar contra ciertos valores morales. Este tipo de apelaciones son frecuentes cuando se trata de justificar el uso de la violencia. Desde un punto de vista "responsable" se podría afirmar, por ejemplo, la necesidad de utilizar la violencia para defender el sistema político democrático, o para asegurar el acceso al petróleo, para que una determinada revolución social triunfe, etc. Desde este punto de vista, los pacifistas serían personas irresponsables que podrían permitirse el lujo de rechazar la violencia precisamente porque hay instituciones y personas "responsables" que

---

1 Este texto tiene su origen en una conferencia sobre "Filosofía y teología de la paz" pronunciada en la UCA de San Salvador en septiembre de 2012.

defienden, mediante la violencia, sistemas políticos en los que es posible la objeción de conciencia, o la crítica a los esfuerzos bélicos.

En estas páginas analizaremos brevemente la diferencia entre la llamada "ética de la convicción" y la "ética de la responsabilidad", atendiendo especialmente a la postura pacifista como muestra de lo que podríamos llamar "una convicción responsable". En este contexto, haremos algunas consideraciones sobre la doctrina tradicional de la "guerra justa", y trataremos de situar el pacifismo cristiano originario.

1. Responsabilidad y convicción

La distinción entre estos dos tipos de ética proviene de la filosofía de Max Scheler, quien distinguía entre "ética del éxito" (*Erfolgsethik*) y "ética de la convicción" (*Gesinnungsethik*). En el planteamiento de Scheler, esta distinción tiene la función de defenderse contra una posible acusación kantiana, según la cual toda ética material sería una ética de los resultados, mientras que la verdadera ética sería siempre una ética de las intenciones. Al introducir el concepto de "convicción" (*Gesinnung*), a diferencia de la mera intención (*Absicht*), Scheler quiere mostrar que las convicciones están orientadas a valores, es decir, a contenidos concretos, que son precisamente los que caracterizan su proyecto de una "ética material", en el sentido de una ética con contenidos. Estos valores, sin embargo, no se identifican con los resultados. Para Scheler, como para Kant, es absurdo hacer depender el relieve moral de una conducta práctica de un cálculo de los resultados probables de la misma, de modo que la convicción tiene en sí misma una materia de valor independiente del resultado de las acciones.[2]

La distinción fue retomada por el sociólogo Max Weber en una conferencia del año 1919, titulada "La política como

2 Cf. M. Scheler, *Der Formalismus in der Ethik und die materiale Wertethik*. Halle, 1916 (1ª ed. 1913), pp. 109-161.

vocación"[3], pero con una intención radicalmente inversa a la de los filósofos. Para Weber, el caos social y político de esos años en Alemania estaba muy directamente ligado a las posiciones extremas de quienes tomaban decisiones radicales, basados en sus convicciones, sin tener en cuenta los resultados de sus acciones. No se trataba, para Weber, de reducir la ética a sus resultados, pero sí de ser responsable de los mismos. Por eso Weber habla de "ética de la responsabilidad" (*Verantwortungsethik*), y no de "ética de los resultados", como había hecho Scheler. Para Weber, la ética de la responsabilidad, a diferencia de la ética de la convicción, tendría en cuenta las consecuencias de las propias acciones, privilegiando por tanto aquellas actuaciones que tuvieran verdaderas posibilidades de éxito. Así, por ejemplo, un político no sería responsable si se gastara todo el presupuesto disponible en medidas sociales que, aunque resolvieran necesidades inmediatas, no garantizarían la desaparición de esas necesidades a largo plazo. El gasto del presupuesto disponible podría tener como consecuencia la aparición de necesidades mayores durante los años siguientes. Del mismo modo, un político "responsable" no puede actuar llevado por convicciones pacifistas, sino que tendrá que recurrir a la violencia para combatir el crimen, o para defender las fronteras de su estado.

El mismo Max Weber reconocía que la ética de la convicción no estaba carente de responsabilidad, del mismo modo que la ética de la responsabilidad era portadora de convicciones.[4] Sin embargo, su concepción negativa de la ética de la convicción le conducía a definirla más bien por la pretensión de justificar la acción moral por su valor intrínseco, sin consideración de los resultados.[5] Quien actúa en el marco de la ética de la convicción no se preocuparía por los resultados, dejándolos,

---

3 Cf. M. Weber, *Politik als Beruf*, en sus *Gesammelte Politische Schriften*. Tübingen: Mohr Siebeck, 1988 (5ª ed.), pp. 505-560.

4 Cf. *ibid*, pp. 551-552.

5 Max Weber: *Der Sinn der 'Wertfreiheit' der soziologischen und ökonomischen Wissenschaft*, zuerst 1917, entre otros también en: Gesammelte Aufsätze zur Wissenschaftslehre, 467ff.

por ejemplo, en manos de Dios. En cambio, para Weber es claro que la ética de la responsabilidad tiene convicciones. Son precisamente esas convicciones las que le permiten preferir ciertos resultados en lugar de otros. Así, por ejemplo, cuando el político ordena una determinada acción violenta, como la represión de una manifestación o el inicio de una guerra, lo hace responsablemente cuando entiende que, si no realizara tales acciones, se causarían daños mayores desde un punto de vista ético, como, por ejemplo, la pérdida de un mayor número de vidas humanas. Este tipo de responsabilidad presupone, por tanto, una convicción previa sobre el valor de la vida humana, que es justamente lo que nos permitiría actuar de una manera "responsable".

2. La "guerra justa"

La doctrina de la "guerra justa" podría considerarse en principio como un ejemplo típico de ética de la responsabilidad. Los orígenes de este planteamiento se pueden encontrar en el filósofo romano Cicerón, pero su desarrollo tuvo lugar en el contexto del pensamiento medieval. Mientras que para la mentalidad pagana la guerra era algo casi natural, el cristianismo tuvo de algún modo que enfrentarse al contraste entre las convicciones pacifistas de sus orígenes y la alianza creciente de la iglesia con el imperio romano, especialmente a partir del siglo IV. De este modo, el primer gran teórico cristiano de la "guerra justa", Agustín de Hipona, reconocía el valor de las actitudes pacíficas, tanto en la vida privada como la vida monástica, pero reclamaba el derecho del imperio romano a defenderse, y la obligación de los "laicos" cristianos a contribuir a esa defensa. De hecho, Agustín de Hipona terminó defendiendo incluso la obligación de las autoridades imperiales de perseguir a los cristianos cismáticos o heterodoxos.[6]

---

6 Es el famoso *cogite entrare* en su carta 93, a Vicentius, cf. Migne, PL, vol. 33, cols. 323-330, inspirado en una interpretación un tanto peculiar de Lc 14:23.

La teología medieval y moderna fue construyendo la doctrina de la "guerra justa", con observaciones interesantes. Tomás de Aquino analizó la acción violenta distinguiendo en ella un "doble efecto". La acción violenta del agredido, por una parte, "logra" que éste defienda la propia vida cuando tiene derecho a ello. De hecho, según Tomás, uno está más obligado a defender la propia vida que la vida ajena. Pero, por otra parte, la acción violenta defensiva tiene como un segundo efecto el daño o incluso la muerte del ofensor. Ahora bien, uno puede desear solamente lo primero (la defensa de la propia vida), tomando lo segundo (la muerte del ofensor) como una consecuencia inevitable, aunque no perseguida por sí misma.[7] Tomás insistió en que, en estos casos, es necesario que haya una proporcionalidad entre los efectos que se persiguen y los efectos no deseados. No sería proporcional, por ejemplo, la eliminación de toda una familia, o de toda una aldea, para defenderse de un solo agresor. En esta perspectiva, se entiende la adhesión de Tomás a la doctrina de la "guerra justa". No toda guerra sería justa, pero una guerra determinada puede serlo si cumple ciertas condiciones. Para Tomás, la guerra puede ser justa cuando es iniciada por una autoridad legítima, cuando su causa es justa, y cuando la intención de los beligerantes es recta.[8]

Posteriormente, otros pensadores como Francisco de Vitoria, añadieron otros motivos legítimos para la guerra, teniendo especialmente en cuenta las condiciones de la conquista de América. Para Vitoria, el derecho a la libre circulación de las personas (incluyendo el derecho al comercio), el impedimento de la predicación del evangelio, la imposición de la idolatría por fuerza a los recién convertidos, el conflicto del papa con líderes indios convertidos al cristianismo, la tiranía de los gobernantes paganos, la aceptación por la mayoría de los indios del gobierno de los españoles, o las obligaciones impuestas por alianzas establecidas con grupos amigos serían motivos válidos para que la "autoridad legítima" (el rey de España) podría iniciar

---

7 Cf. Tomás de Aquino, *Summa theologiae* II/II, q. 64., a. 7.
8 Cf. *ibid.*, II/II, q. XL

una "guerra justa".[9] En cambio, otros motivos aducidos para justificar la conquista, como el presunto dominio universal del emperador español, la autoridad universal del papa, el derecho del descubridor, el rechazo personal de la fe, los pecados de los indios, el rechazo del señorío de los españoles, o una donación especial de Dios no serían, según Vitoria, títulos legítimos para emprender una guerra.[10]

En el campo protestante, las nuevas iglesias salidas de la Reforma mantuvieron la estructura territorial del catolicismo, y fueron apoyadas por los respectivos gobiernos de las naciones emergentes en Europa. A pesar de algunas dudas iniciales, los teólogos mantuvieron la doctrina de la "guerra justa", aunque haciendo algunas observaciones interesantes. Así, por ejemplo, Lutero entendía que uno puede renunciar "evangélicamente" a la propia defensa, pero no puede renunciar a defender a su prójimo. De hecho, Lutero apoyó decididamente la represión de las revueltas campesinas por los príncipes alemanes, a pesar de que los campesinos, por su parte, justificaban su rebelión apelando a su ganada libertad para leer e interpretar la Escritura.[11] Otros pensadores protestantes, como Hugo Grocio, en el contexto de las guerras de religión europeas, introdujeron algunas reflexiones importantes en el marco de la doctrina de la "guerra justa", señalando por ejemplo que las "guerras preventivas", basadas en la creciente potencia del adversario, nunca son legítimas.[12] También reflexionó Grocio sobre los derechos de los vencidos, señalando que a éstos no se les pueden imponer más cargas que las derivadas de las agresiones originalmente cometidas, o de los daños sufridos por el vencedor.[13]

---

9 Cf. F. de Vitoria, *Relectio de Indiis* (1539). Madrid: Consejo Superior de Investigaciones Científicas, 1989, pp. 99-112.

10 Cf. *ibid.*, pp. 75-97.

11 Cf. M. Luther, "Wider die räuberischen und mörderischen Rotten der Bauern", en sus *Werke* (Weimar, 1888 y ss), vol. 18, pp. 357-361.

12 Cf. H. Grocio, *De iure belli ac pacis*, libro II, cap. 1, par. 17.

13 Sobre los derechos de los vencidos, Grocio señala, por ejemplo, que la violación debe ser castigada igualmente en la paz y en la guerra. Sin embargo, sigue pensando que es legítimo reducir a la esclavitud a los vencidos.

Con la excepción de cristianos como Erasmo de Rotterdam o los anabautistas del siglo XVI, la doctrina de la "guerra justa" dominó el pensamiento de las iglesias "establecidas" hasta épocas muy recientes. En la actualidad, el catecismo oficial de la iglesia católica mantiene esa doctrina, aportando diversos criterios, tomados de la tradición, para discernir entre las guerras justas, que serían siempre de carácter defensivo, y las guerras injustas. Así se mencionan condiciones tales como la presencia de daños duraderos, graves y ciertos causados por el agresor, el agotamiento de todos los medios alternativos, las posibilidades serias de éxito, y la proporcionalidad entre los daños causados por el uso de las armas y los males que se pretenden evitar.[14]

Sin embargo, el siglo XX conoció algunas importantes novedades respecto a esta doctrina. En primer lugar, el papa Pablo VI, en su encíclica *Populorum progressio*, llevó a cabo lo que podemos considerar una "ampliación" del derecho de la "guerra justa", aplicando los criterios tradicionales al caso de una insurrección popular. Ante una tiranía evidente y prolongada, que dañase los derechos fundamentales de las personas y el bien común de los ciudadanos de un país, se podría considerar legítimo un levantamiento popular.[15] De alguna manera, el criterio de la "autoridad legítima" se aplicó en el sentido de una soberanía última del pueblo. En cualquier caso, las implicaciones revolucionarias de esta doctrina, y su uso en el ámbito de la teología de la liberación, posiblemente han sido los motivos por los que no ha vuelto a aparecer en los documentos oficiales de la iglesia católica.

En segundo lugar, en una línea en cierto modo opuesta, el papa Juan Pablo II se opuso a la segunda guerra del Golfo, indicando, mediante un enviado especial al presidente Bush, que una acción militar, sin el apoyo de las Naciones Unidas, sería injusta. El hecho es significativo, porque, curiosamente, a lo largo de los siglos de historia, la doctrina de la "guerra justa"

---

14 Cf. *Catecismo de la iglesia católica*, núm. 2309.

15 Cf. *Populorum progressio* num. 31.

nunca había servido para declarar explícitamente que una guerra fuera injusta, a pesar de los muchos criterios disponibles para ello. De hecho, las autoridades de las iglesias establecidas de los distintos países "cristianos" siempre entendieron que las respectivas campañas militares de sus ejércitos eran "justas", aunque combatieran contra otro ejército "cristiano".

Finalmente, también en el ámbito de las doctrinas católicas oficiales u oficiosas, ha ido tomando cada vez más fuerza la idea de que una guerra moderna difícilmente podría ser considerada como justa, debido a su carácter masivo, y a las consecuencias devastadoras que tiene siempre para la población civil.[16]

Nótese de todos modos, que, en estos casos, la doctrina de la "guerra justa" no cambia en su contenido fundamental. En principio, bajo ciertas condiciones, se piensa que podría haber guerras justas. Lo que cambia es más bien la aplicación de la doctrina. Determinadas guerras, o incluso todas, comienzan a calificarse de modo más o menos explícito como injustas, por no cumplir las condiciones propias de una "guerra justa". Esto se debe a la aplicación de criterios clásicos como la existencia de una autoridad legítima (en este caso las Naciones Unidas), o la debida proporcionalidad entre los bienes que se quieren proteger con la guerra y los daños que inevitablemente se van a causar.

Sería importante pensar hasta qué punto la doctrina de la "guerra justa", en su versión eclesiástica, encaja plenamente en el marco de la ética de la responsabilidad. Desde luego, los criterios considerados por la tradición pretenden justamente un uso responsable de la violencia. Ahora bien, la responsabilidad por el resultado de nuestras acciones nos podría llevar a pensar que en ciertas situaciones, al menos en teoría, sería irresponsable no actuar de una manera violenta. En el caso de que una guerra sea justa, parece que no ir a la guerra sería

---

16 Algunas de estas tomas de postura católicas pueden verse en el documento de Joan Gomis (ed.) *La iglesia y la guerra del Golfo*. Barcelona: Cristianisme i Justicia, 1991.

injusto. Podemos preguntarnos entonces sí, desde el punto de vista de la doctrina de la "guerra justa", toda posición pacifista ante una "guerra justa" sería entonces una posición éticamente condenable. Al menos, se podría pensar que una parte de la población actuaría incorrectamente si no fuera a la guerra: por ejemplo, los militares, o todas las personas que han jurado la defensa de su país. Sin embargo, no está claro que estas obligaciones se extiendan a toda la población. De hecho, los defensores de la "guerra justa" han señalado que los clérigos deberían de estar exentos del servicio militar.[17] Algo que no deja de ser sorprendente, pues parecería que los clérigos tendrían que ser los primeros en actuar "justamente". Parecería haber, en la doctrina de la "guerra justa", una cierta mala conciencia ante la misma, tal vez residuo de las convicciones pacifistas del cristianismo primitivo.

De este modo, una aplicación estricta de la ética de la responsabilidad podría llevarnos a pensar que el pacifismo, incluyendo el de los clérigos u otros sectores de la población, sería simplemente irresponsable. ¿Es esto así? Para estudiarlo tenemos que echar un vistazo más detenido a la responsabilidad.

3. Análisis de la responsabilidad

1. La ética de la responsabilidad habla de un "dar cuentas" de las propias acciones, a diferencia de olvidarse de las consecuencias que esas acciones tendrán, o de dejarlas en las manos de Dios. Esto nos pone de relieve un aspecto importante de esta ética, que es su dimensión de poder. La ética de la responsabilidad presupone una capacidad del sujeto ético para controlar con algún grado de certeza cuáles serán las consecuencias previsibles de las acciones. Por eso se trata precisamente de una ética que Weber adjudica precisamente al político, y que, por supuesto, se puede extender a otras personas, como aquellos que

---

17 Cf. Tomás de Aquino, *Summa theologiae* II/II, q. 40, a. 2.

aconsejan a los políticos, o, en general, todos aquellos que disponen del poder suficiente para ejercer algún tipo de control sobre las consecuencias de sus acciones. En este sentido, es perfectamente comprensible que el abandono del pacifismo, al menos de una manera generalizada, venga a coincidir, en la historia del cristianismo, con su llegada al poder en el siglo IV, en virtud de su alianza con el imperio romano.

2. En segundo lugar, la responsabilidad alude obviamente a un "responder". Este "responder" o dar cuentas implica, en el caso de la ética política, la idea de algún tipo de "democracia", en el sentido más amplio de la expresión. El político responsable, por ejemplo, es aquél que está dispuesto a dar cuentas a los ciudadanos de las consecuencias de sus acciones. Cuando, por ejemplo, deniega unas ayudas para cubrir necesidades inmediatas, cuando permite un proyecto industrial que puede ocasionar daños ecológicos, o cuando se involucra en una guerra, lo hace con la conciencia de que otras alternativas tendrían consecuencias que serían todavía peores que las que previsiblemente tendrán sus acciones, y que los ciudadanos ante los que es responsable tendrían más dificultades en aceptar.

3. En tercer lugar, el político "responsable" cuenta con la existencia de una serie de convicciones compartidas entre los ciudadanos a los que tiene que dar cuentas. Por eso, la toma de decisiones tiene lugar en función de esas convicciones. De este modo, se privilegian las medidas que tienen posibilidades de producir resultados más acordes con las convicciones compartidas por aquéllos ante los que se tiene que responder. Por supuesto, estas convicciones pueden ser de diverso tipo, y no siempre serán altruistas, ni mucho menos. Así, por ejemplo, el político siempre tendrá que tener en cuenta que los ciudadanos posiblemente valoren sus propios intereses, incluyendo el interés en la preservación de la propia vida, más que los intereses de los miembros de otras sociedades, incluyendo el interés de esos miembros de otras sociedades en preservar la propia vida.

Esto ya nos muestra algunas dificultades de la ética de la responsabilidad.

a) En primer lugar, una crítica frecuente de la misma ha consistido en indicar el carácter impredecible que frecuentemente pueden tener los resultados de nuestras acciones. Sin embargo, desde el punto de vista de la ética de la responsabilidad hay una respuesta fácil a esta objeción. Uno es responsable solamente de las consecuencias previsibles de los propios actos, y no de las consecuencias imprevisibles. Desde un punto de vista ético, lo que se puede afirmar, en todo caso, es que la responsabilidad incluye una obligación de conocer, en la medida de lo posible, todas las consecuencias que pueden derivarse de nuestras acciones.

b) Una segunda dificultad de la ética de la responsabilidad habría que situarla en su dimensión "democrática". El político, en una democracia, debería ser responsable ante todos los ciudadanos. Pero, de hecho, su responsabilidad suele restringirse a dar cuentas ante aquellas personas o instancias que tienen mayor capacidad de cuestionar efectivamente al político por los resultados de sus acciones. De este modo, la tendencia del político "responsable" al calcular las consecuencias de sus acciones será calcular también quiénes van a ser los que le van a exigir cuentas de las mismas. Así, por ejemplo, podría suceder que una minoría que no va a la guerra (por ser más ricos) sea sin embargo la minoría que más dispuesta esté a exigir al político un comportamiento bélico, debido a sus intereses económicos particulares.[18]

c) Esto indica, en tercer lugar, que la ética de la responsabilidad parece estar caracterizada por una tendencia hacia una disolución de los criterios morales en mero pragmatismo.

---

18 Lo mismo podría suceder con intelectuales, clérigos o figuras eclesiásticas semejantes que, disponiendo en algunos casos de gran relevancia social, recomiendan la guerra (o la revolución), aunque no participen directamente en la misma.

Aunque el político puede tener convicciones morales, no son sus convicciones propias las que deciden el curso de las acciones "responsables", sino los criterios de aquellos ante los que el político tiene que responder. Aunque éstos no fueran los más poderosos, sino los ciudadanos en su conjunto, solamente en el caso de que la mayoría de esos ciudadanos estuvieran guiados por criterios éticos haría posible que el político en cuestión también lo estuviera. Lo cual significa, en definitiva, que las convicciones propias se sacrifican a criterios que van más allá de la moralidad. Parecería haber en la ética de la responsabilidad una tendencia, no fácilmente evitable, no sólo a tener en cuenta los resultados de las propias acciones, sino a que estos resultados sean finalmente los que justifican nuestras acciones.

Por supuesto, el político podría optar por responder, no ante sus electores o ante los grupos de poder que lo sostienen, sino "ante su propia conciencia". En este caso, las diferencias entre la ética de la convicción y la ética de la responsabilidad comienzan a diluirse, al menos si se admite que, como veremos, en la ética de la convicción también hay lugar para la responsabilidad. En cualquier caso, las críticas usuales a la ética de la responsabilidad solamente apuntan hacia su dificultad más importante, sin llegar a formularla plenamente, y que tendremos que mostrar más adelante. Pero antes de considerar esta dificultad, hemos de preguntarnos si verdaderamente la ética de la convicción está desprovista de responsabilidad.

4. La convicción responsable

Como vimos, la caracterización usual de la ética de la convicción consiste en señalar que ella no tiene en cuenta las consecuencias de las propias acciones. Ahora bien, ¿qué se entiende por "consecuencia" o por "resultado" de una acción? Toda acción pretende algo, o culmina en algo. Y eso que pretende, o en lo que culmina, es precisamente un resultado. Si, por ejemplo, deseo evitar convertirme en el asesino de otro ser humano, y lo evito efectivamente, esto es ya un "resultado" de la acción. Por supuesto, otro "resultado" de esa misma acción puede ser que ese ser humano, si yo no lo he matado, me asesine a mí, o asesine a otras personas. Como bien vio Tomás de Aquino, una acción puede tener múltiples resultados. Lo que sucede es que estos resultados tienen que ser queridos cuando actuamos. No podemos decir que, al disparar un fusil, lo que queremos es la paz, pero la acción tiene el "doble efecto" de atravesar el cráneo de un enemigo. Al disparar, queremos también atravesar el cráneo de un enemigo. Precisamente por eso, la ética de la convicción, lejos de ignorar los resultados de nuestras acciones, quiere tener en cuenta todos los resultados. Al hacerlo entiende que unos resultados previsibles en el futuro no pueden cambiar la índole moral de los resultados inmediatamente queridos. Y es que el querer es un carácter del acto moral que es inseparable de lo inmediatamente querido.[19]

Esto no quiere decir que la ética de la convicción prescinda de los resultados ulteriores, no inmediatamente queridos, de las propias acciones. Esos resultados también pertenecen también a la acción. Sin embargo, estos resultados son más ricos y complejos de lo que la "ética de la responsabilidad" suele sospechar. Veamos esto más detenidamente.

1. Podríamos decir, por ejemplo, que la ética de la convicción tiene una responsabilidad "humanista", en el sentido de pensar que cualquier sacrificio de vidas humanas que sea justificado en función de los resultados ulteriores de nuestras acciones tiene también *como resultado* una devaluación general de la vida humana. Esto se aplica claramente en todos los casos en que las vidas humanas son sacrificadas (por violencia o por omisión) en función de cualquier resultado que sea distinto de la preservación de la vida humana misma. Pero también se podría aplicar

---

19 De ahí la imposibilidad de poner en el mismo plano las acciones mismas y sus resultados, como si las primeras se justificaran por los segundos, cf. mi *Teología de la praxis evangélica*. Santander: Sal Terrae, 1999.

incluso en los casos en los que se hace un "cálculo" de vidas humanas, sacrificando ciertas vidas humanas para salvar otras. Estos cálculos, en la medida en que trivializan el homicidio, convirtiéndolo en parte de la cultura, o incluso en un valor heroico, también podrían tener *como resultado* una devaluación de la vida humana en general. Como ya señalaba el Talmud, quien asesina a una persona de algún modo asesina a toda la humanidad.[20] No sólo eso. Los cálculos realizados en términos de vidas humanas suelen llevar a cabo una diferencia entre las vidas de "ellos" frente a "nuestras" vidas, de tal modo que un *resultado* de tales procesos de decisión es previsiblemente un refuerzo del nacionalismo, el racismo o la xenofobia. Además, los políticos a los que se les adjudica el derecho de realizar tales cálculos quedan situados en una posición de decidir sobre las vidas humanas, de tal modo que un *resultado* previsible de los mismos es el refuerzo de las tendencias autoritarias, militaristas, dictatoriales, etc.

2. Estas consideraciones nos ponen ante un segundo tipo de responsabilidad que caracteriza, o puede caracterizar, a la ética de la no-violencia. Es lo que podemos llamar la responsabilidad "alternativa". Como vimos, la doctrina de la "guerra justa" nos invita sensatamente a tener en cuenta las propias posibilidades de éxito cuando, por ejemplo, emprendemos el uso de la violencia para derrotar a una monstruosa dictadura, etc. Ahora bien, es importante darse cuenta que, cuando pretendemos enfrentar la violencia con la violencia, un requisito esencial para tener éxito es el de tener una capacidad destructiva que sea razonablemente superior a la capacidad destructiva del enemigo. Y esto significa que el *resultado* previsible de tales dinámicas es

---

20 "Dios creo a Adán para enseñarnos que quien salva a un solo ser humano salva al mundo entero, y quien mata a un solo ser humano es como si matara a toda la humanidad, el hecho de que Dios creara un solo hombre tiene por fin demostrarnos que todos los hombres son hermanos, y para que nadie pudiera decir a otro: 'mi padre era superior al tuyo'. También lo hizo para que los paganos no pudieran decir que en el cielo hay varias divinidades", cf. *Sanhedrin* 37 a.

lo que podemos llamar la propia "monstruización". Uno tiene que terminar siendo muy parecido al agresor violento para poder triunfar sobre él. El resultado previsible es que uno asume los métodos, los valores, e incluso los fines del agresor. Esto es algo importante, incluso cuando la primera agresión es una "violencia institucionalizada". La respuesta violenta a la misma tiene muchas posibilidades de terminar institucionalizando la misma violencia que hizo posible la victoria. En cambio, la negativa a responder al opresor con los mismos medios violentos tiene como *resultado* previsible el desarrollo de vías alternativas de actuación que eviten una asimilación entre los agredidos y el agresor.

3. Esto nos conduce hacia un tercer tipo de responsabilidad, que puede estar presente en la ética de la convicción: es la que podemos llamar responsabilidad "anticipatoria". Cuando la ética de la responsabilidad *justifica* sus acciones presentes en función de sus resultados previsibles en el futuro, en realidad no abre nuevas vías hacia el porvenir. El *resultado* previsible de sus cálculos es la perpetuación de los modos de actuar que son usuales en el presente. En cambio, la ética pacifista, cuando renuncia a cualquier justificación pragmática de sus actuaciones, tiene como *resultado* previsible la muestra, ya en el presente, de que ya se puede vivir (e incluso morir) de otra forma. La mostración histórica, mediante una práctica individual y colectiva, de que otro mundo es posible es particularmente importante en una situación global caracterizada por la desesperanza. La ética pacifista, renunciando a justificarse por los resultados futuros de las acciones, tiene paradójicamente el resultado de anticipar un porvenir distinto del presente, convirtiéndose de este modo en "primicias" de una esperanza que puede ser visible incluso para quienes no tienen las propias convicciones. De alguna manera, la ética de la convicción tiene el resultado previsible de adelantar un porvenir distinto, y mejor, que el presente.

4. De ahí, en cuarto lugar, lo que podemos llamar la responsabilidad "poliárquica" de la convicción. Podemos decir que la ética pacifista, precisamente por no esperar

una justificación de las propias acciones mediante unos resultados de los que podría dar cuenta ante el conjunto de la población, implica la existencia, y la permisión, de un pluralismo moral. Ciertamente, uno puede ser pacifista "y" anarquista, en el sentido de rechazar la existencia de una institución, como el estado, que es esencialmente violenta. Como decía el mismo Weber, el estado es el monopolio de la violencia legítima en un territorio.[21] Y, por tanto, es "vengador", tal como señalaban los primeros cristianos.[22] Sin embargo, el anarquismo que pretende acabar con el estado no es la única posición posible. Se puede admitir, por ejemplo, la existencia del estado pensando que no todos tienen que tener necesariamente las propias convicciones pacifistas. En este caso, el *resultado* previsible de las actuaciones que se guíen por esas convicciones es la exigencia de una pluralidad, y la consiguiente diferenciación entre estado y sociedad. Uno no puede exigir que el estado sea pacífico (va contra su propia esencia como estado), pero sí puede exigir el derecho a no ser estado, ni a comportarse como el estado. El resultado previsible de las actuaciones de acuerdo a la convicción pacífica es, por tanto, el crecimiento del verdadero pluralismo ético.

Todo ello nos muestra que, paradójicamente, la negativa a *justificar* las propias acciones por sus resultados no es una dejación de la responsabilidad, sino un modo eminente de la misma. Hay, sin embargo, todavía una quinta forma de responsabilidad, que merece la pena analizar más detenidamente.

---

21 Es la tesis que M. Weber defiende precisamente en la obra ya citada, *Politik als Beruf*, del año 1919. De ahí se desprende que la fundación de todo estado suela estar ligada a grandes hechos sangrientos, consistentes en la consecución del monopolio de la violencia por parte de los que pasan a ejercer el señorío en un determinado territorio. De ahí también se sigue que no haya estado sin fuerzas especializadas en el ejercicio de la violencia.

22 Cf. Ro 13:4.

5. La responsabilidad universal

Para ilustrar un quinto tipo de responsabilidad, propio de la convicción, podemos comenzar refiriéndonos a una anécdota, que he recibido como auténtica, aunque lo que se pretende ilustrar no depende de su historicidad. Un joven perteneciente a los Amish (grupo religioso pacifista) es convocado a la oficina de reclutamiento de su país, para participar en una de las guerras emprendidas por Estados Unidos a lo largo del siglo XX. Cuando el joven afirma que sus convicciones cristianas le impiden matar a otra persona, es objeto de burlas por los militares y por los otros jóvenes que están siendo reclutados. Un oficial, enojado, le dice: "si *todos* fueran como tú, los comunistas ganarían la guerra y conquistarían el mundo". En ese momento, otro de los oficiales se siente movido a defender al joven, y contesta: "No, si *todos* fueran como él, no habría comunistas, ni guerras".

Es interesante observar que ambas afirmaciones tienen en cuenta "responsablemente" los resultados de las acciones. Y, curiosamente, ambas afirmaciones son verdaderas o, al menos, bastante verosímiles. Si todos fueran como el muchacho amish, no habría modo de resistir a los enemigos. Los enemigos vencerían. Pero, por otra parte, también es verdad que, si todos fueran como el muchacho amish, no habría enemigos. Cuando dos afirmaciones, aparentemente contradictorias, son verdaderas al mismo tiempo, los filósofos kantianos nos dirían que estamos ante un "paralogismo".[23] Sería un paralogismo, no de la razón pura, sino de la razón práctica. En un paralogismo, la aparente contradicción se resuelve cuando se muestra que un mismo término se ha usado en sentidos diversos, de modo que no hay verdadera contradicción.

Pues bien, en nuestras dos frases, el punto crucial está en el uso de la palabra "todos". En la primera frase, "todos" ("si todos fueran como tú, los comunistas ganarían la guerra") se refiere, en este caso, a los ciudadanos de los Estados Unidos,

---

23 Cf. I. Kant, *Kritik der reinen Vernunft*, Zweite Auflage von, B 399 y ss.

y tal vez de las naciones aliadas. Y es verdad que, si todos los reclutas de esas naciones se negaran a pelear, los enemigos vencerían. En la segunda frase, "todos" ("si todos fueran como tú, no habría guerras") se refiere a todos los seres humanos, de todas las partes del mundo. Y, evidentemente, si todos fueran como el muchacho amish, no habría guerras. Por eso las dos afirmaciones pueden ser verdaderas al mismo tiempo, sin ser contradictorias: están hablando de distintos grupos de personas. Es importante observar también que ambas frases son condicionales: "todos" tendrían que ser como el muchacho amish, por más que en realidad se cuenta con que, de momento, "todos" no se van a comportar como él. Sin embargo, ambas frases consideran las posibles consecuencias de la generalización del comportamiento del muchacho amish. Por eso, ambas frases hablan responsablemente, pero su responsabilidad cubre distintos ámbitos de la humanidad. Mientras en la primera, la responsabilidad distingue entre "nosotros" y "ellos", en la segunda frase la responsabilidad incluye verdaderamente a "todos", a toda la humanidad.

La responsabilidad de la convicción pacífica es una responsabilidad verdaderamente universal, mientras que la "ética de la responsabilidad" no alcanza el nivel de universalidad que, al menos desde cierto punto de vista, sería exigible para toda ética.[24] Cuando, desde el punto de vista de la ética de la responsabilidad, se está denegando la ayuda a las regiones que padecen hambruna, o se están apoyando proyectos potencialmente dañinos desde el punto de vista ecológico, o se está emprendiendo una guerra, lo que sucede normalmente en estos casos es que la "responsabilidad" del político es una responsabilidad limitada solamente a ciertos grupos de personas, como pueden ser los habitantes de ciertos países, a diferencia de los países "enemigos", o a las generaciones presentes, evitando responder ante las generaciones futuras, que sufrirán las consecuencias de los daños ecológicos del presente.

---

24 Cf. X. Zubiri, *Sobre el hombre*, Madrid: Alianza Editorial Fundación Xavier Zubiri, 1986, p. 431.

Este carácter universal de la responsabilidad inscrita en la ética de la convicción nos hace preguntarnos no sólo hasta qué punto la llamada "ética de la responsabilidad" es verdaderamente una ética que pueda pretender universalidad, sino también nos muestra que solamente la perspectiva de la ética de la convicción puede hacer justicia a la idea de una básica igualdad de todos los seres humanos. De este modo, la ética de la convicción enlaza con las aspiraciones hacia algo así como una "democracia mundial" en la que todos los habitantes del planeta puedan tomar decisiones colectivas, en pie de igualdad, sobre los asuntos que les conciernen a todos.

6. El pacifismo de Jesús

Las consideraciones anteriores nos sirven también para situar el pacifismo cristiano. Aunque tal vez sería mejor hablar del "pacifismo de Jesús", ya que los cristianos, como decía Gandhi, son los únicos que parecen no haber captado que Jesús era pacifista. En cualquier caso, el pacifismo del fundador del cristianismo se inscribe en las tradiciones de Israel. De hecho, en el siglo I, con independencia del cristianismo, el pueblo judío ejerció en ocasiones la resistencia pacífica, con notable éxito, frente a las autoridades romanas. De ahí que, para entender el planteamiento de Jesús, sea esencial insertarlo en su contexto judío.

1. En este trasfondo hay que situar la responsabilidad "humanista", tal como es percibida en la religión de Israel. La idea de creación implica, en las tradiciones bíblicas, una radical "des-divinización" del universo. La idea de una creación por la palabra implica una diferencia radical entre el Creador y las criaturas, que no pueden ser consideradas como una emanación de la divinidad, ni como una parte de ella. Las realidades que, en el contexto religioso semita, eran consideradas como divinas (sol, luna, astros), son vistas como meras criaturas, al servicio del ser humano ("lumbreras" en el cielo). El ser humano es criatura pero, a diferencia de toda otra realidad, es "imagen y semejanza"

395

de Dios. Esto significa que, así como el Dios bíblico es distinto de su creación, el ser humano no está destinado a ser sometido a ninguno de los poderes de este mundo. Y esto es algo que se afirma de "Adán", es decir, de todo ser humano (*adam* en hebreo). No hay ninguna realidad creada que pueda ser considerada como una instancia superior al ser humano, al que éste pudiera ser sacrificado.[25]

2. En segundo lugar, Jesús apela a las tradiciones judías sobre el "reino de Dios", las cuales de alguna manera resumen el núcleo de la auto-comprensión de Israel en el conjunto de las naciones. En esta auto-comprensión, Israel está llamado a ser un pueblo distinto, para mostrar a las demás naciones qué es lo que sucede cuando Dios gobierna directamente sobre un pueblo ("reino de Dios"), y le otorga una "instrucción" *(torah)* para vivir en justicia. Esta Torah, destinada a evitar el sometimiento del ser humano a los poderes de este mundo, incluía múltiples medidas para asegurar la igualdad fundamental de todos los israelitas. De este modo, las deudas habían de ser canceladas periódicamente, los esclavos liberados, y las personas habrían de volver periódicamente a poseer sus tierras ancestrales, evitando la formación de grandes diferencias sociales. La apelación de Jesús al reino de Dios implica la asunción de estas tradiciones, tal como lo entendió también la iglesia cristiana primitiva. Es lo que hemos llamado la "responsabilidad anticipatoria". Los seguidores de Jesús han de mostrar a sus congéneres la posibilidad de un mundo distinto. Por eso el reino de Dios no ha de ser vivido solamente como una utopía de futuro, sino también como una realidad presente.[26]

3. Estas tradiciones implican, en tercer lugar, una perspectiva que encaja en lo que hemos llamado la responsabilidad "poliárquica". La idea de un "reinado de Dios", lejos de

---

25 Cf. Gn 1-2.

26 Cf. John H. Yoder, *The Original Revolution*. Scottdale: Herald Press, 2003; también su *The Politics of Jesus* (2ª ed.). Carlisle: W.B. Eerdmans, 1994.

legitimar la monarquía en Israel, tuvo más bien la función opuesta. Desde el punto de vista judío, si Dios es Rey, no tiene mucho sentido que otros lo sean. Si Dios es amo, la esclavitud queda cuestionada. Si Dios es "Señor de los Ejércitos", no tiene mucho sentido acumular poderío militar, etc.[27] La soberanía de Dios tiene como resultado el cuestionamiento de otros poderes, que ya no pueden aspirar a regir completa y totalmente al ser humano. El ser humano, bajo el reinado de Dios, puede quizás aceptar otras soberanías, pero solamente de una forma parcial. En caso de conflicto, tiene que obedecer a Dios antes que a los hombres.[28]

Es interesante observar que, en el planteamiento de Jesús, continuado por el cristianismo primitivo, el pueblo de Dios habría de configurarse de una forma no estatal, a diferencia de lo que es habitual entre las "naciones".[29] Esto implica obviamente la posibilidad de que las comunidades cristianas convivan bajo distintos estados, manteniendo sin embargo una independencia relativa respecto a los mismos, y contribuyendo de este modo a la tolerancia de la pluralidad. Obviamente, el cristianismo solamente pudo desempeñar esta tarea en aquellas circunstancias en las que se mantuvo como un grupo de pertenencia libre. Cuando el cristianismo se identificó con el conjunto de la sociedad, esta responsabilidad poliárquica no se pudo ejercer de forma plena, y el cristianismo participó en distintas formas de intolerancia. En estos casos, el pacifismo cristiano tuvo que ser sustituido por fórmulas más bien paganas, como las propias de la "guerra justa".

Digamos de paso que esta característica del pacifismo de Jesús le diferencia fuertemente del pacifismo del Mahatma Gandhi. El pacifismo de Gandhi se desarrolla en el contexto de la fundación de un estado, el estado de la India. Y el

---

27 Cf. 1 Sam 8; 1 Sam 12; Jue 7-9, Lv 25; Dt 17; etc.
28 Cf. Hch 5:29.
29 Lc 22:24-27.

estado implica el monopolio de la violencia legítima en un determinado territorio. De ahí que el pacifismo de Gandhi tenga paradójicamente la función de minimizar el uso de la violencia durante un proceso de transferencia del monopolio de la misma entre el imperio británico y los nuevos gobernantes autóctonos. En cambio, el pacifismo de Jesús se constituye en la renuncia explícita, por parte de él y de su grupo, a la configuración de Israel como un estado. De ahí que Jesús pueda aspirar a una universalidad radical, que desaparecería en cualquier planteamiento meramente nacionalista. Y de ahí también su peculiar renuncia a la violencia. Algo que entraña otra paradoja: Jesús es reconocido como Mesías por sus seguidores, y el término "Mesías" no tiene inicialmente significados místicos o trascendentes, sino primeramente políticos: el Mesías es el rey ungido de Israel. Pero este rey, poniéndose "de parte de Dios" ("a su derecha"), cuestiona la configuración estatal de Israel, como antaño lo habían hecho los profetas, en nombre del mismo Dios.

4. En el planteamiento pacífico de Jesús encontramos también lo que hemos llamado la "responsabilidad alternativa", que bien se puede colegir de todo lo anterior. En el planteamiento del "Sermón de la montaña", Jesús motiva el amor a los enemigos aludiendo, de forma positiva, a la imitación del Padre celestial, que hace salir el sol sobre justos e injustos, y, de forma negativa, en la insuficiencia de que el pueblo de Dios reproduzca el mismo comportamiento de los paganos. También los paganos aman a los que les aman: no tiene ninguna "gracia" hacer lo mismo que ellos.[30] En un mundo regido por la violencia, la convicción pacifista tiene como objetivo "responsable" la introducción de nuevos criterios de comportamiento, que puedan tener como resultado una praxis renovada.[31]

---

30 En Lc 6:32-34 por tres veces Jesús pregunta a sus discípulos qué gracia (*járis*) tienen si actúan de la misma manera retributiva que los gentiles. Curiosamente, las traducciones usuales prefieren hablar de méritos, y no de gracia.
31 Cf. el "Sermón de la montaña" en Mt 5-7.

Precisamente muchos de los ejemplos puestos por Jesús tienen como objetivo la introducción de una diferencia práctica. Quien es golpeado en la mejilla derecha, es normalmente alguien golpeado con el reverso de la mano, lo cual constituye un gesto de desprecio, como el que podría hacer un terrateniente con sus jornaleros o un amo con sus esclavos. El poner la otra mejilla, la mejilla izquierda, tiene por resultado previsible una cierta confusión de la parte opresora, que se ve obligada a reflexionar. Del mismo modo, quien se queda desnudo en un tribunal ejerce, en la cultura hebrea, una especie de vergüenza para los presentes. Caminar otra milla es también un ejemplo referido a las legiones romanas, que eran quienes medían en millas. De nuevo, que un campesino judío se ofreciera a caminar una milla más para transportar el equipo del ejército romano contradecía lo que las mismas ordenanzas romanas permitían exigir, y ponía a los soldados en un aprieto. En todos los casos, por tanto, se trata de introducir un comportamiento distinto, que tenga por resultado la introducción de una novedad, el cuestionamiento de la lógica opresiva, y la concesión de una oportunidad al opresor para reflexionar sobre su propio comportamiento.[32]

5. En todo ello detectamos también lo que hemos llamado la "responsabilidad universal". Una responsabilidad universal que pasa, con todo, por la existencia de un pueblo que se comporta de modo distinto. Sin embargo, este comportamiento distinto se caracteriza precisamente por una apertura universal. Lo que caracteriza a otros pueblos es precisamente la diferencia entre "ellos" y "nosotros". Esta diferencia puede asumir distintas formas, entre las que se incluye el racismo, la xenofobia, y el mero nacionalismo. La simple idea de ciudadanía implica la distinción entre los que son ciudadanos de un determinado estado, y los que no lo son. Jesús, en cambio, manteniéndose dentro de las tradiciones judías, subraya la concepción de Israel como

---

32 Cf. Mt 5:38-48. Puede verse W. Wink, *Engaging the Powers. Discernment and Resistance in a World of Domination*. Minneapolis: Fortress, 1992.

un pueblo universal, cuya radical distinción con los demás pueblos no está en determinadas características culturales o étnicas, sino precisamente en su universalidad. El amor a los enemigos implica una diferencia radical con otros pueblos, pero una diferencia que consiste en no hacer diferencias. De este modo, Jesús asume y radicaliza la misión universal de Israel.

Observemos que, en todo ello, el pacifismo cristiano asume una perspectiva muy concreta: la perspectiva de los oprimidos. El que carga una milla con las vituallas del ejército romano, el que es requerido en juicio a entregar hasta su ropa, el que es golpeado con el reverso de la mano, no es el sacerdote que se sienta en Jerusalén, ni el príncipe judío que administra un estado vasallo. Son los pequeños, los humillados y los ofendidos. Mientras que la perspectiva de la ética de la responsabilidad, como hemos visto, es la del político y, en general, la de los poderosos, la perspectiva de Jesús es la de los más pequeños. Quienes invitan a la guerra, o a la revolución, no son normalmente quienes mueren en los campos de batalla, o en las aldeas bombardeadas. El pacifismo de Jesús no adopta el punto de vista de los intelectuales o los clérigos belicosos, sino el punto de vista de aquellos que sufren la violencia institucionalizada de los sistemas sociales y políticos. Con ellos, Jesús asume la vieja tarea de Israel de proponer una alternativa universal, para toda la humanidad. De ahí la originalidad, y la radicalidad, de su "teología social".

7. Conclusión

Nuestro recorrido por algunos de los problemas éticos planteados por la diferencia entre la ética de la convicción y la ética de la responsabilidad nos ha permitido reflexionar sobre algunos de los problemas filosóficos y teológicos planteados por el pacifismo en general, y por el pacifismo de Jesús en particular. El pacifismo no tiene por qué consistir en una convicción irresponsable, sino que entraña altas formas de responsabilidad:

la responsabilidad humanista, la responsabilidad alternativa, la responsabilidad anticipatoria, la responsabilidad poliárquica, y la responsabilidad universal. A diferencia de otras éticas presuntamente responsables, el pacifismo entraña una radical universalidad. Esta universalidad no tiene por qué ser una universalidad abstracta. En el caso concreto de Israel, tal como Jesús lo interpreta, la universalidad pasa por la existencia de un pueblo concreto que, sin embargo, es un pueblo universal. No obstante, este pueblo apela especialmente, no a los fundadores (violentos o pacíficos) de nuevos estados, sino a los que sufren usualmente la violencia. Por eso, el pacifismo en general, y el pacifismo de Jesús en particular, constituyen posiciones especialmente relevantes en un tiempo caracterizado por el particularismo, la opresión, y la violencia.

Nos decía Max Weber que la ética de la convicción se desentiende de las consecuencias de la propia acción, dejándolas en las manos de Dios. Hemos visto que esto no es así. El pacifismo es, o puede ser, una convicción responsable. No obstante, el pacifismo cristiano tiene una dimensión explícitamente creyente. La idea de un "reino de Dios" implica, en definitiva, la confianza en que Dios rige la historia humana. Precisamente es la confianza en Dios lo que conduce, ya en el Antiguo Testamento, a la reducción de los ejércitos. Esta confianza no se refiere a las consecuencias previsibles de las propias acciones, respecto a las cuales el pacifista es responsable. La confianza se refiere a las consecuencias no previsibles de nuestras acciones. Y no es necesario apelar a las teorías científico-filosóficas del caos para darse en cuenta de que, en la historia humana, la mayor parte de las consecuencias de nuestras acciones son imprevisibles. Precisamente por eso, la fe tiene siempre una constitutiva eficacia, pues es ella precisamente la que permite iniciar aquellos comportamientos que, sin la seguridad de lo previsible, nunca serían realizados. También en este sentido, la fe mueve montañas.

Sección 5

La Iglesia – liberada para resistencia y transformación

Más que focalizar solamente a los individuos, para la resistencia y transformación es esencial un énfasis crítico eclesial-comunitario. De lo contrario las injusticias seguirán teniendo vía libre, distorsionando nuestras más básicas relaciones con Dios, con nosotros mismos, entre unos y otros y con la creación entera.

El sacerdocio de todos los creyentes. Martín Lutero y la Iglesia de Adán

Vítor Westhelle

> *"Aquiétate, corazón mío,*
> *estos grandes árboles son oraciones".* Tagore

1. Introducción

Han llegado días, y han estado por cerca de un siglo, en los cuales la voz de la iglesia se ha mantenido cautiva, aunque ahora no precisamente por la Iglesia de Roma. El más reciente capítulo del "cautiverio babilónico" tiene dos partes, entrampando toda conversación acerca de la iglesia, o bien en su constitución institucional o bien en su asimilación dentro del actual orden político-cultural.

La mayoría de las denominaciones —el catolicismo romano con su recio *magisterium*, los ortodoxos griegos con su elaborada liturgia, el pentecostalismo con su espontaneidad carismática, su fortaleza financiera y organizativa, y los protestantes de la corriente regular con su congregacionalismo y esfuerzos ecuménicos— articulan sus enseñanzas acerca de la iglesia y sus ministerios, ya sea desde sus propios recursos, su propio "público" o las delinean a partir de la arena pública, dentro de la cual están inmersos y a la que se han adaptado. Con muy poca protesta, el discurso de la iglesia ha sido una disputa territorial, reemplazando una lucha sobre fronteras con la firma de tratados de tregua.

El desafío a la iglesia llama a la liberación de este doble cautiverio: ya sea el estar obsesionada con su "economía doméstica", manteniendo la casa en orden y sus cuentas solventes, o amoldarse a los antojos del régimen del momento. Las dos opciones pueden aparecer alternativamente, aunque, en ocasiones, atacan a la iglesia simultáneamente. Si bien la iglesia necesita la "economía doméstica", también es necesario que ella acompañe críticamente el orden político. Mas, si la iglesia pierde su identidad con cualquiera de estos dos, o con ambos, ella pone de manifiesto su cautiverio, ya sea como idolatría o como endemoniamiento. La idolatría es el resultado de la excesiva preocupación con la propia casa, mientras que el no poseer voz pública es una manifestación de los síntomas de estar poseída demoníacamente, de estar muda, incapaz de tener una voz pública auténtica. La prueba determinante para discernir si se ha mantenido la integridad de la iglesia y si ha cumplido con su llamado es por medio de una práctica precisa que asegure su autenticidad y libertad.

2. El sacerdocio de todos los creyentes: la rúbrica reformadora

En su *Carta abierta a la nobleza cristiana de la nación alemana*, de 1520, Lutero escribe este pasaje, en el cual revela "el sacerdocio de todos los creyentes" como la rúbrica principal de la Reforma:

> Si un pequeño grupo de laicos cristianos piadosos fueran hechos cautivos y colocados en el desierto y no se hallara entre ellos un sacerdote consagrado por un obispo y si allí en el desierto decidieran escoger a uno de ellos, casado o soltero, y le encomendaran el oficio

de bautizar, oficiar la misa, absolver y predicar, esa persona sería sacerdote, tal y como si lo hubieran consagrado obispos y papas.[1]

Las implicaciones que tiene esto para la eclesiología son inmensas y reconocidas; el impacto político no ha sido tan obvio. Aunque por cerca de un siglo ya se sabía —desde que el humanista italiano Lorenzo Valla reveló el fraude de *El donativo de Constantino* (no solo conocido por Lutero, sino que además Lutero ayudó a diseminarlo)— la Iglesia Romana todavía acumulaba un enorme poderío político y económico. Un ataque a la cadena de mando de la iglesia no era menos que un gesto político revolucionario, que estuvo en los orígenes de la democracia moderna. Atacar al estado europeo del Medioevo mejor organizado y jerárquico tuvo un efecto de goteo, de consecuencias extraordinarias en la esfera política, al igual que en los hogares y en el capitalismo financiero emergente.

Lutero era más radical de lo que da a entender hoy día la idea de "reformar" la iglesia. Primeramente, él bregaba con una institución cuyo poderío no podía ser rivalizado por ninguna otra institución. Segundo, ya que la institución era universal, su verdad dependía de una experiencia subjetiva, sin la necesaria relación causal con la institución. "Iglesia", para Lutero, significaba algo parecido a lo que se podría llamar "religión", sin lugar a dudas un fenómeno universal, pero que también señala la singularidad de un evento cuya verdad precede todo lo que pueda demostrarse. Este es el "carácter en proceso" de la iglesia como evento, su singularidad y su irreproducibilidad, mientras que, como institución, como *ecclesia*, perdura, tiene alguna permanencia y es siempre relativa y relacional.

En sus *Lecciones sobre Génesis* Lutero explica el establecimiento del día de descanso (*Shabbat*) como uno "previsto para adorar a Dios ... en el cual Dios nos habla por medio de Su Palabra y nosotros, a la vez, le hablamos por medio de la oración y la fe." El ser humano, dice Lutero, "fue especialmente creado para el

---

1 Luther's Works [en adelante, LW]. St. Louis: Concordia and Minneapolis: Fortress, vol. 44: 128.

conocimiento y la adoración de Dios." "Este es el propósito real del séptimo día: que se predique y escuche la Palabra de Dios".[2]

Adicionalmente, Dios construyó, "como tal, un templo:... el árbol del conocimiento del bien y del mal fue para Adán iglesia, altar y púlpito... algo parecido a una capilla donde habían muchos árboles de una misma variedad; es decir, los árboles del conocimiento del bien y del mal".[3] Desde el punto de vista de Lutero, "se estableció la iglesia primero".[4] Esta es una visión radicalmente católica de la iglesia; incluye a toda persona humana en la medida en que todas son descendientes de Adán, "quienes se hubieran reunido el día de descanso... donde se había sembrado un numeroso grupo de árboles".[5]

La interpretación del reformador de que había varios árboles de la vida al igual que los del conocimiento del bien y del mal "no parece nada absurdo", según insiste; es intrigante y muy reveladora. Por lo tanto, podemos postular que esta multiplicidad presagia —estuviera o no conscientemente en la mente de Lutero— la diversidad de religiones y la diversidad de sus organizaciones. Esto es, por lo menos, consistente con la concepción de Lutero y de la Reforma acerca del carácter multicéntrico de la iglesia. Es una visión bastante radical de lo que significa ser "católica": cada árbol de la vida ofrece sustento y espacio vital a diferentes comunidades. Cada árbol del conocimiento del bien y del mal —que para Lutero también era el árbol de la vida— es lugar de adoración y discernimiento. Y hay muchos de ellos: a cada árbol su credo; a cada credo su oración, su piedad.

El árbol o los árboles como figura de la iglesia, en la que Lutero insiste a lo largo de tantas páginas de sus *Lecciones sobre Génesis*, es sumamente rica en imágenes. Sin embargo, solo podemos

---

2 LW 1:80 y siguientes

3 LW 1:95

4 LW 1:104, pero véase LW 1: 94 y siguientes.

5 LW 1:105.

entender el papel que tiene en la teología de Lutero —y los juegos de palabras sugeridos con la metáfora— al observar la manera en que él la ubica en relación a otras dos instituciones encomendadas por Dios, que flanquean a la iglesia. Aquí Lutero no habla de iglesia-comunidad como evento, sino como *ecclesia*; iglesia como institución que conlleva resistencia y protege como tesoros los vestigios del evento que la ocasionó. Por ser la primera institución establecida por mandato divino, se yergue en la proximidad del ámbito doméstico que, en la mentalidad medieval de Lutero, abarcaba todo lo que era pertinente a la *oeconomia*, los órdenes de la casa, desde la reproducción biológica hasta la producción de los medios para sustentar la vida (es decir, sexo y trabajo). Esta esfera cubría todos los aspectos domésticos tanto como la economía en el sentido moderno de la palabra; solo fue después de la revolución industrial que la economía salió del dominio doméstico.

La otra esfera es la política (*politia*), que incluye todo, desde la administración del estado, a las cortes, gremios y asociaciones (*societates*) que pueden más o menos corresponder a lo que podemos llamar el estado y la sociedad civil. La iglesia, o –para continuar con la metáfora simbólica de Lutero— el jardín, es la que provee el descanso. Es donde las personas se pueden reunir entre el espacio de la casa, donde se produce y se provee nutrición (*nehren*), y el espacio público de la ciudad, donde se ejerce la práctica de gobierno para la protección (*wehren*). Aquí se mantienen bajo control las interrelaciones y se legisla. Usando otro grupo de metáforas, la iglesia está ubicada entre la "casa" y la "calle."[6]

3. La iglesia entre la economía y la política

Lutero trabajaba con la popular división tripartita de estamentos de la Edad Media, cuyas raíces se encuentran en la antigüedad clásica, especialmente en Platón y Aristóteles. Es imposible trasladar simplemente esos estamentos o estratos sociales a una

---

6 Roberto DaMatta, *A casa e a Rua: espaço, cidadania, muhler e morte no Brasil.* Rio de Janeiro: Rocco, 1997.

sociedad moderna como la nuestra. Por ejemplo, la revolución francesa y la americana acabaron con el derecho que tenía la nobleza de ser la guardiana de los asuntos civiles. Desde que surgieron la revolución industrial y el capitalismo industrial, la economía ya no se encuentra ubicada principalmente en el ámbito doméstico.

No obstante, existe un proceso medular fundamental que distingue a cada uno de estos mandatos instituidos, un principio operativo en el núcleo de cada uno, que todavía permanece intacto. Estos principios operativos pueden ser reconocidos como facultades humanas discretas. En el caso de la iglesia, es la Palabra audible y visible de Dios la que se dirige a los seres humanos en su *vita passiva* y provoca la respuesta humana en forma de alabanza o lamento doxológicos. En el caso del hogar o de la economía, lo son la reproducción biológica humana y el trabajo, la producción de los medios para el sostén de la vida y su reproducción. Finalmente, el gobierno civil se encarga de la intercomunicación humana para lograr un orden razonable, equitativo y pacífico en la ciudad terrenal, por medio de leyes positivas que fomenten y regulen.

La iglesia es esta realidad que se yergue justamente entre los espacios donde se produce y reproduce la vida y el espacio de la vida política o la comunicación humana, el quehacer político y las actividades que dan forma a las costumbres y a la legislación. Entre estos dos espacios se yergue la iglesia, tal como un árbol en el jardín entre el hogar y el espacio público de las calles y los edificios donde se vive, se negocia y se administra la vida civil. Mientras que en la *oeconomia* y en la *politia* somos activos, allí donde tiene lugar el evento de la iglesia, somos totalmente pasivos.

Este "tercer espacio" es el espacio entre los espacios (*Homi Bhabha*). Se distingue de los otros dos, no como territorio demarcado; no es el resultado de esfuerzos humanos activos, creando una institución *sui generis* y no representable.[7] La iglesia toma prestada su vida institucional del reino econó-

---

7 Homi Bhabha, *The Location of Culture* (London: Routledge, 1994), 37-39.

mico y su legitimidad como institución, del régimen político. Es un espacio híbrido o, mejor, un territorio híbrido. En cierto sentido, es un espacio ordinario: un espacio conectado a la tierra (*terra*). Pero, en otro sentido, es también aquello que evoca lo que Rudolph Otto denomina *tremendum et fascinans*. Porque este territorio también aterra (*terrere*). En el primer sentido de su carácter híbrido, territorio como *terra*, la iglesia toma prestado de sus vecinos institucionales terrestres el sustento y legitimidad. En las palabras de Lutero: "El hogar debe producir, mientras que la ciudad debe proteger, custodiar y defender. Luego continúa el tercero, el hogar y la ciudad de Dios, esta es la iglesia, que debe conseguir personas del hogar y protección y defensa de la ciudad".[8] Pero frecuentemente se extravía en estos campos vecinales, hundiéndose en la idolatría o siendo poseída demoníacamente, incapaz de hallar su voz.

Una de las esferas, el espacio del *oikos*, es representada por la interacción humana con la naturaleza, proveyendo para la subsistencia de la vida y la reproducción de las especies. El otro espacio de la *polis* es representado por interacciones humanas que dan como resultado lo que es normativo, legal o gobierno, lo que posibilita vivir en comunidad. Al distinguir entre estos dos espacios, en *La voluntad determinada*, Lutero insiste que en y a través de estos espacios Dios "no trabaja sin nosotros".[9] En la política y la economía, aunque Dios tiene la acción final y eficiente, es el ser humano el sujeto de la relación hacia sus objetos; en el caso de la economía, es la relación hacia la naturaleza; en el caso de la política, es la relación con el otro como sujeto con el cual interactuamos. En el caso de la economía y la política, la persona humana logra una *representación* de sí misma, por medio de la cual construye una identidad. En un caso, la representación es un objeto material, extraído de la naturaleza por medio del trabajo, o presente en progenie generada biológicamente. En el otro caso, la representación se lleva a cabo al reconocerse a sí misma en el encuentro con la otra persona.

---

8 LW 41:177f.
9 LW 33:243.

En el "tercer espacio" de la iglesia, Dios obra a través de nuestra predicación, consolación y amonestación, pero existe algo distintivo. En el sentido más estricto de la palabra, no podemos definir a la iglesia como tal. Sin embargo, en la medida en que la definimos, solo lo podemos hacer señalando características externas, vestigios del evento que la fundamenta. Pero eso, esencialmente, no depende de nosotros. Solo nos podemos referir a este elusivo "tercer espacio" determinado por la enunciación realizada por Dios de la Palabra y la promesa de estar presente materialmente en los elementos de los sacramentos. Lo que nosotros "hacemos" no es acción nuestra, sino solamente nuestra *re-acción*. Es por esto que, hablando apropiadamente, podemos decir que la iglesia acontece cuando Dios habla; Lutero llamó a esto *creatura evangelii*[10], la criatura no de nuestro propio hacer o crear, sino de la buena Palabra de Dios, aun cuando provenga de nuestros labios. ¡La iglesia acontece![11]

Ya en las Escrituras Hebreas, la carpa del tabernáculo provee tal imagen de la iglesia —un "hogar" en el camino. Era una carpa: ni el espacio íntimo y estable de la casa, ni completamente expuesta al mundo exterior, sino la presencia de lo Divino en transición dinámica. De acuerdo a su naturaleza terrena, la iglesia es siempre relativa, nunca absoluta. Está siempre en esta tensión entre la política y el hogar, "dentro" y "fuera" a la misma vez. Cada vez que uno dice "iglesia", ello debe ser acompañado por una conjunción que indique dónde se halla la iglesia en esta polaridad que comprende su identidad híbrida, constituida por su interacción con la política y la economía.

Por lo tanto, aquí en la tierra se encuentran estas tres esferas superpuestas con funciones diferentes. Por tal razón, el reformador era inflexible en su tesón por mantener el carácter relativo de la iglesia. En nuestros tiempos, debemos

---

10 WA 2, 43, 6f.

11 En la Lección sobre Gálatas, donde Lutero llamó a la iglesia criatura del Evangelio, se refiere a la Carta a los Corintios, en la cual Pablo sostiene haber forjado la comunidad por medio del Evangelio.

proteger su relatividad para que no caiga, ni en idolatría ni en endemoniamiento, mientras que en los tiempos de Lutero la iglesia trataba de subsumirlo todo bajo de sí misma: "¿Por qué debemos tener al gobierno o ley blasfemos y fraudulentos del Papa encima de estos tres gobiernos divinos... de Dios? Él presume serlo todo y, sin embargo, no es nada."[12]

En el libro de Los Hechos, Lucas se refiere frecuentemente a la comunidad cristiana de manera paradójica —como las personas del "Camino" (hodos: calle, camino, carretera, sendero; cf. Hechos 9:2; 19:23; 22:4; 24:22). Pero entonces se refiere a la iglesia en el "hogar" (oikos) sugiriendo un lugar de refugio y seguridad. Con respecto al discurso de Pablo en Éfeso, él se refiere a las tareas dobles y asimétricas de la iglesia en sus roles domésticos y públicos. "Y como nada que fuese útil, he rehuido de anunciaros y enseñaros, públicamente (demosía) y por las casas (kat' oíkous)."[13] Refugio y desplazamiento son imágenes complementarias que sugieren simultáneamente movimiento y exposición, al igual que un sentido de seguridad, calma y sosiego. Frecuentemente, las nociones bíblicas adjuntas a la iglesia son exposición y refugio, solaz y riesgo, sosiego y desasosiego, deseos de viajar y refugio. A la vez que son nociones opuestas, se complementan entre si y, juntas, sugieren un sentido inestable de lo acontecido.

Ya en 1522, así era como Lutero caracterizaba a la iglesia terrenal: "Las señales necesarias que tenemos de la iglesia son el bautismo, el pan (la Cena del Señor) y el todopoderoso Evangelio".[14] Pero fue Melanchton, en la Confesión de Augsburgo del 1530 (art. VII), quien proveyó la expresión clásica: "La iglesia es la asamblea de los santos, donde se enseña puramente el evangelio y se administran los sacramentos apropiadamente".[15] Estas señales

---

12 LW 41:177.

13 Hechos 20:20.

14 WA 7:720, 34-36: *Signum necessarium est, quod habemus, Baptisma scilicet, panem et omnium potissimum Evangelium: tria haec sunt Christianorum symbola, tesserae at caracteres.*

15 Calvino seguía esto literalmente. *Institutes,* Book Tour, I, 10.

externas, a las que Lutero también llamaba símbolos, apuntan hacia las dos realidades seculares adyacentes a la iglesia. Los sacramentos simbolizan la iglesia como lugar de nutrición y sustento, la función de "hogar" de la iglesia, mientras que la palabra proclamada apunta a su carácter público o función de "la calle", donde se realizan anuncios públicos. Mas, cuando la *oeconomia* o la *politia* entrampan a la iglesia en sus dominios, la iglesia cae presa de la idolatría y del endemoniamiento, respectivamente.

Por esto es que Lutero, tardíamente, en *Los Concilios y la Iglesia* de 1539, indica siete señales externas de la iglesia, separándose aparentemente de los signos tradicionales de administrar los sacramentos y proclamar la Palabra. En realidad, las primeras seis señales solo desenvuelven la definición clásica, vinculando la Palabra y sacramento en la asamblea reunida (1. Palabra, 2. Bautismo, 3. Eucaristía, 4. Absolución [regreso al Bautismo], 5. Ministerio, 6. Adoración). Sin embargo, Lutero añade otro signo externo: la cruz, como el sobrellevar el sufrimiento en medio de las pruebas (*Anfechtung*). Lo que se infiere al añadir ésta, es que, si la iglesia busca seguridad alineándose con la política dominante, y garantiza su sustento acumulando recursos económicos, entonces no puede proclamar la palabra que perturba el orden y la legalidad políticos, ni puede administrar el sacramento que nutre y renueva la vida de la fe. La cruz es la señal de la iglesia terrenal, enfrentando su calvario en fidelidad al Evangelio que la engendró.

4. Adyacencia: exposición y refugio

Se puede explicar mejor la realidad del "tercer espacio" por medio de la palabra griega *chōra*. *Chōra* designa un espacio liminar, un espacio de frontera, que es un espacio entre espacios. Un ejemplo de este tipo de espacio es Gólgota. Está ubicado fuera de los muros de la ciudad de Jerusalén; por lo tanto, no se encuentra *en* Jerusalén como tal. Pero tampoco está en otra aldea, ni en el campo. Está adyacente a Jerusalén. La palabra "adyacencia" proviene del latín (*ad-iacere*) y significa "yacer al lado", yaciendo al lado del lugar al que se considera hogar, al igual que al lado del universo político de la otra persona.

Esta noción de adyacencia —que determina el límite de lo familiar y la exposición a los lugares externos, imbuidos de peligros y promesas— es la manera de aproximarse a la realidad de la iglesia. La iglesia halla su existencia en este límite entre lo que nos pertenece (nuestro lenguaje, valores, nuestra cultura) y aquello que nos es foráneo, el mundo extraño allá afuera, lleno de peligro y promesa. De tal manera, es espacio de pertenencia y de tránsito y desplazamiento. La adyacencia es el umbral y el pórtico a través del cual se nos envía a ser huéspedes de otros y a la vez es la apertura, por medio de la cual somos anfitriones de las personas desconocidas y distintas a nosotros.

En el sermón XLV de *Las homilías acerca de Los Hechos*[16], Crisóstomo, el gran predicador del siglo V, alza su voz en contra de sus compañeros cristianos, quienes se han acomodado a la iglesia constantina, que se había enriquecido de "mucho dinero y rentas". La iglesia creó instituciones para el cuidado de las personas pobres y extranjeras, tratando de responder a su llamado diaconal. Se les denominaba *Xenodoxeion* y eran lugares para cuidar a personas extranjeras, sin hogar, enfermas y pobres. Parece algo extraño el que este gran predicador atacase lo que aparentaba ser un buen esfuerzo de mayordomía. En su tronante y refulgente voz, Crisóstomo lanza un ataque contra éstas, porque los ahora prósperos cristianos las utilizaban para evitar ver por sí mismos el rostro de las personas pobres. Se protegían de ser expuestos a la realidad inmediata, ahora que la iglesia era lo suficientemente rica como para resguardarse de la realidad no placentera de la otra persona. El argumento mordaz de Crisóstomo nos revela a una persona avergonzada de sus compañeros cristianos, pues sabía que la iglesia debe estar adyacente al dolor y a las cicatrices del mundo y no protegerse de ellos.

---

16 *The Nicene and Post-Nicene Fathers.* Vol. 11, Philip Schaff, ed. Peabody, MA: Hendrickson, 1995, 272-277.

La iglesia como adyacencia es exitosa al dejar que la otra persona, pobre y extranjera, surja, tenga voz, tenga rostro. Las palabras de Lutero conllevan el mismo sentir en tanto que la iglesia de su tiempo buscaba la gloria y el poder. Dijo: "El mundo está repleto de Dios. En cada callejón, en tu puerta, encuentras a Cristo. No fijes tu mirada en los cielos".[17]

Sin embargo, adyacencia no solo se trata de exposición. Paradójicamente, tiene que ver también con protección, refugio y acogida. En las situaciones de comunidades de minorías que corren riesgo de perder su identidad, se debe elevar la tarea de la iglesia de ofrecer hospitalidad en su función de santuario. En las comunidades dominantes y hegemónicas se debe predicar y practicar la exposición, como lo hizo Crisóstomo. Pero el resultado será muy distinto si la iglesia ofrece refugio o si ejerce la exposición.

El exponerse sin ofrecer refugio lleva a la desesperación. Esta "desesperación de la debilidad", de la que habla Kierkegaard, que es la pérdida del propio y debilitado ser, descrita como endemoniamiento o posesión demoníaca, en la cual estamos perdidos dentro de la *polis*, incapaces de ser nosotros mismos o de tener voz propia. Este es el pecado de la política cuando la iglesia se asimila y se acultura, apagando la voz que clama por un mundo distinto. Por otro lado, el refugio sin vulnerabilidad y exposición es segregación idólatra. Es idólatra porque es mirarse el ombligo, según Lutero definía la idolatría en su famosa expresión *incorvatus in se ipso* (encorvado en sí mismo). Este es el pecado de la economía o del hogar dentro del cual la iglesia se siente tentada a aislarse, preocupándose solo por su propia autopreservación institucional. Estos dos males son índices del doble cautiverio de la iglesia.

---

17 *Also is die welt vol vol Gott. In allen gassen, fur deiner thur findest du Christum. Gaff nicht ynn himel.* WA 20:514, 27f.

5. Bendecida diferencia

¿Qué es lo que, en la mente de Lutero, otorga —en las tres esferas— la libertad del cristiano y el simultáneo cumplimiento del deber, considerado por él necesario y suficiente? Al referirse a estas esferas —a las cuales él también denomina jerarquías, órdenes, estados— Lutero dice: "Estas tres jerarquías, ordenadas por Dios, y no necesitamos más; verdaderamente tenemos suficiente y más que suficiente ... en esas tres".[18] Somos santificados en y por medio de ellas. El hogar, u *oeconomia*, debe proveer para el sustento, nutrición y procreación. La existencia civil, gobierno secular o *politia* debe proteger y hacer respetar la equidad. La iglesia debe ser el tiempo y lugar de *Shabbat* para que se proclame la Palabra de Dios.

La iglesia "acontece" en una realidad conjuntiva y simultánea de refugio y exposición. Se encuentra a sí misma llamada por el establecimiento del *Shabbat* y no por una existencia definida por las tareas del cuidado del hogar o por las exigencias políticas. Existe debido a la Palabra unilateral de Dios, pero, como realidad institucional, habla —en su manera particular— en su dialéctica con las otras esferas. Tampoco subsiste fuera de la adyacencia a la política y la economía, pero es una Palabra que clama por otro mundo y es bálsamo para el alma fatigada de las personas que nos hallamos frecuentemente sin hogar. Todo esto concierne a la iglesia en su llamado terrenal y secular. El evento iglesia, sin embargo, es otra cosa. Señala hacia otra realidad a la cual no controlan las coordenadas de tiempo y espacio, pero que se manifiesta en estas coordenadas, dejando huellas y vestigios que la *ecclesia* tiene el deber de administrar y celebrar. La iglesia universal —*ecclesia católica*— emana de un evento singular.

A los cristianos no se les excusa de participar en cualquiera de los órdenes instituidos por Dios, según indica Lutero en la *Confesión* de 1528:

---

18 LW 41:177.

Mas los órdenes totales y las reales instituciones religiosas establecidas por Dios son estas tres: el oficio de sacerdote, el estado o condición matrimonial, el gobierno civil. Todos... están envueltos en obras que son totalmente santas ante los ojos de Dios.[19]

Sin embargo, Lutero insiste en otra distinción para discriminar entre los órdenes.[20] Los regímenes terrenales y espirituales no son alternativas simétricas,

> Porque el ser santo (*heilig*) y ser salvo (bendecido/*selig*) son cosas completamente distintas. Somos salvos (*selig*) solo por medio de Cristo; pero nos hacemos santos tanto por medio de esta fe, como por medio de estas instituciones y órdenes divinos.[21]

Todo aquello que nos santifica se logra a través de estas tres esferas. Lutero sostenía que aun los turcos (es decir, musulmanes) tienen mucha santidad y constituyen *ecclesiae*.[22] Lo que esto significa con respecto a la diferencia entre ser santo o salvo es que ellas no son etapas en una escala axiológica. Su diferencia no conlleva comparación, aun cuando una afecte a la otra. Su relación se asemeja más a la diferencia entre enamorarse y casarse, entre estar sano y sentirse muy bien. Pertenecen a diferentes órdenes del diálogo, irreducibles la una a la otra, pero coexistentes una con la otra, como lo que es lo finito y lo infinito.

El sacerdocio de todos los santos es el practicar esta santidad refiriéndose particularmente a la esfera eclesial. La atribución de santidad a cada miembro de la iglesia tiene su enfoque en la iglesia, pero se aplica en la misma medida a la *oeconomia* y a la *politia*. Esta santidad es un atributo de cada persona; cada cual tiene derecho a decidir, delegar, disputar y legislar en cuestiones políticas. Cada hombre y cada mujer tiene derecho a participar y hacer decisiones apropiadas para el sustento y alimento del hogar y la economía. Los criterios de ser razonable

---

19 LW 37:365.
20 *Vult Deus esse discrimina ordinum* (WA 44, 440,25).
21 LW 37:365.
22 LW 37:145.

y el de la equidad suplen el principio subyacente, que en su médula es democrático.

Aunque esto es bueno y saludable, no es lo mismo que ser salvo. Esto último lo recibimos solo por medio del evento de Cristo en medio nuestro, la presencia entre nosotros, adyacente entre nosotras en su infinitud, que no puede controlarse de manera dogmática y confesional. Lutero ofrece una insinuación sugestiva en la introducción de la séptima posesión santa de la iglesia: la cruz y el sufrimiento. Esta es la única señal de la iglesia que no es solamente un signo que santifica, como lo eran las otras, que producían santidad terrenal. Es la única señal por medio de la cual "El Espíritu Santo, no solo santifica a su pueblo, sino que también lo bendice."[23] Esta es la cruz que cargamos al estar entre la casa y la calle, arriesgando la exposición al hablar públicamente y ofrecer santuario como expresión de santo amor. Como dice Lutero, citando a Romanos 5:1-5, hallaremos problemas, tribulación y sufrimiento, pero eso "produce esperanza".

---

23 LW 41:164.

Hoy en EEUU. la mayor parte
de los Americanos se consideran o se
persiben asimismos como Xtianos

hon |= Protestantismo | ya son parte
   ⟵ |- Catolicismo | del sistema.
      |- pentecostalismo | del status Quo.

Para mi el protestantismo   - ¿Q es lo positivo?
A perdido su fuerza   de Esto.
Como un Mov. Contesta-   - ¿Que es lo negativo?
rio = Mov. Critico fte Al Sistema

       - los Simbolos Xtianos hu
         llegado o ser parte de la
         Cultura

En el caso de protestantis se empezo
a hablas = Como el Espiritu del
Capitalismo- <u>Max weber</u> 1905
              <u>Economista Aleman</u>

-Esto llego a Crea la idea de q'
los "buenos" Xtianos no podian llegar
a Criticar al capitalismo-

           ⟹

Los q' se oponen a esta VISION
son Consideradas Igl. Subersivas
              — c —
El llamado hoy es como podemos.
Convertirnos en Iglesias en los

Modos subversivos de ser iglesia:
Ver, recordar, conectar

Karen L Bloomquist

1. ¿Subversión hoy?

L a mayoría de las personas asociadas con las iglesias hoy en día no se identificarían como subversivas. En la mayoría de los países del Norte, y muchos del Sur, las iglesias son más bien vistas como sostenedoras del orden social, sus valores y suposiciones.

Por ejemplo, en una encuesta reciente, aproximadamente la mitad de los estadounidenses se percibe a sí misma como una nación cristiana y es claro que los símbolos cristianos forman parte de la cultura política estadounidense de múltiples maneras. Pero este rasgo nacional no fue enfatizado sino hasta los años 30 del siglo pasado, cuando importantes líderes de negocios "impulsaron la tesis según la cual el capitalismo era el siervo del cristianismo". Además, incorporaron a su movimiento personalidades importantes del clero. Por ejemplo,

[Nota manuscrita: Cuáles estos "Subversiones" éta a la realidad sean nutridas éta a la realidad y se conviertan en Alternativas? Hay]

el Reverendo James W. Fifield —conocido como el treceavo apóstol de los grandes negocios y el San Pablo de los Prósperos— restó completa importancia a las advertencias contenidas en el Nuevo Testamento acerca de la naturaleza corrupta de la riqueza y equiparó el cristianismo al capitalismo en oposición al 'paganismo estatista' del New Deal.[1]

Aunque este enfoque es usualmente más sutil hoy, aún existe la expectativa de que las iglesias y sus líderes apoyarán y no criticarán el orden social establecido. Esto contribuyó al crecimiento de las iglesias estadounidenses en la década del 50 del siglo pasado; es común escuchar el anhelo de retornar a ese tiempo en el que las iglesias crecían y eran exitosas. Las prácticas y reglas corporativas dominan cada vez más el modo de operar de las iglesias. Pastores de congregaciones y líderes de organizaciones eclesiales no satisfechas con las expectativas de "éxito" y sus valores y prácticas asociadas, son ignorados, silenciados, o al menos bloqueados. Claro, esto no es nada nuevo para muchas iglesias alrededor del mundo, a las cuales por su identificación cristiana se las considera subversivas, llevándolas al ostracismo, la persecución y aún a la muerte.

Un creciente número de personas está desilusionado, se ha desafiliado, o rehúsa vincularse a los modelos eclesiales dominantes y a las fuerzas económicas, políticas y culturales de las cuales son cautivos. Estas personas se preguntan sobre las razones por las cuales las iglesias no actúan para transformar las realidades actuales de dominación —las injusticias, engaños e imperialismo— que contradicen la fe que confiesan las y los cristianos. ¿Cómo pueden transformarse las iglesias en espacios en donde las subversiones frente a la realidad sean nutridas y en donde se promuevan visiones alternativas del mundo? Todo esto en función de la vida planetaria.

---

1 Kevin M. Kruse, "A Christian Nation? Since When?" *The New York Times*, March 15, 2015. A history professor at Princeton, Kruse is author of *One Nation Under God: How Corporate America Invented Christian America*. New York: Basic Books, 2015.

Walter Brueggemann se refiere a las Escrituras como una "sub-versión" — una expresión de la realidad que vive bajo la versión dominante,[2] una imaginación dominante que oculta del todo al prójimo, toda vez que cree en un Dios que celebra el éxito personal por encima de la proximidad con el otro o la otra. Las prácticas típicas de las iglesias no suelen considerarse como subversivas. No obstante, cuando éstas se realizan en sociedades regidas por políticas neoliberales, incluso aquellas prácticas ordinarias e intrínsicas del ser iglesia, pueden ser subversivas para el status quo. Quizás en nuestras prácticas eclesiales no pretendamos ser personas subversivas, pero al vivir desde el núcleo de la fe que confesamos nos acerca a la subversión. Cuando retrocedemos ante los poderes que gobiernan el mundo en busca de mayor aceptación, ¿acaso no negamos nuestra fe?

2. Dominación en el tiempo de Lutero y hoy

> En el siglo dieciseis, la crisis se enfocaba en el evangelio que libera a las personas del miedo y de la esclavitud del pecado, que se incrustó en sistemas que tenían que haber sido desafiados. Hoy también las personas están con miedo y esclavizadas—por el pecado de la avaricia inherente al sistema económico. Temen a lo que depara el futuro, si no hacen cambios dramáticos en razón de la justicia económica y ambiental global. La avaricia sistémica llega a ser como la dominación o esclavitud del pecado que se expresa por medio de la teología de Pablo (ej. Romanos 6) y Lutero.[3]

Cada vez resulta más claro que este estado de cautiverio ha ido creciendo y devenido más obvio, pero usualmente en formas en las que las iglesias no las han pensado teológicamente. Las

---

2 Walter Brueggemann, *The Word Militant: Preaching a Decentering Word.* Minneapolis: Fortress, 2010, 152.

3 Lutheran World Federation, "Daily Bread Instead of Greed," public statement of the 2010 Assembly, *www.lwf-assembly.org/assembly-documents/.*

personas se sienten hoy traicionadas porque las promesas ofrecidas por el "libre mercado" no satisfacen sus necesidades más básicas. Durante el tiempo de la Reforma la atención estaba puesta en asuntos fundamentales de gran significado, en la esperanza y los valores. Hoy sucede lo mismo, pero han ocurrido transformaciones significativas con respecto a la comprensión de esa esperanza salvífica.

En el tiempo de Lutero, el Papado era la institución más poderosa de gobierno; incorporaba aspectos políticos, culturales, sociales y religiosos. Bajo ese sistema nadie podía hacer lo suficiente para garantizar su salvación. Lutero llegó a ver al Papado, con su poder institucional de dominación, como una amenaza teológica capaz de amenazar a la salvación misma.[4] Su crítica teológica a este modo de dominación, originada en su preocupación pastoral por la salvación del pueblo, se constituyó en la manera mediante la cual Lutero criticó a todo el sistema romano de dominación.

Lutero entendió la necesidad de lidiar con las realidades tanto objetivas como subjetivas que mantenían al pueblo en cautiverio. En lugar de tan solo denunciar a la institución que sostenía la dominación, Lutero criticó las prácticas cotidianas a través de las cuales la dominación se mantenía. Y lo hizo desde una perspectiva profundamente teológica. Lutero declaró enfáticamente que a través de la predicación de la fe, centrada especialmente en la doctrina de la justificación, prácticas como "indulgencias, purgatorio, votos, misas y abominaciones similares caerían, llevándose consigo la destrucción del Papado entero... solamente por medio del Espíritu".[5]

En otras palabras, la dimensión subjetiva o personal de la justificación/salvación de Dios tiene consecuencias objetivas o externas a la persona. Si la justificación permanece

---

4 Scott Hendrix, *Luther and the Papacy*. Minneapolis: Fortress, 1981, xii.

5 Martin Luther, "Lectures on Galatians – 1535" in *Luther's Works*, ed. Jaroslav Pelikan and Walter A. Hansen. St. Louis: Concordia, 1963, vol. 26: 221, 223.

confinada al ámbito personal, separada de sus implicaciones sociales, o escindida de las dimensiones de convivencia que emergen de ella, entonces las injusticias seguirán reinando y distorsionando nuestra relación con Dios, con nosotros mismos y con los demás. Esto no supone que el mundo puede ser gobernado por el evangelio. Pero éste es un poder que no puede permanecer incólume ante sistemas injustos, debido a la forma como destruyen la antropología teológica y empobrecen a las personas. En este sentido justificación y justicia están íntimamente conectadas.[6] Criticar los sistemas actuales de dominación no consiste en denunciarlos e intentar escapar de ellos. La crítica no debe derivar en escapismo o privatización de la fe religiosa.

Sin embargo, nosotros —especialmente quienes se benefician de "como están las cosas"— estamos demasiado involucrados en esta compleja red de dominación como para que nuestras críticas al sistema idolátrico sean auténticas o convincentes. Estamos inmersos en lo que somos llamados a criticar. Ordinariamente, ante una situación así, las personas se sienten pasivas, sin capacidad para ejercer un liderazgo moral que resista o transforme tal cautiverio, especialmente cuando se lo ve de forma individualista. El Cristo que mora adentro empodera esa capacidad, pero si se realiza y se practica en comunidad, con otros y otras, o sea, como "iglesia".

3. Hacia una *ecclesia crucis* subversiva

Lo que se propone es reimaginar una iglesia —o *ecclesia*— que pueda nutrir intencionalmente y a largo plazo actos de resistencia acordes con la Biblia y conocidos históricamente

---

6 Recuerdo cómo las Iglesias Reformadas (WARC) desistieron de firmar la Declaración Unida sobre la Doctrina de la Justificación hasta que se hicieran más explícitas las conexiones entre justificación y justicia. Aunque los luteranos lo habían promovido anteriormente, especialmente con relación a las realidades latinoamericanas de injusticia, no se siguió en el trabajo teológico que sustentaba los diálogos oficiales entre luteranos y católicos sobre la justificación.

como prácticas de la iglesia. Tales prácticas ocurrían en el marco de un horizonte utópico que continuamente nos impulsa más allá de lo existente (es decir, escatológico) y que al mismo tiempo tiene relevancia para las personas y los desafíos actuales. Las personas formadas en la iglesia se identifican con estas prácticas y las que no tienen ningún interés ni compromiso con la iglesia las encuentran atractivas. (Este es un sector en crecimiento).

Estas son prácticas propias del sentido de *ecclesia* hoy día, un concepto intencional para distinguirse de "iglesia", que carga con mucho bagaje institucional y lealtad al estatus quo con fines de sobrevivencia, de tal manera que sus posibilidades de ser subversiva son limitadas. Lo anterior implica la necesidad de nuevas formas de ser iglesia, como la iglesia emergente y otros movimientos similares, que ofrecen prácticas distintivas de ser iglesia, expresadas de modo tal que conectan con personas distanciadas de la iglesia debido a sus prácticas tradicionales.

Algunas prácticas subversivas de ser iglesia tendrían que considerar el ver, recordar y conectar. Guillermo Hansen sugiere, de manera provocativa, que el "código teológico luterano" podría ser una fuerza transformadora frente a los desafíos del mundo hoy. Este código incluye cómo la cruz (des) ubica lo que es sagrado y profano para el mundo. La cruz es un código subversivo que desafía todas las nociones culturales y religiosas de lo que se considera trascendente o exitoso en la vida.[7] La cruz es el lugar que hace posible que nuestros modos de conocer sean cuestionados radicalmente de modo que lo nuevo y lo diferente pueda ser posible. La cruz es un veredicto de que existe algo fundamentalmente malo en las estructuras del mundo.[8] La cruz aparece en el centro de un nuevo evangelio, como un evento sociopolítico. Más aún, el Dios que trasciende

---

7 Guillermo Hansen, "Resistance, Adaptation or Challenge: The Versatility of the Lutheran Code" en *Transformative Theological Perspective*, ed. Karen L Bloomquist, vol. 6 en la serie *Theology in the Life of the Church*. Geneva: Lutheran World Federation/Minneapolis: Lutheran University Press, 2009, 30.

8 *Ibid*, 31.

("cae") nuestro mundo, hace justicia a las víctimas del poder imperial,[9] redibujando drásticamente las fronteras del dominio de Dios para incluir a las personas que han sido marginadas. "La doble regla de Dios es en aras de una teología pública, que geste mundos en los cuales las personas puedan vivir, mediante una democracia radical, como alternativa viviente a redes generadas por el imperio".[10]

Una iglesia orientada por una teología de la cruz penetra más profundamente en el mundo. Este aspecto central de la teología de Lutero necesita ser desarrollado para formar una *ecclesia* transformadora, subversiva frente a la injusticia, a los imperios, y a los distintos modos de dominación que mantienen cautivo al mundo hoy.

La posición aventajada de la cruz, juntamente con un entendimiento colectivo del pecado estructural en el cual estamos implícitos, es una crítica que se debe padecer y no tan sólo adoptar y usar, para así exponernos a la vulnerabilidad y falibilidad. Es decir, debemos participar en prácticas para "ver de manera real", para que el conocimiento sea convincente, para que podamos "atisbar la presencia de Dios y la santidad de la iglesia en lugares inesperados".[11] Al "privilegiar" sitios de vulnerabilidad, se puede ver más auténticamente a Dios y a nosotros mismos.

Una epistemología de la cruz es crucial, especialmente cuando nuestras ilusiones se quiebran, cuando éstas ya no nos sostienen. Empezamos entonces a ver qué es lo que sucede realmente, a entender nuestra implicación en la situación actual del mundo y a aceptar nuestra responsabilidad por ella. La cruz es la llave para el conocimiento, la bisagra de la realidad y el don para verla.[12] Conocer, en su sentido más radical, implica estar en

---

9 *Ibid*, 32.

10 *Ibid*, 35.

11 Jason A. Mahn, "What are Churches For? Toward an Ecclesiology of the Cross after Christendom," *Dialog* 51:1 (Spring 2012), 18-19.

12 Mary Solberg, *Compelling Knowledge: A Feminist Proposal for an Epistemology of the Cross*. Albany: State University of New York, 1997, 90.

los márgenes ... de la vida, la cordura, la dignidad y el poder. Los amigos de la cruz son aquellos que "viven en el mundo tal como es, sin ilusiones."[13] "La iglesia de la cruz se convierte en una alternativa visible frente a los modos de este mundo, a través de su inmersión en él".[14]

4. Una *ecclesia* que ve, recuerda y conecta

Propongo que los verbos "ver, recordar y conectar" sean prácticas clave a través de las cuales la *ecclesia crucis* emerja para el bien del mundo. Todas las personas ven, recuerdan y conectan; no hay nada esotérico o eclesial acerca de estos verbos. Por el contrario, apuntan a prácticas básicas que nos constituyen como humanos, comunes a aquellas que se identifican con la iglesia institucional. Estas prácticas, no obstante, también poseen una resonancia teológica que puede ser de gran importancia en la formación de comunidades inclusivas que se resisten todo cautiverio ideológico y abren su espacio para dar lugar al poder redentor, liberador y transformador de Dios, rebasando sus fronteras. Una comunidad como esta es percibida como subversiva por aquellas personas que desean que las cosas sigan como están.

El que una comunidad sea considerada subversiva ocurre debido a dos prácticas que han sido centrales para los luteranos: la proclamación de la Palabra y la celebración de los sacramentos. La Palabra provoca y desquicia; es una primicia de la realidad subversiva que Dios nos ofrece. En la eucaristía "el Reino irrumpe en el tiempo y 'confunde' lo espiritual y lo temporal... llama a la iglesia a ser lo que escatológicamente es ... viviendo una visión de lo que es verdadero ... el reino de Dios trastocando reinos dominantes de injusticia".[15]

---

13 *Ibid.*, 83.

14 Mahn, 21.

15 William T. Cavanaugh, *Torture and Eucharist: Theology, Politics, and the Body of Christ.* Oxford: Blackwell, 2008, 206.

Cuando quien predica lo hace entre personas exiliadas, su tarea principal es narrar y alimentar una identidad alternativa, realizar o encarnar un poder radical de esperanza en un tiempo de desesperanza, anunciar una libertad más profunda de las patologías, coerciones y seducciones que rigen nuestra sociedad, impartir la determinación, el valor, la energía y la libertad de una identidad alternativa.[16]

En la eucaristía nos reunimos para recordar y narrar el porqué de nuestro encuentro. El acto anamnético vincula y hace dialogar a la teología litúrgica y a la teología política.[17] Se encuentran frente al trasfondo de la historia mundial y la ambigüedad de las acciones humanas. En este contexto la eucaristía trata sobre narrativa, solidaridad y memoria. Es una forma de resistencia. Ofrece un cambio de paradigma tectónico que provee una narrativa alternativa, un modo distinto de comprender la historia, que prioriza a los empobrecidos y los asume como punto de referencia. La eucaristía es memoria viviente de una presencia viva, "una memoria peligrosamente liberadora" que provee nuevas perspectivas ... una "memoria subversiva" que denuncia nuestra propia complicidad en la injusticia que mantiene "cautivo" a nuestro mundo.[18]

Otra práctica fundamental es referida por Jason Mahn: "La santidad de la iglesia se hace visible —oscura y convincente— con su propio arrepentimiento por el pecado".[19] La comunidad que se reúne para adorar, en la liturgia de confesión y perdón "llega a verse de verdad". Esto implica una reubicación, una nueva visión. Es un examen de la vista, tanto de la interna como de la externa. Nos tornamos cercanos al conocimiento que proviene de Dios, y aprendemos a reconocernos pecadores y justos al mismo tiempo. Debido a nuestra profunda implica-

---

16 Brueggemann, 144.

17 Cf. Bruce T. Morrill, SJ., *Anamnesis as Dangerous Memory: Political and Liturgical Theology in Dialogue*. Collegeville, University Press, 2000, passim.

18 Una cita del trabajo de Sr. Margaret Scott, "Eucharist and Social Justice," para un curso que dicté en 2010 en Lutheran Theological Seminary en Philadelphia, "Bearing Public Witness in a World of Injustice."

19 Mahn, 21, 22.

ción en el carácter social del pecado es que necesitamos de una comunidad para poder conocer con verdad. El comienzo de la liturgia corresponde con el envío final, cuando de nuevo somos enviados para recordar a los pobres, en otras palabras, para estar donde una teología de la cruz nos llama a estar. En confrontaciones bíblicas proféticas, es el asunto de la verdad el que está en juego.[20] Intereses poderosos tienen mucha destreza para manejar símbolos y controlar información, para crear realidades virtuales aparte de la realidad vivida (Jer 6.14, 8.11 y Ez 13.10). Distorsionan a propósito lo que está ocurriendo y dan garantías falsas o generan miedos sin fundamento.

Comenzamos a decir la verdad en cuanto recordamos (a) quiénes somos y de quién somos en la relación con Dios, (b) lo que ha acontecido antes de nosotros, y (c) las realidades de nuestros prójimos tanto a nivel global como localmente. Al ser empoderados por el Espíritu Santo, esta verdad tiene el potencial de transformar lo que ocurre, a la luz de la nueva realidad de un Dios que irrumpe en nuestro medio. El recuerdo subversivo es una práctica social sustentada teológicamente para expresar "cuándo/quién/qué" ha sido olvidado o pasado por alto. Pone de manifiesto nuestras ilusiones y dioses falsos, y a la dominación (imperial) e injusticias que se perpetúan, y exige la verdad y la acción organizada (resistencia) a favor del mundo de Dios.

El desafío es poder discernir (ver más allá) los lugares y los tiempos en los cuales las crisis que producen quebranto y que son dañinas "han sido remozadas por los sumos sacerdotes del nuevo evangelio global"[21] fundamentado en presuposiciones y prácticas neoliberales. Prontamente comenzamos a ver más profundamente, con una nueva visión, en vez de quedarnos cautivados por las ilusiones que bloquean nuestra visión de lo que está ocurriendo en verdad en nuestras vidas y en nuestro mundo. Esto se hace posible al rememorar a un Dios que se encarnó de forma vulnerable en este mundo. Este Dios nos

---

20 Brueggemann, 169.

21 Vitor Westhelle, *The Scandalous God*. Minneapolis: Fortress, 2006, 59.

libera y nos empodera para enfrentarnos con estas realidades de hoy. Recordamos lo que había sido olvidado de nuestro pasado y traemos a la memoria a quienes han sido invisibilizados alrededor nuestro y en todo el mundo hoy. Nos relacionamos de manera tal que se acrecientan las contradicciones entre las ideologías y las realidades actuales. Nos vinculamos con los que son lo Otro y nos involucramos en acciones colaborativas con otras personas por el bienestar del mundo—relaciones hechas posibles por el poder del Espíritu y que sí hacen una diferencia en el mundo.

4.1 El Ver como práctica subversiva: Jesús sana a los que no pueden ver

Jesús elimina lo que opaca la visión. Por ejemplo, en Juan 9.22,[22] un creyente ordinario (pobre, analfabeta, excluido, no tratado como plenamente humano) llega a ser capaz de juzgar y desconcertar lo que los eruditos "saben"; él ve de maneras en que ellos no ven, o no comprenden. El propósito de esta historia es eliminar la oscuridad que conlleva la falsedad e iluminarnos con la verdad de Dios. Jesús se identifica con la cultura popular mientras confronta a la cultura religiosa de su tiempo. "Jesús me mandó a lavarme ... lo hice y luego pude ver". La transformación del hombre convierte en un asunto de juzgamiento y de crisis en medio de ellos. Todo su sistema de valores y su asidero para ejercer el control sobre el pueblo quedan anulados o se subvierten.

"Ver a Dios" en el acto de sanación que realiza Jesús es reconocer la verdad de la Palabra hecha carne, una verdad dinámica que desafía presuposiciones, sistemas y estructuras de privilegio. Jesús dice, "He venido ... para que los ciegos vean, y los que ven [o suponen que ven] se queden ciegos" (9.39). El ciego ve claramente lo que hace Dios, mientras que los que creen ver son

---

22 Mucho de lo que sigue se basa en la interpretación de Gail O'Day de Juan en *The New Interpreters Bible*, vol. 9, Leander E. Keck, ed. Nashville: Abingdon, 1996, 575ff.

los que son verdaderamente ciegos. Jesús subvierte lo que se puede ver; cambia el marco u horizonte interpretativo.

4.2 Recordar como práctica subversiva

A partir del contexto alemán de los años 70, en medio del desafío de enfrentar los horrores del Holocausto, Johann Baptist Metz postula que se puede entender el recordar como la forma fundamental de expresar la fe cristiana.[23] La memoria de Jesucristo es una memoria peligrosa y liberadora que sigue cuestionando lo que rige y regula el presente y abre nuestra visión y movimientos hacia el futuro. Vista de esta manera, la fe cristiana llega a ser una memoria peligrosa y subversiva, y está en el núcleo de una conciencia crítica, por encima de y contra los controles y mecanismos de la lógica dominante y los ideales abstractos de libertad.[24]

Mucho de esto se puso de manifiesto en los testimonios de miles de personas que se congregaron en marzo de 2015 en Selma, Alabama, para el quincuagésimo aniversario del "Domingo Sangriento", un evento que llegó a ser un momento decisivo en la lucha por los derechos civiles en los Estados Unidos. "Tenía que estar allí", comentaron muchos. El ver y recordar lo que ocurrió hace 50 años, y conectarse con personas de distintas razas, nacionalidades y edades es lo que hizo vivenciar de nuevo este evento fundante. En este sentido, el evento llegó a ser trascendente y transformador—no solamente como un hecho del pasado sino como una conmemoración que empodera en el presente la acción continua en pro del futuro.

Uno de los elementos clave en la protesta que Lutero hizo en contra de la dominación reinante de su tiempo fue cómo la Iglesia romana utilizaba la Eucaristía para dominar y controlar al pueblo y así distorsionar el don de la gracia y la libertad que proviene de Dios. Lo desarrolló especialmente en su tratado

---

23 Johann Baptist Metz, *Faith in History and Society*. New York: Seabury, 1980, 90ff.
24 *Ibid.*, 113.

"El cautiverio babilónico de la Iglesia". Aunque en ese tratado no abordó explícitamente cómo esta alusión bíblica se podría aplicar al poder dominante de su tiempo, es significativo cuánto control se podía ejercer sobre la vida de las personas por medio de los sacramentos.

En el siglo 16, la Santa Comunión se había convertido en ritual a través del cual la Iglesia podría ejercer su control sobre lo sagrado. No obstante, hay una diferencia profunda entre una institución jerárquica que se apropia del derecho de dispensar la medicina de la Eucaristía versus la creencia que la Eucaristía en sí misma tiene el poder sacramental para crear un cuerpo social saludable. El misterio es el dominio que va más allá del control humano, pero aquí la sacramentalidad ya no se contrasta con la instrumentalidad sino que el misterio en sí ha sido instrumentalizado.[25]

La Eucaristía se ubica dentro del contexto bíblico de recordar la liberación y la justicia de Dios. En esta Comida se practica la esperanza de la resurrección "al relacionar la memoria de las obras salvíficas de Dios... con nuestras vidas". Es una praxis basada en la empatía, la encarnación y la reciprocidad entre Dios y los seres humanos, evocando memorias dolorosas y enfrentándolas de formas valientes que producen vida. En el centro está la memoria de la muerte y la resurrección de Jesús, que con su recuerdo se rememora el ministerio con las personas pobres y enfermas, así como la obra salvífica de Dios por medio del cuerpo de Cristo en el mundo de hoy.[26]

4.3 El relacionamiento como práctica subversiva

Lo persuasivo de Cristo fue su amor radical y sin temor hacia otros. Él restaura las relaciones que se han cortado,[27] pero sin repetir la lógica de la posesividad, que trata de controlar a su

---

25 Regina M. Schwartz, *Sacramental Poetics at the Dawn of Secularism: When God Left the World*. Stanford University Press, 2008, 20.

26 Andrea Bieler y Luise Schottroff, *The Eucharist: Bodies, Bread and Resurrection*. Minneapolis: Fortress, 2007, 163.

27 Adam Kotsko, *The Politics of Redemption*. London: T&T Clark, 2010, 200.

entorno. Empodera sin dominar a otros. Esto lo convierte en una amenaza para los poderes que se sostienen en la dominación sobre las personas por medio del temor. Él sistemáticamente socava el miedo del cual depende el poder al deshacer las divisiones que mantenían a las personas vulnerables y sospechando de otras.[28] Al restaurar las relaciones, Cristo subvierte radicalmente el orden del temor. Posteriormente, su crucifixión y resurrección inspiran una nueva manifestación de valentía en sus seguidores, la *ecclesia* primitiva.

Hoy, este relacionamiento es, en sí, la *ecclesia*, formada en tal manera que pueda desafiar, o por lo menos ir más allá de los confines de la iglesia institucional, o más aún, de las presuposiciones sociales dominantes. Estas prácticas eclesiales se juntan de forma solapada, llevándonos a cosmovisiones alternativas, a nuevas interpretaciones, praxis, formas de ser en el mundo, empoderándonos a involucrarnos en las realidades de nuestro entorno. De hecho, ahora que las fuerzas del neoliberalismo y del imperialismo se han apoderado tan completamente de las realidades en que vivimos hoy, las comunidades de fe —de varios tipos— pueden estar entre los únicos espacios en donde se puede articular una subversión de la realidad y sostener una visión alternativa. Por el poder del Espíritu que mora en nosotros y que nos conecta, y que actúa a través de nuestras interconexiones con aquellas personas que son diferentes a "nosotros" — "los otros", es cuando al ver esas otras realidades y perspectivas, somos transformados. Este poder transformador llega a ser "subversivo" de lo que damos por hecho, como si fueran certezas inevitables. Esto transforma lo que podemos ver, recordar y conectar.

Alan Lewis lo expresa de esta manera: la catolicidad significa la conectividad y la universalidad no solamente de la iglesia sino de la raza humana. La iglesia católica encarna "una subversión y una liberación anticipada del individualismo patológico, la polarización y el sectarismo de nuestra sociedad en fase terminal." Tal conexión y reciprocidad contradicen las

---

28 Ibid., 201.

presuposiciones culturales prevalecientes. Practicar tal conexión pone a la iglesia en conflicto con nuestra cultura. Estamos conectados incondicionalmente: Dios en Cristo escoge a nuestro prójimo y nos conecta como hermanos y hermanas, de tal manera que esa conexión trasciende el tiempo y el espacio y toda frontera de identidad. Como personas relacionadas en comunidad ponemos de relieve la imagen de comunidad trina de Dios. El pecado original es el deseo auto-engañador de negar esta conectividad.[29]

La conectividad es más que hacer visible y "sentir lástima" por los que viven la injusticia. Va más allá de orar por los oprimidos. Tales expresiones reflejan una solidaridad compasiva, pero se quedan cortas al no levantar preguntas críticas sobre las causas sistémicas más profundas de esa injusticia, un cuestionamiento que no puede permanecer pasivo o inmovilizado, sino que, ya que el clamor se encuentra empoderado por la promesa de justicia centralizada en la fe, nos impele a la acción por el cambio, a la luz del Reino de Dios que irrumpe en nuestro mundo.

Una presuposición común es que tales cambios son liderados por figuras heroicas individuales, tales como Lutero, y efectivamente los individuos pueden hacer una diferencia. Pero es por medio de esfuerzos colaborativos y multi-facéticos de largo plazo que ocurren tales transformaciones. Por eso la comunidad reunida se hace tan esencial, en vez de depender de individuos aislados. No cualquier comunidad, sino una que está sostenida por la solidaridad a largo plazo, y empoderada por lo que la iglesia tradicionalmente ha llamado "la comunión de los santos".

5. Entonces, ¿a dónde conduce esto?

A la luz de todo lo expresado, se hacen necesarios cambios importantes sobre dónde y cómo se realiza en el presente el

---

29 Alan Lewis, *Between Cross and Resurrection: a Theology of Holy Saturday*. Grand Rapids: Eerdmans, 2001, 348ss.

trabajo teológico inspirado en la Reforma. Puede ser que la base principal de la responsabilidad, o el interlocutor principal haya dejado de ser la academia, con planteamientos teológicos teóricos. Por el contrario, las articulaciones teológicas se harán en medio de la praxis, en situaciones reales del ministerio que se tornan en fuente para hacer una reflexión teológica enriquecida —encarnada, dinámica, viva— que encuentra eco y resonancia ante las ansias profundas de la gente. Esta no es una teología que responda a un mercado consumidor de lo religioso, sino que es profundamente transformadora de todo aquello que mantiene cautivas a las personas y a la creación.

Esta finalidad, en una época muy diferente, era también la preocupación de Lutero y otros reformadores del siglo XVI. Es el desafío que los predicadores en la tradición de la Reforma necesitan enfrentar cada domingo. Tal teología está más relacionada con la así llamada "teología práctica", es decir, teologías integrales, encarnadas, que están involucradas con los acontecimientos reales de nuestras vidas y los eventos de nuestro mundo actual, y que evitan la tentación de caer por escapismo en discusiones teoréticas.

Tenemos que cambiar decisivamente en dónde se asienta nuestra fe, deseo y esperanza: sea mirando hacia "arriba" (al Dios Altísimo identificado con los exitosos), o sea mirando hacia "abajo" —a las personas marginadas, rechazadas, empobrecidas y desesperadas— en nuestro entorno social y en el mundo. Dios se llega a conocer por medio de una teología de la cruz. Exige resistir el deseo tal como se ha construido y abrirse a la emergencia de deseos alternativos, deseos que vinculan "mi" bien con el bien de los demás. Esta postura irrumpe no desde arriba sino desde abajo y desde el fondo, en tanto miramos hacia afuera y buscamos la solidaridad con los excluidos y las excluidas alrededor nuestro y a lo largo del mundo. Allí "Dios obra en solidaridad con el pueblo y el deseo de la resistencia fluye desde allí".[30]

---

30 Joerg Rieger, *No Rising Tide*. Minneapolis: Fortress, 2009, 116.

Esto también implica una mejor comprensión de la *communio*[31] de *ecclesia:* un enfoque profundamente relacional y no en los individuos; en vez de aspirar a ser iglesias auto-suficientes, perseguir una interrelacionalidad; cambiar nuestra fuerza y conocimiento por más vulnerabilidad; tener apertura para escuchar y aprender de otros, y más aún, permitirnos ser transformados por los que son diferentes a nosotros, en vez de hablar y enseñar a otros, cambiando de la arrogancia del imperio y las teologías del éxito hacia actitudes de humildad moldeadas por la teología de la cruz.

Así, la *ecclesia* se transforma en un "lugar" para ver, recordar y conectarse, para juntar lo que está fragmentado, señalando lo que es verdadero, permitiéndonos ver y actuar, incluso en acciones organizadas con otros. Implica el desafío a largo plazo de nutrir y organizar comunidades de resistencia contra los discursos dominantes y las injusticias que implican —así como lo fue en gran medida la iglesia del Nuevo Testamento en su lucha en medio del imperio— comunidades de hoy que son intencionalmente colaborativas traspasando las fronteras de la religión, la geografía y el interés propio. Y así, "la iglesia es la custodio de los eventos que reporta y la cronista de los eventos que siguen ocurriendo".[32] Es "el espacio de gracia, como el conducto del Espíritu que está en el *escata*, el lugar de riesgo, de condenación, pero también el lugar de sanación y salvación",[33] un lugar donde la liberación y la transformación no solamente son anunciadas sino empoderadas por la práctica de la Palabra y del Sacramento.

---

31 Estas relaciones y comprensiones multi-laterales han sido desarrolladas, por ejemplo, por medio de varias afirmaciones y publicaciones de la Federación Luterana Mundial: Una comunión de Iglesias (A communion of Churches).

32 Vitor Westhelle, *The Church Event*. Minneapolis: Fortress, 2010, 74.

33 Ibid., 119.

El significado de Martín Lutero
para la liberación de los oprimidos[1]

Leonardo Boff

La Teología de la Liberación no es tanto una doctrina con contenidos más o menos definidos sino más bien una manera determinada de tratar a las diferentes disciplinas teológicas. La Teología de la Liberación es una forma diferente de hacer teología. Los grandes temas de la tradición se pueden entender con base en la opción por los pobres y el compromiso con el camino de las comunidades cristianas que, mediante la fuerza de la fe, se comprometen con un cambio de la sociedad. También los grandes testigos del pasado se pueden consultar de allá. ¿Qué nos dicen estas personas acerca de nuestro deseo, motivados por la fe, para liberar a los pobres? ¿En qué nos pueden afirmar o criticar?

---

1 Leonardo Boff ya publicó este ensayo anteriormente en: *Und die Kirche ist Volk geworden*. Düsseldorf: Patmos, 1987, pp. 201-220. Ahora ha contribuido un Epílogo actualizante al final del texto.

Como uno de los grandes testigos del espíritu del evangelio, así como demandante valiente de reformas en la iglesia y la sociedad, se nos acerca Martín Lutero. Su tiempo está determinado por grandes procesos de cambios, de luchas de poder entre los príncipes y luchas de los campesinos. ¿Qué tipo de práctica habrá desarrollado allí? ¿Cómo habrá pensado sobre las prácticas históricas vigentes de su tiempo? ¿Qué tipo de posicionamiento tenía que tomar su movimiento frente a los cambios históricos? Preguntas de este tipo no se planteó el Lutero histórico en su tiempo. Sin embargo, a nosotros nos urgen, porque nos sentimos dolorosamente desafiados en el contexto de América Latina que está en un torbellino social y eclesiástico. Pero tal vez Lutero nos puede incentivar a una crítica e inspiración.

Para poder acercarnos a él, estaríamos haciendo bien, preguntando primero por movimientos confesionales, que se originan en Lutero y que nos heredan su legado espiritual. Así entonces queremos entrar en una conversación con Lutero mediante sus obras, que tienen que ver con nuestras preguntas de interés: Fe, Iglesia y sociedad en transición.

1. El protestantismo histórico como promotor de la libertad burguesa

¿Cómo se comportan en América Latina las iglesias "históricas" del protestantismo? Esto quiere decir los luteranos confesionalmente orientados y los presbiterianos, los metodistas y los bautistas, estos últimos en un avivamiento orientado por el sentido del evangelio frente a un proceso popular de liberación de los pobres.[2] Para poder ahondar en

---

2 Véase: José Miguez Bonino, Carmelo Álvarez y Roberto Craig, *Protestantismo y liberalismo en América Latina*. San José: DEI y SEBILA, 1983; E. Willens, *Followers of the New Faith: Culture Change and the Rise of Protestantism in Brazil and Chile*. Nashville: Vanderbelt University Press, 1967; W. R. Reed, V. M. Monterroso y H. A. Johnson, *Avance evangélico en América Latina*. Dallas 1970; Ch. L. D'Epinay, *El refugio de las masas. Estudio*

esta pregunta, tenemos que proceder a describir el avance del protestantismo en América Latina. Los protestantes existen entre nosotros como grupos activos y organizados desde la mitad del siglo 19. Vinieron de Europa Central o del espacio noratlántico – por ende, de los países que hasta la fecha son los pioneros del modernismo y portadores decisivos del proyecto neoliberal. En nuestros países las iglesias históricas llevaron los ideales del liberalismo y fortalecieron con ello en el campo económico la modernización e industrialización. Bajo el punto de vista político levantaron la bandera de la democracia representativa y en materia de la cultura la escuela para todos, así como la promoción del individuo y su libertad.

El misionero presbiteriano Stanley W. Rycroft escribe con claridad y sin duda:

> El cristianismo (evangelio) es con énfasis en el valor del individuo y la libertad del espíritu bajo la disciplina de Dios, el fundamento más seguro para la libertad y la democracia, lo que América Latina anhela.[3]

Con este objetivo, el protestantismo histórico en América Latina pretende conducir a condiciones similares a las de su país de origen en el hemisferio norte. Con este fin, se entra en una alianza estructural (la que es más que una noción meramente subjetiva, más bien forma parte de las fuerzas de los juegos sociales), con los círculos más progresistas de la sociedad latinoamericana, que a su vez está influenciada por los ideales de la revolución francesa y americana, la Ilustración, el positivismo y también de la Masonería.

Esto se refiere a la burguesía nacional, la pequeña burguesía urbana y rural con actividades mercantiles. Esto sucede

---

sociológico del protestantismo chileno. Santiago: Del Pacífico, 1968; W. A. Cesar, *Por uma sociologia do protestantismo brasileiro.* Petrópolis: Vozes, 1973; Z. Dias, *Las crisis y las tareas en el protestantismo brasileiro. Un estudio sobre las condiciones socio-históricas y las oportunidades de educación pública para la evangelización.* Francfórt de Mena – Berna - Las Vegas 1978.

3 W. S. Rycroft, *Religión y Fe en América Latina.* México: Casa Unida de Publicaciones, 1961, 10.

precisamente en el mismo momento en el que la sociedad tradicional colonial de América Latina se desarrolla hacia una sociedad moderna, liberal. Así se llega a conflictos entre los antiguos y los nuevos señores, y al nuevo sujeto que entra en el escenario histórico. La Iglesia Católica se une al bloque histórico de los señores y los representantes del sistema colonial. Pero con ello se posiciona como oponente, a quien los protestantes deben combatir con insistencia - y no sólo debido a las diferencias confesionales, sino también debido a su función conservadora en la sociedad. Para el protestantismo histórico

> se aplica el catolicismo romano como ideología y estructura religiosa de un sistema integral, como frágil orden señorial hispano que pesa sobre América Latina y que debe ser eliminado con el fin de dar lugar a un orden nuevo, democrático, liberal, ilustrado y dinámico, la del protestantismo, que ha sido inspirado por el protestantismo y que le abre el camino a la doctrina protestante y que la carga y apoya con el libro abierto y con su propia razón.[4]

De hecho, frente al pacto colonial entre el cristianismo (la Iglesia católica romana) y las fuerzas del imperio español-portugués, el protestantismo tiene un impacto innovador. En este sentido, representa un llamado a una novedosa vida de fe en relación con el espíritu dominante de libertad, de la participación democrática y de la modernización del proceso de producción.[5] En términos religiosos, resultó ser una "fe viva" frente a lo contrario de "fe muerta" del catolicismo. Según Gonzalo Báez

---

4 J. Míguez Bonino, "Historia y Misión. Los Estudios Históricos del Cristianismo en América Latina con referencia a la búsqueda de Liberación" en: José Míguez Bonino, Carmelo Alvarez y Roberto Craig, *Protestantismo y liberalismo en América Latina*, San José, Costa Rica: DEI y SBL, 1983, 25.

5 Véase Rubem Alves, *Protestantismo e repressão*. São Paulo 1979, 38-42: "O protestantismo como vanguardia da liberdade e da modernidade" (El protestantismo como la vanguardia de la libertad y la modernidad). Alves manifiesta su autocomprensión como creyente protestante en la siguiente frase: "Si se preguntara a la historia de qué lado está o cuál sería su propósito, ella respondería: el catolicismo es el pasado, de donde vengo, y el protestantismo es el futuro, hacia el cual voy" (38).

Camargo, Cristo en América Latina era un "Cristo silencioso", mientras que para los protestantes es un "Cristo sin cadenas".[6]

Por otro lado, hay que admitir que la teología protestante está vinculada con la historia del sujeto liberal. El liberalismo se convierte en ideología del imperialismo opresor, que genera para él un centro y una periferia. Desde mediados del siglo 19 se desarrolla el neocolonialismo en América Latina. El protestantismo, que llegó a nosotros por la vía de los ideales liberales, justifica crecientemente este pacto neocolonial. Frente a la tradición colonial, así como ha sido construida por el trono y el altar, representa un avance, mientras referente a la estructura fundamental de la opresión, no trae ninguna liberación. Los señores llegaron a ser otros; pero el sistema que subyuga y margina al pueblo continúa a toda velocidad. El cambio social que promovió el protestantismo fue sólo reformista. Así solamente favorecía indirectamente a las clases medias y altas, y directamente las capas inferiores del pueblo pobre. El cambio religioso, en el cual importaba principalmente la conversión del corazón, una fe viva y un accionar ético —aunque personalista—, tuvo su impacto en los círculos modernos de la sociedad. El pueblo, sin embargo, continuaba practicando todavía su religiosidad popular y continuaba también sufriendo hambre en el drama de la opresión social.

Acertadamente afirmó Octavio Paz:

> La ideología liberal y democrática está lejos de manifestar nuestra situación histórica concreta, más bien la oculta. Así se instaló la mentira política en nuestros pueblos de manera constitucional. El daño moral fue inmensurable, y se extendió a regiones profundamente arraigadas de nuestra existencia. Como si fuera lo más normal, nos vemos atrapados en la mentira. Más de cien años hemos aguantado sufriendo regímenes de violencia al servicio de las oligarquías feudales, sin embargo, llevando en la boca el lenguaje de la libertad.[7]

---

6 Cita según C. Álvarez, "Del protestantismo liberal al protestantismo liberador", en Míguez Bonino y otros, *Protestantismo y liberalismo en América Latina*, 49.

7 Octavio Paz, *El laberinto de la soledad*. México: J. Moritz, 1974, 99.

El protestantismo histórico mantiene relaciones muy sutiles con esta ideología liberal.

Con la crisis del proyecto liberal, vestido en América Latina en la forma de un capitalismo dependiente y periférico, entró también en crisis la concepción liberal del protestantismo en una crisis. ¿Podrá ser este tipo de protestantismo realmente una fuerza para la liberación de los oprimidos? José Míguez Bonino formuló conscientemente la siguiente tesis:

> El protestantismo podrá superar su crisis de identidad y misión en la medida en que recupera su fuerza subversiva que tenía en el pasado, la cual, sin embargo, hoy en día, habrá que realizar en una situación radicalmente diferente que existe.[8]

Julio de Santa Ana, anteriormente parte del Consejo Mundial de Iglesias y ahora secretario general del Centro de Servicio Ecuménico para la Evangelización y la Educación Popular" (CESEP) en São Paulo, demanda una manera de adquirir forma de Iglesia y del protestantismo en el mundo de los pobres, si ambos quieren ayudarles a los oprimidos a una auténtica liberación en un profundo y amplio marco de procesos de cambio.[9] Rubem Alves distingue entre la función ideológica, la cual contenía el protestantismo en vista del liberalismo, y su permanente función utópica como un recordatorio a la fuerza liberadora del Evangelio. Visto así, "los católicos y los protestantes se descubren como un solo organismo, que se percibe al servicio de una nueva esperanza en América Latina".[10]

De hecho, hay un frente protestante de liberación, el cual juega un papel importante en el proceso global de la práctica de la liberación y la reflexión. La pregunta ahora es, ¿hasta qué grado se puede fortalecer esta misión desde Lutero?

---

8 J. Míguez Bonino, "Historia y misión," 31.

9 Véase Julio de Santa Ana, *Protestantismo, cultura y sociedad*. Buenos Aires: La Aurora, 1970, 110-127.

10 "Función ideológica y posibilidades utópicas del protestantismo latinoamericano", en: Julio de Santa Ana, *De la Iglesia a la sociedad*. Uruguay: Tierra Nueva, 1971, 21.

2. Lutero como libertador en la Iglesia
y reformador en la sociedad

Así que nos preguntamos: ¿en qué medida Lutero ocupa un papel liberador en el proceso histórico y socio-religioso, y en qué medida contribuía con su teoría y práctica a la legitimación de la era moderna, la cual lleva a las grandes masas populares de hoy día toda la miserable opresión y el empobrecimiento? Para responder a esta pregunta se precisa amplios estudios sobre el fenómeno de Martin Lutero per se, así como su impacto sobre las fuerzas de su tiempo en general. Para este propósito, sin embargo, no hay en este ensayo corto ni tiempo ni espacio. Asimismo, me gustaría intentar indicar algunas líneas (incompletas) que nos puede ayudar a entender el desafío, con lo cual los explotados nos confrontan tanto como cristianos como Iglesia.

Para poder acercarnos con un cierto sentir hermenéutico, necesitamos elementos mínimos de un marco de referencia. Mi hipótesis (la cual, sin embargo, no puedo profundizar ni explicar aquí), es que un fenómeno religioso como Lutero no se puede describir exclusivamente con categorías religiosas. Quien quiere sólo un análisis religioso, al final ni siquiera esto logrará. Esto es así porque el factor religioso (similar a la cultura, las ideologías y los valores) no existe únicamente por sí mismo, sino sólo en combinación con la historia concreta y las estructuras sociales y políticas de una sociedad. Además de su respectivo carácter específico, cada factor tiene su grado de impacto sobre otros factores. Puede haber tiempos en los que el factor religioso parece estar decisivo;[11] posiblemente puede ser acertado para los tiempos de Lutero y de la Reforma. La Reforma es, ante todo, pero no exclusivamente, un acontecimiento religioso. En el área de la religión salieron

---

11 Para ver toda esta pregunta, véase el trabajo fundamental de O. Maduro, *Religión y lucha de clases,* Caracas: Ateneo, 1979 (Religião e Luta de classes , Petrópolis: Vozes, 1981). Véase también M. Godelier, "Marxisme, antropologie et religión", en idem, *Epistémologie et marxisme*, París, 1952, 209-265 ; H. Portelli, *Gramsci y la cuestión religiosa*, Barcelona: Laia, 1977, 58-64 .

a la luz todos los niveles de conflicto, que transcendieron a la sociedad y el conocimiento de la Europa de este tiempo. Henri Hauser dijo con razón:

> La Reforma del siglo 16 tiene el doble aspecto de una revolución social y religiosa. Las clases del pueblo no sólo se sublevaron contra la corrupción del dogma y los abusos del clero. Se levantaron también en contra de la miseria y la injusticia. En la Biblia, no sólo buscaron la doctrina de la salvación por la gracia, sino también la comprobación para la igualdad de todos los hombres desde su origen.[12]

La pregunta por las causas de la Reforma es altamente compleja.[13] Sería audaz tratar de querer reducirlo a unos pocos factores. Lo que, sin embargo, se puede decir con certeza es que los reformadores, y especialmente Lutero, respondieron a los grandes anhelos de su tiempo —tiempos que han sido marcados por profundos cambios, debido al descubrimiento de nuevos continentes, la colonización de nuevos países, el invento de la imprenta, la introducción de nuevos métodos financieros, la aparición del humanismo y especialmente el clamor de toda la cristiandad por reformas profundas de la cabeza y los miembros (*en capite et in membris*). En vista del espacio específico, (es decir, religioso) en lo cual se movía, Lutero puso en marcha un grandioso proceso de liberación. Por lo tanto, él es, para todos los que abogan por la libertad y que sepan luchar y sufrir por la libertad, un referente imprescindible. Con toda razón, Hegel considera la reforma luterana como una "Revolución principal", porque fue hasta con "Lutero que comenzó la libertad del espíritu" —una libertad que "no sólo es reconocida, sino también requerida".[14] Se logra disfrutar

---

12 H. Hauser, *Études sur la Réforme Française*, Paris, 1909, 83.

13 Como verdaderamente clásico está considerado el texto de J. Lortz: "Wie es zur Spaltung kam. Von den Ursachen der Reformation", en idem: *Die Reformation als religiöses Anliegen heute*, Trier, 1948, 15-105; o también: idem, *Die Reformation in Deutschland I*, Freiburg - Basileia - Vienna, [6]1982, 3-20. Véase también: H. Loewe / C.-J. Roepke (Editores), *Luther und die Folgen*, Munich: Chr. Kaiser Verlag, 1983.

14 G. W. F. Hegel, *Vorlesungen über die Geschichte der Philosophie III* (Theorie-Werk-Ausgabe 20), Francfórt de Mena: Suhrkamp Verlag, 1971, 49, 50, 51s.

esta libertad, rompiendo con la "Cautividad de Babilonia" en el que se encontraba la cristiandad bajo la dirección de Roma. Para poder reconocer mejor la importancia de Lutero por la liberación en el campo religioso y desde allí también en otras áreas, tenemos que considerar aquí en adelante velozmente el lugar de la Iglesia en la sociedad feudal y señorial de aquel tiempo.

2.1 La liberación de la Iglesia de la cautividad de Babilonia

Para la Europa semifeudal y mercantil de los siglos 15 y 16, la Iglesia es un elemento constitutivo. Roma y los obispos —especial-mente en Alemania— tienen grandes intereses económicos, políticos, jurídicos y militares. No se puede olvidar que el Papa, debido a una gran cantidad de contratos y prebendas sin número, ejercía un gran poder temporal. En el sistema social semifeudal tanto como en el burgués mercantil se enfrentan los vasallos y subordinados, amos y esclavos, colonizadores y colonizados. Con el fin de mantener especialmente a los campesinos amenazados, que sobre todo en Bohemia, Suabia, Francia y otras partes de Europa Central se sublevan con frecuencia, los Señores no solamente adaptan medidas de represión armada sino que de trabajo de convencimiento religioso.[15] La aristocracia feudal y la sociedad mercantilista burguesa celebran un pacto con el clero (que posee también dominio secular), así que la Iglesia llega a ser la institución principal de la reproducción de la sociedad semifeudal y mercantilista. Esto significa, con su multifuncionalidad, que la iglesia sanciona y consolida las condiciones del status quo, esto es, la opresión. Esta función, particular de ella, la ejerce la iglesia con el apoyo de un millar de obras piadosas, la adoración de los santos y ganando las indulgencias a cambio de dinero. Así, por lo tanto, Lutero se dirige por ejemplo en contra de la acumulación de 17.413 reliquias en una iglesia en el castillo de Federico el Sabio, por cuya venta se pudo obtener

---

15 Véase O. Maduro, "A religião no regime semifeudal da Colônia", en idem, *Religião e luta de classes*, 87-90.

el pago de 128.000 años de indulgencia.[16] Toda esta mezcla entre el orden establecido y el clero tenía su centro, de la que en última instancia había sido inspirado y justificado en Roma y en el papado.

En vista de esta situación, Lutero (después de una grave crisis espiritual y conmovido por un profundo anhelo por reformas en su orden y en toda la Iglesia) levanta su voz profética. Él se posiciona contra lo que él llama repetidamente la "tiranía papal". A la justificación por las obras, él yuxtapone la justificación por la fe.[17] Él hace el inaudito, nuevo descubrimiento de la misericordia infinita de Dios en el Jesucristo crucificado. El hombre no está condenado ni a cumplir las leyes, ni a ganarse la salvación por obras buenas. Su misión en este mundo no consiste en adoptar y reproducir todas las normas, con la certeza de lograr todo de manera completa. Con su tesis fundamental de la justificación por la fe Lutero permite una liberación radical, porque con ella quiere decir que el hombre es libre de todas las obligaciones para ser libre a asumir la gracia y la misericordia como regalo puro y sin obligación e invitación de Dios.

Como consecuencia de la gracia y la fe pura (el que abarca toda la existencia en un acto, y por lo tanto, es más que un simple apéndice intelectual a un código de verdades reveladas)[18] el hombre hace buenas obras. Las obras no hacen buenas a las personas, pero la persona primero tiene que ser buena, para que las obras puedan ser por la gracia de su bondad buenas obras —como principio de Lutero,[19] que de hecho ya halló en el Maestro Eckhart[20].

---

16 Véase J. Delumeau. *La reforma*, 32.

17 Véase O. H. Pesch, *Theologie der Rechtfertigung bei Martin Luther und Thomas von Aquin. Versuch eines systematisch-theologischen Dialogs,* Maguncia: Grünewald Verlag, 1967; idem: *Hinführung zu Luther,* Maguncia: Grünewald Verlag, 1982, 264-271.

18 Una presentación del concepto de fe de Lutero ofrece G. Ebeling, *Luther. Einführung in sein Denken,* Tubinga: Mohr (Siebeck) Verlag, 1965, 178-197.

19 WA IV 3,28f; LXVI 3,13f; 4,11; 172,8; 268,4f.

20 Véase también, L. Boff (Editor), *Mestre Eckhart: a mística de ser e de não ser,* Petrópolis: Vozes, 1983, 104-105, 111-114.

La justificación por la fe es la expresión de una increíble libertad interior que ha adquirido Lutero y que iza como bandera de la liberación también para los demás cristianos. Cuando Carlos V. lo convoca a la Dieta Imperial (Reichstag) de Worms el 17-18 de abril y le pide retractarse de sus tesis, él responde, "No puedo ni quiero retractarme de nada, puesto que no es prudente ni recto obrar contra la conciencia. ¡Que Dios me ayude!" Una última vez, insiste el oficial en él: "Deje ir lo de su conciencia, Martin. Lo único que no significa peligro es someterse a las autoridades vigentes".[21] Pero no se puede disuadir a Lutero. A ninguna autoridad terrenal él quiere someterse servilmente como última instancia. La última instancia sólo puede ser Dios. Dios es el Señor Supremo y el Papa es su siervo. Los textos que Lutero escribe en junio ("Sobre el papado de Roma"), en agosto ("A la nobleza cristiana de la nación alemana"), en octubre ("La cautividad babilónica de la Iglesia") y en noviembre 1520 ("De la libertad cristiana"), crean, sin duda, una atmósfera de liberación. Por supuesto, si la presentación de la exposición temática es religiosa, tiene también implicaciones sociales, políticas y económicas, debido a que la iglesia, como institución fundamental para la coordinación, gestión y reproducción del sistema existente, tiene que lidiar con todas estas instituciones. En su ensayo "Del papado en Roma" Lutero define la comprensión fundamental de la eclesiología protestante. La Iglesia visible (*corpus cristianorum*) es puramente humana y no se puede equiparar con el Cuerpo Místico de Cristo. La Iglesia de Cristo es como el Reino de Dios que está en nosotros, invisible, espiritual e interno. En su muy elocuente tratado contra el clero y el Papa, "A la nobleza cristiana de la nación alemana," con la esperanza de reformar la Iglesia, Lutero denuncia tres muros que impiden la libertad de los cristianos:

1. El primer muro es el derecho preponderante del clero sobre el estado secular, con la que el Papa reinaría sobre todo. Lutero insiste que el poder en la Iglesia es exclusivamente espiritual: significa servicio y existe en cuanto el servicio persista. Sin este servicio, los titulares del poder serían laicos

---

21 Citado según J. Delumeau, *Naissance et affirmation de la réforme*, Paris: PUF, 1965.

o volverían a serlo. Cuando se referían a sus "caracteres indelebles", era "todo inventado por los discursos y las leyes de los hombres".[22] Aquí Lutero defendió la validez permanente del sacerdocio común de todos los cristianos.

2. El segundo muro es el derecho que se atreve a adjudicar el Papa, de interpretar solo la Escritura. Lutero, quien conoce sumamente bien la Escritura, (su traducción de la Biblia, que es genial en la reproducción y sencillo en el estilo, se editó durante su vida 84 veces, después 253 veces más) afirma todo lo contrario, que cada persona tiene el derecho de leer la Biblia, porque el Espíritu se le abrirá la comprensión. Con ello, el reformador rompe el monopolio de una interpretación correcta y abre camino a la interpretación libre.

3. El tercer muro lo ve Lutero en la suposición del papa que solamente él puede convocar a un concilio y confirmar. Retomando los textos de la Escritura y los testimonios de la tradición, Lutero exige el derecho de los príncipes de convocar a un concilio y de promover la reforma de la Iglesia.[23]

En su tratado "De la cautividad babilónica de la iglesia" Lutero reclama la manera en que los sacerdotes se empoderaron del sacramento, y con el sometieron a todos los creyentes. "Y todos ellos con la corte romana fueron llevados a una cárcel, y la iglesia está privada de todas sus libertades".[24]

Tres sacramentos dejan de ser válidos: el bautismo, la penitencia y el pan. Los demás son ritos eclesiásticos que garantizan la vida y la organización de la comunidad y que se pueden dejar como construcción religiosa y humana, pero no como expresión

---

22 Citado según: Martin Luther, *Ausgewählte Schriften I* (ed. K. Bornkamm / G. Ebeling), Fráncfort de Mena: Insel Verlag, 1982, 157 (WA VI, 408, 22-25).

23 Véase también Luther, *Ausgewählte Schriften I*, 164s. (WA VI, 413, 12-26).

24 *"De captivitate Babylonica ecclesiae praeludium"*; alemán: Martin Luther, *Ausgewählte Werke*, Bd. II (ed. H. H. Borcherdt / G. Merz), Múnich: Chr. Kaiser Verlag, ³1962, 158 (WA VI, 501, 35-38).

de la voluntad de Dios. Para Lutero, el sacramento es también evangelio, lo cual quiere decir: la concreción de la palabra de la promesa. Sin el elemento sacramental la promesa se queda solamente *nuda promissio*. Pero el sacramento nunca sería solamente signo, sino siempre signo, que contiene la promesa. Por esta razón, —según Lutero— no solamente el sacramento (signo) comunica siempre la salvación, sino que la fe en el sacramento (que por sí conlleva la promesa).[25]

En lo que se refiere a la misa, el reformador exige la comunión bajo las dos formas (pan y vino) para el pueblo y lamenta que se implementen en un latín no entendible. El que celebra no renueva el sacrificio de la cruz, sino que está conmemorando "la promesa del perdón de los pecados, y esta promesa 'está confirmada por la muerte del hijo de Dios'". Porque ella es una promesa ..., así con ninguna obra, con ningún poder, con ningún servicio uno va allí, sólo por fe (*sola fide*). Porque donde está allí la palabra de Dios que promete, allí es necesario la fe de la persona que asume; esto entonces es necesario, la fe que es un inicio de nuestra beatitud".[26] La cautividad al cual Roma le sometió a este sacramento, consiste en que lo convirtió en un negocio con misas votivas y plegarias. Lutero critica con especial dureza el sacramento del sacerdocio como sacramento (a pesar de que acepta el rito de la inducción al ministerio):

> El sacramento del orden fue y sigue siendo un ardid ingeniosísimo para consolidar todas las monstruosidades que se han cometido hasta el presente y que aún se cometen en la Iglesia. Aquí terminó la fraternidad cristiana; aquí se convirtieron los pastores en lobos; los siervos, en tiranos; los eclesiásticos, en más que mundanos.[27]

"De la libertad cristiana" es uno de los textos más bellos de la tradición cristiana. Este texto, que Lutero envió conjuntamente con una carta al Papa Leo X, se basó en dos tesis:

---

25 Véase también Ibid., 174 (WA VI, 513s).

26 Ibid., 175 (WA VI, 514,12-15).

27 Ibid., 241s. (WA VI, 564,1-5).

- El cristiano es libre señor de todas las cosas y no está sujeto a nadie.
- El cristiano es servidor de todas las cosas y está supeditado a todos.

El libro es una apología de la libertad interna: el creyente se siente libre de cualquier preocupación por su salvación y de la consideración de las reglas y otros imperativos, porque sabe que la salvación se la brinda Dios sin mérito. En virtud de este regalo, tiene libre las manos, los ojos y el corazón, para comprometerse por sus hermanos y hermanas por puro amor para ellos.[28] La última frase de la escritura resume todo:

> El cristiano no vive en sí mismo, sino en Cristo y el prójimo; en Cristo por la fe, en el prójimo por el amor ... He aquí la libertad verdadera, espiritual y cristiana, que libra al corazón de todo pecado, mandamiento y ley; la libertad que supera a toda otra como los cielos superan la tierra.

En su obra "*De servo arbitrio*" ("La voluntad determinada", 1525 escrita contra "El libre albedrío" de Erasmo) Lutero sostiene que la libertad humana no puede mantener su posición frente a Dios; en vez de eso, se trata de que ella acepte la acción salvadora de Dios. De sí misma la voluntad humana es incapaz de establecer o mantener una relación con Dios,[29] sino que la iniciativa siempre sale de la misericordia gratuita de Dios. Pero en las cosas de la vida en esta tierra, el hombre puede tomar decisiones y, si ha recibido la gracia, puede trabajar con Dios libremente en la construcción del Reino.[30]

---

28 Sobre toda esta pregunta, véase también W. Maurer, *Von der Freiheit eines Christenmenschen. Zwei Untersuchungen zu Luthers Reformationsschriften 1520-21*, Gottinga: Vandenhoeck & Ruprecht, 1949.

29 Según lo que ve Lutero, la opinión de Erasmo sobre la libertad de la voluntad humana lleva a la autonomía excesiva frente a Dios. Erasmo define la *liberum arbitrium* como "el poder de la voluntad humana, mediante lo cual el ser humano puede dirigirse a las cosa, que lo llevan a la salvación o lo desvían de ella: *Diatribe seu collatio de libero arbitrio* I b, 10,7-10 (ed. W. Welzig, Darmstadt: Wissenschaftliche Buchgesellschaft, 1969, 36 ss.).

30 Sobre este punto véase también, WA XVIII, 695, 29; 754, 1-17; véase también: M. Seils, *Der Gedanke vom Zusammenwirken Gottes und des Menschen in Luthers Theologie*, Gütersloh: Gütersloher Verlagshaus, 1962.

Finalmente, en esta sección tenemos que reconocer que Lutero —a pesar de las enormes exageraciones verbales y pese a las evaluaciones unilaterales y en parte incorrectas, pidiendo la conversión y una reforma de toda la Iglesia— representa una verdadera voz profética.

Al evangelio y la cruz les asignó nuevamente su importancia como fuente y marco de referencia con el fin de liberar a la Iglesia de todo tipo de abuso de poder sagrado y de la manipulación de las doctrinas a favor del *Dominium mundi*, el dominio sobre este mundo. Es indiscutible que una atmósfera de liberación trasciende a los textos más importantes de Lutero, y por lo tanto, proporciona una masa fermentada para la liberación del *Corpus cristianorum*. Como es conocido, Lutero nunca tuvo la intención de fundar otra denominación cristiana. Esto fue intencionalmente promovido desde la Liga de Torgau (1526) por parte de los príncipes alemanes protestantes que querían competir contra la Liga de los príncipes católicos. Todo, como es de dominio común, se concluyó definitivamente en marzo de 1531 con la Liga Esmalcalda. Cuando en 1555 se firmó la Paz de Augsburgo, Alemania se dividió según el principio de *"Cuius regio, eius religio"*, que ya está en el luteranismo y el catolicismo romano.

2.2 La apropiación del espíritu protestante por los nuevos Señores

En el ámbito religioso la actividad de Lutero tiene un impacto liberador. Sin embargo, en el campo de la política, actúa de forma diferente. La Iglesia católica romana está perdiendo su posición religiosa de monopolio y a continuación se encuentra en un espacio religiosamente dividido. Disminuye su influencia social y desde aquel entonces tiene que competir con aquellos príncipes confesionalmente y políticamente, que (sobre todo en regiones del norte) se pasaron al protestantismo. Lutero mismo se encuentra incapaz de monitorear el movimiento que él puso en marcha. Además, no se puede esperarlo de él, porque trasciende los límites de conciencia que en aquel entonces fueron posibles. Lutero mismo afirma que su evangelio no tiene nada que ver con las cosas de este mundo, sino que solamente concierne a las almas, y no es su tarea meterse en los negocios de su tiempo. Para ello, existen personas con su respectiva misión: el Emperador, los príncipes y la autoridad. Vale notar que la fuente de la cual tomó su sabiduría no era el evangelio sino la razón, la costumbre y la justicia.[31]

Se evidencia la falta de una concepción consciente, cuando estallan las guerras campesinas (1489 – 1525).[32] El levantamiento de los campesinos bajo la conducción del predicador Thomas Müntzer, sin embargo, es parte de un movimiento más grande, que se inicia mucho tiempo antes de la Reforma. Al inicio del siglo 16, los campesinos se encontraron en una situación relativamente buena.[33] Lo que demandaron —tal como se puede retomar de los "Doce Artículos"— fueron más derechos en el terreno social. Así se unen al movimiento no solamente los pequeños Señores, sino abades, principes y obispos (Fulda, Bamberg, Speyer).[34] Cuando Lutero tiene que tomar posición sobre eso, escribe en abril de 1525 una "Exhortación a la Paz". En ella dice de plano, dirigiéndose a los Señores:

> No son los campesinos, estimados Señores, los que se levantan contra vosotros, es el mismo Dios" y dirigiéndose a los insurrectos: "'El que empuña la espada, a espada morirá.' (Mt 26.52). De aquí tenemos que entender que no es suficiente que alguien nos haga una injusticia y que tengamos buena razón y buen derecho.

Al nivel político, Lutero no es revolucionario.[35] Por principio, está a favor del poder secular, porque él ve en ella una institución instalada por Dios, a quien se debe obediencia. En el Castillo de

---

31 Véase WA XVII, 321.

32 Véase M. M. Smirin, *Die Volksreformation des Thomas Müntzer und der große Bauernkrieg*, Berlin: Dietz Verlag, 1956; P. Althaus, *Luthers Haltung im Bauernkrieg* (Libelli 2), 4a edición, Darmstadt: Wissenschaftliche Buchgesellschaft, 1971.

33 Vea J. Lortz, *Die Reformation in Deutschland I*, Freiburg: Herder Verlag, 322.

34 Ibíd., 324.

35 Vea G. Casalis, *Luther et l'Eglise confessante*, Paris, 1983, 82.

Wartburg, él se pronuncia en 1522 explícitamente en contra del levantamiento y revuelo:

> Estoy y voy a estar siempre al lado de quien esté sufriendo la revuelta, cuán injusta sea su causa, porque la revuelta no puede acontecer sin sangre inocente y perjuicio.[36]

Con razón Jean Delumeau saca la conclusión de todo esto:

> La insurrección de los campesinos mostró claramente que el reformador era incompetente en el campo político. Especialmente la revuelta le quitó la fe en el pueblo, lo cual se había organizado en sociedades. Desde este momento, él se inclinó a pedir con los príncipes la introducción del culto reformado. En el lugar del Lutero de la "libertad cristiana" entra el Lutero de la "Iglesia Territorial".[37]

Para poder detectar qué efecto tendrá el factor religioso al área social y político, tenemos que preguntar por los aliados,

---

36 Citado según: Luther, Ausgewählte Schriften IV, 103; IV, 115; IV, 25. Lutero era amigo de los poderosos dominantes, que oprimieron a los campesinos, como Felipe de Hesse, y les aconsejó:

"Por eso arremete, aplasta y acuchilla a quien puedas, en secreto o en público, y tenga presente que no puede haber nada más ponzoñoso, pernicioso y diabólico que un hombre rebelde. Ocurre como un perro rabioso al que es preciso matar: si tú no lo aniquilas a él (al rebelde), él te aniquilará a ti, y así como a ti a todo un país." (En: "Contra las hordas ladronas y asesinas de los campesinos" en: *Obras de Martín Lutero*, Tomo VII, Buenos Aires: Paidós, 1974, 272).

Que Lutero ha tomado una posición tal, nunca olvidarán los oprimidos - no importa que no tengan ninguna idea clara de cómo la religión se articula en una sociedad de clases y que son propensos para que los círculos los puedan usar por sus intereses. En su comentario sobre el Magnificat Lutero interpreta a los ricos y poderosos en el sentido espiritual: "De la misma manera los hambrientos no deben ser los que tienen poco o ningún alimento, pero aún con mucho gusto sufren la falta, sobre todo si ellos han sido presionados por otros a la fuerza a ello por Dios o la voluntad." Su justificación de no referirse a la diferencia entre ricos y pobres, es que Dios "no juzga por la apariencia externa y la figura, no si son ricos o pobres, altos o inferiores, sino por el espíritu, como se mantiene en ello. Deben continuar existiendo como tales las figuras y diferencias de las personas y estados en esta vida en la tierra, no hay que aferrar su corazón en ellos o huir de ellos, no aferrarse a los altos y ricos, ni huirles a los inferiores y pobres". (Luther, Ausgewählte Schriften II, 180)

Véase también el comentario de Lutero interpretando al nivel espiritual el versículo "Derrumba a los poderosos de sus tronos y levanta a los humildes" (Ibíd., 176-179).

37 J. Delumeau, *La reforma*, 45.

a quienes el movimiento religioso alerta. En el caso de Lutero se puede decir con seguridad que aquí no fue tanto el pueblo pobre, los campesinos y esclavos, sino más bien los príncipes, los humanistas y artistas (Dürer, Cranach y Holbein), así como la burguesía urbana. El proyecto histórico, incrustado en su práctica, no se mueve tanto en la línea de la liberación, sino en la acumulación de riquezas y privilegios. Max Weber ha notado el parentesco natural entre protestantismo y capitalismo.[38] La fe, vivida en el marco del protestantismo, tiene la función de establecer la manera capitalista de funcionar y ampliar.

> En la medida en la cual el mundo occidental está gobernado por la lógica del capitalismo, podemos concluir que se siente en casa el protestantismo, mientras el catolicismo tiene la impresión que se encuentra en el destierro. La ideología protestante une la libertad del individuo, la democracia liberal y el progreso económico como expresión del espíritu protestante. En resumen quiere decir: el mundo moderno es un resultado del protestantismo.[39]

La alianza histórica del movimiento luterano con los príncipes y con la burguesía victoriosa conduce a que el protestantismo asimile en sí mismo los intereses sociales y los ideales de esta clase y con ello los legitima.

Paul Tillich ha visto con mucha precisión el reto que significaba el proletariado con su causa para el protestantismo moderno. Por lo tanto, él dice:

> Que el protestantismo y la situación del proletariado no tienen nada que ver entre sí, consideran muchos sectores lo más normal ... la situación del proletariado como un destino de masas es inaccesible a un protestantismo, lo cual con su mensaje confronta al individuo aisladamente con una decisión religiosa, dejándolo solo en la esfera

---

38 Véase Max Weber, "Die protestantische Ethik und der Geist des Kapitalismus", en *Die Protestantische Ethik I,* Múnich/Hamburgo: Siebenstern, 2.ed. 1969, 27-277.
39 Rubem Alves, *Protestantismo e repressão*, 42.

socio –política y que acepta los poderes dominantes como voluntad de Dios.[40]

El famoso individualismo protestante se siente impotente frente a las estructuras de injusticia y guarda silencio. Cuando reflexiona sobre el reto del Evangelio, corre el peligro de encubrir los conflictos que oprimen a los pobres y, por lo tanto, no contribuye en nada a la tarea mesiánica de liberar a los condenados de la Tierra.

Volviendo a la pregunta del protestantismo en América Latina: A nosotros, también, se nos confirma la sospecha de que en el área social el protestantismo tenga poco que ver con la liberación de los pobres. Sin embargo, se puede generar la conexión del uno con el otro debido a algunas intuiciones de Lutero y sobre todo partiendo de su espíritu claramente liberador en medio de la iglesia.

3. El protestantismo evangélico como factor de la liberación de los oprimidos

En primer lugar, hay que tener muy claramente en cuenta que nuestra posición con respecto a los tiempos de Lutero es significativamente diferente. En aquel entonces, la Iglesia era el factor más importante para la reproducción del sistema social, así que los cambios que Lutero había introducido en el campo religioso podrían también impactar directamente en lo social. Hoy en día, la religión juega un papel subsidiario en nuestras sociedades, las cuales están determinadas por un —aunque sea periférico y elitista— capitalismo, donde la economía es la actividad central, organizada como el principal factor de todas las demás áreas, e insta al pueblo empobrecido a una existencia marginal de amargura. Esto significa que una posible liberación no se debe esperar de los cambios en la esfera religiosa, si ésta no está explícitamente vinculada con otras áreas que están en

---

40 P. Tillich, "Protestantisches Prinzip und proletarische Situation", en idem, *Der Protestantismus als Kritik und Gestaltung* (Schriften zur Theologie 1), Stuttgart: Walter de Gruyter, 1962, 84-104, cita 84.

nuestro contexto más determinante y prevaleciente. Sólo desde lo social y lo político, y en constante contacto con ellos, el factor religioso puede resultar liberador. A continuación, destacamos algunos puntos en los que el protestantismo evangélico tiene un rico potencial de liberación.

3.1 El principio protestante

Para describir el principio de Lutero, Paul Tillich ha marcado la expresión "el principio protestante".[41] En nombre del evangelio, el reformador se sublevó en contra de la petulancia del poder sagrado, contra lo condicionado, que reivindicó ser lo incondicionado, en contra de lo histórico, que se presenta como si fuera divino.

El espíritu protestante descubre los ídolos religiosos y políticos y se niega a justificar el estatus quo fácilmente. Todo tiene que pasar por un proceso de conversión y cambio, es decir, debe liberarse de cualquier tipo de opresión, de modo que el espacio de libertad para Dios y la libre acción del hombre pueden ser mayores. El principio protestante también ayuda a los protestantes para deshacerse de su moralismo burgués y —como Lutero— centrarse en la radicalidad evangélica.

3.2 Redescubrimiento del potencial libertador en el Evangelio

Lo más importante de Lutero es su profundo compromiso con la Biblia y el Evangelio. En un tiempo en el cual las élites educadas y clericales consideraron el Evangelio su presa, Lutero lo dio nuevamente el carácter de voz viva, y lo puso de nuevo en las manos del pueblo. En América Latina, se lee el Evangelio hoy en día en cientos de círculos bíblicos y miles de comunidades eclesiales de base y se medita, entendida como fuente de acusación profética del sistema de explotación y como fuente de compromiso libertador.

---

41 Ibíd., 163.

El potencial liberador de la Escritura se evidencia cuando se lee a la luz de aquellas preguntas que se escuchan desde la situación de conflicto social como desde el grito de los oprimidos. Este intercambio entre la Palabra de Dios y la palabra de la vida empobrecida y humillada, deja reconocer la actualidad de la revelación y la acción salvadora de Dios —Dios, que lleva su Reino también contra las maquinaciones del anti-imperio.

3.3 La fe, que impulsa actos de liberación

Lutero nos ayuda a todos a entender que la liberación es un regalo, en donde Dios, antes de cada acción histórica que las personas implementan, toma la iniciativa. Sin embargo, la conciencia de eso no tiene que paralizar a las personas en su compromiso y lucha. Por el contrario, se les anima a ponerse de pie con una fuerza aún mayor y abogar por las buenas obras para la liberación de su prójimo. En este sentido Lutero confronta la *fides abstracta vel absoluta* (la fe sin buenas obras) con la *fides concreta, composita seu incarnata* (la fe, que es activa en las buenas obras).[42] Así el reformador también puede hablar de un Cristo que es "*actuosissimus*" en sus miembros, ya que éstos se apropiaron de su actitud, y por lo tanto, llevaron una vida convertida y de liberación.[43] Con una frase pegadiza, subraya que la fe se expresa a través de las obras, que se realizan por don y compasión.[44] Hoy en día, estas obras ya no pueden limitarse a la esfera puramente subjetiva, como si ellas no tuvieron incidencia en las estructuras de la sociedad. Con el fin de garantizar que el acto por fe también tenga efecto, es necesario analizar los mecanismos que provocan la represión como también establecer las medidas concretas que conduzcan a la liberación. En este punto tenemos que aprender tanto

---

42 Rhapsodia de loco iustificationis (1530), WA XXX 2, 659,13-21; P. Manns, "Fides absoluta – fides incarnata. Zur Rechtfertigungslehre Luthers im Großen Galater-Kommentar" en: *Reformata Reformanda* (Festschrift für H. Jedin) I, Münster, 1965, 265-312.

43 Veáse WA I, 364,23-28. Vgl. J. Wicks, "Il cuore della teologia di Lutero", en: *Rassegna di Teologia 24* (1983) 110-125; 219-237: "Fede e giustificazione in Lutero".

44 Veáse WA XXX 2, 659.

como católicos como protestantes, a decir sí a un nuevo tipo de práctica teológica en la que se combina el discurso conforme a la fe evangélica con el discurso social, sin que tendría que subordinarse uno al otro, y sin que los dos corrieran fácilmente uno al lado del otro. En este marco de ordenamiento se cristaliza el potencial liberador de la fe cristiana.

Por último, nos gustaría hacer nuestras las palabras de la Comisión Internacional conjunta romana – católica / evangélica – luterana, la cual hizo un pronunciamiento en mayo de 1983 que sostiene: "Juntos consideramos a Lutero como testigo del Evangelio, maestro de la fe y voz que llama a una renovación espiritual".[45]

Para nosotros, que vivimos en América Latina, el Evangelio debe ser vivido de una manera liberadora. Para nosotros, la fe ha demostrado ser una fuerza que conduce al compromiso con los más necesitados, a partir de que Dios frente a nosotros en primer lugar hizo prevalecer la misericordia. Partimos también de una renovación mental —espiritual en el sentido de la mística que une la fe y la política y desde abajo, desde los más pequeños que construyen una orden comunitaria, para que esto puede ser la congregación mesiánica, que pueda continuar la misión redentora y liberadora del Mesías lleno del Espíritu, Jesucristo.

———— **Adenda al artículo anterior, escrita en 2015** ————

Con el Papa Francisco en Roma, la situación del cristianismo ha cambiado fundamentalmente. Esto es de importancia para el ecumenismo.

En primer lugar, se trata de un Papa que ya no viene de la obsoleta Iglesia católica romana con todas sus tradiciones y perversiones históricas. Él viene de la periferia, de Latinoamérica (Argentina), donde la Iglesia católica ha tomado una forma

---

45 Martin Luther – Zeuge Jesu Christi. Wort der Gemeinsamen Römisch-katholischen / Evangelisch-lutherischen Kommission anläßlich des 500. Geburtstags Martin Luthers, en: KNA-ÖKI, Dokumentation 1983, No. 14.

diferente. En general, se trata de un tipo de iglesia que se encarna en las diferentes culturas indígenas y pueblos y que ha desarrollado de eso una nueva práctica pastoral —en el sentido de la opción preferencial por los pobres y contra la pobreza. Muchas personas, especialmente de los miles de comunidades de base, la llaman la Iglesia del Evangelio, diferente de la iglesia de la tradición. Es simple, pobre, cercana a las personas y protestante. Tiene sus santos, sus mártires, su propia forma de celebraciones litúrgicas y su propia teología, la llamada teología de la liberación. Algunos puntos son importantes para el diálogo con la Reforma:

- El Papa Francisco ha colocado la categoría teológica "pueblo de Dios" al centro de la concepción de iglesia. No deja de ser significativo que, después de su elección, cuando se presentó por primera vez como Papa al público, se hizo bendecir al inicio por el pueblo en la gran plaza. Hasta después, él bendijo a todo el pueblo. Así que el pueblo de Dios es primero, y después viene el Papa como su asistente y animador.

- Él ha despaganizado la figura del Papa (remover sus rasgos paganos) dejando al lado los símbolos del poder del Imperio romano.

- Ya no vive en un palacio como reyes y príncipes, sino que en una casa de huéspedes. Allí él come con los otros huéspedes.

- Él ha iniciado una reforma de la Curia y quiere ejercer el liderazgo de la Iglesia universal colegiadamente, ya no más de forma monárquica. Es por eso que él prefiere presentarse como Obispo de Roma en vez de representar al Papa.

- Él ve la Iglesia no como una fortaleza, sino como una casa abierta, la que recibe a todos y que es para todos —sin mirar su religión u orientación política.

- Lo importante es que continuamente se refiere al Evangelio y la práctica del Jesús histórico. Es un retorno al Evangelio y no a los diferentes dogmas, doctrinas y tradiciones. Se ve a sí mismo como un pastor, que se mueve junto con la manada, y no como un maestro de todos los cristianos.

- Es la primera vez en la historia de la Iglesia católica romana, que se han incluido las preocupaciones de Lutero y de los otros reformadores. El grito en la iglesia de aquel entonces por una reforma "de cabeza a miembros" *(in capite et in membris)* finalmente fue escuchado y tomado en serio. La Iglesia católica romana bajo Francisco será una Iglesia de reforma. Este Papa no insiste en la exclusividad de la Iglesia católica romana como si fuera la única verdadera Iglesia de Cristo. Todas las iglesias deben reconocerse mutuamente y comprometerse para el bien del mundo, especialmente de los pobres.

- Esta verdadera conversión, según mi modo de ver, fue sólo posible, porque el Papa ya no utiliza la "*sacra potestas*" como concepto clave para la organización de la iglesia, sino más bien el Evangelio como "*viva vox*" y el encuentro vivo con el Señor.

- La forma en que habla y actúa - siempre espontánea y libre - y especialmente sus fuertes críticas a las actitudes de los cardenales, obispos, sacerdotes y fieles conservadores, nos hacen escuchar las palabras críticas de Lutero. Él usa locuciones, que a menudo nos recuerdan a las conversaciones de sobremesa de Lutero.

- Francisco es más que un nombre. Se trata de un nuevo proyecto de la Iglesia, fiel al Evangelio, abierto a todos, una iglesia que se entiende siguiendo a Jesús. Con este nuevo concepto de iglesia se puede generar una nueva forma de diálogo ecuménico. Si Lutero estuviera vivo, estaría encantado con este espíritu, porque sus preocupaciones son finalmente escuchadas —como inspiración para una reforma de toda la cristiandad. Francisco en Roma es signo de que Dios y Cristo aman todavía a la Iglesia de Dios y quieren prepararle un nuevo futuro al mensaje del Evangelio.

Autores y traductores

Charles AMJAD-ALI, Ph.D., Th.D., Profesor emeritus de la Cátedra Martin Luther King Jr. sobre Justicia y Comunidad Cristiana y Director del Programa de Estudios del Islam, en el Luther Seminary, St. Paul, MN/EEUU; Profesor de Teología Ecuménica y Transformación Social, Cátedra Desmond Tutu, University of Western Cape, Cape Town, Sur Africa.
Traductora del inglés: Ruth MOONEY, UBL, Costa Rica.

Daniel Carlos BEROS, Doctor en Teología, Profesor de Teología Sistemática en el I.U.ISEDET, Buenos Aires, Argentina.

Karen BLOOMQUIST, Doctora en Teología, hasta 2014 Decana del Pacific Lutheran Theological Seminary en Berkley, California, EEUU, y Profesora de otros tres seminarios de la Evangelical Lutheran Church of America.
Traductores del inglés: Jonathan PIMENTEL y Ruth MOONEY, Costa Rica.

Leonardo BOFF, Doctor en Teología, Profesor emérito de teología y ética, Petropolis, Brasil.
Traductora del alemán: Silke KAPTEINA, El Salvador.

Ulrich DUCHROW, Doctor en Teología, Profesor de Teología Sistemática en la Universidad Heidelberg.
Traductora del alemán: Carolina VELO, Argentina.

Antonio GONZÁLEZ FERNÁNDEZ, Doctor en Teología, Director de Estudios y Publicaciones de la Fundación Xavier Zubiri, Madrid y Profesor de Teología del Centro Teológico Koinonía en Madrid, España.

Franz HINKELAMMERT, Doctor, Profesor emérito. Economista y teólogo, Universidad Nacional, Heredia, Costa Rica.

Peter Goodwin HELTZEL, Ph.D., Profesor Asociado de Teología, Theological Seminary, Nueva York, EEUU.
Traductora del inglés: Ruth MOONEY, Costa Rica.

Martin HOFFMANN, Doctor en Teología, Pastor de la Iglesia Evangélica Luterana en Baviera y docente visitante en las Iglesias Luteranas en América Central.
Traductora del alemán: Dámaris Zijlstra Arduin, Alemania.

Brigitte KAIIL, Doctora en Teología, Profesora de Nuevo Testamento, Union Theological Seminary en Nueva York, EEUU.
Traductora del alemán: Carolina VELO, Argentina.

Craig L. NESSAN, Th.D., Profesor de Teología Contextual, Wartburg Theological Seminary, Dubuque, Iowa, EEUU.
Traductora del inglés: Ruth MOONEY, Costa Rica.

Lauri Emilio WIRTH, Doctor en Teología, Profesor de la Historia del Cristianismo, Universidad Metodista, Ciencias Religiosas, São Paulo, Brasil.

Vitor WESTHELLE, Ph.D., Profesor de Teología Sistemática en Lutheran School of Theology en Chicago, EEUU; Cátedra de Investigación sobre Lutero en la Escuela Superior de Teología (EST) en São Leopoldo, Brasil; Profesor Honorario de la Universidad Aarhus, Dinamarca.
Traductora del inglés: Carmen RIVERA, Puerto Rico.

Sitio web del proyecto:

www.reformation-radical.com/www.radicalizing-reformation.com

En este sitio es posible acceder a información adicional sobre el desarrollo del proyecto, a diversos resúmenes de los aportes y traducciones disponibles.

58362959R00257

Made in the USA
Lexington, KY
13 December 2016